仁化年鉴

RENHUA YEARBOOK

2022

仁化年鉴编纂委员会 编

方志出版社
Publishing House of Local Records

图书在版编目（CIP）数据

仁化年鉴. 2022 / 仁化年鉴编纂委员会编.—北京:
方志出版社, 2022.12
ISBN 978-7-5144-5509-0

Ⅰ. ①仁… Ⅱ. ①仁… Ⅲ. ①仁化县－2022－年鉴
Ⅳ. ①Z526.54

中国版本图书馆CIP数据核字（2022）第243105号

责任编辑：刘方圆
责任校对：刘玉霞
责任印制：梅中英
出 版 者：方志出版社
地　　址：北京市朝阳区潘家园东里 9 号（国家方志馆4层）
邮　　编：100021
网　　址：http://www.zgfzcb.cn
发　　行：方志出版社图书营销中心（010-67110500）
印　　刷：韶关市典经社彩印有限公司
开　　本：889毫米 × 1194毫米　1/16
印　　张：21　　插页：2.75印张
字　　数：679千字
版　　次：2022年12月第1版
印　　次：2022年12月第1次印刷
定　　价：280.00元

编辑说明

一、《仁化年鉴》是由仁化年鉴编纂委员会编纂的年度资料性文献。自2012年起逐年编纂公开出版，一年一卷，卷号以编纂出版年份标识。《仁化年鉴（2022）》为规范出版后的第11卷（总第14卷）。

二、《仁化年鉴（2022）》以马克思列宁主义、毛泽东思想、邓小平理论、“三个代表”重要思想、科学发展观、习近平新时代中国特色社会主义思想为指导，坚持辩证唯物主义和历史唯物主义的立场、观点和方法，全面、客观、系统、真实地记述2021年仁化县自然、政治、经济、文化、社会等方面概貌和发展情况，为读者了解和研究仁化提供基本资料。

三、《仁化年鉴（2022）》记述时限为2021年1月1日至12月31日。主体内容采用分类编辑法，设类目、分目、条目三个结构层次，以条目为表现内容的基本形式。全书条目的标题统一用黑体加【】表示。

四、《仁化年鉴（2022）》卷首设图照专题。正文内容设特辑，大事记，概貌，中国共产党仁化县委员会，仁化县人民代表大会，仁化县人民政府，中国人民政治协商会议仁化县委员会，中国共产党仁化县纪律检查委员会 仁化县监察委员会，民主党派·群众团体，法治，军事，交通·邮电·信息业，供电·供水·供气，水利·气象事业·水文监测，城乡建设·环境保护，经济综合管理，农业农村，工业，商贸，旅游业，财政·税务，银行·保险，教科文卫体，社会生活，中央、省、市驻仁化单位，镇（街道）概况，人物。卷末设附录、索引。

五、《仁化年鉴（2022）》所载录资料，均由县域各参与单位负责撰稿并经单位审定后提供。条目后署作者姓名，若连续两个以上条目或分目均由同一作者撰写，则在最后一个条目或分目后署名。

六、《仁化年鉴（2022）》附录所选文献均照录原文。文中“党”除特别说明，均指“中国共产党”。文中“上年”指“2020年”。计量单位采用法定单位（附录除外），农田土地面积沿用“亩”为计量单位。文中一些行业性、部门性数据，由于统计口径不一，个别数据可能不一致，使用时以仁化县统计局提供的相关数据为准。

七、《仁化年鉴（2022）》配套双重检索系统：书前编有目录，书后配有索引。索引采用主题分析法，款目按汉语拼音字母顺序排列。

仁化年鉴编纂委员会

主　任：陈夏广（中共仁化县委书记、仁化县人民政府县长）

副主任：龚　翔（中共仁化县委常委、县委办主任、县直属机关工委书记）

　　　　叶剑斌（仁化县人民政府副县长）

成　员：卢明春　刘炳鸿　许关平　林志平　罗有发　冯志聪　罗金宝　欧钊黎

　　　　江美成　罗海红　邓文光　肖春波　施旭臻　章　俊　林桥远　肖润华

　　　　刘小飞　梁伟军　廖永香　刘　强　赵丹宁　李子初　邬立雄　沈家富

　　　　林伟浩　叶志琴　郑洁红

仁化年鉴编辑部

主　编：罗有发

副主编：麦海桃　谢嘉文

编　辑：罗有发　麦海桃　谢嘉文　刘小东　陈瑞琪　陈　琳　徐志平

图　片：龙全明及各供稿单位

广东省地图院　编制

审图号：粤FS（2022）002号

武深高速农业经济带

RENHUA YEARBOOK

2	3
1	

1. 丹霞田园
2. 红山万亩茶园
3. 董塘江头蔬菜基地

武深高速农业经济带

RENHUA YEARBOOK

1. 大桥长坝沙田柚基地
3. 丹霞贡柑
4. 长江万亩竹海

红色文化旅游经济带

RENHUA YEARBOOK

1 2

1. 广东省首批党建红色村示范点——董塘镇安岗村
2. 广东省唯一一个以红军长征为主题的爱国主义教育基地——红军长征粤北纪念馆

红色文化旅游经济带

RENHUA YEARBOOK

1. 广东省中共党史教育基地、广东省国防教育基地——铜鼓岭红军烈士纪念碑
2. 全国重点文物保护单位、广东省中共党史教育基地——石塘双峰寨
3. 城口红色特色小镇一角

不忘初心牢记使命

董塘凡口绿色工业园区

RENHUA YEARBOOK

| 1 | 3 |
| 2 | |

1. 广东凡口国家矿山公园
2. 煤矸石电厂
3. 丹霞冶炼厂

省级产业转移工业园区

RENHUA YEARBOOK

1
2
3

1. 新庄工业园一角
2. 志成冠军工业园
3. 新庄工业园部分企业厂房

县城建设

RENHUA YEARBOOK

1. 县城中心一角
2. 县城夜景
3. 丹霞绿道

县城建设

RENHUA YEARBOOK

2
1

1. 县城锦江两岸
2. 丹霞新城一角

镇街建设

RENHUA YEARBOOK

丹霞街道◇

1. 丹霞大道（黄屋村段）
2. 丹霞街道岭田村上陂头组广场
3. 丹霞街道城南村广场
4. 阅丹公路
5. 丹霞街道夏富村新时代文明实践广场
6. 2021年中国美丽休闲乡村——黄屋村

夏富新时代文明实践广场
美丽幸福仁化

镇街建设
RENHUA YEARBOOK

董塘镇◇

1. 董塘镇区全貌
2. 安岗村党群服务中心
3. 董塘镇镇标（傍晚）
4. 董塘红色广场
5. 董塘镇新龙村

镇街建设

RENHUA YEARBOOK

石塘镇◇

1. 石塘镇区全貌
2. 广东省非物质文化遗产石塘月姐歌演唱现场
3. 广东省非物质文化遗产仁化石塘堆花米酒窖藏环节
4. 全国重点文物保护单位、广东省中共党史教育基地——石塘双峰寨
5. 中国历史文化名村——石塘村

石塘村
中国历史文化名村

镇街建设

RENHUA YEARBOOK

长江镇◇

1. 长江河堤两岸
2. 长江镇区全貌
3. 长江文化广场
4. 长江市场
5. 国家森林乡村——长江镇学堂坉村
6. 长江风度书房

风度书房
FENG DU SHU FANG
长江风度书屋欢迎您的到来！

镇街建设

RENHUA YEARBOOK

扶溪镇◇

1. 扶溪镇区全貌
2. 石亭公园
3. 扶溪绿道
4. 扶溪街道一角
5. 中国传统村落、广东省古村落——扶溪镇古夏古村的传统民俗禾斋节舞龙队
6. 扶溪梯田

镇街建设

RENHUA YEARBOOK

闻韶镇◇

1. 闻韶镇区全貌
2. 闻韶镇人民政府办公大楼
3. 下徐村委会
4. 村道
5. 年出栏30万头生猪产业园项目
6. 闻韶华林寺塔

镇街建设
RENHUA YEARBOOK

城口镇◇

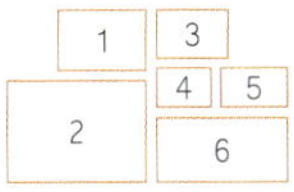

1. 城口镇区全貌
2. 红军长征粤北纪念馆
3. 城口红军街
4. 中国传统村落、广东省古村落——恩村的五马坊
5. 城口丰源温泉
6. 城口红色特色小镇主街道

镇街建设
RENHUA YEARBOOK

红山镇◇

| 1 | 3 | 4 |
| 2 | 5 | |

1. 新山村一角
2. 红山镇新白村党群服务中心
3. 红山镇区全貌
4. 红山镇生态茶园
5. 仁化县高坪省级自然保护区

镇街建设

RENHUA YEARBOOK

周田镇◇

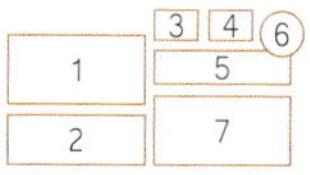

1. 周田镇区全貌
2. 广东省古村落——张屋古村门前小公园
3. 周田镇镇标
4. 周田镇月岭大街（夜景）
5. 周田镇平甫村古树公园
6. 周田平甫黄金柰李
7. 周田新庄工业园一角

科学谋划转型升级 建设五型产业基地

镇街建设

RENHUA YEARBOOK

黄坑镇◇

1. 黄坑镇区全貌
2. 黄坑市场新貌
3. 黄坑贡柑打蜡封装中
4. 黄坑镇贡柑生产基地一角
5. 2021年仁化县丹霞贡柑开园节活动开幕式

丹霞贡柑
丹霞贡柑 果珍不凡
丹霞贡柑 果珍不凡
2021年仁化县丹霞贡柑开园节
开幕式
2021年仁化县丹霞贡柑开园节

镇街建设

RENHUA YEARBOOK

大桥镇◇

1. 大桥镇区全貌
2. 仁化县国家现代农业示范区
3. 大桥村侯曹屋村小组渡口
4. 河堤步道
5. 大桥镇镇标
6. 榕树下公园

粤
善美韶关·仁爱仁化
仁化县大桥镇

榕树下公园

数字仁化（2021）

◎土地面积	2223.22平方千米
◎年末户籍总人口	242673人
◎地区生产总值	111.43亿元
◎第一产业增加值	236981万元
◎第二产业增加值	453471万元
◎全部工业增加值	381869万元
◎第三产业增加值	423848万元
◎第一、第二、第三产业构成	21.3：40.7：38
◎人均地区生产总值	59965元
◎货物周转量	86365万吨千米
◎社会消费品零售总额	25.74亿元
◎实际利用外商直接投资	663万美元
◎地方一般公共预算收入	4.77亿元
◎地方一般公共预算支出	25.79亿元
◎税收收入	3.42亿元
◎住户存款余额	93.3亿元
◎城镇居民人均可支配收入	33351.5元
◎农村居民人均可支配收入	21215.9元
◎医院、卫生院床位	877张

（县统计局）

目　录

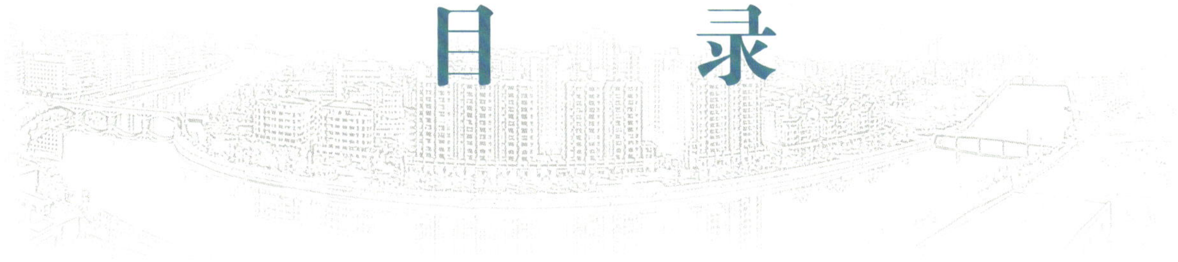

特　辑

大事记

概　貌

中国共产党仁化县委员会

仁化县人民代表大会

仁化县人民政府

中国人民政治协商会议仁化县委员会

中国共产党仁化县纪律检查委员会 仁化县监察委员会

民主党派 · 群众团体

法　　治

军 事

交通·邮电·信息业

供电·供水·供气

水利·气象事业·水文监测

城乡建设·环境保护

经济综合管理

农业农村

工　业

商　贸

旅游业

财政·税务

银行·保险

教科文卫体

社会生活

中央、省、市驻仁化单位

镇（街道）概况

人　物

附　录

索　引

特　辑

仁化县开展党史学习教育

2021年，仁化县以习近平新时代中国特色社会主义思想为指导，根据中共中央、中共广东省委和中共韶关市委党史学习教育工作部署，以高度的政治责任感和使命感，围绕“学史明理、学史增信、学史崇德、学史力行”目标要求，坚持学党史、悟思想、办实事、开新局一体实施，做细做实“规定动作”，创新创优“自选动作”，以坚决有力的举措、担当实干的作风，全力以赴抓落实，带动广大党员干部从中国共产党的百年奋斗史中汲取奋进力量。

成立以县委主要领导任组长，其他相关职能部门为成员的党史学习教育领导小组，领导小组下设工作办公室，抽调有关单位业务骨干集中办公。全年召开县委常委会会议19次和领导小组会议7次，对党史学习教育有关工作进行研究部署。

制定印发《中共仁化县委印发〈关于开展党史学习教育实施方案〉的通知》，明确党史学习教育总体要求和工作内容，仁化县各级党委（党组）结合本单位本部门本系统工作实际，制订方案，明确工作举措，推动党史学习教育实现全覆盖。由县领导“挂帅”成立11个巡回指导组，强化巡回督导职能，覆盖全县11个镇（街）64个单位，推行全过程检查、常态化督导，督促仁化县各级各部门抓实抓细学习教育各项工作。

以突出县处级领导为重点，学习习近平总书记在党史学习教育动员大会上的重要讲话精神、“七一”重要讲话精神，百年中共党史，中共十九届六中全会精神等专题，召开县委理论学习中心组专题学习研讨会10次、辅导报告会3场，带动全县各单位各部门开展中心组理论学习研讨530余次。

坚持以上率下，县处级领导带头讲党史学习教育专题党课累计136节，开展“党课开讲啦”活动，带动各基层党组织书记讲专题党课1200余节，聆听党课的党员干部群众3.2万余人次。

各级党组织为党员干部购买指定学习材料2万余册，引导党员读原著、学原文、悟原理。发挥新时代文明实践中心建设的资源优势，打造党史学习教育“学习书屋”，组织党员干部轮流夜读学习1.5小时，全年开展3期，参与学习共78个班次。

组建县级宣讲队伍，依托镇（街）党校、新时代文明实践中心（所、站）等阵地，面向基层党员干部群众开展专题宣讲330余场，参加党员干部群众2.2万人次；组建“小蜜蜂”志愿服务队12支和“五老”（老干部、老战士、老专家、老教师、老模范）宣讲团深入基层一线宣讲300余场，以短平快、互动式、接地气的特点让中国共产党的创新理论“飞入寻常百姓家”。

对中共老党员采取送学上门、打造精品党课、组织老干部学习百年党史等活动形式，确保老党员学习“不掉队”；以“互学互帮互促”支部共建为载体，探索支部委员和流动党员定期联系机制，以寄出“致流动党员一封信”、利用返乡时机开展革命传统教育等方式，实现流动党员离家不“离学”，流动不“流学”。

用红色资源“活”教材，编纂印发《中国共产党仁化县百年历史速览》《仁化县革命遗址通览》等学习资料3000余本，丰富党史学习教育本土元素；创作排演大型红色歌舞剧《你来过》，在韶关大剧院、仁化体育馆展演，受众5万余人次；“打卡广东红”打卡1万余人，其中VR（Virtual Reality，即虚拟现实）打卡21万余次，实地打卡2000余次；红军长征粤北纪念馆、石塘双峰寨、红色安岗村等革命遗址共接待省内外单位1900余个，参观学习14.2万余人次，为发扬革命传统、传承红色基因贡献仁化力量，使得党史学习教育更接地气，更有生气，更得人气。

仁化县创新活动载体开展“我承诺·我践行”我为群众办实事实践活动，各单位及县处级领导干部共承诺实事497件，完成率100%。各镇（街）、各部门党组织党员干部通过“一线双联”“民情夜访”活动载体，为群众办好事、实事、暖心事5566件，践行为民服务宗旨意识。在教育、养老、医疗、安全、生活便利等方面持续发力，加大对社会救助、公共服务、基本民生保障等方面投入，把交通安全整治、农贸市场提升、防范电信网络诈骗、用水价格调整、危桥整治、提升办学条件、深化政务服务改革、提升公共服务均等化水平8项共14件工作列为仁化县“我为群众办实事”重点民生项目，并完成各项重点民生项目建设任务，将“民生工程”打造成“民心工程”。夯实民生基础保障，群众的获得感、幸福感、安全感不断上升。

仁化县坚持把开展党史学习教育同贯彻落实习近平总书记的系列重要讲话、重要指示批示精神和做好各项中心工作紧密结合起来。突出发展镇域经济这个重点，大力推进乡村振兴，积极发展特色产业，培育“一村一品、一镇一业”专业村镇；仁化县着力推进脱贫攻坚成果同乡村振兴衔接，完善落实“4+2+2”防止返贫动态监测和帮扶机制（基本生活、医疗、就业、教育4个方面兜底保障机制，户、村、镇、县四级“三人组”动态监测预警帮扶机制和明白卡公开监督制度2个动态监测机制，农业、电商2个产业帮扶机制），大力推动驻镇帮镇扶村联支部工作，不断提升乡村振兴工作质效。全面启动董塘凡口绿色工业园区“厂区变园区、产区变城区”（简称“双变”）第二批市级改革试点，成立有色金属产学研合作中心，加快高附加值产品研发，积极谋划推进广东铝厂“双变”第三批试点工作；丹霞冶炼厂已申报为2020年广东省知识产权示范企业。

推进仁化中学恢复初中办学，建成城北幼儿园、锦城幼儿园和中等职业学校实训楼，县人民医院新门诊综合大楼、“120”医疗急救体系标准化、新县妇幼保健院、基层医疗机构污水处理系统建成并投入使用。持续抓实抓细常态化疫情防控措施，做好重点地区来（返）仁化人员的排查和健康管理，推进县人民医院发热门诊及感染科防治楼建设。

（叶若熙）

仁化县“民情夜访”工作入选全国乡村治理典型案例

2021年10月，农业农村部办公厅、国家乡村振兴局综合司公布第三批全国乡村治理38个典型案例供全国各地学习借鉴，其中仁化县以“民情夜访”推动乡村有效治理被列为全国乡村治理典型案例，是广东省入选3个案例之一，是韶关市唯一入选案例。

践行群众路线，建立“三包”“两访”工作制度。“三包”即县领导包镇、县直部门、乡镇班子成员包村、县镇干部包户。要求县四套班子成员、“法检”两长，以及县直单位主要领导和乡镇班子成员每周至少安排1个晚上（原则上，定在每周三）到各挂点乡镇、村开展“民情夜访”，加强与村小组组长、涉矛盾纠纷人员、返乡乡贤等沟通，开展与基层干部谈话。“两访”即主要通过有针对性地约请党员、群众到民情接待室进行访谈和到重点户上门家访两种方式进行夜访，调研农村产业发展、公共设施建设、脱贫攻坚、乡村振兴、人居环境整治等群众关注的重点、热点、难点，多渠道多途径发现问题，解决困难，推动工作。

明确“六个必须”工作要

求。仁化县要求“夜访”干部做到“六个必须”，推动“民情夜访”活动落实。“六个必须”，即夜间必须走访2—3户农户，夜间必须召开村“两委”干部座谈会，必须召开乡村振兴或平安建设工作会议，必须研究美丽乡村和基层党建三年行动计划推进情况，必须到自然村走访村小组组长，必须解决1—2个实际问题。

强化“四个一”（一周一汇报、一月一排查、一季一回访、年度一考评）工作责任制度。为让夜访中发现的问题得到解决，仁化县形成“登记—办理—督办—协调—反馈”一整套闭环工作制度。一周一汇报，即落实初访首办负责制，登记群众反映情况，建立“民情夜访”工作台账，接访领导负责全程跟踪，直至办结；每周由包村包片干部将访民情、解民忧情况向工作组长汇报，工作组长向镇、村班子汇报研究解决。一月一排查，即乡镇、村两级每月对群众反映的民忧进行一次排查，督促解决，及时销账，确保件件有落实、事事有回音。一季一回访，即包村包片干部及村干部每季度对解忧销账的群众进行一次回访，收集群众反馈意见。年度一考评，即每年年底测评“民情夜访”活动开展情况，对开展好单位和个人给予奖励，对开展较差单位或个人给予处分并责令限期整改。

建立健全激励保障制度。为让乡镇干部扎根基层住有保障，“民情夜访”制度得到落实，仁化县投入1500万元建设镇干部周转房宿舍11个，新增交流干部宿舍190余套，完善乡镇食堂、宿舍、澡堂、文体活动室、图书室等“五小”设施，改善乡镇干部生活条件，为乡镇干部安心基层、奉献基层、扎根基层提供保障；强化正向激励，每年专门从年度考核中安排100名优秀指标，奖励在推进基层党建、乡村振兴等工作中表现突出的县、镇干部。同时，建立县四套班子党员领导干部个人绩效以及县直各单位绩效、年度考核与挂点镇村成效挂钩制度，通过正向激励和负向约束相结合，推动“民情夜访”制度落实，形成大抓基层保稳定促发展氛围。

2021年，全县各级干部开展“一线双联”“民情夜访”活动6093次，解决群众问题困难1377个。真正使“民情夜访”活动开展诠释了“脚下有土，心中有谱”的工作方法，做到问需于民、问计于民，排解民忧民困，有效推动乡村治理与振兴。

（县委组织部）

仁化县创新机关与农村党组织“互学互帮互促”工作机制被评为韶关市改革创新十大典型案例之一

为认真贯彻落实新时代党的建设总要求和新时代党的组织路线，深入实施《广东省加强党的基层组织建设三年行动计划（2021—2023年）》，扎实开展基层党组织结对帮扶、联学联建活动，完善基层组织工作体系，推动基层提升党建引领基层治理、推动高质量发展的水平，韶关仁化县创新推行党支部“互学互帮互促”工作机制，切实把基层党组织建设成为坚强战斗堡垒。

仁化县党支部“互学互帮互促”工作机制，是以习近平新时代中国特色社会主义思想为指导，全面贯彻落实从严治党要求，深入贯彻落实新时代党的建设总要求和党的组织路线，落实省市加强党的基层组织建设三年行动计划的创新举措。该工作机制以《中国共产党章程》《中国共产党支部工作条例（试行）》等党内法规为基本遵循，以《广东省党支部规范化建设指导意见》为基本内容，以提高党建工作质量为工作重点，通过建立党支部“互学互帮互促”工作机制，搭建党支部交流互鉴平台，促进党支部相互学习、互相借鉴、互相督促、共同提高，提升基层党组织建设制度化、规范化、科学化水平，提高基层党组织的政治领导力、思想引领力、群众组织力和社会号召力。通过建立党支部“互学互帮互促”工作机制，通过先进党支部带动后进党支部、以“1+N”组团模式（由一个规范化建设水平较高的机关党组织与3—5个规范化建设较弱的机关或农村基层党组织组团共建）建强机关党支部、机关支部带动农村支部的办法，强化思想理论教育，严肃党内政治生活，严格党员监督管理，密切联系人民群众，切实把党支部建设成为宣传中国共产党的主张，贯彻中国共产党的决定，领导基层治理，团结动员群众，推动改革发展的坚强战斗堡垒，为仁化县落实省委“1+1+9”工作部署［第一个“1”是加强党的全面领导和党的建设；第二个“1”是以更大魄力，在更高起点上推进改革开放；“9”是9个方面的重点工作，分别为举全省之力推进粤港澳大湾区建设和支持深圳建设中国特色社会主义先行示范区；扎实推进高质量发展、打造新发展格局的战略支点；加快建设科技创新强省；加快建设现代化经济体系；全面实施乡村振兴战略；高质量加快构建“一核一带一区”（“一核”即珠三角地区，是引领全省发展的核心区和主引擎；“一带”即沿海经济带，是新时代全省发展的主战场；“一区”即北部生态发展区，是全省重要的生态屏障）区域发展格局；深入推进文化强省建设；营造共建共治共享社会治理格局；统筹发展和安全建设更高水平的平安广东］，高质量加快构建“一核一带一区”区域发展，开启全面建设社会主义现代化新征程提供坚强的政治保证和组织保证。

仁化县有111个先进党支部与后进党支部进行挂钩结对。结对党支部在支部规范化建设、党员作用发挥以及推动工作情况等方面开展互学，通过组织谈心谈话、党务业务交流、组织活动等方式促进互帮，采取列出问题清单限期整改、组织考评等举措互促提升，促进后进党支部实现晋位升级。

仁化县实施“1+N”组团建强机关党支部，在县级层面组建20个党建工作团，由规范化建设水平较高的机关党组织与较弱的机关党组织组团共建，团内建立统一工作标准、统一工作流程，通过互学互帮互促，开展观摩学习、总结交流、联合党日活动等团内活动260余次，实现组团党组织党建工作同频共振，整体推进。

按照“一线双联”活动县直单位与农村社区的结对帮扶关系，机关党组织与农村（社区）党支部进行挂钩结对。自开展该项机制以来，推动80多个机关单位与挂点联系村级党组织开展“支部帮支部、书记帮书记、党员联党员”结对共建活动3500余次，将机关单位工作资源和力量引向村级党组织，不断提高农村基层党组织的政治领导力、思想引领力、群众组织力和社会号召力，有效地织密建强上下贯通、执行有力的农村基层组织体系。

“互学互帮互促”是常态化提升党建工作的重要抓手，县各单位党组织不断总结党支部“互学互帮互促”工作典型经验，唱响支部创先争优促进乡村振兴等中心工作的“仁化好声音”。

2021年，全县各级党组织依托党支部交流互鉴平台，开展各类交流活动4500余次、培训活动626期，开展党建交叉检查80余次。在“两优一先”评选活动中，全县有14名中共党员被评为省、市优秀共产党员或优秀党务工作者，有6个党组织被评为韶关市先进基层党组织。

（彭金庆）

“长征·粤北突围”入选2021年广东省弘扬社会主义核心价值观主题展览

为深入贯彻落实习近平总书记关于文物工作系列重要论述和对广东重要讲话及重要指示批示精神，充分发挥博物馆陈列展览在弘扬中华优秀传统文化、革命文化、社会主义先进文化，培育社会主义核心价值观中的阵地作用，广东省文物局组织开展了2021年广东省弘扬社会主义核心价值观主题展览征集工作。

红军长征粤北纪念馆于2020年着手准备，积极开展申报工作，充分发挥馆藏文物资源优势，聚焦“富强民主文明和谐、自由平等公正法治、爱国敬业诚信友善”的社会主义核心价值观基本内容，展示中国共产党成立100年以来的光辉历程和取得的伟大成就。红军长征粤北纪念馆是广东省内唯一一座以纪念红军长征为主题的纪念馆。纪念馆分5个部分18个单元。其中，主题陈列“长征·粤北突围”全方位地展现了南昌起义军余部、红四军、红五军、红七军和红三军团等红军主力部队转战粤北，先后经过南雄、仁化、乐昌三地，顺利突破敌人设置的三道封锁线，以及继续留守在赣粤边的红军和游击队在极端艰难的条件下，坚持艰苦卓绝的三年游击战争的光辉历史，展示了粤北人民积极支援红军的军民鱼水情。展览自2019年开放至2021年年底，到馆观展游客数量超过31万人次；纪念馆围绕“粤北突围”主题展览开展活动60余次，获得游客与专家的一致好评。

2021年5月14日，广东省文物局《关于公布2021年广东省弘扬社会主义核心价值观主题展览征集结果的通知》（粤文物〔2021〕20号），经组织专家评审，广东省文物局推选出26个“2021年广东省弘扬社会主义核心价值观主题展览”，公布推介名单，韶关市红军长征粤北纪念馆的主题陈列“长征·粤北突围”入围“2021年广东省弘扬社会主义核心价值观主题展览”推介名单。

（韶关市红军长征粤北纪念馆）

仁化县入选广东省首批乡村“复兴少年宫”建设试点县

【概况】 2021年6月，仁化县入选广东省首批乡村“复兴少年宫”建设试点县。为贯彻落实习近平总书记关于未成年人思想道德建设的系列重要论述精神，加快推进省级乡村“复兴少年宫”试点建设工作，仁化县成立由县委常委、宣传部部长、文明委常务副主任任组长，县委宣传部副部长、文明办主任任副组长的仁化县乡村“复兴少年宫”建设领导小组，将新时代文明实践中心建设工作与乡村文化教育、关爱未成年人等工作紧密结合，立足“家门口”，在11个镇（街）新时代文明实践所挂牌成立乡村“复兴少年宫”，满足广大农村少年儿童公共教育和文化服务需求，着力培养担当民族复兴大任的时代新人，打通农村少年儿童宣传、教育、服务的“最后一公里”。

【结合实际推动项目落地】 2021年，仁化县创新新时代文明实践思路，探索符合基层实际的新做法。仁化县主动向先进县学习乡村“复兴少年宫”项目的建设经验和做法，将学习成果转化为具体实践，结合奋力争当生态文明和精神文明建设先行示范县的工作实际，探寻出符合仁化乡村“复兴少年宫”建设路子，并成功获得省级乡村“复兴少年宫”建设试点县称号。8月，仁化县文明办组织召开乡村“复兴少年宫”建设工作会议，县委常委、宣传部部长、文明委常务副主任为11个镇（街）乡村“复兴少年宫”授牌，要求各镇（街）要深入结合农村少年儿童的身心特点、兴趣爱好以及地方文化特色，将其打造成为农村少年儿童课外学习和实践活动的重要场所。这标志着仁化县乡村“复兴少年宫”建设正式启动。

【开展主题活动】 仁化县充分发挥新时代文明实践所（站）服务宣传方面的优势，最大程度满足青少年教育休闲成长的需求，精心组织开展好乡村“复兴少年宫”系列活动。2021年8月，开展德育类、文艺类、体育类、科普类等新时代文明实践活动280余场。如，董塘镇安岗村举行仁化县乡村“复兴少年宫”大学生暑期实践暨青少年自护教育活动，石塘镇乡村“复兴少年宫”开展以“爱护我们的身体”为主题的保护女童人身权益专题宣讲活动，城口镇乡村“复兴少年宫”举办的2021年“我爱您 我的祖国”主题文艺活动等。

【探索“队伍+项目”“志愿服务+”双联动模式】 2021年，仁化县推广乡村“复兴少年宫”建设后，全县以打造省级新时代文明实践所2个和省级新时代文明实践站22个为契机，按照“体系健全、标准规范、功能配套、运行高效”的工作思路，动员本地各类文化、教育、体育、科技人才，包括民间艺人、非遗传承人、退休老教师、返乡高校大学生等人群积极参与志愿服务活动，着力打造志愿服务队伍建设，精心设计志愿服务项目，配合协助乡村“复兴少年宫”活动开展。同时，发挥全国文明城市、全国新时代文明实践中心建设县的优势，依托文明实践中心1个、镇（街）文明实践所11个、村（社区）文明实践站以及乡村学校等活动阵地125个，创新“点单—派单—接单—评单”服务模式，精准对接农村少年儿童需求，依托现有的“红心闪耀”“仁爱仁心”“全民尚文”“企业护航”“青力青为”“巾帼志愿”“好人模范”“文艺轻骑兵”等14支各具特色志愿服务队伍资源下沉，充实师资力量，深入各乡村“复兴少年宫”，为广大乡村未成年人搭建快乐学习、健康成长、全面发展平台，不断扩大志愿服务网络深度、广度。

【探索“必修课+特色课”课程模式】 2021年，仁化县落实“双减”政策与乡村“复兴少年宫”建设深度融合，结合农村少年儿童的身心特点、兴趣爱好，大力挖掘当地红色文化、非遗文化和自然生态资源，精心办好德育必修课，同时创设一批各具特色、智趣并存的本土特色课程。如依托红军长征粤北纪念馆、城口红色小镇、石塘双峰寨等红色教育资源，开展青少年爱国主义教育系列活动，带领农村少年儿童寻访红色足迹、聆听红色故事、唱响红色歌曲，打造沉浸式、互动式红色课堂；依托丹霞山和长江镇、扶溪镇等生态资源禀赋，开展青少年研学实践活动，将校外科普教育延伸到农村，让农村少年儿童学后有托、学后有得。

【探索多元力量共建模式】 2021年，仁化县把推进乡村“复兴少年宫”省级试点建设作为实施乡村振兴战略的重要举措，并列入全县文化体制改革重要事项，充分发挥文明办统筹协调作用，共青团、妇联、教育、民政、关工委等部门强化联动，广泛发动力量，有效调配资源，抓好融合共建共享。按照就近、便利原则，积极推动少年宫、博物馆、科学馆、展览馆、纪念馆等青少年活动场所，建立与乡村“复兴少年宫”的活动衔接机制，实现服务阵地从学校向广大乡村延伸。利用微信公众号、乡村大喇叭等线上线下渠道大力宣传，调动社会各界参与积极性，争取文明单位、文明校园、爱心企业在资金、设施、技术、人才等方面支持，形成全社会共建共享乡村“复兴少年宫”合力。

（曾文韬　叶庚兰）

仁化县获评全国第二批农作物病虫害“绿色防控示范县”

2021年3月30日，仁化县获评为第二批全国农作物病虫害“绿色防控示范县”。仁化县坚持“科学植保、绿色防控”理念，贯彻落实“预防为主，综合防治”植保方针，通过强化各级领导、整合资源、加大宣传培训力度等措施，开展绿色防控和实施农作物病虫害绿色防控，提升全县经济效益、社会效益、生态效益，提高农作物病虫害绿色防控覆盖率。截至2021年，全县建立绿色防控示范点（区、基地）35个，示范面积7123公顷，覆盖率61.87%，病虫害综合防治效果达90%，打造“丹霞贡柑”“长坝沙田柚”等一批优质农产品，促进柑橘、水稻、茶叶等主导产业的绿色、生态、可持续发展。

整合资源，加大投入。为推进农作物病虫害绿色防控工作，仁化县结合实际，筹措资金，整合涉农资源和争取上级财政资金，统筹用于全县绿色防控各项工作。2018—2022年，全县争取各级财政资金共计7194.4万元。

抓实监测，强化预警。仁化县设有农作物病虫监测站1个，拥有中级农艺师2名、农技员1名，负责开展全县病虫害调查和监测工作，编印《农作物病虫情报》。农作物病虫监测站利用自动虫情测报灯工具开展病虫智能监测，病虫智能监测器等先进测报工具，开展病虫害监测测报，提升病虫监测预警能力，实现科学的检测，数字化、网络化传输，可视化预警预报，提高病虫害预报时效性和准确性，及时防控，减少和降低病虫害防治用药量。

创建示范，辐射带动。依托新型农业经营主体作为绿色防控载体，在黄坑、大桥等镇选择规模化生产的新型经营主体开展病虫害绿色防控技术示范。截至2021年，全县建立绿色防控示范点、示范区、示范基地35个。经调查，示范区昆虫天敌种群数量（平均87.8丛/亩）明显上升，密度比非示范区（平均36.8丛/亩）高53.23%；隐翅虫种群数量（平均28.6丛/亩）明显上升，密度比非示范区（平均18.7丛/亩）高34.6%。围绕生态调控技术、物理诱控技术、生物防治技术、农药植物健康技术等，推广绿色防控先进技术，仁化县农业农村发展服务中心集成总结一套农作物（果树）病虫全程绿色防控技术模式，在全县大面积推广应用，取得明显成效。

多措并举，加强宣传。仁化县多措并举，加大农作物病虫害绿色防控技术普及宣传和技术培训力度，通过一系列宣传与推广，有效提高仁化县整体农作物病虫绿色防控技术水平。开展线上宣传，通过融媒体、微信等方式推送当前农作物病虫害发生情况和防治对策，全面系统宣传农作物病虫害绿色防控技术。由“四级”农业技术人员组成的志愿服务队深入田间地头，通过开展高素质农民培育、农民夜校、农民田间培训班、实操讲解演练等多形式培训方式，抓好线下技术培训。据不完全统计，全县开展线下农技培训180期，参与培训0.98万人次，农户接受绿色防控培训比例为46.89%。印发宣传资料，全县累计制定印发仁化县绿色防控技术小册子、宣传海报等绿色防控宣传资料超过47万份。

科技支撑，助力防控。仁化县农业农村发展服务中心积极加强与广东省农业科学院、韶关学院等农科院校（所）的交流联系，建立省市县镇四级农业技术服务体系，提升科技推广水平。通过基层农技员的实时反馈，省市专家给出的建议和对策，并采取绿色防控的手段，及时帮助农户解决当前农作物关键性的病虫害，做好绿色防控，有力提升了仁化县农作物重大病虫害防控水平和能力。

（县农业农村局）

仁化县黄坑镇等贡柑“三品一标”基地入选首批全国种植业“三品一标”基地

2021年12月20日，仁化县黄坑镇高塘村、黄坑村、闻韶镇华塘村、大桥镇湾头村贡柑“三品一标”入选第一批全国种植业“三品一标”（无公害农产品、绿色食品、有机农产品和农产品地理标志的统称）基地，成为第一批100个全国种植业“三品一标”基地之一。

2021年，仁化县农业农村局开拓思路，创新机制，多措并举，推进种植业“三品一标”行动，引领种植业全面绿色转型，提升产业质量效益和竞争力，建设一批优势特色突出、示范带动能力强的基地，组织新型农业建经营主体做好申报工作。

入选全国种植业“三品一标”基地，要求基地优良品种覆盖率95%以上，推行绿色先进生产技术；基地规模化程度至少66.67公顷；产品品牌响亮，有市场号召力；示范带动能力强，由龙头企业、专业合作社、种植大户、家庭农场等新型经营主体牵头示范带动标准化生产、规范经营。

仁化县黄坑镇高塘村、黄坑村、闻韶镇华塘村、大桥镇湾头村贡柑“三品一标”基地种植面积为166.67公顷。该基地通过国家农业示范区和“一村一品、一镇一业”、社会化托管服务等项目建设推广节水、节肥、节药绿色先进生产技术模式，促进基地各项建设，基地产品质量稳定。逐步建立完善柑橘产品质量安全标准体系，加大柑橘无公害农产品、绿色食品、有机食品认证力度，着力提升柑橘品质，努力创建自己的品牌，发挥品牌优势，增加产品价值。种植基地配备高标准生产大棚及水肥一体化灌溉、冷库仓储等农业设施。为促进绿色健康可持续发展，基地通过推广绿色种植技术，普及太阳能杀虫灯、生物防控技术以及生物农药等先进绿色种植技术，保障基地贡柑的绿色发展。

仁化县黄坑镇高塘村、黄坑村、闻韶镇华塘村、大桥镇湾头村贡柑“三品一标”基地属于仁化县橘颂生态农业有限公司。该公司贡柑加工清洗、打蜡、包装服务功能完备，有打蜡厂12家，年加工保鲜贡柑超1.5万吨，形成产供销完整产业链，建成2万平方米柑橘智能分选场。采用线上线下同步销售，通过互联网+推广贡柑产业，线上通过丹霞论坛、旅游官微、同程旅游网等平台，线下在“丹霞仁家”农家乐、旅行社、特产店等全方位宣传。通过推进柑橘产地批发市场建设，培育柑橘流通中介组织和农民经纪人队伍，发展农业电商和物流，支持龙头企业、农民专业合作组织等直接向城市超市、社区农贸市场和便利店配送柑橘。发展与柑橘相关观光休闲、采摘体验等旅游产业，促进农业增效、农民增收。该公司在全国20多个省建立经销点，产品批发销售往北京、上海、西安、吉林等多个城市。

（县农业农村局）

阅丹公路被评为广东省“十大最美农村路”

仁化县贯彻落实习近平总书记对农村公路的重要指示精神，围绕“建好、管好、护好、运营好”农村公路奋斗目标，着力补齐农村交通基础设施短板，提升农村综合交通水平，为实现乡村全面振兴提供交通运输服务保障。在市委、市政府统筹下，仁化县依据阅丹公路道路周边风光、建筑、文化等特点，与生态旅游、红色旅游、乡村旅游、农业体验游等相结合，推动大丹霞旅游升级发展，实现丹霞山与韶关城区“山城融合”，实现美丽与发展共赢。2021年，阅丹公路被评选为广东省“十大最美农村公路”之一。

阅丹公路全长59.151千米（其中仁化境内段34.794千米，包括县道800线大岭工业园至暖坑段，乡道619线丹霞山至暖坑段，乡道542线牛鼻至芙芷坝段），贯穿丹霞山景区南北通道，自南起于浈江区良村高速入口，终于丹霞山北门广场。阅丹公路以原有线型为基础，结合沿线风景，以三、四级公路为技术标准，因地制宜，宜宽则宽，宜窄则窄，秉着保护自然生态环境原则，结合旅游公路相关要求建设。

阅丹公路镶嵌在群山、河流和村庄之中，连接仁化县丹霞山景区和韶关市城区。仁化县根据省市提出连点、连线、连片发展环丹霞山美丽乡村的要求，开展道路、设施、产业、文化内涵“四个连片”建设，让环丹霞山村庄与丹霞山形成资源互补、客源共享、联动发展的良好局面，全面释放乡村振兴动能。在阅丹公路沿线的夏富村、车湾村等村小组，仁化县先后实施村庄整治提升建设，按白墙灰瓦统一标准粉刷房屋外立面，融入红色文化、丹霞文化等元素，依托村内一帆风顺、田螺峰等景点融入村标、绿化、小公园和小广场的设计，成为阅丹公路上一道亮丽的景点。经过人居环境整治，一栋栋融入丹霞文化、红色文化等元素，具有岭南徽派特色的民居楼呈现眼前，生态停车位、花草缤纷的绿化带镶嵌在沿线道路，白墙黑瓦掩映在丹山碧水中，步步皆景。

在国省道仁化路段及环丹道路沿线建设景观节点，多层次、多色彩密植乔灌木及草本花卉，新建一批休息驿站、生态停车场、旅游停车场等设施，大力实施水泥路向硬底化道路、硬底化道路向沥青化道路转变工程，增设道路旅游指示标识，新建或改造旅游厕所，形成自然、美丽、便民的百里景观交通廊道。阅丹沿线涉及丹霞街道车湾、夏富2个行政村的村小组22个，覆盖1337户4977人，发展丹霞特色民宿客栈400余家，涉旅企业1100余家，农家乐50余家，助力仁化获得“中国最佳生态休闲旅游名县”“全国最美生态旅游示范县”。同时，配合市级完成环丹霞山省级万里碧道试点建设，打造“水清岸绿、鱼翔浅底、水草丰美、白鹭成群”生态廊道，进一步提升阅丹公路沿线和重点区域绿化美化水平。

阅丹公路的建成，为仁化县在全面建设新时代文明实践中心全国试点县中打造一批示范样板实践站（点）提供有利阵地。仁化县以“唱响红色主旋律、打造绚美大丹霞”为主线，将村委会、公共文化平台、企业与党员志愿服务等元素“串珠成线”，融入新时代文明实践中心建设当中，打造一批阅丹公路新时代文明实践站（点），展示和宣传环丹新农村建设成果，服务和推进乡村振兴。通过持续开展“红心闪耀”特色品牌志愿服务活动，促进阅丹公路沿线党组织建设、新农村建设、乡村移风易俗、乡风文明、村民致富奔康，让阅丹公路沿线群众和游客共享新时代文明实践带来的红利。

阅丹公路是推动大丹霞旅游升级发展，实现丹霞山与韶关城区“山城融合”的重点旅游公路项目，是“交通+旅游”带动农文旅融合发展的生动实践。阅丹公路陆续举办环丹霞山自行车赛、环丹霞山徒步和环丹霞山马拉松等10余次大型赛事，提升阅丹公路的知名度和影响力，实现“景点旅游”向“全域旅游”的转变，成为广大市民游客休闲旅游，感受生态自然美，开展户外锻炼的首选地之一，助推大丹霞旅游经济圈迈向新台阶。

（余健伟）

丹霞山大力推动“科学名山”建设纪实

联合国教科文组织亚太遗产中心于2021年7月发布“全球世界遗产教育创新案例”获奖名单，《丹霞山“五维一体”世界遗产教育模式赋能地方可持续发展》入选10个“全球优秀推荐案例”，展示中国遗产保护可持续发展的创新实践。

丹霞山管委会贯彻落实习近平生态文明思想，践行“绿水青山就是金山银山”的理念，执行市委、市政府争当粤北生态功能区排头兵的部署，以创建国家公园为牵引，以打造“科学名山”为抓手，在生态保护与利用方面进行创造性探索，经过近10年探索与实践，初步形成“丹霞山模式”，成为联合国教科文组织世界遗产教育十大创新案例之一。

加强科研监测，摸清资源家底，为科普研学提供科学支撑。丹霞山管委会通过开展科研合作、引入新技术、建立多层次科研监测队伍等措施，进一步摸清丹霞山资源家底，为丹霞山的保护与可持续利用提供基础数据支撑。丹霞山管委会与中山大学、中国地质大学等国内30余所高校建立产学研关系，加强丹霞地貌、生物多样性、自然环境等科学监测与研究，为丹霞山保护和发展提供科研支撑。景区先后引进空气自动监测、野生动物自动监测平台等新技术手段，对区内的地质遗迹、生物生境、环境质量等开展全方位的实时监控和监测，提高科研监测的广度和深度。

加强基础设施建设，完善科普体系，打造科普研学产品。充分利用丹霞山资源优势，通过加强科普基础设施建设、完善科普体系等途径，加强科研监测成果转化，打造专业研学产品，丰富丹霞山旅游新业态。依托丹霞山的资源禀赋，在开放区域建设特色鲜明主题各异的科普研学线路9条，设立科普解说牌和导览指示牌1000多块，新建观鸟、观蝶、观萤专业科普教育径3条，完善丹霞山博物馆生物多样性厅等科普场馆及设施，为科普研学活动提供支撑。深入挖掘和整合丹霞山及周边资源，按照学科体系划分，以学龄层次和学时为依据研发研学实践课程200余个，内容涵盖地质地貌、地理、生物多样性等，适合不同年龄段学生体验学习。通过举办科普志愿者训练营、科普导师培训等方式，培养全职或兼职的研学导师队伍600多人。吸引来自北京等地的多家科普研学公司落地丹霞山，为科普研学游提供强大人才支撑。

加强品牌创建，强化宣传推介，吸引游客走进丹霞山。丹霞山管委会通过创建各类研学实践、自然教育等科普品牌，先后入选全国、省、市级中小学生研学实践教育基地，全国科普教育基地、自然教育基地、省级自然教育基地等科普研学品牌，成为粤港澳大湾区乃至全国知名的科普研学基地，吸引公众关注丹霞山。通过举办自然观察系列比赛、公益科普体验课程等丰富科普活动，吸引中小学师生走进丹霞山。

生物多样性保护成果显著。持续推动的生态保护和科研监测工程，有效保护了生物多样性。2019年以来，丹霞山相继发现动植物新种和菌类8个，10年来累计发现新物种（绝大部分为丹霞山特有物种）20个；2020年以来丹霞山鸟类记录数量显著增加，截至2021年，在丹霞山国家级自然保护区记录鸟类总数已经达到245种。助力乡村振兴有效果，在丹霞山腹地及其周围乡村建设科普学堂30余个，扶持打造以“科普+”为主题的民宿客栈100余个，吸引公众走进社区参加科普活动40万余次，同时带旺贡柑、沙田柚、铁皮石斛、茶叶等优质农特产品销售，并吸引青年返乡创办农家乐、家庭农场、民宿、客栈等经济产业，增加当地居民的经济收入，乡村居民生计得到显著改善，内生发展能力不断提升。

（刘　桦）

打造董塘凡口绿色工业园——韶关市“厂区变园区、产区变城区”第二批试点工作

2021年，仁化县为贯彻落实市委、市政府工作部署，推动“厂区变园区、产区变城区”改革深入推进，制定董塘凡口绿色工业园区“厂区变园区、产区变城区”工作方案，依托凡口矿、丹霞冶炼厂（以下分别简称凡口矿、丹冶）现有资源及产业基础，通过产业升级、“三旧”改造、完善周边社区、村庄配套设施等方式，打造集“采—选—冶—精深加工”全产业链为一体的优质园区，进而聚集人才、拉动周边各产业协同发展，实现绿色转型升级。董塘凡口绿色工业园区“厂区变园区、产区变城区”工作方案被纳入韶关市“厂区变园区、产区变城区”第二批试点工作。

【发展定位】　先进有色金属产业基地。依托凡口矿、丹冶等现有产业基础，推进新型工业化和有色行业转型绿色升级发展，做

优做精做强有色金属核心支柱产业，使其成为辐射大湾区、示范区的金属基础材料保障地。

产城融合发展样板。按照“工业+旅游”发展模式，发挥董塘凡口绿色工业园区紧临董塘镇区、仁化县城、丹霞山等关键节点的区位优势，优化园区规划布局，完善提升公共基础设施，打造生态引领、宜产宜游的新型城镇化、产城融合发展样板。

资源绿色循环利用示范区。通过绿色循环利用方式，加快构建基地内部及与区域有色金属企业高效循环现代产业体系，实现产业绿色化、低碳化、循环化，打造资源绿色循环利用示范区。

【创建产学研中心平台】 仁化县与中南大学、中金岭南公司加强交流对接，共同建设“仁化县有色金属产学研合作中心”，并签署产学研中心合作协议，产学研合作中心正式揭牌启用。产学研中心的建立将进一步提高仁化县有色金属产业技术水平，支撑“双变”项目运行，促进有色金属产业高质量发展。与中南大学的研发合作，进一步加快凡口矿硫精矿绿色深加工生产高附加值产品、凡口矿悬臂式掘进机截齿生产、尾矿库资源综合回收提炼多金属等一批科研项目的研发进度，为仁化县实现硫磺、磁铁矿、银等高附加值产品开发，采矿用悬臂式掘进机截齿等相关部件自产、多金属提炼回收提供技术支撑。

【科学谋划发展布局】 仁化县计划将董塘凡口绿色工业园区纳入仁化产业转移工业园总体规划。顺利完成相关规划文件初稿的制定工作，并召开通过专家评审会，待修改完成后将同步报至省、市直部门批复。规划形成后将推行“生态发展、创新发展、合理开发”发展模式，合理统筹工业园内的生产、生活、生态空间，形成层次分明、功能配套、有机链接的功能布局，推动各要素合理集聚，充分利用仁化有色金属资源，延伸绿色产业链，以产兴城助推县域经济高质量发展。

【项目实施方案编制完成】 盘活闲置资源资产，实现矿业高质量发展。仁化县推进“广东凡口铅锌矿绿色矿业发展示范区”项目建设工作，编制完成凡口矿区资源整合方案等实施方案。该方案已由市政府上报省政府，省政府要求省自然资源厅组织研究并征询相关厅局意见，进入征询意见环节。编制完成独立工矿区项目实施方案。该方案通过财政部专家评审，并批复将由中央财政出资3240万元补贴该项目建设。实施2021年度的职业病防治中心改造、居民避险改造及建筑区塌陷治理等3个项目。

【项目建设】 凡口铅锌矿、丹霞冶炼厂共谋划支撑项目22个，总计划投资55.1亿元，动工建设项目12个，年内累计可动工项目14个，完成投资25.99亿元。其中，丹霞冶炼厂炼锌渣绿色化升级改造项目完成12个子项目建设，凡口铅锌矿绿色矿山建设与资源综合利用工程的原矿预抛废项目已投产，完成采掘废石综合利用项目并进行试运行；丹冶公寓、丹冶智慧中心、丹冶建筑外饰面提质项目、丹冶场地绿化项目等项目完工，完成投资11.4亿元。谋划储备涵盖园区城区商贸、教育、医疗等配套设施的新型城镇化项目8个。

【园区环境整体提升】 推进新型城镇化，提升改善园区整体环境。为稳步提高城镇化率，有序推动产城融合，高效开展宜居宜业宜游的董塘中心城镇建设，仁化县实施丹冶新建职工公寓、居民避险改造等项目，深入落实创建宜居环境的任务目标，进一步改善园区居民、企业职工、相关人才的住房条件。统筹推进凡口矿社区公共服务提升项目和凡口矿市场、道路建设项目，优化完善教育、医疗和文体中心等服务设施，建成商贸中心和农贸市场。谋划实施凡口铅锌矿矿区及周边环境综合整治项目、丹霞冶炼厂建筑外饰面提质项目和场地绿化项目等一批环境综合整治项目，提升改善园区环境，为建成美丽舒适新型园区助力增色。

（县丹霞经济开发区管委会）

大事记

1月

1日 仁化县第四家风度书房长江镇风度书房开馆试运营。

6日 丹霞贡柑夜游珠江推介会在广州市越秀区天字码头举办。

7日 仁化县召开基层党（工）委书记抓基层党建述职评议会议，集中听取县委直属的15个基层党（工）委书记2020年度抓基层党建工作述职，并进行评议。

是日 仁化县召开党管武装工作会议。

7—8日 致公党省委会到周田镇平甫村开展专项助学活动，致公党省委会向平甫村25户40名在读贫困学生发放助学金共6.6万元。

10日 仁化县举行庆祝首个“中国人民警察节”活动。

11日至2月10日 仁化县组织开展十三届县委“两委”换届风气专项巡察。

16日 中共韶关市委、韶关市人民政府通报表扬，仁化县有15个文明村镇、3个文明社区、3个文明单位、1个文明示范窗口和4个文明家庭入榜。

19日 仁化县召开“十四五”规划和2035年远景目标纲要专家评审会。

是日 仁化县召开2021年关工工作暨仁化县关工委成立20周年纪念大会，表彰一批关工组织先进集体、先进个人。

20日 仁化县举行精神文明建设工作先进系列发布仪式，为14个先进系列单位、组织和个人颁发牌匾、荣誉证书。

是日 仁化县区域心电诊断中心工作启动会在仁化县人民医院召开，标志着仁化县区域心电中心建成。

21日 仁化县举行2021年老干部春节座谈会。

22日 仁化县疫情防控指挥办在丹霞街道黄屋村粤港警察希望小学组织举办农村地区新冠肺炎疫情应急演练活动。

是日 省委统战部到周田镇平甫村开展春节慰问活动，向相对贫困户发放共计5.3万元的春节慰问金以及省宋庆龄基金会捐赠的40套小学生爱心服装。

24日 仁化县召开工业、农业、旅游业、建筑业企业代表座谈会。

26日 中共仁化县委反腐败协调小组召开会议。

27日 中共广东省委第六巡视组在仁化县召开巡视仁化县情况反馈会议。

是日 仁化县组织市县家协会会员开展“我们的节日·春节”送春联活动，通过线上预订、线下赠送送出春联和“福”字1000余副。

28日 仁化县人民政府确定程炳等17人为“仁化县第二期享受县政府特殊津贴人才”。

是日 仁化县组织志愿者开展“青春情暖　温暖回家路”春运暖冬行动，为返乡返程乘客提供贴心暖心志愿服务。

29日 2021年仁化县各界人士座谈会在县城召开。

是月 凡口铅锌矿新选矿厂投入工业生产调试，创造国内SABC流程调试达标达产时间最短纪录。

是月 仁化县田家炳小学、仁化县丹霞中心小学、仁化县黄坑中学、仁化县董塘中学、仁化县城北小学、仁化县董塘中心小学、仁化县石塘镇新华书店希望小学、仁化县中等职业学校8所学校被评为“2020年广东省绿色学校”。

2月

1日 仁化县举办新时代文明实践活动之“文明印记——讲述我们的创文故事”线上演讲大赛。

2日 仁化县迎接2021年春节假日旅游暨与丹霞山管委会联席工作会议在县城召开。

3日 中国共产党仁化县第十三届委员会第十三次全体会议在县城召开。

4日 中共仁化县委常委班子召开2020年度民主生活会。

7日 仁化县推进巡视整改工作动员会议在县城召开。

8日 仁化县有13家农民专业合作社被认定为市级示范社。

8—9日 仁化县第十五届人民代表大会第七次会议在县城召开。

8—9日 中国人民政治协商会议仁化县第十一届委员会第六次会议在县城召开。9日闭幕。

9日 仁化县董塘镇大井村绿美古树乡村建设项目、仁化县2020年林业重点生态工程碳汇造林项目被评为韶关市2020年度林业重点生态优良工程。

14日 《光明日报》刊发《继续开发红色精品旅游路线——广东省仁化县安岗村新春走笔》一文，以“新春走基层·红色故里新变化”独特视角，展示董塘镇安岗村红色资源开发利用、脱贫攻坚和乡村振兴等新成就新亮点。

18日 春节假期后上班第一天，仁化县举行升国旗仪式。

是日 仁化县党政班子党员领导干部、法检“两长”到董塘镇安岗“红色村”开展“守初心、担使命、鼓干劲、促发展”主题党日活动。

是日 仁化县举办“春暖行动”暨重点企业线上直播招聘会。

19日 仁化县召开2021年推动“一线两带两区”建设三级干部大会。

20日 韶关市2021年一季度项目集中开竣工活动仁化县分会场在丹霞新城阳光里二期施工现场举行“2021年全市一季度项目集中开竣工活动”。仁化县重点项目集中开、竣工活动项目共10个，总投资17.4亿元。

23日 仁化县2021年县委政法工作会议在县城召开。

26日 仁化县开展2021年新时代文明实践活动之“我们的节日·元宵节”网络公益主题活动。

是日 仁化县开展2021年新时代文明实践活动之“我们的中国梦　文化进万家”“我们的节日·多彩非遗闹元宵”线上文化活动，2021年“我们的节日”元宵猜灯谜线下活动在县风度书房、县图书馆同步举行。

27日 中共广东省委第六巡视组在仁化县召开巡视仁化县情况反馈会议。

28日 2021年“丹霞乡村金花节”活动在阋丹公路节点车湾村服务站举行。

是月 仁化县完成村（社区）“两委”换届选举工作。

3月

1日 是日起，广东省住房公积金信息共享平台个人授权功能启用。

是日 仁化县开展春季开学工作检查活动，重点检查县域各中小学、幼儿园春季传染病防控、食品安全、学校安全管理等方面工作。

2日 仁化县在韶关市2021年高质量水源林工程建设启动仪式暨春季造林绿化现场会上作典型发言。

3日 韶关市春耕春播现场会在仁化县扶溪镇召开。

4日 “学党史 聚合力 促振兴”仁化县庆祝中国共产党成立100周年暨2021年“三八”国际劳动妇女节表彰活动在安岗村举行。

是日 “弘扬好家风 传承好家训”2021年仁化县“我的家风故事”分享会在董塘镇安岗村举行。

5日 仁化县组织各志愿服务队伍开展“学雷锋志愿服务月”一条街活动。

5日至5月20日 仁化县组织开展十三届县委第十二轮常规巡察。

8日 仁化县召开全县党史学习教育动员大会。

是日 仁化县召开全县政法队伍教育整顿工作推进会。

10日 仁化县召开2021年人大代表建议、政协委员提案交办会议。

是日 仁化县召开2021年宣传思想工作会议。

是日起 仁化县全面推行新办企业“首套印章免费刻制”服务，企业通过“马上办”拿到营业执照后，在1小时内拿到首套免费刻制公章和财务章，实现企业开办全流程零成本。

11日 仁化县新一届村（社

区）"两委"干部培训示范班开班，全县各村（社区）党组织书记、各镇（街）党（工）委组织委员及部分村"两委"干部参加集中学习。

是日 仁化县柑橘产业园牵头实施主体仁化县和而友生态农业有限公司被认定为粤港澳大湾区"菜篮子"生产基地（第八批）。

12日 植树节，仁化县四套班子领导带领机关干部、群众及志愿者，开展义务植树活动。

是日 仁化县召开全县公安工作会议。

是日 2021年仁化县统战工作会议在县城召开。

15日 国际消费者权益日，仁化县开展"守护安全，畅通消费"主题消费者权益宣传活动。

16日 广东省政协召开传达贯彻习近平总书记重要讲话精神暨全国两会精神报告会，仁化县依托"数字政协"平台首次以视频会议形式在仁化分会场参加会议。

是日 新华社到仁化县红军长征粤北纪念馆采访，宣传报道仁化县革命遗址保护和革命文化传承情况。

17日 中共韶关市委书记王瑞军、韶关市人民政府市长陈少荣到仁化县调研凡口铅锌矿、丹霞冶炼厂"厂区变园区、产区变城区"工作。

是日 中共韶关市委常委、宣传部部长、市文明委专职副主任刘启宇到仁化县城口镇调研市重点项目红色教育培训基地建设进展情况。

19日 仁化县中小学思政理论课教师培训班在仁化县田家炳小学开班。

21日 中央电视台新闻频道（CCTV-13）《新闻直播间·春日里的中国》节目现场直播"粤港澳大湾区蔬菜基地"董塘镇江头村菜场花椰菜采摘盛况。

是日 "善美韶城 画里丹霞"摄影作品巡回展暨"善美韶城 画里丹霞"油画摄影作品集首发仪式在丹霞山举行，展期至4月30日。

22日 仁化石塘双峰寨爱国主义教育基地陈列布展工程竣工，正式对外开放使用；"仁化暴动"文物展陈开展仪式同步举行。

23日 仁化县召开政法队伍教育整顿警示教育大会暨廉政教育报告会。

24日 韶关市语言工作委员会对仁化县语言文字工作暨普通话基本普及进行督导验收。

是日 仁化县召开党史学习教育巡回指导组培训工作会议，对11个巡回指导组工作任务进行部署。

是日 韶关市委宣传部联合市科协、市科技局、仁化县人民政府在县城仁爱广场举行"弘扬时代新风，助力乡村振兴2021年韶关市文化科技卫生'三下乡'"主场活动。

是日 仁化县召开全县政法队伍教育整顿主题党课。

25日 仁化县首届（SYB）创业培训班在菁华职业培训学校举办。

26日 仁化县召开整治突出毒品问题三年行动计划推进会。

是日 仁化县政法队伍教育整顿英模事迹报告会在仁化县公安局举行。

28日 环广东美景骑行派2021年序幕战仁化丹霞山站鸣笛开赛。

29日 仁化县被广东省科学技术协会确定为2021—2025年度广东省全国科普示范县创建单位。

30日 仁化县被评为第二批全国农作物病虫害"绿色防控示范县"。

31日 中国共产党仁化县第十三届纪律检查委员会第六次全体会议在县城召开。

是日 2021广东春茶开采节暨仁化白毛茶品鉴活动在红山镇启动。

是日 仁化县召开创建省级健康促进县工作启动会议。

是月下旬至5月中旬 仁化县组织各机关党（工）委、部分机关党总支相继到县新时代文明实践中心党史学习书屋开展党史学习教育专题活动。

是月起 仁化县组织各镇（街）"小蜜蜂"宣讲志愿服务队到农村开展党史、乡村振兴、移风易俗等专题宣讲。

4月

4日 双峰寨入选全国重点文物保护单位革命文物名录。

8日 仁化县召开打击治理电信网络新型违法犯罪工作局际联席会议。

9日 仁化县组织老党员老干部召开"我看建党百年新成就"座谈会暨党史学习教育。

11日 "善美韶关·一路茶香"2021粤港澳大湾区自驾游系列活动启动仪式在主会场丹霞山举行。

12日 仁化县举办仁化县妇幼保健院新院启用仪式。

13日 仁化县在石塘镇双峰寨举办"百名书记讲党课"暨参观

"仁化暴动"文物展陈活动。

是日　仁化县召开政法队伍教育整顿查纠整改环节工作推进会。

是日　广东省林科院到"中国毛竹之乡"长江镇调研竹产业发展。

19日　"永远跟党走"——2021仁化县党史专题宣讲"六进"活动启动仪式暨首场党史专题宣讲进校园活动县文化馆举行。

20日　仁化县召开镇(街)改革工作会议。

是日　仁化县组织县人民医院医务人员为离休干部开展巡回医疗服务。

21日　丹霞街道夏富村供销社(村级)挂牌成立。

是日　广东志成冠军集团有限公司仁化分公司科学技术协会揭牌成立。

23日　仁化县召开2021年全国文明城市建设工作推进会。

24日　2021广东省21城同创"森林城市·绿美广东"主题宣传活动——仁化分会场"共建森林城市·共享绿美家园"活动在城北小学举行。

25日　仁化县开展"全面加强知识产权保护、推动构建新发展格局"主题知识产权宣传活动。

27日　仁化县召开迎接2021年"五一"假日旅游暨与丹霞山管委会联席工作会议。

28日　仁化县举办"中国梦·劳动美——永远跟党走 奋进新征程"仁化县2021年庆祝"五一"国际劳动节职工合唱大赛。

是日　仁化县召开2021年民兵应急连点验暨集训动员大会。

29日　中央广播电视总台港澳台节目中心到仁化采访拍摄专题节目《走进湾区红色纪念馆》。

30日　2021年仁化县党史专题宣讲进社区暨"仁化好人"(2020年第三、四季度)名单发布活动在县文化馆举办。

是月　丹霞山保护区发现新记录种亚洲靴耳(大型真菌)、库鲁瓦老伞(大型真菌)、小笠原须腹菌(大型真菌)、橙黄沃尔夫盘菌(大型真菌)。

是月　凡口铅锌矿采矿车间机械化采矿工区台车爆破班以出色的业绩被中华全国总工会授予"全国工人先锋号"称号。

是月　仁化县在仁化一中、仁化县田家炳小学分别举行全县中小学党员思政工作室揭牌仪式。

是月　传统技艺"仁化白毛茶制作技艺""仁化艾糍制作技艺"2个项目被列入韶关市第八批市级非物质文化遗产代表性项目名录,并予以公布。

是月下旬至10月下旬　仁化县组织开展对全县10个镇党委的镇级领导班子换届风气专项巡察。

5月

1日　仁化县被评为2020年度全国信访工作"三无"县。

2日　晚,2021年新时代文明实践活动之"我们的中国梦"——文化进万家惠民文艺演出通过"仁爱仁化"App直播推出。

6日　仁化县公安局森林分局更名为仁化县公安局森林警察大队。

是日　国家税务总局仁化县税务局第一税务分局办税服务厅整体进驻仁化县行政服务中心。

7日　仁化县召开政法队伍教育整顿第二次警示教育大会。

8日　仁化县2021年"五四"表彰大会暨"万名新团员献礼百年华诞"入团示范活动在城口镇举行。

9日　仁化县"情暖母亲节　关爱困境母亲"亲子活动暨培育好家风好家训活动在五马寨生态园举办。

11日　仁化县举办巩固拓展脱贫攻坚成果同乡村振兴有效衔接业务培训班。

是日　仁化县启动"暖心行动·后疫情时期中小学生心理支援计划项目"。

12日　中共仁化县委党的建设工作领导小组会议召开。

是日　仁化县召开生态环境保护委员会第一次会议。

是日　仁化县与沈阳蓄电池研究所举行中介招商引资协议签约仪式。

13日　仁化县开展2021年"丹霞英才"暨紧缺人才公开招聘。

14日　仁化县召开宅基地管理工作推进会。

15日　"农行杯"2021丹霞100跑山赛在丹霞山开赛。

16日　晚,仁化县"5·18"国际博物馆日"展望博物馆的未来·实现中华民族伟大复兴中国梦"文艺晚会在县城文化广场举办。

17日　仁化县召开防汛工作会议。

是日　仁化县新时代文明实践活动之2021年仁化县全民营养周暨"5·20"中国学生营养日启动仪式在丹霞街道举行。

18日　红军长征粤北纪念馆

主题陈列“长征·粤北突围”入围“2021年广东省弘扬社会主义核心价值观主题展览”推介名单。是月，主题陈列“长征·粤北突围”入围“广东省庆祝中国共产党成立100周年精品展览”。

19日 仁化县召开严肃换届纪律“三个一”警示教育大会。

20日 仁化县召开2021年重点建设项目工作推进会。

是日 《中国档案报》(总第3680期)刊登《匠心如磐守初心 存史鉴今促发展——“全国档案系统先进集体”广东省仁化县档案馆档案工作综述》一文。

21日 仁化县召开招商引资工作会。

21—23日 仁化县参加2021广东(惠州)文化旅游体育产业博览会暨手信产品展销会。

24日 韶关、赣州、郴州三市共同策划开展的“行走红三角 奋进小康路”主题采访活动采访团到仁化对“双峰寨保卫战”“万里征途第一站：中央红军长征经过粤北”选题进行采访拍摄。

29日 韶关市2021年二季度项目集中开竣工活动(仁化分会场)在董塘镇兴塘路举行，仁化县有12个重大建设项目集中开竣工，总投资达13.41亿元。

31日 中共仁化县委组织部、中共仁化县委宣传部、共青团仁化县委、仁化县史志办公室联合举办仁化县“党在我心中”党史知识竞赛复赛和决赛活动。

是日 县主要领导带队到各校开展“六一”国际儿童节慰问活动。

6月

4日 仁化县“厂区变园区、产区变城区”工作推进会议在凡口矿召开。

是日 仁化县乡村振兴局挂牌成立，仁化县扶贫开发办公室更名为仁化县乡村振兴局。

是日 仁化县全国科技活动周暨2021年“最美科技工作者”名单发布仪式在田家炳小学报告厅举行。

7日 2021年普通高等学校招生全国统一考试正式开始，仁化县1087名(含社会考生112名)考生参加高考。

9日 中共韶关市委书记、韶关市疫情防控工作领导小组组长王瑞军到仁化县武深省际联合检疫检查站检查疫情防控工作。

13日 仁化县举行庆祝中国共产党成立100周年武装巡游活动。

14日 仁化县召开安全生产工作会议。

是日 国家税务总局仁化县税务局开展“交房即发证”活动，现场向14名纳税人颁发不动产权证书。

15日 仁化县第二届“最美老干部”表彰大会在县老干部活动中心举行。

17日 仁化县落实企业安全生产主体责任谈心谈话会议在县城召开。

是日 仁化县税务局举行“全国模范职工之家”揭牌仪式。

是日 仁化县老干部庆祝“百年华诞·银领向党”书法、剪纸、红歌、舞蹈主题活动在县老干部活动中心举行。

18日 仁化县召开2021年县委全面依法治县工作会议。

是日 仁化县召开改革优化营商环境暨科技创新大会。

22日 “百年辉煌·仁化巨变”——庆祝中国共产党成立100周年主题书法作品展在县图书馆开展。

23日 仁化县举行“光荣在党50年”纪念章颁发仪式。

是日 仁化县组织收听收看全省脱贫攻坚总结表彰大会，仁化县有2个集体获“广东省脱贫攻坚先进集体”称号、3人获“广东省脱贫攻坚先进个人”称号。

25日 仁化县召开第二届“最美老干部”表彰大会。

是日 仁化县老干部庆祝中国共产党成立100周年“七一”座谈会在县老干部活动中心召开。

26日 韶关市第二批“厂区变园区、产区变城区”试点工作推进现场会在丹霞冶炼厂召开。

28日 仁化县“碳达峰、碳中和”科普展宣传活动在县城仁爱广场举行。

29日 仁化县“领悟百年党史 牢记初心使命——庆祝中国共产党成立100周年图片展览”在县青少年宫开展。

是日 仁化县召开政法队伍教育整顿总结大会。

30日 仁化县召开全县先进基层党组织和优秀共产党员、优秀党务工作者荣誉称号获得者表彰大会。

是日 仁化县举行“巩固脱贫成果，助力乡村振兴”主题2021年仁化县“广东扶贫济困日”活动启动仪式。

7月

1日 庆祝中国共产党成立100周年大会在北京天安门广场举行，中共中央总书记、国家主席、中央军委主席习近平发表重要讲话。仁化县各基层党（工）委、企事业单位及社会各界集中收听收看庆祝中国共产党成立100周年大会。

是日 红军长征粤北纪念馆被中共广东省委宣传部认定为广东省爱国主义教育基地。

6日 城口红色革命遗址群被认定为第三批“韶关市社会科学普及基地”。

7日 省直、市直定点帮扶仁化县脱贫攻坚工作总结座谈会在周田镇平甫村召开。

8日 仁化县召开全县脱贫攻坚总结大会。

是日 南方日报社在红军长征粤北纪念馆开展直播活动。

9日 晚，仁化县庆祝中国共产党成立100周年大型红色歌舞剧《你来过》在仁化县体育馆展演。

是日 第五届平甫柰李展销节“一村一品·平甫柰李”品牌推介会暨全民直播带货营销活动在周田镇黄泥塘千亩柰李种植基地开启。

12日 仁化县城北小学被确定为2021—2023年创建广东省文明校园先进学校。

是日 中共广东省委宣传部、中共广东省委党史研究室、广东省乡村振兴局共同组织开展的“奋斗百年路·老区焕新颜——走进广东革命老区”主题宣传活动采访团到仁化采访拍摄红军长征粤北纪念馆、恩村、铜鼓岭红军烈士纪念园并作宣传报道。

是日 仁化县“120”急救指挥中心启用。

13日 2021年仁化县全国文明城市建设工作推进会在县城召开。

20日 仁化县在周田镇麻洋村举办花生机械化建设提升高产示范片现场会。

22日 中共广东省委书记李希到仁化县丹霞山国家自然保护区实地考察自然遗产保护利用情况。

是日 仁化县消防救援大队委托董塘镇人民政府按要求行使消防行政执法权，董塘镇消防所挂牌成立。

是日 仁化县被广东省农业农村厅认定为2021年省级家庭农场示范县。

25日 2021年仁化县新进镇（街）领导班子成员综合素质提升培训班开班。

27日 仁化县在丹霞绿道文化广场开展全流程全要素疫情防控应急综合演练。

29日 仁化县召开政法队伍教育整顿新闻发布会。

是日 仁化县举行全流程全要素新冠肺炎疫情应急演练。

30日 广东省政协主席王荣到红军长征粤北纪念馆调研。

是月 丹霞山保护区发现新记录发现竹类新种小麻竹（竹亚科麻竹属）。

是月 《丹霞山：“五位一体世界遗产教育模式赋能地方可持续发展”》案例入选“全球世界遗产教育创新案例”。

8月

2日 仁化县召开乡村振兴工作推进会。

5日 仁化县召开疫情防控工作指南培训会。

是日 仁化县召开疫情防控工作领导小组暨疫情防控指挥部工作会议。

是日 仁化县向阳农机专业合作社被广东省农业农村厅认定为省级“全程机械化+综合农事”服务联合体。

6日 仁化县人民检察院“丹山锦水，仁爱仁检”文化品牌被广东省人民检察院评选为2021年度“全省检察机关十佳文化品牌”。

11日 中国共产党仁化县第十三届委员会第十五次全体会议在县城召开。

是日 仁化县为11个镇街乡村“复兴少年宫”授牌，标志着仁化乡村“复兴少年宫”建设正式启动。

15日 广东新闻频道、广东卫视频道以及触电新闻App等融媒体平台播出的《生态优先 绿色崛起》大型直播对丹霞山以及阅丹公路进行宣传报道。

17日 仁化县召开学习贯彻习近平总书记“七一”重要讲话精神专题党课。

20日 仁化县博世铝业有限公司、鸿伟木业（仁化）有限公司、深圳市中金岭南有色金属股份有限公司凡口铅锌矿3家企业研发机构被广东省科学技术厅公布为2021年度广东省工程技术研究中心。

23日 广东省委实施乡村振

兴战略领导小组印发《2020年度广东省推进乡村振兴战略实绩考核工作情况的通报》，在2020年省级乡村振兴战略实绩考核中，仁化县被评为“优秀”等次。

24日 全市农村基层党建工作（仁化片区）会议在周田镇平甫村党群服务中心召开。

是日 2021年仁化县政银企联席会议在人民银行仁化县支行召开。

26日 仁化县举行全市第三季度项目集中开竣工（仁化分会场）活动，仁化县共18个重点项目参加，总投资19.13亿元。

27日 广东省舒心驿站（韶关市仁化站）揭牌。

是日 韶关市委组织部副部长、老干部局局长胡韶斌一行到仁化县，调研老干部工作落实情况。

28日 中共广东省委、广东省人民政府印发《关于新时代支持革命老区和原中央苏区振兴发展的实施意见》，明确将老区苏区补助标准提高。仁化县从2021年起享受2000万元老区优惠政策，仁化县革命老区被列入省政府老区建设重点投资项目资料库。

30日 2021年仁化县第一、二季度“仁化好人”名单发布仪式在县实践中心讲堂举行。

31日 董塘镇新龙村、扶溪镇古夏村、长江镇凌溪村等13个行政村获“2020年广东省森林乡村”称号。

是月 仁化县人民检察院第一检察部被授予“全国青年文明号”称号。

9月

1日 仁化县城北幼儿园揭牌启用。

2日 仁化县召开新冠病毒疫苗接种工作会议。

3日 仁化县举办2021年领导干部党章党规党纪教育培训班。

是日 仁化县举办全县统战系统学习党史暨《中国共产党统一战线工作条例》知识竞赛在县城举行。

是日 周田镇（水果）、董塘镇（蔬菜）被广东省农业农村厅认定为第三批省级“一村一品、一镇一业”专业镇，丹霞街道夏富村等7个行政村被认定为第二批省级“一村一品、一镇一业”专业村。

8日 仁化县召开推动基础教育高质量发展暨2021年教师节表彰大会，庆祝第37个教师节。

9日 仁化县作为全国县级文明城市代表在全省精神文明建设工作推进会上作主题经验介绍。

是日 仁化县召开2021年秋季审批定兵大会，韶关军分区工作组对审批定兵全程现场督导。

13日 仁化县人民法院首个网上巡回法庭在红山镇设立。

14日 韶关市乡镇（街道）经济发展监测统计会议在仁化县城口镇召开。

14—18日 仁化县举办全县科级及以下公务员学习贯彻习近平总书记在庆祝中国共产党成立100周年大会上的重要讲话精神暨党史学习教育专题培训班。

15日 仁化县乡村治理工作（以“民情夜访”推动乡村有效治理）被农业农村部办公厅、国家乡村振兴局综合司列为第三批全国治理典型案例。

17日 仁化县“迎中秋 庆国庆”消费促进活动启动仪式暨县级电子商务公共服务中心揭牌仪式在仁化县宝能文旅城举行。

是日 仁化县召开工商业联合会第十二届会员代表大会。

是日 仁化县2021年全国科普日活动在扶溪镇启动。

是日 晚，“榜样引领践初心，奋进共建仁爱城”——第十九个全国“公民道德宣传日”暨仁化县第五届道德模范现场交流会在仁化县体育馆举行，表彰道德模范10名。

17日至10月9日 新时代文明实践之“我与共和国共奋进”主题活动暨2021年仁化县“迎中秋·庆国庆”书画展在县文化馆举办，首次把本土美术作品、书法作品融合展览。

18日 仁化县公安局城口派出所新办公楼启用。

22—23日 中央文明办在仁化县开展实地点位现场测评和入户问卷调查。

23日 仁化县“庆丰收、感党恩”庆祝2021年中国农民丰收节系列活动在城口文化健身广场举行。

是日 仁化县董塘镇新龙村被认定为第二批全国乡村治理示范村。

24日 城口红色革命遗址群、红军长征粤北纪念馆、石塘双峰寨、董塘镇安岗村被评为省级人文社会科学普及基地（标准型），仁化县档案馆被评为省级人文社会科学普及基地（提升型）。

26日 韶关市人大常委会组织部分市人大常委会组成人员和市人大代表视察仁化县加大农村人居环境整治力度建设美丽乡村议案办理情况。

是日 安岗村被命名为韶关市首批“忠诚立家风”实践示范基地。

26—27日 仁化县举办2021年度仁化县党外干部培训班。

27日 仁化县举办2021年县直机关行政执法人员法律知识培训班。

27—28日 仁化县邀请6名省市专家到仁化县开展“广东省中青年科学家助力乡村振兴”活动。

29日 仁化县公安局举行“保安全、迎国庆”武装巡游活动。

是日 仁化县2021年国庆假日旅游工作暨与丹霞山管委会联席工作会议召开。

30日 烈士纪念日，仁化县在红陵公园举行“9·30”烈士公祭活动暨向烈士纪念碑敬献花篮仪式。

是日 “奋进新时代 筑梦新征程”——仁化县庆祝中华人民共和国成立72周年文艺会演在县城文化广场举办。

是日 村级供销社黄坑镇小溪村供销社、周田镇龙坑村供销社挂牌成立。

是月 仁化县董塘镇新龙村被认定为2021年广东省“民主法治示范村（社区）”创建单位。

是月 仁化县红城林场森林生态综合示范园被广东省林业局命名为“广东省森林生态综合示范园”。

10月

3日 仁化县“庆国庆·全民健身活动”之砂板乒乓球赛在县体育馆举行。

是日 中央电视台综合频道CCTV-1播放长坝沙田柚专题片，时长一分钟。这是长坝沙田柚在以新闻为主的央视一套频道中首次亮相。

8—14日 全国“乡村振兴巾帼行动”农村妇女带头人示范培训班在仁化县平甫村培训基地举行。

12日 仁化县召开2021年离退休干部“重阳节”茶话会。会后，组织离休干部和副处以上退休干部参观仁化县城北幼儿园、新建妇幼保健院等民生工程及周田镇乡村振兴、城镇提升建设成果。

13日 仁化县董塘镇安岗村档案工作服务农村基层社会治理省级试点顺利通过省验收组验收。

是日 仁化县邀请中国科学院老科学家科普演讲团成员陈洪到董塘镇开展科普巡讲活动。

14日 仁化县召开县镇人大代表选举工作人员培训会。

16日 丹霞贡柑获评2021年“粤字号”农产品百县百品县域公用品牌优秀品牌。

21日 县政协就“关于全域推进农村人居环境整治建设”“关于对部分贡柑、砂糖橘调整种植粮食，调整产业结构的建议”等重点提案办理情况进行视察督导。

22日 为纪念红军长征胜利85周年，“重走长征路，奋进再出发”徒步活动在红军长征粤北纪念馆举办。

是日 仁化县在韶关市红火蚁防控暨推进撂荒耕地复耕复种现场会上作红火蚁防控工作先进经验介绍。

23日 “农行杯”第十四届穿越丹霞山50千米徒步赛在阅丹公路开赛。

24—26日 仁化县10个镇分别召开新一届人民代表大会第一次会议。

25日 全国政协台联界别考察组到仁化县考察。

29日 中国共产党仁化县第十四次代表大会开幕。

30日 中国共产党仁化县第十四次代表大会选举中国共产党仁化县第十四届县委委员、纪委委员、候补委员以及出席韶关市第十三次党代表大会代表。大会闭幕后，十四届县委、十四届县纪委分别召开十四届一次全会，选举产生新一届常委和书记、副书记。

是日 中国共产党仁化县第十四届纪律检查委员会第一次全体会议在仁化县城召开，选举产生新一届县纪委领导班子。

是日 凡口铅锌矿实验VCR法采场第二次爆破（破顶）成功起爆，是近30年来凡口铅锌矿规模最大的一次VCR法大爆破。

是月 丹霞山入选“广东省优秀自然教育基地”，“奇美天成丹霞山——知其美更知其所以美”课程被评为“2021年广东优秀自然教育课程”。

是月 丹霞山保护区发现大型真菌新种华南鸡油菌；发现新记录种锦鸡儿（豆科锦鸡儿属）、甜茅（禾本科甜茅属）。

是月 仁化县实验学校、仁化县丹霞学校、仁化县凡口学校、仁化县双峰寨中学、仁化县周田中心小学、仁化县黄坑铭源希望小学、仁化县周田中学、仁化县扶溪学校、仁化县城口学校9所学校被评为“2021年广东省绿色学校”。

11月

2日 仁化县被列入第二批全国儿童青少年近视防控适宜技术试点县。

3日 2021年仁化县信访工作联席会议第三次全体会议在县三中心一馆召开。

5日 仁化县开展2021年冬春季新冠肺炎聚集性疫情处置综合演练。

是日 由仁化县公安局建设路派出所、水南派出所、丹霞派出所集中办公合称的丹霞派出所在丹霞新城啸仙路南大门侧正式挂牌。

6日 中国摄影家协会同意继续授予仁化县“中国摄影创作基地”称号；29日，仁化县人民政府与中国摄影家协会续签“中国摄影创作基地”合作协议（2022年1月至2027年1月）。

9日 全国消防日，“落实消防责任，防范安全风险”——2021年仁化县“119”消防宣传月启动仪式在县城宏昌百货广场举行。

10日 2021年仁化（丹霞）贡柑产销精准对接会在丹霞贡柑品控中心举办。

是日 仁化县总工会开展情暖“双十一”关爱快递员送温暖慰问活动。

是日 锦原轴业汽车物探检查站实现自动化运行。

11日 仁化县召开虎门仁化对口帮扶第十四次联席会议暨乡村振兴工作会议。

11—12日 中国人民政治协商会议第十二届仁化县委员会第一次会议在仁化县城召开，选举产生新一届县政协领导班子和新一届常务委员会委员。

12日 富仁商务中心商业综合体揭牌启用。

是日 南方农村报社联合中央电视台《谁知盘中餐》栏目到仁化采访报道丹霞贡柑产业。

12—14日 仁化县第十六届人民代表大会第一次会议在仁化县城开幕。

15日 仁化县有色金属产学研合作中心（仁化县人民政府与中南大学、中金岭南公司合作共建的集科技开发、产业化转化和人才培养于一体的科创合作中心）签约仪式在仁化县“厂区变园区、产区变城区”试点工作办公室办公楼举行。

是日 仁化县董塘镇中心卫生院确定为2020年度广东省社区医院。

16日 2021年韶关市中小学教学工作会议在仁化县召开。

是日 红山镇鱼皇村供销社（村级）挂牌成立。

17日 仁化县召开全县中小学校园安全“百日攻坚”行动工作推进会议。

是日 仁化县组织全县离休干部和副处级以上干部到县人民医院进行健康体检。

19日 新周刊杂志社到仁化拍摄丹霞山文旅素材。

是日 仁化县艺术家客栈上榜全国首批乙级民宿名单。

20日 仁化县第六届职工公益徒步赛在阅丹公路巴寨景区开赛。

22日 2021年“丹霞贡柑”品牌联盟大会暨线上产销对接会在仁化县现代农业综合馆举行。

是日 仁化县入选2021—2025年度全国科普示范区创建单位。

23日 仁化县秸秆综合利用现场观摩会在董塘镇新莲村召开。

25日 仁化县举行2021年国家机关“谁执法谁普法”履职报告评议会。

是日 仁化县柑橘产业园通过省农业农村厅验收。

26日 第六届广东省农村电子商务峰会暨韶关直播电商节仁化专场在宝能文旅城举办；第六届广东省农村电子商务峰会暨韶关直播电商节·仁化贡柑邮政快递首发仪式在周田镇周田村举办。

是日 仁化县召开2021年食品安全工作会议。

是日 仁化县教育系统举办“双减”工作校长论坛。

是日 仁化县丹霞街道知识产权工作服务站挂牌成立。

26—29日 仁化县在湖北武汉国际博览中心举办的2021湖北农业博览会上推介长坝沙田柚和丹霞贡柑。

28日 2021年韶关市第四季度项目集中开竣工（仁化分会场）活动在仁化县现代产业转移工业园举行，仁化县共20个项目集中开竣工，总投资逾13亿元。

29日 为期15天的仁化县2021年科级干部任职培训和进修学习班正式开班。

30日 丹霞街道被全省乡村民宿发展现场推进会公布为“广

东省乡村民宿示范镇”。

是日 安岗后街建筑群入选韶关市第二批历史建筑保护名录。

是月 仁化县人民医院建成省级“防治卒中中心”。

是月 丹霞山保护区发现新记录种丹霞铁马鞭（豆科胡枝子属）。

12月

1日 仁化县人民政府与上海东方希望畜牧有限公司举行投资合作协议签约仪式。

是日 “丹霞贡柑·果珍不凡”2021年仁化县丹霞贡柑开园节系列活动开幕式在夏富村新时代文明实践广场举行。

3日 仁化县在县城仁爱广场举办主题为“以习近平法治思想为指引 坚定不移走中国特色社会主义法治道路”的2021年“宪法宣传周”法治宣传暨第三届法治文化节活动。

6日 韶关市房地产开发企业个人住房公积金贷款网上综合业务服务平台开通。

7日 广东贡柑“12221”市场营销行动——丹霞贡柑登顶广州塔品鉴推介会在广州塔105层举行。

10日 赣韶林业有害生物防治联席第四次会议在仁化县召开。

是日 2021年仁化县“锦江杯”粤菜师傅技能工匠竞赛实操决赛，选手黄国清以“贡柑松子鱼”“丹霞山水豆腐”两道菜夺得大赛一等奖。

是日 仁化县2021年“乒协杯”全民健身之乒乓球等级联赛在县体育馆开赛。

是日 仁化县涉侨纠纷调解室在仁化县人民法院成立。

12日 “农行杯”2021环丹霞山自行车赛在韶关丹霞山南门开赛。

14日 省建工集团、省商务厅到周田镇调研驻镇帮镇扶村工作。

是日 仁化县举办丹霞街道“大工委”和社区“大党委”工作会议暨举行街道社区党委揭牌仪式。

15日 仁化县召开2021年仁化县办公室主任工作会议。

17日 韶关市林业产业发展现场会参会人员到仁化县参观考察。

20日 新龙村共同缔造建设模式入选“2021亚洲都市景观奖”获奖名单。

21日 国家一级演员万山红到仁化县开展采风活动。

是日 仁化县牛羊产业园入选广东省2021年特色产业现代农业产业园建设名单。

22日 仁化县第六次归侨侨眷代表大会在县城召开。

是日 仁化县博士服务团工作站揭牌成立。

是日 韶关金喆园生态农业科技有限公司入选全国首批“生态农场”。

23日 仁化县2021年深化文化体制改革工作会议召开。

24日 仁化县新的社会阶层人士联合会成立大会暨第一届第一次会员大会在县城召开，仁化县新的社会阶层人士联合会揭牌。

27日 仁化县党外知识分子联谊会成立。

是日 仁化县供销合作社联合社第七次社员代表大会在县城召开。

28日 韶关市仁化县牛羊产业园入选2021年特色产业现代农业产业园建设名单。

29日 仁化县召开中长期青年发展规划实施工作联席会议第一次全体会议。

30日 仁化县黄坑镇人民政府与中国联通韶关市分公司举行乡村振兴战略协议签约仪式；黄坑镇“数字乡村示范镇”揭牌。

是日 仁化县举行新冠肺炎本地疫情应急处置镇村全员核酸检测工作。

31日 2021年仁化（丹霞）贡柑对接会在董塘镇新时代文明实践广场举办。

是月 根据《韶关市人民政府关于调整我市最低工资标准的通知》，从2021年12月1日起，仁化县全日制就业劳动者月最低工资标准调整为 1620元/月，非全日制就业劳动者小时最低工资标准调整为16.1元/小时。

是月 广东创盛农业发展有限公司（河富村基地）、韶关丹霞女农业科技有限公司江头村蔬菜基地被认定为粤港澳大湾区“菜篮子”生产基地。

是年 仁化县增设24小时自助政务服务厅，实现自主申报、进度查询、证明打印、自助缴费“一门办”功能。

概　貌

自然环境

【位置、范围和面积】　仁化县隶属于广东省韶关市，位于南岭山脉南麓，广东省东北部，北纬24°49′10.1″—25°27′25.8″，东经113°30′09.5″—114°03′01.9″，东与始兴县、南雄市接壤，东北与江西省崇义县、大余县接壤，南面紧邻曲江区，西南面与浈江区相邻，西面与乐昌市接壤，北与湖南省汝城县毗邻，是粤、湘、赣3省交界地。县城距韶关市区49千米，距广州市区270千米。国道106线、323线及省道345线、342线、246线穿越境内；韶赣高速公路经过境内周田镇，并设有出口；武深高速公路横穿县境，在县城设有出口；韶赣铁路在周田镇设立丹霞山火车站。县境内东西相距47.3千米，南北相距44千米（最宽处为67.65千米），西北至东南最短距11千米。全县边境长303.6千米，总面积2223.22平方千米。

【地质、地貌】　仁化县地处广东省最北部、南岭山脉中段，地势大体北高南低，地形复杂，以山地丘陵为主，其中山地约占70%、丘陵约占20%、小平原占10%，总体走向为东南向。北部及东南部主要为中低山及丘陵，中部以丘陵为主。董塘至县城一带为覆盖下岩溶盆地，地形平坦。丹霞山一带山体柱立，风景优美，以独特“丹霞地貌”闻名于世，是国家AAAAA级旅游景区、世界地质公园、世界自然遗产。全县地势总体北部及东南部高，中部低。北部最高点万时山海拔1559米，南部长坝一带最低点海拔61.5米，相对高差1497米，北江支流锦江斜贯全境。

区域位于南岭巨型纬向构造带中段，地质结构发育，岩浆活动频繁。区内出露地层从老到新有寒武系、奥陶系、泥盆系、石炭系、二叠系、三叠系、侏罗系、白垩系、古近系、第四系。寒武系较广泛分布于县域中北部小榴水林场、丹霞林场及东南部黄坑、灵溪一带，岩性主要为一套板岩、浅变质砂岩。奥陶系见于东南部灵溪一带，岩性以板岩为主，次为浅变质砂岩。泥盆—石炭系分布于中部石塘、董塘、仁化县城、胡坑一带，岩性主要为灰岩、泥岩、砂岩。二叠系及三叠系见于西部董塘至花坪一带，岩性为含煤砂质岩。侏罗系零星分布石塘西南侧，岩性主要为泥岩、砂岩。白垩—古近系分布于中南部丹霞山、周田、大桥一带，零星见于中北部塘村，岩性主要为砂砾岩、砂岩、泥岩。第四系主要见于中部董塘—仁化盆地，为冲洪积中细沙、粉砂、黏土，偶有砂砾层；侵入岩广泛分布于北部红山、城口、长江、扶溪及东部闻韶、黄坑一带，属诸广山岩体一部分，主体为印支期—燕山期侵入体，岩性主要为中粗粒黑云母花岗岩及中粗粒斑状黑云母花岗岩、中西粒黑云母花岗岩。扶溪一带有海西期花岗闪长岩呈岩株产出；区内地质结构有东西向、北东向、西北向3组，以东西向构造最为发育，表现为诸广山岩体及由泥盆—石炭系地层组成的董塘—仁化复向斜作东西向展布。北部向构造以断裂构造最为发育，为吴川—四会深断裂带北段（仁化—韶关断裂带）组成部分。北西向构造表现为寒武系、奥陶系地层作北西向紧密褶皱产出。

（谭理智）

【气候】 气候特征。2021年，仁化县气候特点：年平均气温正常略偏高，年总降水量偏少一成多，年内降水时空分布不均，年日照时数基本持平，气象灾情属偏轻年景。全年，全县平均气温20.7℃，比历年平均偏高0.6℃，属正常略偏高。年内季度气温变化：第一季度平均气温为14.0℃，比历年同期偏高1.7℃；第二季度平均气温为24.4℃，比历年同期偏高0.5℃；第三季度平均气温为28.3℃，比历年同期偏高0.8℃；第四季度平均气温16.0℃，比历年同期偏低0.6℃。2021年气温异常偏高（或偏低）月份有2月（偏高3.3℃）、3月（偏高2.5℃）、9月（偏高1.9℃）、11月（偏低1.0℃）。全县年降水量为1471.7毫米，较常年同期偏少一成多。年内降雨时空分布不均。第一季度降水量为216.3毫米，较历年同期偏少四成多；第二季度（前汛期）降水量为720.4毫米，与历年同期基本持平；第三季度（后汛期）降水量为314.5毫米，较历年同期偏少近三成；第四季度降水量为220.5毫米，较历年同期偏多近三成。全县年日照时数1767.6小时，与历年同期基本持平。第一季度日照时数为404.7小时，较历年同期偏多近七成；第二季度日照时数为315.0小时，较常年同期偏少近二成；第三季度日照时数为653.4小时，与历年同期基本持平；第四季度日照时数为394.5小时，较历年同期偏少近二成。

特殊天气。2021年，全县出现雾日数29天，霾2天。县域各地四季均有雾出现。从季节分布看，冬季、春季雾日最多，秋季次之，夏季最少；从地形分布看，山区多于平地，林区多于荒山杂草地带；从雾的聚散时间看，一般形成于0—6时，太阳出来后雾浓度加大，上午9—10时逐渐消散。浓雾密布，水平能见度小，容易造成交通安全事故。出现霜4天、冰冻7天、降雪天气0天。出现日最高气温≥35℃以上高温天气63天，高温天数较常年平均36.1天偏多70%。

（王文星　王倩婧）

【水文】 仁化县地处浈江流域，县区内河流均属于山区性河流。最大河流为锦江，全长108千米，集水面积1913平方千米，其中仁化县域内河长90千米，集水面积1874平方千米。域内集水面积100平方千米以上河流有扶溪河、城口河、黎屋河、董塘河、百顺河5条，其中百顺河为浈江一级支流，其余4条河流为锦江一级支流。

水资源量。2021年，仁化县地表水资源量为20.61亿立方米，比多年平均值减少5.5%，其中入境水量为1.71亿立方米；地下水资源量6.1亿立方米，比多年平均值减少11.3%。仁化县属山丘区，地下水资源量即河川基流量，故地表水资源量已包含地下水资源量。

河流水库水质监测评价。2021年，仁化县域内有河流水质监测断面3个，监测、评价一级河流水功能区1个、二级水功能区2个（对有二级区的一级区只计二级区个数）。其中，一级河流水功能区浈江始兴—曲江保留区水质目标为Ⅲ类，代表断面为周田，水质现状为Ⅱ类，达标；二级水功能区有锦江丹霞山景观用水区水质目标为Ⅲ类，代表断面为仁化，水质现状为Ⅱ类，达标；锦江江口饮用、农业用水区水质目标为Ⅱ类，代表断面为金牛农庄人行桥，水质现状为Ⅱ类，达标。有水库水功能区3个：赤石迳水库开发利用区水质目标为Ⅱ类，代表断面为赤石迳水库，水质现状为Ⅱ类，达标；锦江仁化保留区水质目标为Ⅱ类，代表断面为锦江水库，水质现状为Ⅱ类，达标；高坪水库开发利用区水质目标为Ⅱ类，代表断面为高坪水库，水质现状为Ⅱ类，达标。仁化县域内的3个河流和3个水库水功能区水体水质达标率均为100%，水质总体情况良好。

（文小平　冉东辉）

【自然灾害】 2021年5月19日20时到20日8时，仁化县普降暴雨到大暴雨，有10个测站录得大暴雨，11个测站录得暴雨，平均降雨量99.0毫米，最大雨量出现在夏富，为121.9毫米。受连续强降雨影响，相关镇（街）遭受不同程度灾情，共造成经济损失712.8万元。其中，交通运输业公路受损35处，经济损失95万元；

通信设施中断3处，经济损失3.5万元；经济农作物受灾面积79.15公顷，经济损失113万元；水利基础设施损坏61处，经济损失478.8万元；供水中断2处，经济损失13.5万元；房屋受损9万元。转移安置人员15户、57人，救灾复产投入资金73.1万元。

（罗　姗）

资源物产

【土地资源】　仁化县土地资源丰富。2021年，全县总面积2223.22平方千米，户籍人口242673人，人均土地拥有量0.9公顷。

（谭理智）

【水资源】　仁化县境内山多林密，雨量充沛，多年平均降雨量1669.1毫米，年降水总量36.8亿立方米；多年平均地表水资源量21.8亿立方米；多年平均地下水资源量6.88亿立方米。仁化县共有河流108条，总长1055.28千米，其中流域面积50平方千米以上河流27条，总计长579.25千米。扶溪河、城口河、塘村河、董塘河，呈树枝状分布在锦江干流上，在大桥镇水江汇入浈江；黄坑河（百顺河）由南雄市百顺镇流经闻韶、黄坑和周田3个镇，由周田镇和平汇入浈江；灵溪河由周田镇平甫汇入浈江。全县年径流与降雨分布规律相似，多年平均径流深，自南向北分布在800—1100毫米之间。县域内，浈江河主干长约40千米，从周田镇（新庄电站处）入域水量约36.8亿立方米，从大桥镇（湾头电站处）出域水量约60.7亿立方米。县域内，浈江河一级支流锦江河（仁化县主要流域地）全长108千米，流域面积1913平方千米，多年平均年产水量17.66亿立方米（含外省县292平方千米集雨面积产水量及湖南省龙洞水库跨流域引入流量为1立方米每秒水量）；浈江河一级支流黄坑河（百顺河）全长59千米（其中县域内32千米），流域面积392平方千米（其中县域内268平方千米），年产水量约6亿立方米；浈江河一级支流灵溪河全长38千米，流域面积116平方千米，年产水量约1.5亿立方米。全县水力资源丰富，理论蕴藏量约16万千瓦。全县水电站装机202335千瓦。县域内有少量地热水资源，水量较少，属硫黄矿温泉，主要分布在城口、长江、红山、扶溪、闻韶和周田等镇，地热水资源水量较小，较少开发。2021年，全县有1万立方米以上蓄水工程352宗，蓄水库容3亿多立方米。

（李恩泽）

【矿产资源】　仁化县矿产资源丰富，是中国“有色金属”之乡。探明和开发矿藏主要有铜、铅、锌、钼、铋、银、汞、镓、锗、铁、煤、铀、萤石、钾长石、石英石、水泥用灰岩、建筑用灰岩、地热水等，已发现矿产类型有12类、51种，其中探明有储量（查明上表矿区）矿产地7处，铅锌矿和煤矿资源分别在省、市占重要位置。县域分布矿产资源特点：矿产种类较多，分布范围广，大矿、富矿相对集中，域内凡口铅锌矿是中国目前探明储量最大铅锌矿之一，矿石中除含14.1%铅锌金属外，还富含（伴生）银、锗、镓、汞、钼、铋等元素，是中国较大的银矿生产基地，也是中国三大镓、锗矿之一。全县大中型以上矿产地较少，非金属矿产则以小型为主。矿产资源丰富而分布不均匀。域内优势矿种为铅、锌、银、汞以及地热水、煤、铀等矿床，主要分布于董塘镇、长江镇；钨、锡、钼、铋多金属矿床多以伴生形式出露，铌、钽、稀土等与花岗岩密切相关矿床，主要分布于县域北部诸广山岩体内。

（谭理智）

【生物资源】　2021年，仁化县林业用地面积18.33万公顷，占82.6%，森林覆盖率80.77%，活立木蓄积量1291.77万立方米。县域内森林有针叶林、阔叶林、针阔混交林、经济林、毛竹林、灌木林等。在生态林保护区及自然保护地内，多为大面积连片、保护较完好的天然阔叶林。在阔叶林群落中，上层主要以壳斗科、木兰科、樟科、山茶科植物占优势，下层多以桃金娘、细齿叶柃、芒萁、乌毛蕨为主。据调查统计，2021年，全县有蕨类植物37科、70属、139种，裸子植物6科、8属、11种，被子植物163科、813属、2118种；真菌512种，食用菌85种，药用菌63种。有国家重点保护野生植物计34种，其中，国家一级重点保护野生植物有南方红豆杉、伯乐树、银杏等6种；国家二级重点保护野生植物有桫椤、篦子三尖杉、广东松、丹霞梧桐等28种；广东省重点保护野生植物有广东含笑、观光木、巴戟天等15种；珍稀濒危植物有桫椤、篦子三尖杉、白桂木等8种。野生动物资源较丰富，多分布于县域山区，经调查统计，全县有野生动物6纲、52目、290科、1126属、1553种，其中，鱼类6目、20科、69属、100种，两栖类2目、8科、12属、33种，爬行类3目、14科、39属、60种，鸟类17目、47科、161属、225种，兽类8目、24科、56属、88种，昆虫类16目、177科、789属、1047种。国家一级重点保护野生动物有华南虎、豹、中华秋沙鸭等15种；国家二级重点保护野生动物主要有短尾猴、青鼬、水獭等53种；广东省重点保护野生动物有棕鼯鼠、豪猪、池鹭等18种；IUCN（世界自然保护联盟）濒危物种31种；CITES（《濒危野生动植物种国际贸易公约》的英文名缩写）附录物种32种。

2021年仁化县国家一级重点保护野生植物一览表

表 1

中文名	拉丁学名	中文名	拉丁学名
南方红豆杉	*Taxus wallichiana var. mairei*	水松	*Glyptostrobuspensilis*
伯乐树	*Bretschneidera sinensis*	水杉	*Metasequoia glyptostroboides*
银杏	*Ginkgo biloba*	中华水韭	*Isoetes sinensis*

2021年仁化县国家二级重点保护野生植物一览表

表2

中文名	拉丁学名	中文名	拉丁学名
桫椤	*Alsophila spinulosa*	华南栲	*Castanopsis concinna*
小黑桫椤	*Gymnosphaera metteniana*	伞花木	*Eurycorymbus cavaleriei*
篦子三尖杉	*Cephalotaxus oliveri*	莲	*Nelumbo nucifera*
广东松	*Pinus kwangtungensis*	半枫荷	*Semiliquidambar cathayensis*
福建柏	*Fokienia hodginsii*	银鹊树	*Tapiscia sinensis*
樟树	*Cinnamomum bodinieri*	丹霞梧桐	*Firmiana danxiaensis*
油樟	*Cinnamomum longepaniculatum*	水蕨	*Ceratopteris thalictroides*
闽楠	*Phoebe bournei*	花榈木	*Ormosia henryi*
润楠	*Machilus nanmu*	鹅掌楸	*Liriodendron chinense*
金毛狗	*Cibotium barometz*	格木	*Erythrophleum fordii*
苏铁	*Cycas revoluta*	红椿	*Toona ciliata*
任木	*Zenia insignis*	厚朴	*Houpoea officinalis*
毛红楝子	*Toona ciliata*	金线兰	*Anoectochilus roxburghii*
喜树	*Camptotheca acuminata*	大叶木兰	*Lirianthe henryi*

2021年仁化县广东省重点保护野生植物一览表

表3

中文名	拉丁学名	中文名	拉丁学名
广东含笑	*Michelia guangdongensis*	圆籽荷	*Apterosperma oblata*
观光木	*Michelia odora*	杜鹃红山茶	*Camellia azalea*
乐东拟单性木兰	*Parakmeria lotungensis*	大苞白山茶	*Camellia granthamiana*
沉水樟	*Cinnamomum micranthum*	猪血木	*Euryodendron excelsum*
兰花蕉	*Orchidantha chinensis*	银钟花	*Perkinsiodendron macgregorii*
短萼黄连	*Coptis chinensis var. brevisepala*	巴戟天	*Morinda officinalis*
见血封喉	*Antiaris toxicaria*	虎颜花	*Tigridiopalma magnifica*
走马胎	*Ardisia gigantifolia*	—	—

2021年仁化县珍稀濒危植物一览表

表4

中文名	拉丁学名	中文名	拉丁学名
中华水韭	*Isoetes sinensis*	细茎石斛	*Dendrobium moniliforme*
喜树	*Camptotheca acuminata*	巴戟天	*Morinda officinalis*
桫椤	*Alsophila spinulosa*	短萼黄连	*Coptis chinensis var. brevisepala*
篦子三尖杉	*Cephalotaxus oliveri*	白桂木	*Artocarpus hypaygyreus*

2021年仁化县国家一级重点保护野生动物一览表

表5

中文名	拉丁学名	中文名	拉丁学名
云豹	*Neofelis nebulosa*	大灵猫	*Viverra zibetha*
豹	*Panthera pardus*	小灵猫	*Viverricula indica*
华南虎	*Panthera tigris ssp. amoyensis*	金猫	*Pardofelis temmincki*
林麝	*Moschus berezovskii*	莽山烙铁头	*Protobothrops mangshanensis*
黄腹角雉	*Tragopan caboti*	黄胸鹀	*Emberiza aureola*
中华秋沙鸭	*Mergus squamatus*	黑麂	*Muntiacus crinifrons*
穿山甲	*Manis*	黄嘴白鹭	*Egretta eulophotes*
豺	*Cuon alpinus*	—	—

2021年仁化县国家二级重点保护野生动物一览表

表6

中文名	拉丁学名	中文名	拉丁学名
短尾猴	*Macaca arctoides*	虎纹蛙	*Hoplobatrachus rugulosus*
黑熊	*Ursus thibetanus*	山瑞鳖	*Palea steindachneri*
青鼬	*Martes flavigula*	平胸龟	*Platysternon megacephalum*
水獭	*Lutra lutra*	眼斑水龟	*Sacalia bealei*
斑林狸	*Prionodon pardicolor*	脆蛇蜥	*Ophisaurus harti*
豹猫	*Prionailurus bengalensis*	眼镜王蛇	*Ophiophagus Hannah*
水鹿	*Rusa unicolor*	黑翅鸢	*Elanus caeruleus*
鬣羚	*Capricornis sumatraensis*	凤头鹰	*Accipiter trivirgatus*
黑冠鹃隼	*Aviceda leuphotes*	赤腹鹰	*Accipiter soloensis*
黑鸢	*Milvus migrans*	猴面鹰	*Tyto*
蛇雕	*Spilornis cheela*	日本松雀鹰	*Accipiter gularis*
凤头蜂鹰	*Pernis ptilorhynchus*	松雀鹰	*Accipiter virgatus*
白腹鹞	*Circus spilonotus*	普通鵟	*Buteo japonicus*
林雕	*Ictinaetus malayensis*	斑尾鹃鸠	*Macropygia unchall*
灰背隼	*Falco columbarius*	红角鸮	*Otus sunia*
红隼	*Falco tinnunculus*	领鸺鹠	*Glaucidium brodiei*
燕隼	*Falco subbuteo*	斑头鸺鹠	*Glaucidium cuculoides*
游隼	*Falco peregrinus*	鹰鸮	*Ninox scutulata*
白鹇	*Lophura nycthemera*	红头咬鹃	*Harpactes erythrocephalus*
褐翅鸦鹃	*Centropus sinensis*	白胸翡翠	*Halcyon smyrnensis*
小鸦鹃	*Centropus bengalensis*	蓝喉蜂虎	*Merops viridis*
黄嘴角鸮	*Otus spilocephalus*	画眉	*Garrulax canorus*
领角鸮	*Otus lettia*	黑喉噪鹛	*Garrulax chinensis*
蟒蛇	*Python bivittatus*	红嘴相思鸟	*Leiothrix lutea*
短尾鸦雀	*Neosuthora davidiana*	红胁绣眼鸟	*Zosterops erythropleurus*
红喉歌鸲	*Calliope calliope*	阳彩臂金龟	*Cheirotonus jansoni Jordan*
大鲵	*Andrias davidianus*	—	—

2021年仁化县广东省重点保护野生动物一览表

表7

中文名	拉丁学名	中文名	拉丁学名
棕鼯鼠	*Petaurista petarista*	栗苇鳽	*Ixobrychus cinnamomeus*
豪猪	*Hystrix*	白额山鹧鸪	*Arborophila gingica*
豹猫	*Prionailurus bengalensis*	黑水鸡	*Gallinula chloropus*
大白鹭	*Ardea alba*	红嘴相思鸟	*Leiothrix lutea*
白鹭	*Egretta garzetta*	棘胸蛙	*Rana spinosa*
牛背鹭	*Bubulcus ibis*	黑斑蛙	*Pelophylax nigromaculatus*
池鹭	*Ardeola bacchus*	沼蛙	*Hylarana guentheri*
绿鹭	*Butorides striatus*	平胸龟	*Platysternon megacephalum*
黄斑苇鳽	*Ixobrychus sinensis*	锯缘摄龟	*Cuora mouhotii*

2021年仁化县IUCN濒危物种一览表

表8

中文名	拉丁学名	中文名	拉丁学名
短尾猴	*Macaca arctoides*	中华鳖	*Trionyx sinensis*
豺	*Cuon alpinus*	山瑞鳖	*Palea steindachneri*
黑熊	*Ursus thibetanus*	灰鼠蛇	*Ptyas korros*
金猫	*Pardofelis temmincki*	滑鼠蛇	*Ptyas mucosus*
云豹	*Neofelis nebulosa*	眼镜蛇	*Naja*
豹	*Panthera pardus*	眼镜王蛇	*Ophiophagus Hannah*
华南虎	*Panthera tigris ssp. amoyensis*	蟒蛇	*Python bivittatus*
林麝	*Moschus berezovskii*	莽山烙铁头	*Protobothrops mangshanensis*
鬣羚	*Capricornis sumatraensis*	小口白甲鱼	*Onychostoma lini*
黄腹角雉	*Tragopan caboti*	青鳉	*Oryzias latipes*
白额山鹧鸪	*Arborophila gingica*	嘉积小鳔鮈	*Microphysogobio kachekensis*
平胸龟	*Platysternon megacephalum*	稀有条鳅	*Nemacheilus rarus*
乌龟	*Mauremys reevesi*	阳彩臂金龟	*Cheirotonus jansoni Jordan*
四眼斑水龟	*Sacalia quadriocellata*	宽尾凤蝶	*Agehana elwesi*
眼斑水龟	*Sacalia bealei*	麝凤蝶	*Byasa Alcinous*
锯缘摄龟	*Cuora mouhotii*	—	—

2021年仁化县CITES附录物种一览表

表9

中文名	拉丁学名	中文名	拉丁学名
穿山甲	*Manis*	游隼	*Falco peregrinus*
短尾猴	*Macaca arctoides*	黄腹角雉	*Tragopan caboti*
豺	*Cuon alpinus*	黄嘴角鸮	*Otus spilocephalus*
黑熊	*Ursus thibetanus*	雕鸮	*Bubo bubo*
水獭	*Lutra lutra*	领角鸮	*Otus lettia*
斑林狸	*Prionodon pardicolor*	平胸龟	*Platysternon megacephalum*
金猫	*Pardofelis temmincki*	乌龟	*Mauremys reevesi*
豹猫	*Prionailurus bengalensis*	四眼斑水龟	*Sacalia quadriocellata*
云豹	*Neofelis nebulosa*	眼斑水龟	*Sacalia bealei*
豹	*Panthera pardus*	锯缘摄龟	*Cuora mouhotii*
华南虎	*Panthera tigris ssp. amoyensis*	中华鳖	*Trionyx sinensis*
林麝	*Moschus berezovskii*	山瑞鳖	*Palea steindachneri*
鬣羚	*Capricornis sumatraensis*	滑鼠蛇	*Ptyas mucosus*
蛇雕	*Spilornis cheela*	眼镜蛇	*Naja*
凤头鹰	*Accipiter trivirgatu*	眼镜王蛇	*Ophiophagus Hannah*
林雕	*Ictinaetus malayensis*	蟒蛇	*Python bivittatus*

（刘文平）

建置·区划

【建置沿革】 仁化县古属百越之地，秦末汉初属南越国南海郡。南越归汉，仁化为曲江县地域。南朝齐（479—502）析曲江县地，始置仁化县。南朝梁至唐垂拱三年（687）撤销仁化县，并入曲江县。唐垂拱四年（688）复置。北宋开宝五年（972），仁化县并入乐昌县，北宋咸平三年（1000）恢复建置。南宋至元、明、清、民国时期，均相沿未改。1949年10月16日，仁化县人民政府成立。1958年11月7日，仁化县并入广东省韶关市，为市辖郊区。1961年1月17日，仁化县从韶关市划出，恢复县建置，属广东省韶关地区。1983年6月，韶关市与韶关地区合并，以市带县，仁化县属广东省韶关市辖。2004年7月，韶关市部分行政区划调整，原曲江县辖周田镇、黄坑镇、大桥镇划归仁化县管辖。此后未再变动。

（谢嘉文）

【行政区划】 2021年，仁化县辖丹霞街道办事处及董塘、石塘、长江、扶溪、闻韶、城口、红山、周田、黄坑、大桥镇11个镇（街），有居民委员会（社区）16个、村民委员会109个，村民小组1119个。

（叶莉华）

人口·语言

【人口】 2021年，仁化县总人口242673人，比2020年下降0.5%；出生人口2116人，出生率7.58‰，比2020年下降1.4个千分点；自然增长率为0.23‰，比2020年下降1.8个千分点；乡村人口15.51万人，占总人口比重63.9%；城镇人口8.76万人，占总人口比重36.1%；男性人口12.47万人，占总人口比重为51.4%；女性人口11.79万人，占总人口比重48.6%；性别比（女性=100）105.75，比2020年提高0.35。常住人口密度83.6人/平方千米，与2020年基本持平。

（罗淑芹）

【语言】　仁化县位于粤赣湘三省交界处的粤北边陲，域内城乡居民大多数是客家人，且有部分江西、湖南、粤语区（珠江三角洲）和河源县移民，加上有少量历史上早已定居县内的瑶民，方言比较多样。由于历史渊源不同，客方言有董塘话、长江话、附城话、塞麻（虱嫲、虱螂、虱婆）话（原与北江船话相通）、河源话5个变体。其中，董塘话与兴宁、梅县、惠州客方言更为接近，说这种方言的人数约占全县客方言人口的一半。另有周田镇道管、新庄村委会与大桥镇共和村委会等处部分村民说与潮州话相似的连滩话，属闽南方言系统。

（谢嘉文）

民族·宗教

【民族】　仁化县是少数民族散居聚居区，常住少数民族有瑶族、畲族、壮族、回族、满族、苗族、彝族、土家族、藏族、土族、仫佬族、蒙古族、傈僳族、黎族、仡佬族、侗族、朝鲜族、布依族、布朗族、毛南族、白族、维吾尔族、哈尼族、哈萨克族、傣族、水族、东乡族、拉祜族、纳西族29个，分布在丹霞街道新东村、岭田村、胡坑村，董塘瑶族村，周田镇瑶溪村、雷坑村、灵溪村，长江镇河田村、木溪村、高塘村、学堂垇村、锦江村、木溪村，黄坑镇小溪村，扶溪镇斜周村6个镇（街）15个行政村的33个村民小组，其中董塘镇瑶族村和周田镇瑶溪村是少数民族相对聚居集中的两个村，其他村的少数民族人民与汉族人民相互交错聚居。县域少数民族人口主要以瑶族人口居多。根据2020年第七次全国人口普查统计数据，仁化县少数民族总人口3364人（比第六次人口普查减少46人），占全县总人口1.8%。瑶族人口1996人，占全县少数民族人口的59.34 %，其中，董塘镇瑶族村委会有瑶族人口556人、周田镇瑶溪村委会有瑶族人口340人、小溪村委会瑶山村小组有瑶族人口176人，其他地区有瑶族人口924人。截至2021年年末，仁化县从县外迁入少数民族流动人口有547人，以瑶族居多，主要是从相邻的湖南省汝城县等地到仁化就业、经商、读书。董塘瑶族村、周田瑶溪村等少数民族村都安排有本村少数民族村民担任村委干部。全县就读大学少数民族学生均享受省财政每年1万元助学金资助，直至大学毕业。全年，争取中央及省、市、县财政扶持少数民族发展项目资金30万元，用于完善少数民族村（组）基础设施建设。

【宗教】　截至2021年年底，全县登记开放宗教活动场所中，有佛教丹霞山别传寺、丹霞山锦石岩寺（下院）、董塘云龙寺、妙善禅寺4处，道教丹霞山仙居岩道观1处，基督教丹霞基督教聚会点、基督教董塘聚会点2处，宗教备案在册教职人员43人，信教在册群众居士、信徒2100人。11个镇（街）有民间信仰活动场所（小微场所）133处，其中，长江镇天显庙、高岗庙、娘娘庙，扶溪镇南台庙、西荫寺、惠水庙，大桥镇青云寺，周田镇龙头庙、白水庙，董塘镇燕岩禅寺、五仙岩，红山镇黄岭嶂庙，城口镇仙殿庙，石塘镇龙母宫，丹霞街道龙母娘宫，闻韶镇三圣祠以及黄坑镇塔下庙等35处符合《广东省民间信仰活动场所登记编号管理办法》条件的场所均录入广东省民族宗教事务管理系统，实施系统备案；未纳入编号登记管理民间信仰活动场所98处，均纳入基层社会综合治理。宗教人士担任县政协委员3人、县政协常委1人。全年全县已登记合法宗教活动场所活动正常有序，能够满足信教群众过宗教生活基本需求。

（叶永华）

环境质量

【概况】　2021年，仁化县环境质量总体良好，县城集中式饮用水水源地水质达标率为100%，锦江丹霞山国控断面和瑶山电站县控断面达到Ⅲ类水质要求，锦江广东桥和瑶山电站地表水重金属专项监测断面达到Ⅲ类水质要求，全县主要江河水质达标率为100%，水环境质量不断改善；县城空气质量保持良好，二氧化硫、二氧化氮、PM_{10}、$PM_{2.5}$、臭氧、一氧化碳6项监测指标年均浓度均达到《环境空气质量标准》二级标准，县城环境空气质量改善明显；县城区域环境噪声昼间等效声级年平均值为49.4分贝，总体水平较高，区域声环境质量保持稳定。

【水环境质量】 2021年，仁化县县城区饮用水水源地水质良好，根据2021年监测结果表明，仁化县县城区集中式饮用水水源地全部水质指标达到国家《地表水环境质量标准》（GB 3838—2002）Ⅲ类，大多数指标还优于国家《地表水环境质量标准》（GB 3838—2002）Ⅱ类。水质良好，水质达标率100%，完全符合饮用水水源地取水水质标准。江河地表水按照各断面所处功能区类别相应标准进行判定，断面水质指标全部达国家《地表水环境质量标准》（GB 3838—2002）Ⅲ类标准。断面大多数水质指标还优于国家《地表水环境质量标准》（GB 3838—2002）Ⅱ类，水质良好。锦江河段达到Ⅲ类水质标准限值，董塘河段达到Ⅲ类水质标准限值，与2020年相比，总体来说水质没有较大的变化。

【大气环境质量】 2021年，仁化县县城区开展空气质量自动监测，监测主要项目有二氧化硫、二氧化氮、PM_{10}、$PM_{2.5}$、臭氧、一氧化碳，全年有效监测359天，取得AQI指数（空气质量指数）359个，AQI指数最大值113。根据空气污染指数API及对应的空气质量级别划分为优、良、轻度污染、中度污染、重度污染5个等级，全年有效监测359天中，优为239天、良为117天、轻度污染为3天，中度污染和重度污染天数均为零，优、良以上天数合计356天占比99.16%。

【声环境质量】 2021年，仁化县区域环境噪声和道路交通噪声监测安排在秋季进行。区域环境噪声按网格法布点，共布设网格101个。交通干线噪声监测布点方法是，在城市规划部门划定的城市主、次交通干线上，每个自然路段布一个测点，测点距任一路口的距离应大于50米；长度不足100米的路段，测点设于路段中间，测点位于人行道上距路面（含慢车道）20厘米处，实际监测点位15个。据监测，2021年度，仁化县县城区域环境噪声等效声级年平均值为49.4分贝，达到2类区昼间标准（60分贝）；城区区域环境噪声质量整体水平较高；县城区道路交通噪声等效声级平均值为67.0分贝，未超过标准值70分贝，比上年67.2分贝相比略有下降。平均车流量为882辆/小时，比上年831辆/小时增加51辆/小时。监测点位达标率80%，整体声环境质量有所改善。

（胡宗松）

经济社会发展

【概况】 2021年，仁化县实现地区生产总值111.4亿元，按可比价格计算，同比增长8.1%。其中，第一产业增加值23.7亿元，同比增长5.4%；第二产业增加值45.3亿元，同比增长10.5%，其中工业增加值38.2亿元，同比增长12.4%；第三产业增加值42.4亿元，同比增长7.3%。三次产业比为21.3：40.7：38。

【农业】 2021年，仁化县农林牧渔业增加值23.86亿元，增长5.4%；农林牧渔业产值38.68亿元，同比增长6%，保持平稳发展。

【财政收支】 2021年，仁化县一般公共预算收入完成4.77亿元，下降19.7%。其中，税收收入3.42亿元，增长11.1%。一般公共预算支出25.79亿元，同比下降1.6%。

【金融业】 2021年，仁化县金融机构各项存款余额113亿元，增长5.3%，其中住户存款余额93.3亿元，增长9.2%；各项贷款余额67亿元，增长26.6%。

【资质建筑业企业产值】 2021年，仁化县资质建筑企业总产值14.86亿元，增长28.3%，延续2020年高速增长势头。

【批发零售餐饮业】 2021年，仁化县实现社会消费品零售总额25.74亿元，同比增长12.2%。批发业销售额11.33亿元，同比增长0.3%，其中限上批发业销售额6.05亿元，同比下降12.2%。零售业销售额11.65亿元，同比增长12.9%，其中限上零售业销售额1.4亿元，同比下降2.3%。住宿业营业收入0.93亿元，同比增长

40.9%，其中限上住宿业营业收入0.63亿元，同比增长61.1%。餐饮业营业收入2.85亿元，同比增长11.5%，其中限上餐饮业营业收入0.44亿元，同比增长13.1%。

【工业】　规上工业增加值实现两位数高增长。2021年，仁化县规模以上工业增加值28.8亿元，同比增长13.8%，比全市高1.1个百分点。

商品房销售面积实现高增长。2021年，仁化县商品房销售面积19.07万平方米，同比增长11.8%。其中，住宅商品房销售面积18.97万平方米，增长17.31%。商品房销售额7.81亿元，同比下降9.5%，其中，住宅商品房销售额7.7亿元，同比下降4.8%。

固定资产投资低速增长。2021年，仁化县固定资产投资同比增长1.3%。从投资主体看，国有及国有控股经济投资下降11.9%，外商及港澳台经济投资增长305.7%，民营经济投资增长33.7%。在三次产业中，第一产业投资同比增长131.2%；第二产业投资同比下降15%，第三产业投资同比下降1.3%。

【旅游业】　2021年，仁化县接待游客总人数148.83万人次，同比增长433.4%；实现旅游收入9.15亿元，同比增长219.5%。

【城乡居民收入】　2021年，仁化县城乡居民收入稳步增长，生活水平不断提高。城镇居民人均可支配收入33351元，比上年增长7.9%；农村居民人均可支配收入21216元，同比增长9.3%。城乡收入比1.57。

【社会保障体系】　2021年年末，仁化县参加城乡养老保险人数83433人，增长1.3%；参加职工企业养老保险38423人，增长1.5%；参加职工医疗保险30892人，增长3.2%；参加职工失业保险15116人，下降0.6%；参加城乡居民基本医疗保险176455人，下降0.6%；参加生育保险21326人，增长2.3%；参加工伤保险23199人，下降0.1%；全县享受社会养老保险的离退休人员40133人，增长2.5%。

（罗淑芹）

精神文明建设

【新时代文明实践中心建设】

2021年，仁化县全面加强新时代文明实践阵地规范化建设，打造建设两个省级新时代文明实践示范所和22个省级新时代文明实践示范站，全县新时代文明实践所（站）“十个一”标准化建设完成率100%。制定志愿服务项目总清单78项。开展“红心闪耀”“仁爱仁心”“全民尚文”“三农快线”“生态和美”“医心医意”“梦想启航”“企业护航”等八大品牌特色志愿服务活动550余场，惠及群众6万余人。开展“小蜜蜂”基层宣讲活动627场次，受众逾1.3万人次。开展“永远跟党走”党史专题宣讲“六进”活动63场。优化资源整合，将学习书屋和新时代文明实践中心讲堂打造成“党史学习教育学习书屋”，组织全县各机关党委、党总支到学习书屋开展党史学习教育专题学习活动3轮，参与3000余人次。2021年6月，仁化县被列为省级乡村“复兴少年宫”建设试点县，依托11个新时代文明实践所，开展面向农村少年儿童的新时代文明实践活动280余场。

【培育和践行社会主义核心价值观】　2021年，仁化县全面深化推广普及社会主义核心价值观，通过常态化开展活动宣传、媒体宣传、入户宣传、户外广告宣传等方式，广泛宣传普及社会主义核心价值观。在主次干道、公园、广场等显著位置设置社会主义核心价值观、“文明健康绿色环保”等公益广告500余条，利用墙绘、宣传栏等载体宣传文明新风，刊播公益广告短片3700条。印制文明礼仪手册、环保袋、纸巾盒等5万份，开展全覆盖入户宣传。推进诚信制度化建设，建立完善联合惩戒机制，实行每半年发布一次诚信“红黑榜”，发布诚信“红黑榜”名单78个。各镇（街）、县有关单位利用“3·15”消费者权益日等重要时间节点，广泛开展诚信主题教育活动。深入开展爱国主义教育活动，推进仁化县爱国主义教育基地建设、管理和使用水平。2021年7月，红军长征粤北纪念馆被评为省级第九批爱国主义教育基地。

【各类型文明创建】　2021年，仁化县持续深入开展群众性精神文明创建活动。7月，启动2021—2023年全国、省、市、县级精神文明建设申报工作，组织各镇（街）、县各单位申报全国、省、市、县级文明村镇、文明单位、文明家庭、文明校园创建共241个，并组织各单位广泛开展各类文明创建主题活动。加强对文明创建工作的指导和检查，督促各镇（街）、各单位不断完善文明创建活动资料和实地点位对标建设。文明校园创建活动取得成效，仁化县田家炳小学入选韶关市2021—2023年度全国文明校园先进学校推荐单位，城北小学入选韶关市2021—2023年度广东省文明校园先进学校推荐单位，城口学校和扶溪学校入选2021—2023年度韶关市文明校园先进学校推荐单位。

2021年8月30日，2021年仁化县第一、二季度“仁化好人”名单发布仪式在县文明实践中心举办。图为第一、二季度的“仁化好人”合影

（县文明办　供）

【公民思想道德建设】　2021年，仁化县深入开展先进典型选树宣传活动，营造弘扬崇德向善、见贤思齐氛围。全年，评选表彰“仁化好人”17名、“最美科技工作者”12名、仁化县“道德模范”10名和提名奖9名，“最美退役军人”8名，“文明商户”10名、“最美志愿者”34名，获评“韶关好人”1名、韶关市“道德模范”1名，举办先进典型事迹巡回展览和学习宣传活动9场。提高公共文明素养，组织各有关单位深入开展出租汽车文明服务拓展行动等精神文明创建九大行动。开展文明交通、文明餐桌、文明旅游、文明网络等文明劝导志愿服务活动2000余场次，派发文明餐桌海报1万余张，设置宣传栏430处，与全县615家餐饮服务单位签订“餐饮食品安全承诺书”。开展网络品牌活动200余场次，吸引3万余人参与。各类官方微信公众号发布好人好事、文明行为、社会新气象等信息2200余条。宣传推广绿色低碳发展模式，开展“碳达峰、碳中和”科普宣传活动11场次。围绕“6·5”世界环境日、“6·17”低碳日等纪念日，开展环境保护主题宣传“六进”活动。全县开展好家风好家训活动60余场次，受益家庭和儿童4500人次。丰富群众精神文化生活，开展送春联、元宵猜灯谜、文明祭祀宣传、重阳节关爱老人、“庆中秋　迎国庆”文艺会演等“我们的节日”主题活动200余场次。利用县电视台、“仁爱仁化”App、“仁化发布”微信公众号、视频抖音和大小喇叭等方式，依托新时代文明实践所（站）和“小蜜蜂”基层宣讲志愿服务队，开展“倡导乡风文明，推动移风易俗”宣讲活动，讲解有关村规民约、理事会章程等，广泛宣传移风易俗。

2021年获授仁化县“仁化好人”称号一览表

表10

姓名	性别	所在单位
巫丽辉	女	中国联合网络通信有限公司仁化营业厅
谢节军	男	仁化县长江镇人民政府

续表10

姓名	性别	所在单位
黄荣涛	男	仁化县董塘镇五一村委会
谢秋莲	女	仁化县天天农资经营部
刘朝红	男	仁化县长江镇中心卫生院
陈　升	男	韶关凯鸿纳米材料有限公司
刘彧珍	女	北控城市服务（仁化）有限公司
梁　静	女	仁化县扶溪镇卫生院
高玉丽	女	仁化县石塘镇石塘村火冲组村民
欧盛发	男	仁化县金霞小区琼霞居客栈
曾燕华	男	仁化县新东大街消防救援站
陈来芳	女	国家税务总局仁化县税务局
陈裕超	男	仁化县妇幼保健院
宁声珍	女	仁化县董塘镇新龙村委会
肖生奎	男	仁化县长江镇综合文化站
刘雪映	女	仁化县机关事务管理中心
张水英	女	仁化县黄坑镇黄坑村村民

2021年获授仁化县“最美科技工作者”称号一览表

表11

姓名	性别	所在单位
王慧香	女	仁化县长坝惠香沙田柚农民专业合作社
邓　明	男	仁化县农业农村发展服务中心
黄果平	男	仁化县黄坑镇黄坑村委会
叶彩生	男	仁化县董塘镇畜牧兽医水产站
何琳燕	女	中国联通仁化分公司
沈发明	男	凡口铅锌矿选矿厂
蔡　滢	女	仁化县锦江电力开发总公司
凌富英	女	韶关市五马寨菌业有限公司
彭正国	男	仁化县人民医院
罗志荣	男	仁化县人民医院
李祖华	男	仁化县城口镇卫生院
谭富盛	男	仁化县董塘中学

2021年获授仁化县“道德模范”称号及提名奖一览表

表12

类别	姓名	性别	所在单位
道德模范	郑卫萍	男	仁化县丹霞街道康溪村委会
道德模范	钟宝兴	男	仁化县红山镇兴强加油站
道德模范	谢节军	男	仁化县长江镇人民政府
道德模范	黄荣涛	男	仁化县董塘镇五一村委会
道德模范	申丽萍	女	韶关丹霞女农业科技有限公司
道德模范	符小密	女	广东丹霞印象客栈民宿管理有限公司
道德模范	廖仁志	男	仁化县公安局刑侦大队
道德模范	陈　升	男	韶关凯鸿纳米材料有限公司
道德模范	晏玉梅	女	仁化县董塘镇凡口社区居民
道德模范	丁明珍	女	仁化县周田镇平甫村委会
道德模范提名奖	巫丽辉	女	中国联通仁化营业厅
道德模范提名奖	蒙胜明	男	仁化县城口学校退休教师
道德模范提名奖	罗耀祥	男	仁化县利源水电有限公司
道德模范提名奖	谢秋莲	女	仁化县天天农资经营部
道德模范提名奖	邓胜年	男	仁化县扶溪学校
道德模范提名奖	黄志强	男	中共仁化县委办公室
道德模范提名奖	刘彧珍	女	北控城市服务（仁化）有限公司
道德模范提名奖	曾繁锦	男	仁化县黄坑镇卫生院
道德模范提名奖	梁　静	女	仁化县扶溪镇卫生院

2021年获授仁化县“最美退役军人”称号一览表

表13

姓名	性别	姓名	性别	姓名	性别	姓名	性别
邹建雄	男	华鹏程	男	何衍强	男	陈桂汉	男
刘德能	男	邓茂香	女	赖伟光	男	蔡坤勇	男

2021年获授仁化县“文明商户”称号商家一览表

表14

商家名称	法人	商家名称	法人
仁化县大桥镇嘉福超市	熊国强	仁化县红山镇富农茶叶专业合作社	张贱星
仁化县大桥镇竺君商行	钟祥汉	仁化县红山镇金醇红茶专业合作社	欧察明

续表14

商家名称	法人	商家名称	法人
仁化县万城贸易行	刘志刚	仁化县石塘镇李记老酒坊	李玉明
仁化县星火摩托车行	谢　恩	仁化县长江镇家家福平价商行	邓宏明
仁化县一方美食城	刘艳红	仁化县扶溪镇尚多购超市	谭学婷

2021年获授仁化县“最美志愿者”称号志愿者一览表

表15

姓名	性别	所在志愿团体	姓名	性别	所在志愿团体
何翠芬	女	韶关仁化局灯火志愿服务队	罗小霞	女	扶溪镇志愿者服务队
沈　超	男	韶关仁化局灯火志愿服务队	肖文华	女	仁化县税务局志愿服务队
卢春梅	女	黄坑镇志愿服务队	巫丽辉	女	仁化县志愿者联合会
谭有娣	女	黄坑镇志愿服务队	李彩莲	女	红山镇志愿服务组织
王广平	男	黄坑镇志愿服务队	肖　为	女	红山镇志愿服务组织
刘泳静	女	锦电公司志愿服务队	张永双	男	红山镇烟竹村志愿服务队
周详幸	男	林业局志愿服务队	罗春燕	女	石塘镇水历村志愿服务队
陈资谞	女	市场监管局志愿服务队	肖　峰	男	仁化县人民法院志愿服务队
李　雪	女	仁化县文化志愿者服务队	温春花	女	周田镇志愿者服务队
饶冬娣	女	大桥镇志愿服务队	陈　浩	男	农商银行志愿服务队
黄康宁	男	仁化中学志愿者服务队	肖　聪	男	仁化县人民医院志愿服务队
聂　晴	女	胡坑村志愿者服务队	吴华露	女	城口镇志愿服务队
黄九妹	女	董塘镇志愿者服务队	肖艳芳	女	城口镇志愿服务队
肖晓凤	女	董塘镇志愿者服务队	欧盛发	男	仁化县丹霞义工会
朱秀兰	女	董塘镇志愿者服务队	刘满英	女	仁化县志愿者联合会
姜悦悦	女	扶溪镇志愿者服务队	邓小兰	女	仁化县志愿者联合会
刘丽云	女	扶溪镇志愿者服务队	赖　红	女	仁化县丹霞义工会

【未成年人思想道德建设】 2021年，仁化县坚持以德立人为根本任务，全力抓好未成年人思想道德建设工作。广泛开展“扣好人生第一粒扣子”等主题教育实践活动，评选表彰仁化县“新时代好少年”27名。营造良好社会文化环境。县文化、公安、市场监管、教育、住建等部门开展网吧、网络、文化出版物市场、校园周边环境、文化娱乐场所等专项整治8次。县级各媒体广泛宣传刊播关爱保护未成年人主题公益广告。加强和改进各学校思想政治教育工作，各学校均配齐思政课教学所需的基本教学资源，开足开好思政课程，成立中小学党员思政工作室，举办思政课教师转岗培训和小学思政课优秀课例比赛活动等，提升未成年人思想道德建设。

（叶庚兰）

中国共产党仁化县委员会

综述

2021年，中国共产党仁化县委员会（简称中共仁化县委）在以习近平同志为核心的党中央和中共广东省委、中共韶关市委的坚强领导下，坚持以习近平新时代中国特色社会主义思想为指导，全面贯彻中共十九大和十九届历次全会精神，深入学习贯彻习近平总书记“七一”重要讲话精神和对广东系列重要讲话、重要指示批示精神，认真贯彻落实中共中央决策部署和省委、市委工作要求，按照省“1+1+9”工作部署和高质量加快构建“一核一带一区”区域发展格局要求，立足北部生态发展区定位，团结带领全县党员干部群众积极融入服务“双区”（粤港澳大湾区和深圳中国特色社会主义先行示范区）和横琴、前海两个合作区建设，统筹推进常态化疫情防控和经济社会发展，奋力争当生态文明和精神文明建设先行示范县，打造“生态优先、绿色发展”韶关样板，党的领导和党的建设全面加强，经济社会各项事业发展取得新进步。胜利打赢脱贫攻坚战、全面建成小康社会，顺利开启全面建设社会主义现代化国家新征程。全县经济持续稳步增长，民生保障有力有效，社会大局平安稳定，全年完成地区生产总值111.4亿元，同比增长（下同）8.1%，实现“十四五”规划良好开局。

重要会议

【县委全会】 中国共产党仁化县第十三届委员会第十三次全体会议。2021年2月3日，中国共产党仁化县第十三届委员会第十三次全体会议在仁化县城召开。会议表决通过《中国共产党仁化县第十三届委员会第十三次全体会议决议》，审议县委常委会2020年政治要件贯彻落实情况和抓党建工作情况的书面报告。会议强调，2021年是我们党成立100周年，是实施“十四五”规划、开启全面建设社会主义现代化国家新征程的第一年。

中国共产党仁化县第十三届委员会第十四次全体会议。2021年7月8日，中国共产党仁化县第十三届委员会第十四次全体会议在仁化县城召开。会议内容为研究决定召开县第十四次党代表大会有关事项。

中国共产党仁化县第十三届委员会第十五次全体会议。2021年8月11日，中国共产党仁化县第十三届委员会第十五次全体会议在仁化县城召开。全会由县委常委会主持。会议表决通过《中国共产党仁化县第十三届委员会第十五次全体会议决议》。会议号召，全县各级党组织和广大党员干部要更加紧密地团结在以习近平同志为核心的中国共产党中央周围，不忘初心、牢记使命、接续奋斗，以一往无前的奋斗姿态、风雨无阻的精神状态，奋力争当生态文明和精神文明建设先行示范县，打造“生态优先、绿色发展”韶关样板，为广东在全面建设社会主义现代化国家新征程中走在全国前列、创造新的辉煌和韶关争当北部生态发展区高质量发展排头兵作出更大贡献。

中国共产党仁化县第十三届委员会第十六次全体会议。2021年10月17日，中国共产党仁化县第十三届委员会第十六次全体会议在仁化县城召开。会议内容为审议并通过十三届县委向县第十四次党代会的报告；审查十三届县纪委向县第十四次党代会的工作报告；圈选仁化县出席韶关市第十三次党代会代表候选人预备人选；通过中国共产党仁化县第十四次代表大会的召开时间。

【县委常委会】 2021年，中共仁化县委员会召开县委常委会58次，主要通过《仁化县国民经济和社会发展第十四个五年规划和二〇三五年远景目标纲要》《仁化县推动全域旅游高质量发展三年行动方案（2021—2023年）》《县委进一步落实全面从严治党主体责任清单任务分工方案》《仁化县森林经营规划（2018—2050年）》《仁化县关于创建抓党建促乡村振兴示范县的实施方案》《仁化县2021年全面依法治县工作要点》《仁化县行政复议体制改革实施方案》《仁化县防范重点地区输入性疫情应急处置工作方案》《关于统筹做好乡村振兴驻镇帮镇扶村工作方案》《仁化县镇（街）GDP核算试点镇工作方案》《仁化县基层社会治理综合网格工作实施方案》《全县经济工作专题报告》《关于仁化县促进农业转移人口市民化加快新型城镇化的若干政策措施（试行）》《仁化县2017年至2021年国民经济和社会发展计划执行情况与今后五年计划工作报告》《关于全面推行丹霞街道“大工委”和社区“大党委”工作机制的实施方案》等相关文件及人事任免相关事宜。

【党代会】 2021年10月29日，中国共产党仁化县第十四次代表大会开幕。县委书记林国华代表县委十三届委员会向大会作题为《坚守初心担使命，砥砺奋进新征程，加快建设社会主义现代化新仁化》的报告，总结县第十三次党代会以来的工作，绘画仁化未来五年发展蓝图。县委副书记、代理县长陈夏广主持大会。10月30日，中国共产党仁化县第十四次代表大会闭幕。大会以无记名投票的方式，选举产生22名出席韶关市第十三次党代表大会代表，选举产生中共仁化县第十四届委员会委员60名、候补委员11名，中共仁化县第十四届纪律检查委员会委员25名。大会还通过了关于十三届县委报告、县纪委工作报告的决议（草案）。

【县委工作会议】 2021年，县委召开县委常委会58次、书记专题会41次、党政班子联席会10次、县委常委议事协调会5次、县委专项工作会议71次、县委全会4次、县党代会1次。

重要决策

【全域旅游高质量发展】 2021年4月19日，中共仁化县委、仁化县人民政府印发《仁化县推动全域旅游高质量发展三年工作实施方案（2021—2023年）》。方案要求充分发挥丹霞山龙头带动作用和全国文明城市、全域旅游示范区等品牌效应，打造旅游消费城市，构建仁化特色旅游县城、红色文化精品线路、美丽乡村等与世界自然遗产丹霞山相互协调的旅游产业空间体系，补齐全域旅游短板，推动全域旅游高质量发展，打造“双区”休闲旅游康养首选地。

【党支部“互学互帮互促”】 2021年5月5日，中共仁化县委印发《仁化县党支部“互学互帮互促”工作方案》。通过先进党支部带动后进党支部、以“1+N”组团模式建强机关党支部、以机关支部带动农村支部的办法，强化思想理论教育，严肃党内政治生活，严格党员监督管理，密切联系人民群众，切实把党支部建设成为宣传党的主张、贯彻党的决定、领导基层治理、团结动员群众、推动改革发展的坚强战斗堡垒，为仁化县落实省委“1+1+9”工作部署和高质量加快构建“一核一带一区”区域发展，开启全面建设社会主义现代化国家新征程提供坚强的政治保证和组织保证。

【调整扶贫工作机构设置】 2021年6月4日，中共仁化县委、仁化县人民政府印发《关于调整扶贫工作机构设置的通知》。不再保留县扶贫开发领导小组，将其职能并入县委农村工作领导小组（县委实施乡村振兴战略领导小组）。将县扶贫开发办公室更名为县乡村振兴局，在县农业农村局加挂牌子，主要负责巩固拓展脱贫攻坚成果、统筹推进实施乡村振兴战略等有关工作。

【农业农村现代化】 2021年7月14日，中共仁化县委、仁化县人民政府印发《关于全面推进乡村振兴加快农业农村现代化的实施方案》。该方案明确了深入实施乡村振兴战略、粮食稳产增产、农产品和食品安全水平提升、脱贫攻坚成果巩固拓展、就业、人居环境改善、深入推进农村改革等方面的目标任务。

【招商引资】 2021年8月2日，中共仁化县委、仁化县人民政府印发《仁化县加强招商引资工作实施措施（试行）》《关于组建仁化县驻外招商工作队方案》，明确招商引资目标任务，健全“大招商、招大商、招好商”体制机制，构建招商引资“一盘棋”工作格局，提高招商引资工作实效。组建仁化县驻外招商队，主动做到“走出去、引进来”，引进一批符合仁化县产业发展定位、产业带动能力强的大项目、好项目，推动产业转型升级，增强发展内生动力，助推仁化经济高质量发展。

【全面推行林长制】 2021年9月30日，中共仁化县委、仁化县人民政府印发《仁化县全面推行林长制工作实施方案》，按照山水林田湖草沙系统治理要求，以建设“森林广东”为目标，建立健全森林资源保护发展责任体系，压实各级党委、政府主体责任，构建党政同责、属地负责、部门协同、源头治理、全域覆盖的森林资源保护发展长效机制。全面推行林长制，构建起“责任在县、运行在镇、管理在村”森林资源管理新机制。

【新型城镇化工作】 2021年11月2日，中共仁化县委、仁化县人民政府印发《关于仁化县促进农业转移人口市民化加快新型城镇化的若干政策措施（试行）》，按照协同推进新型工业化、新型城镇化和农业农村现代化的发展思路，坚持以人为本的城镇化核心、以提高城镇化发展质量为导向，通过深化户籍制度改革，保障“三权”（农村土地承包经营权、宅基地资格权使用权、集体收益分配权）权益，推动“三权”有序流转退出，加强“五有保障”（住房、就业创业、教育、医疗卫生、养老服务权益保障），提升城镇吸纳就业能力，完善城镇化发展体制机制，全面提高新型城镇化水平，切实提高人民幸福感、获得感。

【推进水资源价值化】 2021年11月21日，中共仁化县委、仁化县人民政府印发《仁化县关于推进水资源价值化工作实施方案（试行）》，以水资源保护与开发利用为重点，推动建立政府主导、企业和社会各界参与、市场化运作、可持续的水资源价值实现路径，努力将水资源优势转化为经济发展优势，实现水资源资产价值最大化，推动仁化社会经济高质量发展。

（李　君）

重要活动

【“党课开讲啦”】 2021年，根据中共中央、中共广东省委和中共韶关市委关于学习贯彻中共十九届六中全会精神部署，以及“党课开讲啦——百名书记讲党课”有关工作要求，为推动党史学习教育扎实开展，仁化县开展“党课开讲啦——百名书记讲党课”、“百名书记讲党课”暨参观“仁化暴动”文物展陈活动、习近平总书记“七一”重要讲话精神专题党课、学习贯彻中共十九届六中全会精神专题党课活动，县委主要领导带领县四套班子党员领导结合“一线双联”“民情夜访”活动，分别到所在支部、挂点联系镇村上专题党课累计136节，引领各基层党组织书记讲专题党课1200余节。

【模范机关创建】 2021年，仁化县按照省模范机关创建工作要求，对标“让党中央放心、让人民群众满意”和讲政治、守纪律、负责任、有效率要求，开展模范机关创建活动，推动县直机关党建和各项事业取得新成效。10月25日，仁化县召开全县机关党建工作暨模范机关创建工作推进会，传达学习省市模范机关创建工作会议精神，通报全县模范机关创建工作情况，总结经验，研究部署贯彻落实意见。11月2日，仁化县对县纪委监委、县委办公室、县委组织部等24个“县直机关模范机关创建先进单位”进行表扬通报。

2021年仁化县县直机关模范机关创建先进单位一览表

表16

单位名称	单位名称	单位名称
中国共产党仁化县纪律检查委员会 仁化县监察委员会	仁化县人民法院	仁化县公安局
中国共产党仁化县委员会办公室	仁化县人民检察院	仁化县财政局
中国共产党仁化县委员会组织部	仁化县住房和城乡规划建设局	仁化县农业农村局
中国共产党仁化县委员会宣传部	仁化县教育局	仁化县卫生健康局
中国共产党仁化县委员会政治委员会	仁化县应急管理局	仁化县统计局
仁化县人民政府办公室	仁化县交通运输局	仁化县消防救援大队
仁化县人民代表大会常务委员会办公室	仁化县文化广旅游体育局	韶关市生态环境局仁化分局
中国人民政治协商会议仁化县委员会办公室	仁化县审计局	国家税务总局仁化县税务局

【“光荣在党50年”纪念章颁发】 2021年，仁化县申领、颁发“光荣在党50年”纪念章1026枚。6月，在中国共产党建党百年之际，仁化县举办“光荣在党50年”纪念章颁发仪式，由县委书记为党龄50年以上老党员代表颁发纪念章。同时，部署各基层党（工）委开展、各级各单位举办“光荣在党50年”纪念章颁发仪式，由县领导带头，各单位、各镇（街）领导班子成员和各级党组织书记结合“一线双联”“民情夜访”深入挂点村（社区）、本单位党组织党员中，对1026名50年以上党龄的老党员落实遍访，并颁发“光荣在党50年”纪念章。

（李嘉明）

县委理论学习中心组

【中心组学习】 2021年，县委理论学习中心组组织理论中心组集中学习19场次，主要涵盖习近平新时代中国特色社会主义思想的基本精神、基本内容、基本要求，习近平新时代中国特色社会主义思想的科学思想方法和工作方法等13个方面内容。

【专题讲座】 2021年，县委理论学习中心组按照学习重点要求，结合开展党史学习教育，邀请领导、专家、学者到仁化作“学史明智 鉴往知来”、总体国家安全观、“以史为鉴汲取智慧 凝聚力量开创未来——深入学习领会习近平总书记‘七一’重要讲话精神”、“强化保密意识 落实保密责任——做好新时代的保密工作”、“认真学习贯彻习近平法治思想 努力推进仁化经济高质量发展”、“百年奋斗路 启航新征程——学习贯彻党的十九届六中全会精神”、《中国共产党统一战线工作条例》专题辅导授课7场次。

【专题研讨】 2021年3月22日，中共仁化县委理论学习中心组集体学习研讨贯彻习近平总书记重要讲话和全国“两会”精神，完整把握、准确理解、全面落实新发展理念专题；4月7日，中共仁化县委理论学习中心组集体学习研讨习近平《论中国共产党历史》专题；7月15日，中共仁化县委理论学习中心组集体学习研讨习近平总书记在庆祝中国共产党成立100周年大会上的重要讲话精神专题；12月14日，中共仁化县委理论学习中心组集体学习研讨中共十九届六中全会精神专题。

【个人自学】 2021年，中共仁化县委理论学习中心组成员采取多种形式开展自学，内容主要包括《学习活页文选》《时事报告》《党委中心组学习》《党建》《论中国共产党历史》《毛泽东邓小平江泽民胡锦涛关于中国共产党历史论述摘编》《习近平新时代中国特色社会主义思想学习问答》《中国共产党简史》《中国共产党的一百年》《中华人民共和国简史》《改革开放简史》《社会主义发展简史》《五大振兴》《百年扬帆——粤学党史粤爱党·打卡广东红》《习近平法治思想学习纲要》《中共中央关于党的百年奋斗重大成就和历史经验的决议》《党的十九届六中全会〈决议〉学习辅导百问》《中国共产党党内法规汇编（精）》《新征程面对面（2021理论热点面对面）》《论党的宣传思想工作》等。

【基层宣讲】 2021年，中共仁化县委理论学习中心组组建县委宣讲团、县级百姓宣讲团等理论宣讲队伍，组织开展百年党史、习近平总书记在庆祝中国共产党成立100周年大会上重要讲话精神、中共十九届六中全会精神等3次主题宣讲活动，宣讲团成员依托镇（街）党校等阵地，面向基层党员干部群众开展专题宣讲410余场次，持续推动习近平新时代中国特色社会主义思想宣讲进机关、进社区、进学校、进企业、进农村、进网络等“六进”活动，助力仁化党员干部和基层群众深入学习理论政策、提高政治站位、筑牢思想屏障。

（邓贵胜）

县委办公室工作

【办文办会】 2021年，中共仁化县委办公室（简称县委办）坚持以服务县委工作为中心，求真务实，规范管理，认真做好参谋助手、统筹协调、办文办会职能工作，发挥“咽喉”“纽带”作用，保障县委各项工作高效运转。办文严把起草关、审核关、缮印关、校对关、发送关，全年审核、校改县委、县政府（含县委办）文件391件次，向市委办报备党内规范性文件共6件，文件报备及时率与备案通过率均为100%。规范公文流转，制定《中共仁化县委办公室公文办理工作流程》，提高工作效率，全年承办中央、省、市文件共1356件，推动上级决策部署及时有效落实。强化会前沟通协调和会议材料审核把关，提高会议实效，会务精简高效。全年单独承办或与其他部门承办以及协助部门组织召开各种会议74次，其中大型会议3次。

【深化改革工作】 2021年，召开县委全面深化改革委员会工作会议2次，研究部署全面深化改革工作，持续推动改革引向深入、进行到底。不折不扣抓好中央和省委、市委部署工作任务，市委改革工作要点涉及仁化的 29项改革任务以及7项国家、省、市试点任务全部完成或按时序推进。围绕12个重点领域改革任务，稳步推进县委改革工作要点82项改革任务。

【调研、信息、宣传报道】 2021年，县委办发挥县委参谋助手作用，注重调查研究、吃透下情，统筹抓好“大学习、深调研、真落实”工作，围绕党史学习教育、支持服务横琴、前海两个合作区建设以及深入学习贯彻习近平总书记“七一”重要讲话精神开展两轮“深调研”工作，形成41个调研报告，运用调研成果形成县第十四次党代会报告的具体工作思路。认真总结全县经济社会发展等各方面的举措、经验、亮点，共向省市报送信息147篇，报送重大紧急信息及舆情信息105篇，没有出现迟报、漏报、瞒报和错报现象。聚焦县委“一三九”发展战略，充分挖掘乡村振兴、县域镇域经济发展、民生保障等各项事业的新举措、新成效、新突破、新亮点，在中央、省、市主流媒体推送发表新闻稿件200多篇，县委新闻秘书被市委宣传部评为全市优秀通讯员。

【督查工作】 2021年，县委督查室贯彻落实中共中央决策部署和省委、市委工作要求，围绕县委“一三九”发展战略和“一线两带两区”建设格局，开展各项督查督办工作。通过听、看、查、问等形式，发挥参谋助手作用，定期跟进县委常委会、书记会、专项工作会工作要点，抓好贯彻落实政治要件办理情况、省委第六巡视组巡视仁化县反馈意见整改、新型冠状病毒疫情防控、贯彻执行中央八项规定情况、统筹规范2021年仁化县督查检查考核、县重点项目落实情况、巩固提升全国文明城市建设、铁路沿线路域整治、长征国家文化公园建设等问题。全年跟进落实县委常委会、书记会、专项工作会等各类会议决定事项共2896项，县委书记批示件151件，组织开展各项专项督办活动70多次，确保县委决策部署落实到位。

【档案工作】 2021年，仁化县档案局学习贯彻习近平总书记对档案工作重要批示精神，推动档案工作与疫情防控、重点项目等重点工作有机融合，增强档案服务能力，发挥档案“资政惠民”功能。6月，在县青少年宫举行“庆祝中国共产党成立100周年图片展暨‘档案话百年’”主题宣传活动。8月初，完成脱贫攻坚档案归集整理、目录报送和移交进馆工作。9月，县档案馆近三年档案业务建设情况通过市考核验收。10月，董塘镇安岗村“档案工作服务基层社会治理”省级试点工作通过省考核验收，同期启动城口镇恩村村、石塘镇石塘村两个县级试点建设。11月下旬，完成疫情防控工作各类文件的归档、目录报送和移交入馆工作。全年举办档案业务培训班9期，其中线上培训2期。

（李　君）

组织工作

【干部教育培训】 2021年，仁化县依托县镇党校、党群服务中心和党员干部现代远程教育等主阵地，实现党员干部培训全覆盖、无遗漏。全年举办主体培训班35期，培训党员干部3100余人次，其他班次292余期，参加培训19000人次。

【干部选拔任用】 2021年，仁化县坚持好干部标准，把政治标准放在第一位，注重激励和约束并重，贯穿干部“选育用管”各个环节。科学精准配强班子，全年开展领导干部人事调整14批次334人，其中提拔使用122人；组织实施并完成二级主任科员以上公务员职级晋升7批次84人次。建立日常考核、分类考核、近距离考核的知事识人体系，注重考核实绩，在2020年度重点工作、中心工作中评选出10个记三等功集体、10个嘉奖集体、5名记三等功个人、15名嘉奖个人、80名先进个人、269名年度考核优秀等次个人。完善《仁化县中层领导干部（股级）选拔任用工作规程（试行）》，规范完善中层干部选拔任用制度。坚持立行立改与举一反三相结合，全面完成省委第六巡视组选人用人专项检查反馈的3个方面11项具体问题整改。依法依规管理公务员，落实公务员招录政策，严把公务员招录“四关”（岗位设置关、政策宣传关、政策咨询关、录用考察关）工作，全年招录公务员27名，科学合理交流调配16名公务员，办理转正23人，公务员登记61人。稳定开展公务员分类管理工作，将19个执法机构（部门）265个职位纳入行政执法类公务员管理。严格落实公务员职务与职级并行政策，截至2021年年底，全县晋升三、四级主任科员245名。

【人才培养与管理】 2021年，仁化县加大招才引智力度，持续优化人才环境。积极开展“丹霞英才”计划，全年全县招聘到位党政储备类、教育教学类、医疗卫生类人才345人（其中硕士研究生26人）。强化人才示范引领，落实人才特殊津贴政策，发挥各行业领头人才在经济社会发展中的示范引领和传帮带作用，全县有4人享受市政府特殊津贴，32人享受县政府特殊津贴人才待遇。加快人才公寓建设，47套人才公寓正式投入使用，建筑总面积累计约4700平方米，解决医疗、教育急需紧缺人才后顾之忧。发挥人才驿站凝聚人才、对接产业、服务企业、推动发展功能，吸引中国工程院院士黄伯云、傅廷栋，港珠澳大桥建设功臣、广东省“南粤楷模”张宝兰等为代表的各类高层次人才230余人次，签订合作框架协议115份。加强人才创新平台建设，聚焦“厂区变园区、产区变城区”改革，深入推进产学研合作，与中南大学、中金岭南公司共同建设“仁化县有色金属产学研合作中心”，全年新增3家省级工程研究中心和4家市级研究中心，助推产业振兴发展。

【基层党组织建设】 持续巩固“一线双联”“民情夜访”党建特色品牌。2021年，仁化县以常态化开展“一线双联”“民情夜访”为载体，县领导班子、县直机关单位和镇（街）干部大抓基层在一线，实行“县领导包镇、镇领导和挂点单位包村、县镇干部包户”三包责任机制，推动人往基层走、政策往基层倾斜、钱往基层投，切实把密切联系群众优势转化为基层治理强大效能。全年全县各级干部为基层办理实事5566件，不断推动乡村振兴、基层治理等实现新提升、取得新成效。其中，以“民情夜访”推动基层治理工作获评为2021年度广东基层党建创新案例（全省最佳案例之一），并被农业农村部、国家乡村振兴局列为第三批全国乡村治理典型案例，是广东省入选的3个案例之一，也是韶关市唯一入选案例；董塘镇新龙村被中央农村工作领导小组办公室认定为全国第二批乡村治理示范村，并获联合国人居环境署办事处“2021亚洲都市景观奖”。

创新开展党支部“互学互帮互促”试点工作。2021年，仁化县结合新一轮加强中共基层组织建设三年行动计划，按照党支部规范化建设达标创优要求，采取先进党支部带动后进党支部、县直机关“1+N ”组团共建和机关党组织结对农村（社区）党组织的形式，推动全县111个先进党支部与后进党支部挂钩结对、县直机关20 个党建工作团实现组团共建、80余个机关单位与挂点联系村级党组织深化“支部帮支部、书记帮书记、党员联党员”共建活动，并建立党建工作月提示单、党建工作组团交流培训、党建工作交叉检查、党建工作挂星评比等四项配套制度，推动党支部对标找差距、看齐促提升、争优当示范，提升基层党组织政治领导力、组织动员力、治理管控力、统筹协调力、宣传引导力。其中，机关支部与农村支部互学互帮做法入选2021年度韶关市改革创新典型案例。

深入推进抓基层党建促乡村振兴示范县创建工作。2021年，仁化县以抓基层党建促乡村振兴示范县创建为抓手，建立驻镇帮镇扶村联支部工作机制，在11个镇（街）成立党总支，109个村建立临时党支部，向27个重点村选派驻村第一书记，每季度开展乡村振兴“比学赶超”“赛龙夺锦”活动，扩大党组织覆盖面和工作覆盖面，推动农村党建与乡村振兴同频共振、互融互促。80余个县直单位围绕基础设施建设、产业发展、人居环境整治等工作，开展乡村振兴“大排查、大调研、大整治”行动，重点协助挂点村做好常态化监测、精准帮扶、规划编制、项目实施等工作，破解乡村振兴发展短板弱项，构建遇事共商、问题共解、责任共担治理格局，凝聚巩固拓展脱贫攻坚成果同乡村振兴有效衔接合力。

持续扩大基层党的组织覆盖和工作覆盖。2021年，仁化县以落实新一轮加强中共基层组织建设三年行动计划为主线，聚焦短板弱项，突出问题导向，统筹推进各领域基层党组织建设全面进步全面过硬。以健全完善社区党组织体系为突破口，建立街道“大工委”和社区“大党委”工作机制，探索推进形成社区、网格、片区（小区、楼栋）为基本架构的三级党组织体系。深化“网格治理、组团服务”工作机制，重新规划284个基层网格，选任约1000名网格员，积极开展在职党员到社区报到服务活动。全年，全县各单位中共党员到街道、社区报到达18592人次，开展疫情防控宣传、环境卫生整治和防诈骗宣传等活动810次。新成立县非公经济组织党工委和县社会组织党工委，全县43个“两新”党组织实现党组织覆盖和工作覆盖“两个100%”双覆盖。在2所中小学校创新建立党员教师思政工作室，加强教师队伍思想政治建设和中小学生思想品德教育。把支部建到公立医院各内设机构和所属各单位科室上，以党建引领提升医疗服务水平。

【中国共产党成立100周年系列庆祝活动】 2021年，仁化县各级党组织精心组织开展中国共产党成立100周年系列庆祝活动，学习习近平总书记“七一”重要讲话精神，增强全县基层党组织的凝聚力和战斗力，激励广大党员干部坚定理想信念。做好全国、省、市、县“两优一先”推荐工作，2名中共党员被评为广东省优秀党务工作者，5名优秀共产党员、7名优秀党务工作者、6个基层党组织被市表彰，100名优秀共产党员、80名优秀党务工作者、80个先进基层党组织被县表彰。

2021年获“仁化县先进基层党组织”称号一览表

表17

基层党组织名称	基层党组织名称	基层党组织名称
丹霞街道党工委	城口镇卫生院党支部	县人大常委会机关党总支
石塘镇党委	城口镇恩村党支部	县政府办第一党支部

续表17

基层党组织名称	基层党组织名称	基层党组织名称
长江镇党委	闻韶镇塘源村党支部	县政协机关党支部
公安局党委	闻韶镇下徐村党支部	仁化县委组织部党支部
县卫健工委	周田镇龙坑村党支部	县政法机关党支部
县住房和城乡建设管理系统机关党委	周田镇雷坑村党支部	县委统战部党支部
县交通运输系统机关党委	周田镇上坪村党支部	县林业系统机关党委
县人民检察院党总支	周田镇周田社区党总支	县农业农村局机关党支部
丹霞街道新城社区党总支	周田镇新庄村党支部	县市场监督管理局第二党支部
董塘镇南湖村党总支	周田镇中心卫生院党支部	仁化县民政局党支部
董塘镇凡口社区党总支	黄坑镇蓝田村党支部	仁化县自然资源局第一党支部
董塘镇江头村党总支	黄坑镇下营党支部	仁化县应急管理局党支部
董塘镇新龙村党支部	黄坑镇黄坑村党支部	仁化县财政局党支部
董塘镇安岗村党支部	大桥镇亲联村党支部	国家税务总局仁化县税务局第一税务分局党支部
董塘镇中心卫生院党支部	大桥镇卫生院党支部	仁化县工业和信息化局机关党支部
石塘镇京群村党总支	大桥镇大桥社区党支部	仁化县人民法院刑事审判庭党支部
仁化县实验学校党总支	丹霞街道黄屋村党支部	仁化县锦江电力开发总公司瑶山电站党支部
仁化县田家炳小学党总支	丹霞街道机关一支部	仁化县建筑安装工程有限公司党支部
石塘镇党群系统党支部	丹霞街道社区卫生服务中心党支部	广东仁化银龙供水有限公司党支部
石塘镇石塘村党支部	丹霞街道岭田村党支部	广东志成冠军电气器材科技有限公司党支部
长江镇学堂坰村党支部	丹霞街道夏富村党支部	仁化县城北小学党支部
长江镇木溪村党支部	丹霞街道康溪村党总支	仁化县凡口学校党支部
长江镇里周村党总支	红山镇鱼皇村党支部	仁化县黄坑中学党支部
扶溪镇厚塘村党支部	红山镇党群党支部	仁化县机关幼儿园党支部
扶溪镇水口村党支部	红山镇新白村党支部	仁化县慢性病防治站党支部
扶溪镇扶中村党支部	仁化县纪检监察机关二党支部	仁化县卫生监督所党支部
城口镇党群党支部	仁化县委办公室党支部	—

2021年仁化县获“仁化县优秀共产党员”称号一览表

表18

姓名	姓名	姓名	姓名	姓名	姓名	姓名
刘剑勇	李杏兰	张敬滨	邱文辉	罗　威	徐峥峥	郭樟华
唐　源	邹家平	余　翔	蒙升龙	王剑斌	李勇明	邓卫华

续表18

姓名	姓名	姓名	姓名	姓名	姓名	姓名
沙建平	沈家志	叶天明	赖庆智	李余清	吴田英	吴英良
张贻德	马其超	许兴远	袁章乐	袁远清	邹建红	蓝东华
张　维	马　杰	谢新华	梁美娥	雷月华	冼珏梅	邱国林
廖飞龙	谢　平	叶柏龄	冯锐成	朱国兴	朱泓波	陈小平
吴敏坚	谭润昆	罗朋文	林宝兰	赖秀媚	宋琳玲	马爱军
余永前	钟彩云	张清华	谭小兰	李　莹	许关平	王文国
钟荣才	刘福辉	温春花	谭锦燕	欧阳剑蔚	邹云娣	赖海文
彭仕有	罗胜奇	谢云兰	余海波	何旺财	王　勇	邹建雄
杨　洲	黄丽珠	陈景标	刘卫明	刘晓霞	余香莲	—
罗福胜	祝向恩	陈剑峰	肖卫青	温宇军	肖移珍	—
李振雄	刘普新	李启豪	吴宏斌	赵丹宁	易向荣	—
周培全	莫谋亮	谭家琪	刘德能	徐友萍	刘章华	—
刘游芳	蓝　琳	邓永林	罗仁松	蒙万胜	谭建斌	—

2021年仁化县获“仁化县优秀党务工作者”称号一览表

表19

姓名	姓名	姓名	姓名	姓名	姓名	姓名
肖志文	张九香	谭润秀	黄康明	蓝　磊	陈　琳	张伟忠
罗　威	谭余能	华鹏程	黄　冠	李丽英	邹福娣	龚厘崇
饶小明	刘树敬	雷小强	傅满娣	周志军	邝　健	欧阳宇霞
叶永福	李少锋	刘世妹	李小明	赵仕雄	黄小玲	黎　婧
谢熙崧	李鸿财	雷九斤	李知璟	叶韶艳	梁艳芬	黄俊锋
何志衡	谭秀萍	罗海莲	谭细祥	温观华	徐于动	邬立雄
刘东海	欧文坚	黄果平	聂建有	刘桂菊	谭作明	李圣敏
朱帆杰	袁　超	简河清	顾志坚	周　华	黄敦雄	周　游
宋书华	张　能	张　文	张胜才	陈诗华	李诗怡	—
李金清	黄浩威	何远球	谭芬芬	蒙欣荣	何国文	—
刘　敏	蒙秀鹏	徐贵珍	徐仁辉	李　荣	冯明德	—
莫　敏	谢世安	熊　婵	吴祷依	陈华民	曾雪芳	—

【县镇村领导班子换届】 2021年是县镇村三级集中换届年，仁化县坚持深入贯彻新时代中国共产党的组织路线，坚持以正确用人导向引领干事创业导向，高标准完成县镇村三级换届工作。

坚持精准发力，确保选优配强基层组织“带头人”。2021年3月底，仁化县全面完成村（社区）“两委”以及村级配套群团组织换届工作，积极推动村党组织书记通过法定程序担任村民委员会主任和村级集体经济组织负责人，提高“两委”交叉任职比率，实现学历、年龄“一升一降”目标。新一届村（社区）“两委”交叉任职人数455个，占比96.2%，比上一届提高2.3%；党组织书记平均年龄47岁，对比上一届下降1.7岁；109个行政村三个“一肩挑”（村党组织书记、村委会主任、集体经济组织负责人“一肩挑”）实现率98.2%，其中村党组织书记担任集体经济组织负责人比率99.1%。

坚持凝聚共识，全力抓好乡镇领导班子换届工作。2021年，仁化县始终将调研摸底、分析研判作为换届选举基础性工作来抓，组建4个调研组下沉到各镇（街）和县直各单位了解和掌握班子运行情况、结构情况以及班子成员的进退留转意愿，县委派出10个换届调研组，对全县10个乡镇组织开展换届考察，严格规范选举程序和换届纪律，确保把想干事、能干事、会干事的干部吸收进来。本轮换届新提拔年轻干部40名，其中，乡镇提拔25人，县直单位提拔15人。乡镇领导干部交流或提拔56名，班子整体功能和结构明显优化提升。

坚持依法依规，确保党代会换届选举合法有效。2021年，仁化县坚持中国共产党的领导，把中国共产党的领导贯穿到选举全过程和各环节，严谨细致做好有关职务相关人事安排，坚持依法依规办事，认真组织实施市、县、镇各级党代表的考察工作，确保代表结构合理、程序规范，严肃换届纪律和会风会纪，县、镇党代会顺利召开，完成各项议程，选举产生出席中共韶关市第十四次代表大会代表22名，换届整体流程平稳有序、选举会场秩序井然、换届风气风清气正。

【党员发展和管理】 2021年，仁化县贯彻《中国共产党发展党员工作细则》，注重拓宽选人视野、向农村基层倾斜，严格把好每道关口，强化跟踪培养考察，确保新发展党员质量过硬。全年发展中共党员296名，党员结构优化。其中，发展农村中共党员99名，同比增长37.5%；35岁以下60名，同比增长25%；“两新”组织党组织9名，同比增长80%。

（李嘉明）

宣传工作

【党史学习教育】 2021年，中共仁化县委宣传部突出学党史、悟思想、办实事、开新局，加强政治引领，做好县委党史学习教育办的组织协调工作，确保党史学习教育各项工作落到实处。开展“党在我心中”线上党史知识竞赛活动，以赛促学推动党史学习教育持续开展；在县新时代文明实践中心开设党史学习教育“学习书屋”，组织党员干部开展学习活动78场次；在董塘安岗村等红色点位举办“仁化红色文化讲堂”活动16期，让党员干部在沉浸式体验中学习党史。推动“我为群众办实事”实践活动见行见效，完成8项14件重点民生项目，县处级领导干部和县各单位承诺办理的497件民生实事全部完成，各级党员干部依托“一线双联”“民情夜访”等载体办理民生实事5566件。

【理论宣传】 2021年，仁化县充分发挥县融媒体中心的理论宣传主阵地作用，在“仁爱仁化”App、“仁化发布”微信公众号、仁化电视台等媒体平台开设“学习贯彻习近平新时代中国特色社会主义思想”“深入贯彻习近平总书记‘七一’重要讲话精神”等专题专栏，转载中央媒体权威报道和理论文章200余条次。组建县委宣讲团和县、镇级百姓宣讲团，依托新时代文明实践阵地和镇（街）党校，开展百年党史、习近平总书记“七一”重要讲话精神、中共十九届六中全会精神等专题理论宣讲410余场；县新时代文明实践中心组建“小蜜蜂”宣讲志愿服务队，深入基层一线开展政策理论宣讲620余场。强化“学习强国”学习平台推广使用工作，全县注册用户数达1万余人，“仁化融媒号”上传770余条稿件被该平台采用。

【对外宣传】 2021年，仁化县宣传部门加强与新华社、中新社、南方日报社等主流媒体沟通联系，在中央及省市主流媒体推出仁化宣传报道1300余条，其中《仁化打造农业产业群 打通乡村振兴路》《韶关仁化打好生态“组合拳”，绿水青山释放美丽经济》等稿件相继被新华网、《光明日报》等多家媒体推送，《在丹霞山上观日出赏日落》被“学习强国”学习平台首页推送，有效提升仁化的知名度和影响力。推进媒体融合发展，制作

《智者乐水》《乡村振兴·美丽乡村仁化行》等一批融媒产品，其中MV（音乐短片）《没有共产党就没有新中国》播放量超过17.5万次。

【宣传引导】 2021年，仁化县宣传部门聚焦庆祝中国共产党成立100周年、党史学习教育、乡村振兴等重大主题，制播新闻2200余条，全面做好仁化各项重点工作宣传报道。发放党史学习教育、庆祝中国共产党成立100周年宣传海报5200幅，设置主题户外宣传广告牌15块、景观小品10处。用好“仁化发布”微信公众号以及应急广播系统等平台，统筹各镇（街）各单位LED屏，持续做好疫情防控、乡村振兴、安全生产、森林防火等宣传引导工作。

【弘扬红色文化】 2021年，仁化县宣传部门全力做好长征国家文化公园（仁化段）相关项目包装策划，创排大型红色歌舞剧《你来过》，摄制《百年征程 红色仁化——仁化县重要红色革命遗址遗迹系列微视频》11部。在石塘双峰寨举办“仁化暴动”文物展陈，参观学习人数逾8万人次。完成董劝书院、城口红色遗址群、长江红色遗址群保护修缮工程。石塘双峰寨被列入全国重点文物保护单位革命文物名录，工农革命独立第四团团部旧址入选广东省文物保护革命文物名录，红军长征粤北纪念馆入选广东省爱国主义教育基地。

【乡村文化振兴】 2021年，仁化县宣传部门持续开展“我们的中国梦文化进万家”系列文化活动，广泛开展送戏下乡、送春联下乡、戏曲进校园等文化惠民活动，推动乡村文化振兴。开展庆祝中国共产党成立100周年优秀影片展映暨“看电影 学党史”主题活动1400余场，抓好农村电影放映工作。坚持管好用好“风度书房”，营造推进全面阅读氛围。指导各镇（街）综合文化站及村（社区）综合性文化服务中心按照疫情防控要求做好免费开放工作，为基层综合文化服务中心、农家书屋配送图书1.47万余册，提升公共文化服务水平。

【新时代文明实践中心建设】 2021年，仁化县全面加强新时代文明实践阵地规范化建设，打造24个省级新时代文明实践示范所（站），全县新时代文明实践所（站）“十个一”（一块新时代文明实践中心标识、一番习近平总书记重要讲话摘选、一张领导架构图、一套管理制度、一套多媒体影音设备、一个学习资料架或柜、一个活动安排公开栏或表、一本志愿服务队花名册、一本实践记录本、一本群众意见反馈簿）标准化建设完成率100%。广泛开展新时代文明实践活动，各志愿服务队伍开展“红心闪耀”等特色志愿服务活动550余场。2021年6月，仁化县被列为省级乡村“复兴少年宫”建设试点县，开展面向农村少年儿童的新时代文明实践活动280余场，丰富群众精神文化生活。

【党报党刊征订】 2021年，中共仁化县委宣传部做好党报党刊征订发行工作，全年征订《人民日报》372份、《求是》杂志197份、《南方日报》1858份、《南方》杂志2959份、《韶关日报》2467份、《经济日报》75份、《光明日报》76份。

（叶　瑞）

全国文明城市建设工作

【理想信念教育】 2021年，仁化县面向党员干部开展习近平新时代中国特色社会主义思想学习培训，邀请市委宣讲团成员作《学习新思想 开创新局面》等专题辅导报告16场次，受训1120余人次。把习近平新时代中国特色社会主义思想纳入公务员全员培训等主体班培训班次28期，累计112学时，受训5240余人次。针对农村党员，县委组织部、县委党校通过135个远程党员教育平台开展《习近平新时代中国特色社会主义思想学习问答》等远程培训38学时，受训26480余人次。发挥县处级领导示范带头作用，结合“一线双联”到基层讲《奋力谱写生态优先 绿色发展新篇章》等主题党课120场次，受众3800余人次。抓好机关党员干部学习教育，举办《从党的百年历史中汲取奋进力量 奋力谱写生态优先绿色发展新篇章》等专题辅导报告490场次，参与7000余人次。在县新时代文明实践中心设置党史学习书屋，开展党史专题学习活动78场次，受众3000余人次。基层党组织结合“三会一课”开展阅读红色经典、唱响红色赞歌等学习活动1552场，受众8.5万余人次。加强成就宣传和形势政策教育，县史志办、县档案局、县档案馆、县新时代文明实践中心联合举办“领悟百年党史　牢记初心使命——庆祝中国共产党成立100周年图片展”。组建新时代文明实践“小蜜蜂”志愿服务队，在学校、农村、社区开展改革开放史主题宣讲61场次，受众1600余人；组建领导干部宣讲团、百姓宣讲团等98人的宣讲队伍，到农村、社区、学校、企业、机关开展习近平新时代中国特色社会主义思想、中共十九届六中全会精神以及“碳中和”“碳达峰”等国内外形势政策宣讲1920余场次，受众5.7万余人次。

【文明培育】　2021年，仁化县常态化开展先进典型选树宣传活动，推荐评选表彰仁化县道德模范10名和提名奖9名，“仁化好人”17名，其中，梁静获评“韶关好人”、廖仁志获评韶关市“道德模范”，举办先进典型事迹巡回展览和学习宣传活动9场。评选表彰“最美科技工作者”12名、“最美退役军人”8名，“文明商户”10名、“最美志愿者”34名、“新时代好少年”27名，在全县营造弘扬崇德向善、见贤思齐氛围。倡导文明健康绿色环保生活方式，在县城主次干道、社区、公园广场等刊播“文明健康　绿色环保”公益广告1300余处，发放环保购物袋2800个、公筷公勺500套、牙签筒5500个。11个镇（街）通过新时代文明实践所（站）广泛开展健康知识、“保持社交距离，科学佩戴口罩”等宣传活动66场次，受众6800余人次。深化推进各类文明创建活动，申报2021—2023年全国、省、市、县级文明村镇、文明单位、文明家庭、文明校园创建共241个。2021年6月，仁化县被列为省级乡村“复兴少年宫”建设试点县。常态化推进诚信制度化建设，建立完善联合惩戒机制，实行每半年发布一次诚信“红黑榜”，发布诚信“红黑榜”名单78个。各镇（街）、县有关单位利用“3·15”消费者权益日等时间节点，开展诚信主题教育活动。深入开展志愿服务活动，精心制定志愿服务项目总清单78项。开展“红心闪耀”“仁爱仁心”“全民尚文”“三农快线”“生态和美”“医心医意”“梦想启航”“企业护航”等八大品牌特色志愿服务活动550余场。9月8日，仁化县作为全国县级文明城市代表在全省精神文明建设工作推进会上围绕“文明城市创建工作”主题作经验介绍。

2021年获授仁化县“新时代好少年”称号一览表

表20

姓名	性别	所在学校	姓名	性别	所在学校
江心悦	女	仁化中学	陈文熙	女	石塘新华书店希望小学
蓝浩翔	男	仁化县第一中学	吴雨婷	女	长江中学
杨明月	女	仁化中职	魏莉媛	女	长江中心小学
肖楚媛	女	县实验学校	谭　盈	女	扶溪学校
曾玲洁	女	县实验学校	徐巧妍	女	闻韶镇泰学校
曾玲玉	女	县实验学校	张　洋	男	红山学校
欧芷文	女	仁化县田家炳小学	刘世涛	男	城口学校
唐靖雯	女	仁化县城北小学	邱　怡	女	周田中学
钟　敏	女	凡口学校	李慧玲	女	周田中心小学
马嘉慧	女	丹霞学校	邱永虹	女	大桥中学
梁冬菊	女	丹霞中心小学	钟彦师	女	大桥省善希望小学
江晶婷	女	董塘中学	曾晓琨	女	黄坑中学
谢佳欣	女	董塘中心小学	刘雅喆	女	黄坑铭源希望小学
许丽萍	女	双峰寨中学	—	—	—

【文化内涵增强】 2021年，仁化县投入160余万元保证公益性文化场馆免费开放、可持续健康发展，投入约3000万元持续提升各图书馆（室）、文化馆（站）、博物馆，推动公共文化服务标准化、均等化、数字化。开展“丹霞讲学堂”特色阅读品牌服务活动6场次、葫芦丝等公益艺术培训班6个班60节课、送戏下乡10场，举办文体活动94场，利用民俗传统节庆开展各类文化惠民展演活动34场，为农村群众、学生提供电影放映服务500场次，县博物馆开展免费讲解8次。加强文化产业发展，完成《长征国家文化公园（广东段）重点建设项目深度规划（仁化片区）》《红军过粤北重点展示园项目可行性研究报告》《仁化县红色旅游发展规划》3项国家重点关注的文化产业项目发展规划。投入100万元创新文化产品，打造完成大型历史舞台剧《你来过》，提升传统歌舞《月姐歌》。

【城镇基础设施提升】 2021年，仁化县改造提升基础设施建设，新建仁化中职学生宿舍楼教学楼、城北幼儿园，满足群众对优质教育资源需求。建成和投入使用仁化人民医院急救综合大楼与新妇幼保健院，为全县市民群众提供更高质量，更加完善的医疗服务。完成第一农贸市场升级改造工程，为广大市民营造干净整洁、规范有序农贸市场环境。完成新建或改造市政道路约6千米；实施5个老旧小区改造工程（教育局A小区、教育局B小区、科委宿舍、木材公司综合大楼以及化工厂宿舍）13栋惠及175户人。清除主次干道建筑外立面安全隐患14栋，整治提升背街小巷16条，县城范围内划标示线约1万平方米，县城房屋外立面改造约2万平方米。新增摩托车、汽车停车位200个，增设5条斑马线，增加2个按键申请式人行红绿灯，在县城内安装安全防护栏约100米。对县城绿化改造约100万平方米；对县城市政设施进行安全隐患排查和及时更换、维修，清理雨水井约970座，沉砂池286个；维修、改造县城范围内混凝土路面约10万平方米。合理配置社区环卫设施，推进社区生活垃圾分类投放、分类收集。建成面积1734平方米垃圾分类分拣中心1个，11个镇（街）共配各种作业车辆66台、电动保洁车55台、手推垃圾收集车640台、果皮箱326个、240升四分类垃圾收集桶11613个、360升铁质四分类垃圾桶800个，每天安排12名分类督导员在试点范围各个垃圾收集点旁指导居民正确投放。

（谢纪根　叶庚兰）

统战工作

【统一战线共同思想政治基础夯实】 2021年，中共仁化县委统一战线工作部（简称县委统战部）坚持把统战对象思想引领作为统战工作的首要政治任务来抓，通过集中收看，座谈研讨、专题宣讲、读原著自学等多种形式，组织统战干部和广大统一战线成员认真学习习近平新时代中国特色社会主义思想和中共十九大及历次全会精神，学懂弄通做实新时代统一战线工作的基本任务和原则方法，增进统一战线思想共识。引导统战成员在建言献策、引资引智、创新创业、社会服务等方面发挥积极作用，夯实新时代统一战线团结奋斗共同思想政治基础。全年，组织统战干部开展集中学习18次，为群众办实事53件。组织统一战线成员单位开展各领域主题教育实践活动13场次，参加人员600余人次。举办统一战线培训班8期，参与人员共计1000余人次。

【基层大统战工作格局构建】 2021年，县委统一战线工作领导小组印发《2021年仁化县统战工作绩效考核实施方案》，把统战和民族宗教事务纳入年度绩效考核指标，发挥考核激励和监督问责作用，以“任务驱动”助推形成统战工作合力。将《中国共产党统一战线工作条例》（简称《条例》）学习纳入县委理论学习中心组、县委党校、县党外干部培训班学习内容；坚持以赛促学，创新开展“《条例》线上知识有奖问答活动”和“中共党史暨统战业务知识线下竞赛”活动，选派人员参加市委统战部《条例》竞赛，获第二名；强化载体建设，打造“统一战线服务室”，推动《条例》学习宣传贯彻落地见效。实施“同心示范工程”基层统战精品项目，打造“同心驿站”“同心超市”等一批富有统战特色的平台载体、特色组织和精品活动，推动形成深入基层、联系群众、服务发展的长效机制。

【参政议政渠道畅通】 2021年，县委统战部协助做好县政协换届有关工作，会同有关部门做好党外人士人选的推荐、考察和协商等工作。深入推进多党合作民主协商，定期组织民主党派、党外人士参加县委、县政府召开的通报会、座谈会等，围绕“党委出题，党派调研”要求，组织民主党派、党外人士围绕县委、县政府的中心工作开展调查研究，提出对策建议10余条。加大党外代表人士培养力度，健全与组织部门的联合培养机制，适度增加党外干部的政治安排。截至2021年年底，全县有党外干部33名。搭建联谊交流平台。12月，召开县党外知识分子联谊会成立大会和县新的社会阶层人士联合会成立大会，并为县知联会、县新阶联提供必要的工作场所和经费，形成一定数量、结构合理的代表人士队伍，有序推进县知联会、县新阶联工作。

【非公经济“两个健康”发展】 2021年，县委统战部全面贯彻信任、团结、服务、引导、教育工作方针，加强工商联组织建设。9月，完成县工商联（总商会）换届工作。年内，组织开展县优秀基层商会、优秀民营企业和优秀会员评选活动，县工商联被评为2020—2021年度全国“五好”县级工商联，扶溪镇商会被评为2020年省工商联“四好”商会。培育和发展中国特色商会组织，推动商会按照“四好”（政治引领好、队伍建设好、服务发展好、自律规范好）标准加强自身建设。引导民营企业履行社会责任，持续开展“百企帮百村”乡村振兴项目，参与光彩事业、公益慈善事业，配合做好扫黑除恶、巩文巩卫等县委县政府中心工作，各民营企业计捐款捐物42万元。坚持把政治评价作为政治安排的前置程序和必经环节，完善非公经济代表人士评价体系，组织开展非公经济评价8批156人次。畅通非公有制经济人士有序政治参与渠道，引导规范政治参与行为，推动构建“亲清”政商关系。

（邹云娣）

台港澳事务

【港澳专项工作】 2021年，仁化县台港澳事务局全面开展港澳乡情普查工作，截至2021年年底，全县有香港、澳门同胞6人。做好港澳同胞接待工作，全年接待港澳同胞68人次。港澳籍人士担任县政协委员10名。不定期走访慰问港澳同胞、港资企业，帮助解决实际困难，慰问香港同胞1人。

【惠台暖企工作】 2021年，全县正常生产经营的台企有广东省仁化县利源水电有限公司、山楂大叔（韶关）农业科技有限公司2家，个体户有仁化县周田镇道兴农业生态场1家。优化投资环境，贯彻落实国家、省、市有关指示精神和《台湾同胞投资保护法》及“粤台48条”“31条措施”“26条措施”等惠台利民措施，促进台资企业健康发展。走访企业，与台资企业负责人座谈交流，了解企业生产经营、产品销售、招工纳税等情况，帮助企业答疑纾困。

【服务台胞台属】 2021年，仁化县台港澳事务局开展调查摸底工作，全面了解台胞台属情况，及时更新信息数据，夯实服务工作基础。截至2021年年底，全县有台胞台属31人。开展台胞台属常态化走访慰问，利用春节、中秋等传统节日看望和慰问台胞台属，主动了解其生产生活情况，帮助解决困难，共慰问台胞台属4人，发放慰问金0.42万元。

（蓝春娣）

侨务

【归侨工作】 2021年，仁化县台港澳事务局履行“党和政府联系广大归侨侨眷和海外侨胞的桥梁和纽带”职责，强化服务，团结广大归侨侨眷和海外侨胞。开展侨情普查。通过走访，为侨企提供多元服务，定期到侨属企业广东志成冠军集团有限公司和广东威玛新材料科技有限公司走访调研，收集和梳理企业生产经营过程中所遇到的困难和诉求，指导企业用好用足有关惠企政策，协调相关部门发挥合力，切实帮助企业解决实际困难和问题，助力侨属企业高质量发展。

【服务侨眷】 2021年，仁化县有归侨19人、华人华侨47人、侨眷79人。全年，利用节假日走访归侨侨眷50人次，慰问困难归侨侨眷20户，送去慰问金慰问品0.62万元。

（蓝春娣）

县直属机关工委工作

【党组织基础夯实】 2021年，中共仁化县直属机关工作委员会（简称仁化县直机关工委）坚持大抓基层的鲜明导向，分领域推进基层党组织建设，建强基层坚强战斗堡垒。聚焦2021年“完善组织体系开启新征程”主题，抓好县直机关工委统一领导、单位党组（党委）具体领导和管理机关党建工作作用发挥，优化基层党组织设置和运行。年内，根据机关事业单位、国有企业、“两新”组织形态新变化，消除党组织设置空白点，推动党组织、党工作有效覆盖各类基层组织和社会各类群体。全年，仁化县直机关工委共撤销下辖基层党组织13个，新成立基层党组织11个，变更党组织隶属关系4个，整建制转出党组织1个。

【党支部“互学互帮互促”工作机制】 2021年，仁化县直机关工委以党支部“互学互帮互促”为抓手，结对党支部在支部规范化建设、党员作用发挥以及推动工作情况等方面开展互学；通过组织谈心谈话、党务业务交流、组织活动等方式促进互帮；采取列出问题清单限期整改、组织考评等举措互促提升，促进后进党支部实现晋位升级。结合“一线双联”“民情夜访”，党员到社区报到工作，把“我为群众办实事”实践活动作为党史学习教育重要内容，积极开展好“我为群众办实事”主题实践活动，全年，县直各机关党组织为群众受理问题5093件，已完成5093件。

【组织生活丰富】 2021年，仁化县直机关工委制定出台《关于进一步严格县直机关党的组织生活制度的意见》，明确抓支部的鲜明导向，严格执行“三会一课”、党员民主评议、组织生活会、党员谈心谈话等党内组织生活制度，督促指导党员领导干部以普通党员身份参加所在支部组织生活，带头讲党课，带头参加学习。扎实开展“固定党日+”活动，把机关党员的党性教育、廉政教育、法治教育和工矿文化教育相结合，加强党性锤炼。在推行“固定党日+”活动中，注重与落实“一线双联”“民情夜访”“网格治理”“党员到社区报到”工作相结合，把主题党日活动与疫情防控、乡村振兴、民生实事等中心工作结合起来，丰富组织生活的形式和内容，推动党组织活动融入中心服务大局。坚持开展“戴党徽、亮身份、树形象”等活动，设置“党员示范岗”“党员先锋岗”，增强机关中共党员的党性意识。

【“两优一先”推荐】 2021年“七一”期间，仁化县直机关工委下辖2个基层党组织被评为“韶关市先进基层党组织”、2名共产党员被评为“韶关市优秀共产党员”、2名党务工作者被评为“韶关市优秀党务工作者”，有25个基层党组织被评为“仁化县先进基层党组织”、22名共产党员被评为“仁化县优秀共产党员”、23名党务工作者被评为“仁化县优秀党务工作者”。

【发展党员】 2021年，仁化县直机关工委举办县直机关党员发展对象培训班，对102名党员发展对象进行集中培训。加强对机关各党组织发展党员工作程序的指导和入党材料审批，严把发展党员质量关。全年发展党员73名。

【基层党务干部素质提升】 2021年，仁化县直机关工委加强对纪检监察干部的培训力度，举办2021年度仁化县直机关纪检监察干部业务培训班（分2期），县直机关工委下辖各机关纪委委员（含县锦电公司纪委委员），各党总支部以及党支部纪检委员共169人参与集中培训。强化基层党务干部队伍素质提升，举办2021年县直机关党组织书记（党务干部）培训班（分3期），县直机关各级党组织（机关党委、党总支、党支部）书记、组织委员（党务干部）共265人参加培训。

【党费收缴管理】 2021年，仁化县直机关工委制定并印发《中共仁化县直属机关工作委员会党费收缴、使用和管理制度》，进一步规范党费收缴、管理和使用工作。继续推广使用“复兴壹号”党建平台，全体党员均能按期在网上交纳党费，加强党费管理，有效减轻基层党务工作者负担。全年，仁化县直机关工委收缴下辖基层党组织党费104.4万余元。

【中共党员先锋模范作用发挥】2021年，仁化县直机关工委采取县直机关党组织与社区共建、机关党员到居住地（创文网格小区）社区报到两种形式，开展机关党员到社区“双报到”活动。结合巩固全国文明县城、疫情防控、“一线双联”等，引导县直机关基层党组织在社区治理中发挥作用，引导机关党员主动融入社会事务管理，打造共建共治共享的社会治理格局。

【县域党建品牌展现】 2021年，仁化县直机关工委精心组织参加全市第五届机关工作创新创优竞赛，经过推选，由县林业局、县文广旅体局及国家税务局仁化分局等3个单位创作的共5个作品参与竞赛，其中县直机关工委与县林业局联合选送的《实施四大绿美工程打造仁化美丽乡村》项目获得韶关市第五届机关工作创新创效类项目三等奖。

【模范机关创建】 2021年，仁化县直机关工委以实施新一轮基层党建三年行动计划为抓手，牵头起草《中共仁化县委办公室关于深化仁化县机关模范机关创建的通知》，明确2021年度模范机关创建总体要求、工作任务、组织保障等内容，推动模范机关创建向纵深推进。在全县机关党的建设工作暨模范机关创建工作推进会上，传达学习省市模范机关创建工作会议精神，通报全县模范机关创建工作情况，总结经验，研究部署贯彻落实意见。年内，县纪委监委等24个单位被中共仁化县委评为“县直机关模范机关创建先进单位”。

【机关绩效考核】 2021年，仁化县直机关工委完成对2020年县机关绩效考核统计汇总工作，与县委组织部联合印发《关于2020年镇（街）工作绩效和县机关绩效考核结果的通报》。拟定《2021年仁化县机关绩效评价实施方案》，明确考核结果将作为评价被考核单位及其领导工作实绩的重要依据，与干部任用、评先评优、物质奖励挂钩，实行奖优罚劣，强化考核结果应用，突出机关绩效考核的导向性、科学性、有效性。2021年度纳入县机关绩效考核的单位有61个，其中“优秀”等次19个，“良好”等次30个，“合格”等次12个。

（张路强）

老干部工作

【政治理论学习】 2021年，中共仁化县委老干部局（简称县委老干部局）坚持用习近平新时代中国特色社会主义思想武装头脑，采取“线上”“线下”结合方式，在县老干部活动中心设立党史学习教育“学习书屋”，开设老干部“小课堂”，为全县离退休干部提供“开放式”“预约式”“菜单式”服务，满足老干部对各类学习需求。组织老干部开展党史学习教育，为老干部征订《论中国共产党历史》《中国共产党简史》，编印《中共党史精编知识100题》和《中共党史大事记简表》，开展送学上门活动。邀请县委讲师团成员为离退休干部开展党史专题宣讲，在学习中融入观看党史知识微视频、知识测试和知识竞赛等活动。组织各单位离退休干部收看党史学习教育网上专题报告会，定期通过微信公众号、“企信通”为老干部推送“四史”（中共党史、新中国史、改革开放史、社会主义发展史）学习内容，引导老干部学党史、知党情、强党性。2021年，以“三会一课”、座谈会、研讨会、“读书班”等形式组织老干部开展政治理论学习42场次，参加学习老干部2000余人次。

【“增添正能量”系列活动】 2021年，县委老干部局发挥离退休干部独特政治优势、经验优势、威望优势。组建由10名老干部组成的县“五老”党史学习教育宣讲团，深入学校、社区为青少年学生讲述中国共产党领导下的仁化革命战争事迹，讲述仁化为解放事业作出的重要贡献。全年，组织离退休老干部开展党史故事专题宣讲会34场，参与人数1200余人次。结合“一线双联”、“民情夜访”、支部共建等工作载体，开展老干部党史专题党课49场次，受众党员干部2000余人次。组织离退休干部到仁化石塘双峰寨、红军长征粤北纪念馆开展“百年回首忆初心”主题党日活动，重温入党誓词、参观党的光辉历史和革命烈士英雄事迹，召开“我看建党百年新成就”座谈会，引导老干部畅谈中国共产党成立100周年新变化。开展“百年华诞·银领向党”主题活动，收集老干部歌颂中国共产党丰功伟绩文章5篇、书画作品26幅、摄影作品56幅、诗词作品3篇、剪纸作品25幅，老干部们用红歌、书法、剪纸、舞蹈等方式讴歌中国共产党光辉历程与不朽功勋。组织离退休干部开展庆重阳系列文体活动，并参观县重点项目、乡村振兴、城镇提升和民生工程，感受中国共产党成立100周年以来各方面取得的巨大成就。选树“银领先锋”典型，传递最美精神。发挥老干部典型示范作用和引领带动效应，组建“仁化县老干部志愿者服务队”和“老干部服务志愿者队伍”，全县离退休干部党组织、老干部志愿服务团队带头开展文明言行劝导、文明交通劝导、文明经营劝导、整治环境卫生、植树增绿等志愿服务活动。开展仁化县第二届“最美老干部”推荐评选活动，并在全县各领域、各行业离退休党员干部中开展寻找“最美老党员”，挖掘老干部先进典型事迹20个，评选出“最美老党员”17名，引导老干部和老党员形成学习先进、见贤思齐，持续营造尊老敬老社会氛围。

2021年仁化县“最美老党员”一览表

表21

姓名	原退休单位	姓名	原退休单位	姓名	原退休单位
邓昌文	县政府办	谢云胜	长江镇	黄振兴	县经信局
王　进	县委党校	叶小瑛	县法院	郭顺林	县生态公益林管理中心
杨卫红	县直机关工委	邬贵光	董塘镇	周小梅	县城北小学
吴耀祥	县司法局	邓水养	城口镇	潘建新	红山镇
黄秋琼	县文化局	蔡永源	县劳动和社会保障局	陈昌盛	长江镇
谭丽珍	县史志办	谭木宗	县董塘中学	—	—

【老干部“两个待遇”落实】

老干部“政治待遇”落实。2021年，仁化县组织召开全县老干部春节、重阳座谈会，让老干部第一时间了解和关心关注全县经济社会发展情况。为全县离退休干部订阅《秋光》《老人报》《中国老年报》等报刊，保证离退休干部政治学习需要，让老干部老有所学，思想常新。

老干部“生活待遇”落实。将老干部工作纳入县直机关单位绩效考核项目，并向全县离退休老干部发放年度年终一次性慰问金。县委县政府主要领导每年春节期间到离退休老干部家中走访慰问成为常态化，在春节、“七一”、“八一”、重阳节等重大节日集中对老干部进行慰问。建立离退休干部医疗保障机制，年内组织全县离退休老干部体检，开通离退休老干部看病就医“绿色”通道，组织医护人员对年龄偏高、行动不便的离退休干部开展巡回医疗上门义诊服务。建立生活特殊困难离退休干部资金帮扶机制，2021年对全县124名生活特殊困难离退休干部发放困难帮扶资金29万余元。出台《关于做好离退休干部逝世后组织关怀的意见》，及时对逝世老干部家属给予关心关怀和慰问。贯彻落实中央、省、市提高离休干部相关待遇政策，为县域抗战离休干部申请提高享受按副省（部）长级标准报销医疗费待遇；为全县离休干部提高生活补贴标准，再增发一个月基本离休费。做好老干部来信来访工作，切实帮助老干部协调解决问题。

【老干部工作“三化”建设】

2021年，县委老干部局建立“县委老干部局‘信息化、精准化、规范化’工作任务清单”。推进老干部工作信息化，采取“线上”“线下”结合方式，通过“学习强国”、“离退休干部工作”微信公众号、送书上门、“企信通”平台，组织离退休干部开展习近平新时代中国特色社会主义思想和中共十九届历次全会精神等内容学习。全县老干部及老干工作者通过网络观看“学好用好民法典”网上专题报告会527人，观看“弘扬伟大抗疫精神，做好疫情防控工作”网上专题报告会879人。推进老干部工作精准化，围绕“广东省离退休干部服务管理系统”建设，组织全县机关企事业单位按要求搭建组织架构，做到应建尽建，完成对全县老干部22项基础数据录入，提升全县老干工作精准化建设水平。推进老干部工作规范化，建立离退休党（工）委经费保障机制，所需经费纳入县财政预算。建立班子成员联系基层党（工）委和离退休党支部制度，定期到所联系基层党（工）委和离退休党支部了解离退休党支部活动开展情况。建立离退休干部职工党组织书记工作补贴发放机制，激励离退休干部职工党组织书记更好履职尽责。开展老干工作“深调研”，对县直单位及镇（街道）离退休干部党支部开展调研活动，制定《离退休干部党支部规范化建设“八有”方案》，在全县建立一批规范化示范点，并给予一定资金支持。

（肖　雪）

机构编制工作

【体制机制改革和优化职能配置工作】　镇街综合执法改革工作。2021年，中共仁化县委机构编制委员会办公室（简称县委编办）根据《县委全面深化改革委员会2021年重点改革工作安排》有关要求，向镇街下放一批行政处罚、行政强制及行政检查等县级执法类事权。3月26日，经仁化县政府第十五届95次常务会议审议通过，将287项县级行政执法事项调整由镇街实施，完成第一批行政执法事项下放工作。4月12日，印发《仁化县人民政府关于将一批县级职权事项下放到镇（街道）实施的通知》，将第一批依申请类和公共服务类职权共27项下放至各镇街。5月6日，印发《中共仁化县委机构编制委员会关于分配下达执法编制的通知》（仁机编发〔2021〕5号），按照每个镇街分配不少于6名执法编制要求，将66名执法编制分配至县各个镇街，加强镇街行政执法工作。

县直单位职能配置和内设机构调整工作。2021年，县委编办对旧“三定”规定与现工作实际不适应情况，及时更新修订“三定”规定。调整整合县委办公室、县林业局、县教育局、县司法局、县自然资源局内设机构，对有工作需求单位新增内设机构，细化机构职能，明确内设机构分工。将仁化县丹霞旅游经济开发试验区管理委员会内设机构“旅游宣传发展科”更名为“招商服务科”。

开展仁化县编外人员调研摸底工作。2021年，县委编办根据《中共中央关于深化党和国家机构改革的决定》关于“严格控制编外聘用人员，从严规范适用岗位、职责权限和各项管理制度”精神，以及《中共广东省委机构编制委员会办公室关于开展全省编外人员调研摸底工作的通知》要求，开展全县编外人员调研摸底工作。

【分类推进事业单位改革和服务工作】　落实镇街机构改革，完成编制置换（核减）工作。2021年，县委编办本着“谁使用谁置换”原则，收回镇街公共服务中心、部分县直单位空编，5年内完成核减任务。将仁化县事业编制控制基数、生态环境监测管理体制事业编制控制基数和中小学教职工事业编制控制基数的落实情况向市委编办备案，按时完成相关任务。

事业单位改革和服务工作。2021年，县委编办新增39名中小学教职工编制分配到校，为全县教育事业发展提供编制保障；新设立仁化县城北幼儿园和仁化县新城幼儿园，配合完成城镇小区配套幼儿园建设工作；设立仁化县审计服务中心，增强全县审计工作力量；设立县干部人事档案管理中心，夯实和巩固仁化县干部人事档案工作基础；县供销合作社联合社设立监事会，强化对本级社有资产和经济活动的监督；完成2021年符合政府安排工作条件退役士兵列编工作，促进社会稳定和谐发展；有序做好事业单位法人2020年度报告和法人证书换领工作，应报送年度报告事业单位193个，已报送193个，报送率100%；通过单位自查和实地核查相结合方式开展事业单位法人公示信息抽查工作，加强事业单位法人监督管理，维护事业单位登记管理工作严肃性，促进事业单位法人依法依规运行；做好事业单位登记管理日常工作，全年，全县事业单位登记业务160宗，其中设立登记10宗，变更登记92宗，注销登记44宗，证书补领7宗，遗失声明7宗。

【机构编制管理和实名制系统管理】 机构编制问题整改工作进一步落实。2021年，县委编办围绕省委巡视整改“长久立”机制精神，加强机构编制管理，印发《中共仁化县委机构编制委员会关于印发〈进一步加强机构编制管理、严格控制机构编制的有关规定〉的通知》，规范仁化县机构编制工作。

做好机构编制实名制系统管理和数据上报工作。2021年，县委编办按照机构编制实名制管理系统管理工作规定和省、市委编办相关工作要求，对全县实名制管理系统数据进行监督检查和维护工作，完成2021年度机构编制统计和数据月报上报工作。

完成2020年度机构编制执行情况报告上报工作。2021年，全县61个机关单位向县委编委报送2020年度机构编制执行情况报告，县委编委向市委编委上报《中共仁化县委机构编制委员会关于2020年度机构编制执行情况的报告》，全面提高机构编制科学化、规范化、法定化水平。

开展机构编制条条干预问题自查自纠和线索收集工作。2021年，县委编办在全县范围内开展机构编制条条干预问题自查自纠和线索收集工作。通过梳理汇总，仁化县不存在机构编制条条干预自纠自查涉及的内容。

开展仁化县第二次机构编制核查工作。2021年，县委编办开展仁化县第二次机构编制核查工作，印发《中共仁化县委机构编制委员会关于印发仁化县第二次机构编制核查工作实施方案的通知》，明确机构编制核查工作原则上按照单位自查、群众监督、数据比对、实地核实、数据更新五个环节推进。2021年12月，全县机关事业单位对本单位机构编制核查信息进行核查核对，公示无误后上报至县委编办，由县委编办召集县委组织部、县财政局、县人力资源和社会保障局相关业务人员进行集中数据比对及实地核查。

【网上名称管理】 2021年，县委编办按中央、省、市对网上名称工作相关要求，将财政统一支付的全县机关事业单位中文域名费用汇至政务和公益机构域名注册管理中心，完成各相关单位中文域名缴费和续费工作。

（李诗怡）

保密工作

【保密绩效考核】 2021年，仁化县国家保密局（简称县保密局）坚持以强化监督检查为重点，全面排查失泄密风险隐患，抓好相关工作。1月，对全县61个机关单位和11个镇（街）开展2020年度保密绩效考核暨保密风险排查工作。通过检查，全县各单位均未发现严重违规行为及泄密案件。结合县委要求，制定完善2021年仁化县直机关保密工作绩效考核方案以及2021年镇（街）工作绩效评价保密工作逆向指标扣分考核办法，为开展2021年绩效考核工作提供依据。12月底，开展保密专项检查工作，全面消除风险隐患，全年全县未发生任何泄密窃密事件和严重违规行为。县国家保密局获“广东省保密工作先进集体”称号，县保密局干部蒙万长获“广东省保密工作先进工作者”称号。

【全县保密工作会议】 2021年6月，仁化县召开县委保密委员全体（扩大）会议暨全县保密工作会议，传达学习全国、全省、全市保密工作会议精神，分析保密工作形势，通报有关泄密案例，总结2020年全县保密工作，部署2021年全县保密工作。

【保密宣传教育】 2020年上半年，县保密局组织开展庆祝中国共产党成立100周年保密宣传教育活动，通过征文比赛、保密知识竞赛、演讲比赛等多种途径进行保密知识宣传教育。6—7月，开展两期新招录公务员保密工作培训，由县保密局专人向新入职公务员普及保密工作。9月，将保密教育纳入纪律教育学习月，印发征订《保密工作》《保密科学技术》以及各类保密法律法规宣传挂图、保密业务书籍、视频资料等通知，要求全县各级各单位通过多种载体宣传保密法纪，提高干部职工保密意识。11月，组织召开保密业务培训班，为全县保密干部讲解保密工作相关知识，提升业务水平。

【定密审批流程规范】 2020年，仁化县按照韶关市国家保密局2020年度定密统计有关文件要求和“谁定密，谁变更，谁解密”原则，引导全县辖区内机关、单位及镇（街）开展国家秘密变更、解密审核和统计分析工作，及时做好2020年度报送和汇总工作。加强涉密人员备案管理，教育引导各单位注意加强临聘、借调人员保密教育，提高保密意识，抓好保密队伍配备与建设。

（申　坤）

巡察工作

【政治巡察】 2021年，中共仁化县委巡察机构坚持政治巡察职能定位，把“两个维护”作为根本政治任务，围绕“三个聚焦”对被巡察单位开展全面巡察。2021年开展县委第十二轮巡察，巡察10个县直单位党组织，全面完成一届县委巡察全覆盖任务。完成对全县11个镇（街）125个村（社区）“两委”换届风气专项巡察、10个镇领导班子换届风气专项巡察工作和配合市委巡察办开展涉粮问题专项巡察工作。

【巡视巡察整改】 2021年1月27日，省委第六巡视组反馈在仁化县巡视期间对县委巡察工作专项检查情况；3月30日，省委第六巡视组反馈的5个方面12个问题已完成整改并长期坚持，新建和完善制度4项。压实被巡察单位整改主体责任，加强巡察整改情况检查督导。全年对第十一轮被巡察6个单位反馈的93个问题已整改落实89个，问题整改率95.7%，建立和完善制度102项，挽回经济损失14125元。完成对县委第十二轮巡察10个单位反馈问题整改的指导督导。全年移交问题线索12条，推动立案3宗3人，给予党纪政务处分4人，移送司法机关2人。

【巡察制度建设】 2021年，县委巡察办规范巡察工作，进一步修订健全相关制度。印发《关于加强县委巡察队伍建设的实施意见（试行）的通知》，制定《仁化县委巡察组巡察后评估制度（试行）》《关于进一步加强县委巡察问题线索的管理办法（试行）》《关于县委巡察机构与县委组织部协作配合的意见（试行）》等8项制度。

（朱　般）

史志工作

【《中国共产党仁化县百年历史速览（1921—2021）》编印】 2021年，仁化县史志办公室（简称县史志办）与县委组织部联合编印《中国共产党仁化县百年历史速览（1921—2021）》，在收集、整理大量历史资料基础上，以时间为线索，真实准确地呈现仁化县百年党史中的重大事件、重要活动及所取得的成就。6月，完成该书10.2万字编印工作并发放至全县各党支部。

【《仁化红色故事（第一辑）》编印】 2021年9月，县史志办联合县老促会完成22万字《仁化红色故事（第一辑）》编纂印刷工作。该书除前言、附录、后记和第一部分介绍全县红色革命史概况外，第二部分择取66篇史实准确、故事性强的红色故事分红旗漫卷、粤北突围、抗日烽火、五岭风云4章编排。

【庆祝中国共产党成立100周年图片展】 2021年6月29日，县史志办联合县档案局、县档案馆、县新时代文明实践中心在县青少年宫举办“领悟百年党史 牢记初心使命”——仁化县庆祝中国共产党成立100周年图片展览，当日吸引观看展览人数上千人。

【党史知识竞赛】 2021年5月6日至6月30日，县史志办与县委组织部、县委宣传部、团县委、县融媒体中心联合举办“‘党在我心中’庆祝中国共产党成立100周年”线上、线下党史知识竞赛活动，吸引4万人次参加线上竞赛，累计240名线上答题者获奖，其中答题最快者用19秒完成10题；线下组织31支队伍参赛，通过初赛、复赛、决赛，决出一、二、三等奖共6名。通过线上线下竞赛形式，有效营造广大干部群众知史爱党、知史爱国氛围。组织选手参加韶关市“党在我心中”党史知识竞赛，县史志办获优秀组织奖。

【《仁化县革命遗址通览》编纂】 2021年，县史志办在2020年完成全县革命遗址普查基础上，做好革命遗址普查成果巩固相关工作。年内，完成约32万字、图文并茂《仁化县革命遗址通览》初稿编纂工作。

【申报苏区老区工作】 2021年，县史志办继续做好申苏区老区工作，年内完成红色歌曲《谭甫仁将军之歌》《风雨铜鼓岭》《烽火安岗》的创作。与县委宣传部、县融体中心联合拍摄“百年征程 红色仁化”红色革命遗址系列微视频，介绍仁化暴动纪念碑、铜鼓岭红军烈士纪念碑、红军长征粤北纪念馆等11个红色革命遗址，在“仁化发布”公众号播放。与县融媒体中心合作拍摄制作口述历史视频《一个五代人守望的红军碗》《铜鼓岭激战》《一条红军毯》等10个，在公众号“仁化发布”播放。

【《仁化县志（2001—2020）》（试点）编修工作】 2021年，县史志办继续做好第三轮《仁化县志（2001—2020）》（试点）编修工作。3月25日，召开仁化县史志工作暨志鉴培训会议，对各镇（街）、县各单位分管地方志工作领导和主笔人员进行培训。该志进入资料收集、指导各单位撰稿、整理编写部分章节阶段。

【年鉴编纂】 2021年1月，县史志办拟出《仁化年鉴（2021）》编纂方案；2月，在充分征求各承撰单位意见基础上，由县“两办”发出编纂通知。3月，完成《广东年鉴（2021）》《韶关年鉴（2021）》组稿工作。4月，完成《仁化年鉴（2021）》全县110个承撰单位年鉴初稿资料收集工作。11月，《仁化年鉴（2021）》由方志出版社出版发行。

【地方志资料年报验收】 2021年，县史志办收集2020年度地方志资料年报，全县84个单位呈报单位报送资料总字数约400万字，完成当年度地方志资料年报验收任务。

【地情工作】 2021年，县史志办结合史志工作职能，筹划“仁化古山寨”等普查工作，完成《韶关保密故事》、“韶关市扶贫攻坚口述史”、《韶关古亭》等仁化部分组稿工作。完成“广东乡村集萃丛书”涉仁化获评国家地理标志产品“丹霞贡柑”“仁化白毛茶”“长坝沙田柚”，乡村传统体育项目“舞梅花龙”，乡村特色技艺“走马灯”，乡村经典菜肴“野生石斛炖鸡”等组稿工作，以及“产业产品”《毛竹专业镇——仁化县长江镇》《仁化县柑橘产业园》《仁化县城口历史文化小镇》《仁化县丹霞贡柑》《仁化县扶溪大米》《仁化县仁化白毛茶》6个稿件的组稿和核稿工作。

【史志理论研究】 2021年，县史志办鼓励干部撰写史志研究理论文章，向各级史志刊物或学术研讨会投稿，其中，收录及获市级以上理论文章各1篇。

（徐志平）

档案工作

【档案“三个体系”建设】 2021年，仁化县档案馆强化档案“三个体系”建设。①档案资源体系建设。全年新增纸质档案1433卷又79332件、照片档案11951张，其中脱贫攻坚档案1073卷又65781件、照片档案11951张。截至12月，馆藏纸质档案总量为85657卷又104018件。参与县重大会议活动档案收集归档，拍摄27场次，拍摄照片810张。②档案利用体系建设。全年接待查阅档案627人次，利用档案977卷/件，复印4300余页。③档案安全体系建设。落实各项管护措施，定期对库房进行安全巡查，做好仁化县数字档案馆运行、维护和日常管理，及时备份系统目录数据及新增档案数据，定期检测移动硬盘、磁盘阵列等备份载体。

【全县档案工作】 2021年1月，董塘镇安岗村被列为广东省档案工作服务农村基层社会治理试点；10月13日，董塘镇安岗村试点工作通过省检查验收组试点工作的验收，共收集整理董塘镇安岗村永久/长期文书档案124卷、短期文书档案19卷，基建档案15卷、红色村档案6卷，各类村情、族谱、组织沿革、大事记等编研材料11本，历史专题、革命遗址、民俗活动照片档案5册、光盘档案7张。6月，仁化县档案馆、县史志办、县档案局、县新时代文明实践中心联合在县青少年宫举办“领悟百年党史、牢记初心使命——庆祝中国共产党成立100周年图片展览”。9月16日至17日，市考核组根据《韶关市县级国家综合档案馆业务建设评价办法》，通过审阅印证材料、调阅档案实体、实地查看等方式，对仁化县档案馆近三年档案业务建设情况考核给予好评；是月，仁化县档案馆被认定为广东省人文社会科学普及示范基地提升型基地。年内，县档案馆协同县档案局对地名普查档案、涉改单位档案、环保监察档案及相关单位各门类档案进行归档业务指导，提升全县档案归档质量。

【档案信息化】　2021年，县档案馆按照“存量数字化、增量电子化”要求，推进档案信息化进度。开展档案“双套制”管理，做好各单位档案工作人员档案数字化业务指导及数字化副本移交接收工作，全年完成4个全宗单位6641件4.63万页数字化副本验收及接收工作。完成馆藏纸质档案数字化扫描533卷9万页，累计完成馆藏纸质档案数字化6.1万卷234万页，馆藏量数字化达61%以上。完成1.35万件档案目录与副本挂接，累计挂接5.75万卷。推动档案工作由传统管理、利用模式向现代化、专业化模式转变，馆藏信息及时、方便提供给利用者，服务群众效率得到提升。

（顾　燕）

县委党校（开放大学）工作

【干部教育培训】　2021年，中共仁化县委党校按照举办各类干部教育培训班17期，培训干部2100人次。3月，举办新一届村（社区）“两委”干部培训示范班1期125人；4月，举办初任公务员培训班1期，县直机关党员发展对象培训班1期120人；9月，举办科级及以下公务员学习贯彻习近平总书记“七一”重要讲话精神暨党史学习教育专题培训班10期，党外干部培训班1期53人，县直机关纪检监察干部业务培训班1期；11月，举办党务干部培训班3期265人。

【红色现场教学】　2021年，中共仁化县委党校根据市委党校、县委组织部、县委宣传部部署，依托红军长征粤北纪念馆，打造爱国主义教育和党员教育培训基地。《大历史观视域下的百年大党及其时代评价》《中国共产党百年辉煌及宝贵经验》《突破封锁，薪火相传》《花是结果，血是成果》《追寻革命印记，传承红色基因》等25篇红色精品课程和课件受到广大干部喜爱和好评。用活用好红色资源，讲好红色故事，打响仁化红色教育品牌，多次派员协助央视大篷车栏目组、广东电视台、韶关广播电视台一行开展田野调查、做专题汇报。7—11月，开展党史教育学习宣讲，送课到各镇（街）、机关单位，受众多人；开展学习贯彻习近平总书记“七一”重要讲话精神宣讲以及中共十九届六中全会精神宣讲101场，受众5063人。

【学历教育】　2021年，仁化开放大学抓好开放大学春秋两季招生工作，开设专科、本科学历教育行政管理、法学、法律事务等专业。全年（春、秋两季）招生录取133人。有学历班20个（专、本科班各10个），在学学员360人。

【教学教研教改】　2021年，中共仁化县委党校抓好教学教研教改工作，采用新教学方法，更新教学手段，丰富和提高课堂教学效果。组织开展“优质课竞赛”活动，鼓励教师积极参与教研教改，其中，《新媒体时代下党校思政教育的有效开展路径》《对党校政治理论学习教学课堂的探索》等学术论文分别在省部级刊物《赢未来》《警戒线》公开发表。建立兼职教师机制，采取“请进来，走出去”方式，聘请市委党校、市开大或具有中级技术职称兼职教师讲课。组织领导、教师参加市委党校红色教育现场教学观摩会5人次。组织教师参加省市党校教学研讨学习，其中，组织到省委党校培训1人次，组织到市开大专题培训1人次，组织参加市当下竞赛1人次，组织参加县委各类专题培训班多人次。教师参加浙江大学现场教学培训5人次，组织参加第二届全市党校系统精品课评选1人次。引进人才，下半年招聘天津师范大学中共党史研究生到校任教1名。

（刘耀东）

仁化县人民代表大会

综述

2021年，仁化县人大常委会坚持以习近平新时代中国特色社会主义思想为指导，深入学习贯彻中共十九大和十九届历次全会精神，围绕省委“1+1+9”工作部署、市委以“六化”举措推进“六新”韶关建设和县委“一线两带两区”建设要求，依法履职尽责，主动担当作为。全年召开县人民代表大会2次，县人大常委会会议15次、主任会议23次，听取和审议“一府一委两院”工作报告16项，依法作出决议决定11项，依法任免国家机关工作人员62人次，完成县十五届人大七次会议和县十六届人大一次会议确定的各项年度目标任务，推动全县经济社会发展和民主法治建设。

重要会议及决策

【代表会议】 县十五届人民代表大会第七次会议。2021年2月8—9日，仁化县第十五届人民代表大会第七次会议在县城召开。会议听取和审议《政府工作报告》《仁化县人民代表大会常务委员会工作报告》《仁化县人民法院工作报告》《仁化县人民检察院工作报告》，审查《仁化县2020年国民经济和社会发展计划执行情况与2021年国民经济和社会发展计划草案的报告》《仁化县2020年财政预算执行情况和2021年财政预算（草案）的报告》《仁化县2020年环境状况和环境保护目标完成情况报告》，审查和批准仁化县国民经济和社会发展第十四个五年规划和二〇三五年远景目标纲要，并作出相关决议；依法选举苏斌为仁化县监察委员会主任；票决仁化县人民政府2021年度民生实事项目；表彰县十五届人民代表大会先进代表小组、优秀代表，县十五届人大六次会议优秀代表建议。

县十六届人民代表大会第一次会议。2021年11月11—14日，仁化县第十六届人民代表大会第一次会议在县城召开。会议学习习近平总书记在中央人大工作会议重要讲话精神。听取和审议《仁化县政府工作报告》《仁化县人民代表大会常务委员会工作报告》《仁化县人民法院工作报告》《仁化县人民检察院工作报告》；审议《仁化县2017年至2021年国民经济和社会发展计划执行情况与今后五年计划工作报告》《仁化县2017年至2021年财政工作报告》《仁化县2017年至2021年环境保护工作报告》，并作出相关决议。通过仁化县十六届人民代表大会财政经济委员会、社会建设委员会、监察和司法委员会组成人员名单。会议依法选举李良生等25人为韶关市十五届人民代表大会代表；邱志坚为仁化县十六届人大常委会主任；黄付养、邓田庭 、马小荣（女）、夏德文、周任康、何旺财为仁化县十六届人大常委会副主任；邓晓东（女）等28人为仁化县十六届人大常委会委员；陈夏广为仁化县人民政府县长；刘拥军、叶剑斌、邹汉明、张伙胜、江艳芬（女）、黄恒超为仁化县人民政府副县长；许细桥为仁化县监察委员会主任；刘伟为仁化县人民法院院长；龚春辉为仁化县人民检察院检察长。会议通过《关于建设省道S246线康溪至大岭段改线工程的议案》《关于加快推进仁化县公共文化体育中心（工人文化宫、体育馆和科技馆）建设的议案》《关于加快完善长效机制，巩固文明城市创建成果的议案》3件议案。

【常委会会议】 2021年，仁化县十五届人大常委会共召开15次会议。会议主要内容：传达学习习近平总书记在党史学习教育动员大会、庆祝中国共产党成立100周年大会、“七一勋章”颁授仪式、河北承德考察、中央人大工作会议上的重要讲话精神、2021年全国“两会”精神、十八大以来习近平总书记关于调查研究工作的重要论述、《习近平关于社会主义生态文明建设论述摘编》、《中华人民共和国全国人民代表大会和地方各级人民代表大会代表法》、省委人大工作会议精神、中央经济工作会议精神。审议和通过有关人事任免事项。听取和审议县政府关于2020年县八件惠民实事办理情况的报告、县十五届人大六次会议代表建议办理情况的报告、2019年度预算执行和其他财政收支审计查出突出问题整改情况的报告、关于提请审议《〈关于生态文明建设“十三五”规划〉目标任务完成情况的自查报告》的议案、关于提请审议《仁化县森林经营规划（2018—2050年）》的议案、关于提请审议董塘镇100兆瓦集中式光伏扶贫与土壤改良综合利用示范项目转股事宜的议案、关于2020年度县级预算执行和其他财政收支的审计工作报告、仁化县2020年县级决算草案的报告、仁化县2021年上半年预算执行情况的报告、仁化县2021年上半年国民经济和社会发展计划执行情况的报告、仁化县2020年度国有资产管理情况的报告、关于未完成2021年政府性基金收入预期目标情况的报告、关于未完成2021年一般公共预算收入预期目标情况的报告。听取和审议县监察委员会《关于开展反腐败国际追逃追赃工作情况的报告》。审议并通过关于表彰仁化县第十五届人民代表大会优秀代表、先进代表小组的决定（草案）、关于表彰县十五届人大六次会议代表优秀建议的决定（草案）、仁化县人民代表大会常务委员会关于确定全县各镇人大代表名额的决定、关于仁化县新一届县镇人民代表大会换届选举时间的决定、关于成立仁化县人大换届选举委员会和镇（街道）人大换届选举工作机构的决定、仁化县人民代表大会常务委员会关于各镇选举委员会组成人员的决定（草案）、2021年仁化县县镇人民代表大会换届选举工作实施方案（草案）、县十六届人大常委会工作要点及责任分工安排、关于完善仁化县人大代表建议、批评和意见办理工作的五项机制、县十六届人大常委会组成人员联系县人大代表和县人大代表密切联系人民群众工作安排。审查和批准县政府提出的2020年县级决算草案、仁化县新建仓容规模3万吨骨干粮库方案、关于2021年县级财政预算调整方案的报告、关于提请审议《实施仁化县城、乡镇雨污分流基础配套设施建设工程》的议案、关于2021年县级财政第二次预算调整方案的报告。

重要活动

【韶关市人大常委会到仁化调研视察】 2021年，韶关市人大常

2021年10月12日，市、县两级人大常委会领导到黄坑镇督导“巩固基础、强化履职”两年行动工作　（冯智灵　摄）

委会先后到仁化县开展天然气利用、茶产业发展、“巩固基础、强化履职”两年行动计划、农村创业青年工作、驻镇帮镇扶村工作、基层医院独立医疗污水处理系统建设和“139”镇街提升工程、乡村振兴工作等方面情况调研；开展镇级生活污水设施全覆盖及污水管网建设运营、红色资源保护利用、加大农村人居环境整治力度建设美丽乡村议案办理情况等工作情况视察。

【“我为群众办实事”实践活动】 2021年，仁化县人大常委会深入学习贯彻习近平总书记在党史学习教育动员大会上的重要讲话精神和习近平总书记“七一”重要讲话精神，扎实开展“我为群众办实事”实践活动，组织县人大常委会机关党员干部660余人次到挂点村和创文网格区为群众办好事实事。

主要工作

【监督工作】 聚力经济转型发展。2021年，仁化县人大常委会听取审议计划预算草案、计划预算执行、预算调整、审计工作和审计查出突出问题整改等情况报告，提出具体建议和意见。调研和检查全县重点项目建设、专项资金使用等情况，推动政府及相关部门统筹做好稳增长、促改革、调结构、惠民生、防风险各项工作。累计听取和审议计划、预算执行、预算调整等工作报告6项，检查重点项目22项，专项资金使用情况5次，开展县农商行促进县域经济发展、国有资产管理、粮食生产安全等专项调研7次，提出加强项目储备、推进国有企业改革等建议意见21条，积极推动全县经济转型发展。

聚力生态文明建设。2021年，仁化县人大常委会持续加大对“蓝天、碧水、净土”三大保卫战的监督力度，开展生态文明建设“十三五”规划目标任务完成情况、山水林田湖草生态保护修复、生活垃圾分类试点工作等方面情况调研，视察创建国家森林城市工作情况，提出加快山水林田湖草生态修复项目验收和资金支付、落实厨余垃圾处理中心用地指标等建议30余条，促进全县生态环境持续向好。

聚力改善民生福祉。2021年，仁化县人大常委会持续跟进新城幼儿园建设，推动项目如期建成投入使用，缓解县城公立幼儿园学位紧张问题。专题调研县人民医院发热门诊及感染科防治楼建设、打通县人民医院生命通道等方面情况，督促政府加快项目建设。听取审议城镇老旧小区改造项目情况报告，推动完善5个老旧小区道路硬底化、排污等基础设施。开展县域自然村集中供水全覆盖项目实施情况调研，视察创建全国义务教育优质均衡发展县、平安仁化建设、巩固拓展全国文明城市成果等工作情况，对县十五届人大七次会议票决的第一农贸市场升级改造、城镇老旧小区改造、新城幼儿园建设等8件民生实事完成情况进行专题检查，推动民生实事有效实施。

【人事任免】 2021年，仁化县人大常委会坚持党管干部与人大依法任免干部有机结合，认真执行任前法律知识考试、常委会表决、颁发任命书、向宪法宣誓等程序，切实增强被任命人员的法律意识、责任意识和公仆意识。全年累计依法任免县“一府一委两院”及县人大常委会机关干部62人次，党组织人事意图通过法定程序得到落实。

2021年7月8日，仁化县人大常委会组织市县人大代表视察仁化创建全国义务教育优质均衡发展县工作情况　　　（县人大办　供）

【重大事项决定】 2021年，仁化县人大常委会严格落实《仁化县人大常委会讨论决定重大事项办法》，依法听取和审议县“‘十四五’规划和二〇三五年远景目标纲要”、新建仓容规模3万吨骨干粮库、县城老旧小区改造项目等重大事项报告9项，并依法对相关重大事项作出决议或提出审议意见，切实把县委的重大决策通过法定程序转化为全县人民的共同意愿和自觉行动。

【民主法治建设】 2021年，仁化县人大常委会听取审议县监委《关于开展反腐败国际追逃追赃工作情况的报告》，推动监督监察工作依法实施。依法对《仁化县县城和国省道沿线“门前三包”管理办法（试行）》进行备案审查，推进规范性文件备案审查工作有序开展。调研《中华人民共和国民法典》普法宣传工作情况，积极推进民主法治建设。抓好涉法涉诉信访案件接访和督办工作，化解矛盾纠纷，促进社会和谐稳定。

【代表工作】 完成换届选举任务。2021年，仁化县人大常委会制定县镇两级人大换届选举工作方案，加大选举宣传动员力度，加强选举工作培训指导，深入开展换届纪律督导检查，依法有序、风清气正开展代表换届选举工作。依法选举产生新一届县人大代表187名、各镇人大代表573名，开展新当选县镇人大代表履职培训。在县十六届人大一次会议上，选举产生县十六届人大常委会组成人员、县政府领导班子、监委主任和法检“两长”，通过监察和司法委员会、财政经济委员会、社会建设委员会等3个专门委员会组成人员名单，完成县镇两级人大换届选举任务。

积极办理代表议案建议。2021年，仁化县人大常委会制定《关于完善仁化县人大代表建议、批评和意见办理工作的五项机制》，促进代表建议办理工作规范化、制度化，切实提高办理质量和效率。将县十五届人大七次会议收到的35件代表建议、县十六届人大一次会议收到的3件议案和10件建议转县政府办理，组织相关工委定期对相关单位办理情况进行监督检查，推动一批群众关心关注的热点问题得到有效解决。

密切联系代表与群众。2021年，仁化县人大常委会建立健全县人大代表密切联系人民群众制度，规范代表联系群众工作。落实人大代表联络站值班、接访等制度，组织代表常态化开展联系群众活动，践行“人民选我当代表、我当代表为人民”诺言，累计接待群众1678人次，收集群众意见建议365条，已解决360条。

扎实开展代表主题活动。2021年，仁化县人大常委会按照省、市人大部署安排，制定人大代表主题活动实施方案，组织各级人大代表积极走访选民、联系群众，开展县人民医院发热门诊及感染科防治楼建设、粮食生产安全和平安仁化建设等4个专题视察和调研，收集社情民意159条，按照有关要求转交县政府处理24条，办复率100%。

【人大规范化建设】 2021年，仁化县人大常委会持续开展“巩固基础、强化履职”两年行动，督导各镇（街）人大进一步完善镇级人大工作制度，推进镇人大阵地建设、组织建设，规范开展人大代表活动，加强人大工作档案管理，巩固提升县镇人大工作规范化水平。

（谢耀华　黄林珍）

仁化县人民政府

综述

2021年，仁化县人民政府（简称县政府）围绕中共中央、省、市和县委各项决策部署，坚持稳中求进工作总基调，大力实施“一三九”发展战略，坚持新发展理念，积极服务和融入新发展格局，统筹做好稳增长、促改革、调结构、惠民生、防风险、保稳定各项工作，全县呈现经济发展增速换挡、发展质量显著提升、营商环境持续改善、生态环境稳步向好、民生福祉全面增进局面。全年，全县实现地区生产总值同比增长8.1%；固定资产投资比上年增长1.3%；地方一般公共预算收入4.77亿元，下降19.7%；社会消费品零售业总额28.74亿元，增长12.2%；旅游收入增长219.5%；农林牧渔业增加值增长6%。

重要会议

【县政府常务会议】　2021年，县政府召开县政府常务会议27次，主要讨论同意或审议通过《仁化县创建全国义务教育优质均衡发展县实施方案》《政府工作报告》《仁化县国民经济和社会发展第十四个五年规划和二〇三五年远景目标纲要》《仁化县2020年国民经济和社会发展计划执行情况与2021年计划草案的报告》《仁化县2020年环境状况和环境保护目标完成情况的报告》《关于仁化中学恢复初中办学的请示》《仁化县人民政府关于镇街综合行政执法的通告》《仁化县人民政府2021年度重大行政决策事项及听证事项目录（草案）》《仁化县农村人居环境基础设施运行管护方案》《仁化县农村污水处理设施建设运维管理实施方案》等。

【县政府工作会议】　2021年，县政府召开工作会议171次，研究推进疫情防控、安全生产、固定资产投资、工业经济发展、重点项目调度、垦造水田、涉农资金使用、生态环境保护、锦江河流域综合治理、山水林田湖草生态保护修复、交通安全系统防范、信访等相关工作。

重大政事

【福建省森林消防总队开展专项行动】　2021年1月1日，福建省森林消防总队广东肇庆驻防队伍到丹霞山景区开展元旦期间森林防火专项行动，采取携装巡护、设卡宣传等多种形式开展防火工作。

【省委统战部到仁化调研】　2021年1月5日，省委统战部常务副部长郭汉毅到挂点的周田镇平甫村调研脱贫攻坚和乡村振兴有效衔接工作开展情况，其一行先后到平甫村委、黄泥塘村文化楼选址地，实地察看脱贫攻坚和乡村振兴工作开展情况，听取相关工作汇报，并就相关工作提出意见和建议。

【仁化县入榜“四好农村路”省级示范县】 2021年1月6日，仁化县成功入榜2020年“四好农村路”省级示范县，是仁化县全力以赴建好、管好、护好、运营好农村公路，打造路景相融、畅安舒美交通走廊，探索“四好农村路+”模式，助推全域旅游、特色产业、美丽经济蓬勃发展，跑出乡村振兴“加速度”的成果。

【仁化举办首个中国人民警察节庆祝活动】 2021年1月10日，仁化县公安局举行升警旗仪式暨警营开放日、开门评警、武装巡游和召开座谈会等庆祝首个“中国人民警察节”系列活动。

【首个广东数字乡村试点项目落地仁化】 2021年1月26日，广东实施数字乡村试点以来首个落地项目仁化县黄坑镇“互联网+公共法律服务”平台建成使用。该平台充分运用大数据、云计算、人工智能等技术手段，由法通机器人及法通远程办案系统组成，为百姓提供咨询、调解及远程法律服务。

【仁化县17所学校入选2020年广东省绿色学校】 2021年1月和10月，经市教育局评审并推荐、省教育厅复核并公示，仁化县田家炳小学、仁化县丹霞中心小学、仁化县黄坑中学、仁化县董塘中学、仁化县城北小学、仁化县董塘中心小学、仁化县石塘镇新华书店希望小学、仁化县中等职业学校、仁化县实验学校、仁化县丹霞学校、仁化县凡口学校、仁化县双峰寨中学、仁化县周田中心小学、仁化县黄坑铭源希望小学、仁化县周田中学、仁化县扶溪学校、仁化县城口学校17所学校获得“广东省绿色学校”称号。

【仁化入选“绿色防控示范县”】 2021年4月1日，全国农业技术推广中心公布第二批全国农作物病虫害“绿色防控示范县”名单，广东省共2个县域单位入选，仁化县榜上有名，为全面推进乡村振兴，奋力打造北部生态发展区绿色发展仁化样板增添动力。

【仁化县双峰寨入选全国重点文物保护单位革命文物名录】 2021年4月4日，全国重点文物保护单位革命文物名录公布。该次革命文物名录的公布范围主要涵括与中国共产党领导中国人民进行革命、建设、改革相关的史迹、实物和纪念设施，近代以来中国人民争取民族独立和人民解放（含抗日战争）相关的史迹、实物和纪念设施等。经核定，仁化县双峰寨位列其中。

【县妇幼保健院新院启用】 2021年4月12日，仁化县妇幼保健院新院正式启用。县妇幼保健院属异地迁建项目，是县委、县政府落实为民办实事的重大举措。新院的启用，群众的就医环境得到改善，妇儿专科的诊治能力得到提升。

【“善美韶关·一路茶香”2021粤港澳大湾区自驾游系列活动】 2021年4月11日，由广东省自驾旅游协会指导，韶关市文广旅体局、韶关市农业农村局、仁化县人民政府、始兴县人民政府联合主办的2021“善美韶关·一路茶香”粤港澳大湾区自驾游系列活动主会场启动仪式在丹霞山举行。鸣笛声中，100多辆来自粤港澳大湾区的自驾游车正式启程，按照沿途指示线路，开启自驾游爱好者们愉悦的自驾之旅。

【市级非遗项目】 2021年4月17日，按照《中华人民共和国非物质文化遗产法》和《广东省非物质文化遗产条例》有关规定，经市非物质文化遗产保护专家委员会评定并向社会公示，“仁化白毛茶制作技艺”“仁化艾糍制作技艺”等15个项目入选韶关市第八批市级非物质文化遗产代表性项目名录，并予以公布。

【2021丹霞100跑山赛】 2021年5月15日，“农行杯”2021丹霞100跑山赛在丹霞山鸣枪起跑，近4000名越野跑选手及爱好者齐聚丹霞山，探丹霞地貌，享雄奇美景。

【仁化城口历史文化小镇入选省特色小镇清单管理名单】 2021年5月13日，广东省发展和改革委员会公布广东省特色小镇清单管理名单，仁化县城口历史文化小镇名列其中，为仁化以全域旅游为牵引推动旅游消费节点县建设增添“新名片”。

【仁化县乡村振兴局成立】 2021年6月4日，仁化县乡村振兴局正式挂牌成立。乡村振兴局是由县扶贫开发办公室重组而成，承担巩固拓展脱贫攻坚成果同乡村振兴有效衔接的统筹协调、政策指导、推动落实、督促检查等职能，负责巩固拓展脱贫攻坚成果、统筹推进乡村振兴战略等重点工作。

【脱贫攻坚先进个人和先进集体】 2021年6月23日，全省脱贫攻坚总结表彰大会在广州召开。仁化县农业农村局扶贫规划开发股一级科员张祖强、仁化县周田镇扶贫办主任黄志军、仁化县董塘镇董联村驻村第一书记兼扶贫工作队队长梁俊军3人获“广东省脱贫攻坚先进个人”称号，韶关市丹霞山管委会驻仁化县长江镇学堂埛村扶贫工作队、中共广东省委统战部驻仁化县周田镇平甫村扶贫工作队获“广东省脱贫攻坚先进集体”称号。

【丹霞山入选“全球世界遗产教育创新案例”】 2021年7月8日，联合国教科文组织亚太遗产中心公布“全球世界遗产教育创新案例”获奖名单，丹霞山“五维一体”世界遗产教育模式赋能地方可持续发展入选10个“全球优秀推荐案例”，展示中国遗产保护可持续发展的创新实践。

【仁化县入选“2021年省级家庭农场示范县”】 2021年7月22日，广东省农业农村厅公布《关于公布2021年省级家庭农场示范县名单的通知》，仁化县入选“2021年省级家庭农场示范县”。自开展县级示范家庭农场认定工作以来，仁化县着力在“优、好、强”三个字上下功夫，大力发展红山茶、优质稻、贡柑、沙田柚、蔬菜等特色优势产业，构建乡村产业差异化、特色化发展格局。

【仁化13个村荣获广东省森林乡村称号】 2021年9月1日，广东省林业局公布2020年广东省森林乡村认定名单，城口镇恩村村、大桥镇大桥村、周田镇平甫村、石塘镇上中坌村、董塘镇新龙村、扶溪镇古夏村、黄坑镇下营村、长江镇浒松村、城口镇东光村、长江镇凌溪村、长江镇塘洞村、闻韶镇江南村、闻韶镇下徐村13个村获广东省森林乡村称号。

【“平甫柰李”上榜全国名特优新农产品名录】 2021年9月23日，农业农村部农产品质量安全中心正式公布2021年第二批全国名特优新农产品名录，仁化县“平甫柰李”入榜，成为仁化县继丹霞贡柑、长坝沙田柚、红山白毛茶、扶溪大米后，又一上榜的全国名特优新农产品。

【阅丹公路获评“广东省十大最美农村路”】 2021年10月8日，广东省交通运输厅公布2021年度广东省“十大最美普通国省干线公路”“十大最美农村路”名单，韶关阅丹公路成功入选“广东省十大最美农村路”。阅丹公路总长约55千米，从韶关市区沿着锦江通往丹霞山世界自然遗产地主景区，沿线各村美如画，设有6个旅游服务点，发展丹霞特色民宿客栈400余家。

【省农村实用人才带头人巾帼培训班】 2021年10月8日至14日，广东省妇联、广东省农业农村厅在仁化县联合举办2021年农村实用人才带头人巾帼培训班，培养懂农业、爱农村、爱农民的“三农”工作队伍，推动乡村人才振兴发展。

【丹霞山获广东自然教育三大奖项】 2021年10月29日，以“共享自然 绿美湾区”为主题的第三届粤港澳自然教育讲坛暨嘉年华活动在深圳拉开帷幕。活动上，省林业局公布首批广东省自然教育之星、广东省优秀自然教育课程、广东省优秀自然教育基地，三大奖项丹霞山均榜上有名，自然教育品牌持续提升。

【新龙村上榜全国乡村治理示范村镇名单】 2021年10月29日，中央农村工作领导小组办公室、农业农村部、中共中央宣传部、司法部、国家乡村振兴局公布第二批全国乡村治理示范村镇名单，董塘镇新龙村榜上有名。

【第六届广东省农村电子商务峰会暨韶关直播电商节仁化专场】 2021年11月26日，第六届广东省农村电子商务峰会暨韶关直播电商节仁化专场在宝能文旅城举办。活动通过“电商+”战略助推产业融合，助力农民增收致富，唱响乡村振兴新时代赞歌。

【仁化县获全国科普示范县创建单位称号】 2021年11月29日，仁化县获2021—2025年度全国科普示范县创建单位称号。截至2021年年底，全县建有县级各类学会、协会17个，农村专业技术协会11个，科普教育基地18个。

【金喆园入选首批“生态农场”】2021年12月22日，农业农村部农业生态与资源保护总站、中国农业生态环境保护协会在线举行生态农场建设研讨会，会上公布首批132家“生态农场”名单。韶关金喆园生态农业科技有限公司榜上有名，是广东省唯一一家入选首批“生态农场”名单的企业。

【仁化黄坑贡柑入选全国种植业“三品一标”基地】 2021年10月31日，农业农村部公布第一批全国种植业“三品一标”基地名单，广东省仁化县黄坑镇等贡柑“三品一标”基地等100个基地入选。

（朱玮莹）

县政府办公室工作

【行政督促检查】 2021年，仁化县人民政府办公室（简称县政府办）发挥“综合协调、督查落实、信息调研、参谋决策”职能作用，发挥信息“前哨”作用，为领导掌握情况、指导工作、科学决策提供信息依据，全年向市政府信息中心上报信息6篇，被《韶府信息》采用2篇。撰写调研文章20余篇，为领导决策提供重要参考。做好全县重点项目、县政府工作要点、政府8件惠民实事参谋助手和后勤保障、项目建设协调、督导，以及县政府领导组织召开的各类会议会务工作，落实督查督办任务逾1600件。做好挂点石塘镇上中垒村驻镇扶村工作，到上中垒村调研指导乡村振兴工作16次，开展支部共建活动5次，“一线双联”31次，民情夜访48次，共收集问题12件，解决问题12件。向上中垒村投入人居环境整治资金1万元，慰问脱贫户2400元，开展消费帮扶25913.6元，有效推动乡村振兴工作落实。

【政务工作】 2021年，仁化县以县政府、县政府办名义下发各类文件268件（含各类会议通知、会议纪要等），收到各部门专项报告、请示2730件，收到市以上文电5257件（次）。围绕县委、县政府中心工作，做好相关会议记录、纪要，撰写领导有关会议讲话、工作总结、督办情况汇报材料，撰写《政府工作报告》。做好档案整理、归档、保密工作。

（刘雪娟）

接待和机关事务管理

【公务接待】 2021年，仁化县机关事务管理中心严格执行中共中央八项规定精神，落实《党政机关国内公务接待管理规定》《党政机关厉行节约反对浪费条例》《仁化县接待工作制度》等有关规定，全年无超标准、超规格接待情况，为全县政务工作正常开展提供有力后勤保障。全年接待到仁化调研、检查等国内各级领导768余批次11459人次，其中接待省重要领导32批次，省、部级各类综合调研检查、督察组218批次。完成县第十四次党代会、县“两会”等重要会议会务及后勤服务工作。

【办公用房管理】 2021年，县机关事务管理中心加强全县行政事业单位办公用房检查，完善办公用房数据管理，推动办公用房管理工作规范化。3月，牵头对全县副科级以上领导干部办公用房进行实地检查，均无超标情况。6月，办公用房管理工作获韶关市机关事务管理局通报表扬。

【物业管理】 2021年，县机关事务管理中心落实安全生产责任制，推进物业管理工作规范化，按照规定程序开展县政府大院疫情防控、安保、保洁、绿化、水电维护、公共设施设备维修、消防等项工作。实施县三中心一馆一楼大堂展示系统、县政府家属区自来水改造工程等项目，开展樟树白蚁清杀、停车秩序整顿和卫生环境集中整治等行动，保障人员生命财产安全。

【公务用车管理】 2021年，县机关事务管理中心规范党政机关公务用车管理。抓好春节、“五一”等重要节假日公务用车使用管理；抓好公务用车数据核实、加油卡管理专项整治、党政机关公务用车统计、公务用车使用管理自查自纠、公务用车监管工作专项整改等工作，严肃公务用车管理纪律。

【会务管理】 2021年，县机关事务管理中心提升会务服务质量，把人性化服务融入日常会务中，配备好开水、纸巾、洗手液等日常用品。制定设施设备操作规范和会议运转流程，执行“五不四净”（不见积水、不见积尘、不见杂物、不漏垃圾、不乱倒垃圾，廊面净、桌面净、玻璃净、窗帘净）卫生标准，确保会议室全天候保持整洁。强化规范化服务，会务人员提前30分钟到场，提前20分钟完成工作任务，专管人员提前10分钟完成督促检查。全年，提供各类会议服务184场，其中，完成县委、县人大、县政协各类大型会议服务15次，县政府礼堂、县三中心一馆三楼会议服务48次，其余楼层会议服务121次。

【疫情防控后勤保障】 2021年，县机关事务管理中心根据县疫情防控指挥部工作部署，负责县隔离点后勤保障。与6家隔离酒店签订合同，确保疫情防控隔离点工作正常开展。抓好政府办公楼及县接待基地日常疫情防控工作，认真落实工作人员疫苗接种、外来人员登记测温、重点场所定期消杀等疫情防控措施，做好政府大院及家属区疫情防控常态化开展。

（罗永芳）

行政服务

【政务服务“一门办”】 2021年，仁化县政务服务大厅设置综合窗口6个，专业窗口34个，窗口及后台审批人员74人。5月，税务办事大厅搬迁至三楼办公，设置窗口7个，人员31人。新增24小时自助政务服务厅，投放政务服务一体机和公安、社保、税务、自然资源等部门自助服务终端机共12台，实现自主申报、进度查询、证明打印、自助缴费等功能，为办事群众提供“24小时不打烊”服务。设置“办不成事”反映窗口，更好地服务群众。全年，县政务服务实体大厅进驻事项业务咨询数44168件，受理各类办件56126件，即办件数33563件，占总办件数的59.8%，按时办结率100%。

【政务服务“一网办”】 2021年，仁化县行政服务中心公布实施《仁化县政务服务事项免证办清单（第一批）》。开展政务服务事项“线上线下”一致性情况自查整改工作和“一件事”窗口申办功能及在线申办功能试运行工作，筛选一批群众常办的高频事项，作为事项梳理工作重点，切实让群众体会到“一门一网”办事便利。全年完成事项进驻率99.5%，“一窗受理率”93%，事项网办率100%，“最多跑一次”事项占比率100%。

【“12345”政务服务】 2021年，仁化县“12345”政务服务便民热线管理办公室向各承办单位转派工单3911件，按时办结3819件，处于处理中92件。从工单来源看，“12345”热线电话呼入3319件，微信公众号工单336件，门户网站工单194件，市长信箱来源14件，广东省政务服务网来源工单34件，人民网地方领导留言板来源工单8件，主动录入6件。从诉求类型看，投诉3458件，建议225件，咨询146件，举报76件，表扬6件。市民参与评价工单3558件，参评率90.97%。其中，满意工单237件，基本满意工单2925件，不满意工单394件，工单满意率88.87%。

（侯燕梅）

外事工作

【外事服务管理】 2021年，仁化县外事局做好外事服务管理工作，妥善解决外籍人士求助咨询，为2名在仁化短暂停留的外籍人士提供协调服务。坚持“一次性告知”制度，在严把关口基础上，为企业邀请外国人来华提供便利，建立疫情防控期间专人负责快速服务通道，协助企业申办APEC（亚太经济合作组织）商务旅行卡，组织涉外业务知识培训，提升涉外企业境外安全防范意识和能力，为企业提供及时、有效、全面的外事服务。

【对外交流合作】 2021年，仁化县外事局依托丹霞山品牌、红色旅游、非遗文化、生态农业等优质资源，发挥丹霞山龙头带动作用和全国文明城市、国家全域旅游示范区等品牌效应，全面开展旅游文化对外宣传。组织企业参加国际旅游展、国际旅游博览会、文化精品展，加大宣传文旅融合成果。10月，外国驻穗领团及中外媒体一行到仁化开展旅游保护与利用考察，仁化优质特色旅游得以进一步推广，对外经贸合作和人文交流更加深化，各领域对外开放进程不断加快。

（周　翎）

信访工作

【概况】　2021年，仁化县辖区群众到中央、省、市、县四级信访总量为380件，同比上年上升11.4%。网上信访184件次，与上年同期相比上升130%。来信信访40件次，与上年同期相比上升11.1%。仁化县信访总体形势趋于稳定。5月，仁化县被国家信访局评为2020年度全国信访工作“三无”县。

【矛盾纠纷排查化解】　2021年，仁化县信访工作落实《仁化县信访矛盾纠纷排查化解制度》，采取经常排查和重点排查相结合、自查与联合排查相结合的方式，组织各镇各部门开展全方位、滚动方式排查，确保及早发现问题、及时调处化解，力求把矛盾解决在基层、化解在萌芽状态。县信访工作联席会议定期召开专题会议，对各镇（街）各部门排查出的突出信访问题，进行专题分析研判，专题研究处理，落实责任措施，协调责任单位妥善处理。各责任单位按照信访工作“三到位一处理”原则做好调处化解工作，对群众诉求合理的问题解决到位，对无理诉求思想教育到位，对生活困难的问题帮扶救助到位，对行为违法的人和事进行依法处理。

【领导接访】　2021年，仁化县继续发挥领导接访优势，及时就地解决群众诉求，县四套班子领导每周二9：00—12：00轮流在县人民群众来访接待大厅接待来访群众，接访实行AB岗接访制，A岗领导遇有重要公务活动不能参与接访时，由B岗领导负责接访，确保接访领导不空缺。结合“一线双联”“民情夜访”等工作开展领导下访约访活动，规定每周三为县四套班子领导下访日，每月最少下访2次。县委书记、县长接待来访群众，零距离倾听群众诉求，为群众解决实际困难。全县各级领导干部深入基层接访、下访活动，进一步畅通和拓宽了社情民意表达渠道，推动民生信访问题妥善解决。全年，县领导开展领导接访下访活动58次，接待来访群众78批155人次，各镇（街）开展领导接访下访活动575次，接待来访群众448批683人次。

【领导包案】　2021年，仁化县继续实行县“四套”班子领导包挂点镇（街）、镇（街）班子领导包驻点村（居）、村（居）委干部包村小组的“三包”责任制，以“事要解决”为目标，排查筛选一批重点难点信访案件由县领导包案调处。各包案领导听取案情汇报，约见信访人，研究解决办法，到包案现场督办，推动案件妥善解决。全年，县领导包案化解信访案件36宗，已化解结案33宗，结案化解率91.7%。

【化解信访积案专项行动】　2021年，仁化县把化解信访积案专项工作作为重中之重，聚焦集中交办的信访积案，挂图作战，落实领导包案，按照信访工作“三到位一处理”要求，有针对性地采取措施，加强职能部门间的协调配合，以信访事项案结事了为目标，统筹推进信访积案化解。国家信访局关于化解信访积案专项工作集中交办仁化县第一批信访积案13件，已化解12件，化解率92.3%。国家信访局关于化解信访积案专项工作集中交办仁化县第二批信访积案8件，已全部落实领导包案调处。

【“信访超市”建设】　2021年12月，仁化县群众信访诉求综合服务中心（“信访超市”）挂牌运行。该“信访超市”是根据省、市推进县级群众信访诉求综合服务中心（“信访超市”）建设要求而建设，位于新司法局大楼1、2楼，总面积1000平方米，设置接访大厅、候访厅、接访室、领导接访室、法律服务室、人民调解室、心理咨询室、视频会议室等功能室，有效整合信访、调解、司法等资源，实现访调无缝衔接，实现来访信访事项“一站式接待、一揽子调处、一条龙服务”，推动矛盾及时有效调解、化解，实现矛盾化解“最多跑一地”落地落实。由信访问题突出领域的部门采取常驻、轮驻、随驻等方式对口开展接访和纠纷调解工作。人民调解、法律咨询、心理咨询等服务由相关部门提供，进驻时间可采取常驻或随驻的方式。截至2021年年底，全县11个镇（街）依托综治中心建立群众信访诉求综合服务站，并挂牌运行。

（谭梅兰）

中国人民政治协商会议仁化县委员会

重要会议

【全体会议】 2021年，中国人民政治协商会议仁化县委员会（简称县政协）召开全体会议2次。

政协第十一届仁化县委员会第六次会议。2021年2月8—9日，政协第十一届仁化县委员会第六次会议在县城召开。会议听取和审议中国人民政治协商会议第十一届仁化县委员会常务委员会工作报告；听取和审议中国人民政治协商会议第十一届仁化县委员会常务委员会关于十一届五次会议以来提案工作情况的报告；对《关于全域推进农村人居环境综合整治工程项目建设的提案》《关于加强县城电动自行车和电动摩托车安全充电管理的建议》《 关于加强全县公共卫生的建议》《 关于全方位发展红色旅游，打造全域旅游新业态的建议》《关于尽快打通县城断头路，缓解城区交通拥堵的提案》《关于提升我县农产品品牌建设，增加农产品市场竞争力的提案》《关于加强风度书房建设的建议》《关于把仁化打造成毛竹特色之县的建议》《加强仁化县校园周边交通安全，志愿执勤站岗常态化》《关于支持我县中小微企业科技创新的提案》10件优秀提案予以表彰；协商讨论并通过中国人民政治协商会议第十一届仁化县委员会第六次会议决议。

政协第十二届仁化县委员会第一次会议。2021年11月10—12日，政协第十二届仁化县委员会第一次会议在县城召开。会议听取和审议中国人民政治协商会议第十一届仁化县委员会常务委员会工作报告；听取和审议中国人民政治协商会议第十一届仁化县委员会常务委员会关于十一届一次会议以来提案工作情况的报告；大会以无记名投票方式，选举产生政协第十二届仁化县委员会主席1名、副主席6名、秘书长1名、常务委员24名；审议通过中国人民政治协商会议第十二届仁化县委员会第一次会议决议。

【常务委员会会议】 2021年，政协第十一届仁化县委员会召开常务委员会会议4次，政协第十二届仁化县委员会召开常务委员会议1次。

政协第十一届仁化县委员会第十五次常委会会议。2021年1月15日上午，仁化县政协召开十一届十五次常委会会议。会议听取2020年经济社会发展工作情况通报、2020年提案办理工作情况通报，县法院2020年工作情况通报、县检察院2020年工作情况通报和各政协小组2020年工作情况汇报，对县政府、县法院和县检察院有关工作提出意见和建议。会议讨论协商县政协十一届六次会议有关事项，原则上通过十一届六次会议议程、日程、常委会工作报告。会议一致协商通过增补何述华、曾威荣2人为政协第十一届仁化县委员会委员。

政协第十一届仁化县委员会第十六次常委会会议。3月30日，仁化县政协召开十一届十六次常委会会议。会议传达学习贯彻习近平总书记重要讲话精神和全国“两会”精神；习近平总书记在党史学习教育动员大会上的重要讲话精神，全省、全市、全县党史学习教育动员大会精神；习近平总书记在十九届中共中央政治局第二十八次集体学习时的重要讲话精神；习近平总书记在中央全面深化改革委员会第十八次会议上的重要讲话精神；全国、全省、全市、全县宣传工作会议精神。会议讨论协商通过县政协常委会2021年工作要点。

政协第十一届仁化县委员会第十七次常委会会议。8月26日，仁化县政协召开十一届十七次常委会会议。会议传达学习贯彻习近平总书记在庆祝中国共产党成立100周年大会上的重要讲话精神、习近平总书记在中共中央政治局会议和党外人士座谈会上的重要讲话精神、习近平总书记在中共中央政治局第三十二次集体学习时的重要讲话精神、习近平总书记在西藏考察时的重要讲话精神、习近平总书记关于生态文明建设重要论述及省委十二届十四次全会、市委十二届十五次全会、县委十三届十五次全会等会议精神。会议听取县政府、县法院、县检察院和各政协小组2021年上半年工作情况通报，研究布置党史学习教育、疫情防控、乡村振兴、安全生产和重点项目、生态文明建设、委员走访、机关作风建设、县政协十二届一次会议筹备、提案整理工作等当前重点工作。

政协第十一届仁化县委员会第十八次常委会会议。11月8日下午，仁化县政协召开十一届十八次常委会会议。会议传达学习贯彻习近平总书记关于毫不动摇坚持和加强党的全面领导的重要讲话精神、习近平总书记在纪念辛亥革命110周年大会上的重要讲话精神、习近平总书记关于乡村振兴重要指示精神、习近平总书记在中央人才工作会议上的重要讲话精神及省委、市委人才工作会议精神、《中国共产党统一战线工作条例》精神、全国政协系统党的建设工作经验交流会精神。会议协商通过政协第十二届仁化县委员会委员名单、县政协十二届一次会议议程和日程、《政协第十一届仁化县委员会常务委员会工作报告（审议稿）》、《政协第十一届仁化县委员会常务委员会关于提案工作情况报告（审议稿）》；协商确定政协十二届一次会议主席团建议名单、秘书长建议名单。会议研究部署县政协十二届一次会议筹备工作和其他日常工作，并学习宣传换届纪律。

政协第十二届仁化县委员会第一次常委会会议。12月16日，仁化县政协召开十二届一次常委会会议。会议传达学习贯彻中国共产党第十九届中央委员会第六次全体会议及全省、全市、全县传达学习贯彻中共十九届六中全会精神干部大会精神，习近平总书记在中共中央党外人士座谈会上发表的重要讲话精神，习近平总书记在中共中央政治局第三十五次集体学习上发表的重要讲话精神，习近平总书记在全国宗教工作会议上发表的重要讲话精神。会议协商讨论成立十二届政协专委会和十二届委员会政协小组事宜，协商讨论通过十二届政协常委会五年的工作要点和2022年工作要点及《政协仁化县委员会委员履职工作规则》。

【主席会议】 2021年，政协第十一届仁化县委员会共召开主席会议14次，政协第十二届仁化县委员会召开主席会议2次。主要是深入学习贯彻中共十九届六中全会精神、习近平“七一”重要讲话精神、习近平对广东重要讲话重要指示批示精神，学习习近平新时代中国特色社会主义思想，学习贯彻省委、市委、县委全会精神；协商讨论县政协常委会五年工作要点和2021年工作要点、2021年度召开的政协常委会议程等事项、政协第十一届仁化县委员会第六次会议和政协第十二届仁化县委员会第一次会议的日程和议程以及常委会报告等事项；选择事关全县经济、政治、文化、社会、生态建设以及群众最为关切的重大课题，进行协商，助推人民群众关心的热点问题逐步得到妥善解决；协商讨论加强与各民主党派、工商联、人民团体、无党派人士、“三胞”及其眷属、民族宗教界人士和社会各界的联系与交流，扩大最广泛的爱国统一战线；协商讨论发挥政协人才荟萃优势，做好招商引资工作；协商讨论增补县政协十一届委员；协调讨论通过县政协十二届委员名单等事宜。

重要活动

【视察活动】 2021年，县政协开展视察活动4次。围绕全县重点工作、民生工程和群众关注热点问题，采取实地视察、走访群众、座谈研讨等形式，组织开展粮食安全生产、燃气管道安全管理、红山白毛茶产业发展、创建全国义务教育优质均衡发展县等调研视察活动。委员们深入一线，查找问题，集思广益，形成较高质量视察报告，提出一系列针对性、建设性意见和建议，为县委、县政府决策提供参考。

【专项监督活动】 2021年，县政协加强和改进民主监督工作，提高民主监督能力和水平，切实履行政协民主监督职能，凝聚各方面智慧和力量，彰显民主监督效能。按照县委统一安排，县政协班子成员深入基层一线，不间断开展疫情防控、乡村振兴、森林防火等方面专项监督，了解各项工作开展情况、找出存在问题困难并提出相关对策建议，助推各项工作开展落实。

主要工作

【提案工作】 2021年，县政协坚持把提案工作作为反映民情、保障民利、发展民生有效载体，提高提案撰写和办理落实质量，与承办单位密切协商、贴身督办。实行重点提案领导领衔督办、其他提案不定期跟踪督办和办理结果回访制度，精选《关于巩固创文成果的提案》《关于全域推进农村人居环境整治建设的提案》《关于对部分贡柑、砂糖橘调整为种植粮食，调整产业结构的建议》等群众普遍关注、影响较大提案作为重点提案，保证办理质效，优化政务服务。县政协十一届六次会议收到委员提案、建议43件，立案41件，办结41件，办复率100%。

【加强团结合作工作】 统一战线工作。2021年，县政协贯彻落实统一战线方针，发挥人民政协大团结大联合优势，重视支持民主党派、工商联和无党派人士运用政协平台开展履职活动，围绕年度协商议政和民主监督重点，组织党派团体开展联合视察调研，在专题协商、视察调研中优先安排发表意见和建议，积极为各民主党派、工商联和无党派人士履职建言创造条件，做到真诚相待、真心相交、真情相融，寻求“最大公约数”、画好“最大同心圆”。开展“政协走亲”活动，加强同党外知识分子、非公有制经济人士、新的社会阶层人士和宗教界人士沟通联络，经常性走访，及时反映意见诉求，广泛凝聚发展共识，凝聚人心力量，营造团结民主社会氛围，彰显和发挥新型政党制度显著优势。

交流联谊活动。2020年，县政协发挥人民政协联系面广、渠道多元优势，加强对外交流合作，广泛开展交流联谊活动。坚持走访和联系各政协小组、政协委员，深入开展委员交流学习活动，增强政协凝聚力和委员归属感。参加省、市政协活动，做好省、市政协到仁化调研接待工作；加强与兄弟县（市、区）政协联系，接待广西、山东、湖南等省和省内兄弟县（市、区）政协到仁化考察多次，联络感情，开阔视野，推介仁化。推动组建“珠三角”六市仁化商会，加强与商会联络联谊，凝聚乡贤力量，助力招商引资，助推仁化高质量发展。带着课题到省内外和周边地区考察学习，交流工作经验，开拓工作思路，加强互助协作。

【文史宣传】 2021年，县政协坚持政协文史工作地方特色，开展仁化县非物质文化遗产资料收集整理工作，编辑出版《仁化文史拾遗》专辑，详细记录全县文学艺术、古建筑遗存、自然名胜、历史文明，提供崭新视角让读者更好地认识仁化、了解仁化、爱上仁化，发挥文史工作“存史、资政、团结、育人”作用。做好各界先进政协委员宣传报道工作，通过电视台等平台宣传报道10名委员担当尽责事迹，展现政协委员履职风采和良好形象。

【乡村振兴】 2021年，县政协结合党史学习教育为民办实事行动，为群众办实事办好事，助推农村人居环境整治、美丽乡村建设。县政协班子成员以身作则，不定期深入联系镇村开展“一线双联”“民情夜访”，督导乡村振兴战略落实。县政协机关深入到挂点联系的黄坑镇小溪村、黄坑社区、石塘镇下中垄村开展驻镇帮镇扶村工作，帮助解决群众生产生活问题。政协委员积极履行社会责任，奉献公益爱心，在“6·30”等系列捐赠活动中，刘莲、梅少坚、熊平、潘金闪等一大批委员捐款100余万元，支持社会公益事业和家乡建设，助力乡村振兴，展示政协委员风采。

【巩文工作】 2021年，县政协发挥政协人才荟萃、智力密集、联系广泛优势，围绕巩固文明城市建设成果工作中的重点工程、重大课题和社会热点问题，组织政协委员开展多层面、多视角的民主监督活动，实地走访社区、银行、学校、超市、主次干道等点位，及时指出存在问题，提出工作建议，推动补齐工作短板。县政协机关党员干部认真落实在职党员到社区报到服务制度，每周派员到网格区开展公共卫生日活动，坚持开展文明行为指引、交通秩序维护等各类志愿服务。

（钟文君）

中国共产党仁化县纪律检查委员会　仁化县监察委员会

重要会议

【中共仁化县纪委十三届六次全会】　2021年3月31日，中国共产党仁化县第十三届纪律检查委员会第六次全体会议在县政府礼堂一楼召开。全会传达十二届市纪委六次全会精神，审议通过了《推动新时代纪检监察工作高质量发展　为奋力打造北部生态发展区绿色发展仁化样板提供坚强保障》工作报告。对述责述廉4个单位主要负责人进行评议。

【中共仁化县纪委十三届七次全会】　2021年10月17日，中共仁化县第十三届纪律检查委员会第七次全体会议在县三中心一馆8楼召开，审议《中共仁化县第十三届纪律检查委员会向仁化县第十四次党代表大会的工作报告》。

【中共仁化县纪委十四届一次全会】　2021年10月30日，中共仁化县第十四届纪律检查委员会第一次全体会议在县三中心一馆4楼召开。会议选举出十四届县纪委常委、县纪委书记、县纪委副书记。

主要工作

【政治引领】　2021年，仁化县纪委监委坚持从感悟中国共产党的百年光辉历程中坚定初心使命，加强思想理论武装，坚持把深入学习贯彻习近平新时代中国特色社会主义思想作为首要政治任务，严格落实“第一议题”要求，注重发挥理论学习中心组示范引领作用，召开县纪委常委会会议集中学习36次，理论学习中心组学习15次。深入开展党史学习教育，县纪委监委领导以上率下，带动党员干部贯通学习“四史”和纪检监察史，发放学习书籍584册，开展专题理论研讨会、专题学习、专题宣讲76次，组织观看红色影视、瞻仰革命遗址、纪念场馆和参观主题展览14次。分期分批组织纪委监察机关

2021年4月30日，县纪委监委组织党员到石塘双峰寨瞻仰并重温入党誓词　（县纪委监委　供）

2021年7月9日，县纪委监委组织党员干部到县青少年宫观看庆祝中国共产党成立100周年图片展览　　（县纪委监委　供）

内设科室、派驻机构、县委巡察机构开展务虚会4期，用心用情为群众解决民生实事24件，推动党史学习教育走深走实。

【政治监督】　2021年，仁化县纪委监委坚持以具体化常态化监督践行“两个维护”。精准把握监督工作重点，加强对重大决策部署落实情况专项监督，开展中央、省环保督察整改工作落实情况监督，与相关部门联合加强对畜禽养殖清理整顿、水源地保护、污水处理、涉水环保等工作督导，处置涉生态环保领域问题线索10条，立案3人。制订关于建立健全疫情防控监督常态化机制等工作方案，全县各级纪检监察机关共出动检查人员1052人次，发现并督促整改问题306个，有效压实疫情防控责任落实。加强换届纪律和风气监督，会同组织部门开展换届风气巡回督查，回复党风廉政意见3066人次，有力保障村、镇、县换届工作顺利完成。压实管党治党责任，紧盯各级党组织“一把手”和领导班子履行“一岗双责”，对2020年度11个镇（街）和61个机关单位党风廉政建设进行逆向考核。推动党内谈话提醒常态化，全县各级领导干部开展党内谈话1065人次，其中县处级领导干部开展236人次。组织4个党委（党组织）“一把手”在十三届县纪委六次全会上述责述廉和询问评议，反馈并督促整改12条评议意见。严格落实“一案双查”，共对3名履行主体责任不力的党员领导干部及党组织“一把手”进行问责。探索完善高效监督机制，构建“一纵一横”协同有序、融合增效监督格局，纵向延伸至基层纪（工）委，各级纪委书记对同级党委班子成员开展谈心谈话109人次、提醒谈话18人次；各级纪委督导并列席同级党委专题民主生活会17场；县镇两级党委领导班子成员向同级纪委提交述责述廉报告130份。横向拓展至派驻机构，研究制定《仁化县纪委监委派驻纪检监察组列席综合监督单位“三重一大”会议工作实施方案》，派驻机构列席综合监督单位党委（党组）“三重一大”会议328次、专题民主生活会59次，开展谈心谈话77人次，有力推动全面从严治党向纵深发展。

【标本兼治】　2021年，仁化县纪委监委坚持一体化推进“三不”提升治理效能。保持惩治腐败高压态势，全县纪检监察机关受理群众信访举报总量121件次，其中检举控告类113件次；首次处置问题线索232条，立案96人，处分93人，涉及县管干部11人，留置1人，移送司法机关1人。发挥县委反腐败协调小组职能作用，成员单位向县纪委监委移送问题线索30条，立案11人。持续开展追逃工作，取得一定进展。涉粮领域腐败问题专项整治成效初显，处置问题线索3条。发挥“三不”机制治理效能，深入开展纪律教育学习月活动，举办2021年领导干部党章党规党纪教育培训班，编印《党员干部及公职人员酒驾醉驾问题需警惕》宣传手册，印发案件剖析材料《被“欲望”淹没的水利干部》；发挥县反腐倡廉警示教育基地作用，用身边事警示教育身边人。发挥以案治本功能，县纪委监委共发出纪律检查建议书4份、监察建议书8份。规范受处分党员教育管理，扎实开展回访教育工作，按照程序对7名受到留党察看处分期满党员及时恢复其党员权利，帮助干部从“有错”向“有为”转变。精准化规范化执纪办案，坚持分类处置问题线索，加强分析研判，运用函询方式处置问题线索，全县谈话函询9人。准确把握“三个区分开来”，精准运用“四种形态”处理328人次，第一至第四种形态占比依次为71%、20.7%、4.9%和3.4%。坚持推动案件审理工作高质量发展，对县纪委监委自办的168宗案件进行质量自查，总结经验，提高案件质效。坚持科学统筹办案和安全，从严加强办案场所管理，开展全县范围办案场所安全检查8次。

【作风建设】　2021年，仁化县纪委监委坚持人民至上，以作风建设新成效厚植执政基础。持之以恒纠“四风”树新风，聚焦中央八项规定精神落地生根，以“小切口”推动“大整治”，集中开展全县公务用车加油卡管理使用、“私车公养”专项监督检查，开展公务接待中“吃公函”问题专项整治，推动有关部门纠治“三公”经费和津贴补贴发放问题，建立健全常态化监督机制。针对招商引资工作，研究制定《县纪委监委开展营商环境专项监督工作具体举措和分工安排》。全县开展作风建设监督检查10批次，发现问题57个，均已督促立行立改；查处“四风”问题9个，处分9人，问责2人。坚持对典型问题通报曝光，曝光典型案例9宗，实名通报10人3个单位。通过举办廉政书画展、开展“家庭助廉”、播放廉政公益广告等活动，营造清正廉洁新风正气。坚定不移推进基层正风肃纪反腐，结合“我为群众办实事”实践活动，围绕群众普遍关注、反映强烈和反复出现的问题，深入整治群众身边腐败和不正之风。推动巩固拓展脱贫攻坚成果同乡村振兴有效衔接监督工作，督促职能部门落实防止返贫动态监测和帮扶机制，深入推进“提级监督”试点工作。推进基层正风肃纪反腐工作常态化，全县处置涉镇村级党员干部违纪违法问题线索132条，处分58人。制定《县纪委监委关于常态化开展“惩腐打伞”巩固专项斗争成果的实施方案》，从严查处涉黑涉恶腐败和“保护伞”问题，立案7人，处分7人。年内，县纪委监委被评为市扫黑除恶专项斗争先进单位，获市委、市政府通报表扬；县纪委监委被评为县直机关模范机关创建先进单位，获县委通报表扬。

【政治巡察】　2021年，仁化县委巡察机构坚守政治定位，以高质量巡察彰显利剑作用。全面完成巡察全覆盖任务，开展县委第十二轮巡察，巡察10个县直单位党组织，并做好巡察反馈和督促问题整改工作，全面完成一届县委巡察全覆盖任务。做实巡察“后半篇文章”，加强巡察整改和成果运用，对县委第十一、十二轮巡察共16个单位反馈问题整改进行指导督导，推动建立完善制度机制267项。落实巡察上下联动部署，配合完成省委巡视巡察工作专项检查整改工作，逐项落实省委巡视组反馈的5方面12个问题整改措施，新建和完善制度4项。按照巡视巡察工作部署，开展换届风气专项巡察工作，召开“三个一”警示教育大会和完成两轮指导督导检查。配合市委开展涉粮领域专项巡察工作。提升巡察工作规范化水平，建立健全巡察工作机制，完善《仁化县委巡察组巡察后评估制度（试行）》《关于进一步加强县委巡察问题线索的管理办法（试行）》等8项制度。加强巡察队伍建设，重新组建县委巡察人才库。根据“三个聚焦”监督重点，细化为76项内容，制定《仁化县委巡察“三个聚焦”监督重点细化问题库》，为县委巡察组在巡察实践中提供参考借鉴。

（兰长福　赖剑和）

民主党派·群众团体

中国民主促进会仁化县支部

【思想建设】 2021年，中国民主促进会韶关市仁化县支部（简称民进仁化县支部）组织会员认真学习中共中央总书记习近平“七一”重要讲话精神、中共十九届六中全会精神、中共中央总书记习近平对广东重要讲话、重要指示批示精神、中共中央总书记习近平关于加强和改进统一战线工作的重要思想。8月15日、11月28日，先后组织会员到石塘镇双峰寨、董塘镇安岗村开展党史学习教育实践活动；组织会员（赖丽恒、冯紫娟、范增珍）参加全县统战系统学习党史暨《中国共产党统一战线工作条例》知识竞赛，获得优秀奖。

【组织建设】 2021年，民进仁化县支部学习中共党建先进经验，按照“四新三好”要求，努力建设新时代中国特色社会主义高素质参政党的地方组织。全面落实民进韶关市委“3111”工作要求，推进会内工作规范化、程序化和标准化建设。持续加大会员教育培训力度，定期组织会内人大代表、政协委员进行履职培训，召开参政议政工作例会2次，培育会内参政议政力量。在组织发展工作中，注重质量，严把会员入口关，着力改善会员年龄层次、行业领域和知识结构。年内，民进仁化县支部被民进韶关市委会评为先进基层组织，会员罗兆祥被评为会务工作先进个人，会员朱家强被评为基层组织建设先进个人。

【参政议政】 2021年，民进仁化县支部参政议政工作取得新进展，会员赖丽恒撰写的《关于加强风度书房建设的建议》及会员邓田庭撰写的《关于把仁化打造成毛竹特色之县的建议》被政协仁化县委员会评为2020年度优秀提案。

2021年民进仁化县支部提交提案、议案、建议一览表

表22

序号	名称	属性	作者	参政议政身份
1	关于黄坑镇“数字乡村”试点镇的提案	集体提案	民进仁化县支部	—
2	关于加强我县非物质文化遗产队伍建设的提案	个人提案	朱家强	县政协委员
3	关于文峰塔片区与绿道融合提升的提案	个人提案	朱家强	县政协委员
4	关于在县人民医院路口设置红绿灯的建议	个人提案	赖丽恒	县政协委员
5	关于尽快启动县城北环路建设的建议	集体提案	民进仁化县支部	—
6	关于整治仁化一中“家园小店”违规经营的提案	个人提案	肖粤桃	县政协委员

【服务社会】 2021年，民进仁化县支部发挥自身优势，创新思路服务社会，鼓励会员在各自岗位上建功立业，得到社会各界好评。年内：组织会员到敬老院进行慰问老人和对困难学生进行捐资助学活动；会员利用自身特长为仁化旅游发展服务，如会员黄振辉坚持在春节前下乡为村民题写春联，会员罗兆祥坚持在春节后下乡为村民拍摄全家福；开展“仁化县本土文化进校园”活动，民进仁化县支部主委邓田庭在仁化县中等职业学校作题为《广东省非物质文化遗产——仁化土法造纸技艺》的首场讲座，近300名师生参与聆听，受到师生好评。

（范增珍）

仁化县总工会

【概况】 2021年，仁化县总工会（简称县总工会）获得2021年韶关市“劳动者杯”围棋赛第四名，获得2021年“韶关工会集体协商竞赛”一等奖。韶关凯鸿纳米材料有限公司被授予2021年广东省五一劳动奖状，广东仁化银龙供水有限公司工会委员会被评为省模范职工之家；马小荣被评为省优秀工会工作者；仁化县产业转移工业园工会联合会被评为2021年韶关工会职工书屋。

【基层工会建设】 2021年，仁化县新建基层工会16家，其中，非公企业工会10家，25人以上企业5家，100人以上企业1家，包括“三新”（新产业、新业态、新商业模式）领域工会5家；共发展会员650人，其中，发展农民工会员420人。全年，完成民主换届28家，其中，非公企业工会7家。争取上级工会专项资金21.24万元，加大对县“三个一批”（建设一批社区、园区工会联合会，建设一批社会化工会工作者队伍，建设一批会、站、家一体化的职工之家阵地）示范点仁化县产业转移工业园工会的支持力度，发挥其引领带动作用。年内，该园区发挥产业工会作用，开展全县首届叉车技能竞赛、“新年送春联”、文艺会演等活动。结合“我为群众办实事”实践活动，加大经费向基层工会倾斜力度，下拨补助经费27.87万元。完善并动态管理工会法人资格证系统、粤工惠App数据资源台账，坚持实事求是，台账数据与工会统计年报数据动态保持一致。

【送温暖品牌系列活动】 2021年，县总工会开展“情暖农民工 留粤过大年——仁爱仁化 留仁过年”新春暖流行动投入资金2.47万元，开展“关爱职工 清凉一夏”夏日送清凉行动投入资金4.6万元，开展金秋助学活动投入资金1.2万元资助6人次，缓解困难职工子女上学难问题。开展关爱志愿者慰问活动、情暖“双十一”关爱快递员送温暖慰问活动，累计投入1.3万元，惠及215名志愿者、178名快递员。

【职工权益维护】 2021年，县总工会落实《仁化县关于推进构建和谐劳动关系的实施方案》工会职责，推进工会工作法治化建设。工会法治宣传与法律服务工作加强，组建由广东韶信律师事务所专业律师为成员的仁化县总工会律师顾问团，承担仁化县企业工会和产业园区工联会法律顾问工作，开展《中华人民共和国民法典》、新《中华人民共和国安全生产法》、《广东省实施〈女职工劳动保护特别规定〉办法》及《中华人民共和国未成年人保护法》等法治宣传教育进企业活动52次，接待职工来电来访49人次，答疑解难题40起。参与劳动争议调解工作与人民调解、仲裁调解、司法调解的联动协作对接，做实“法院+工会”职工法律援助工作，协同县法院、县人社局仲裁院调解劳动争议11起。落实《工会劳动法律监督办法》，加强与县人社局联动协作，突出特定群体，开展“遵法守法·携手筑梦”服务农民工公益法律服务行动，聚焦“三孩”配套政策落实，开展女职工产假等权益普法行动，开展《中华人民共和国劳动法》《保障农民工工资支付条例》等劳动法律监督，落实职工队伍稳定风险隐患排查化解工作，落实“六稳”“六保”任务。年内，参加“安康杯”竞赛活动企业提出合理化建议112条，采纳48条，创经济效益263万余元，阅读安全书籍860人次，接受安全培训860人次，开展安全宣传活动单位37家。

【劳动技能大赛】 2021年，县总工会组织开展仁化县第十二届劳动技能大赛，下拨5.75万元劳动技能竞赛补助，动员广大职工积极投身经济建设主战场，牵头开展叉车技能大赛、金融系统业务技能竞赛、分刷极板工序技能竞赛等6项重点竞赛活动，全年开展业务竞赛、技能练兵40余场。联合县人社局开展“粤菜师傅”培训选树工作。

【城镇困难职工解困脱困工作】2021年，县总工会常态化开展困难职工帮扶工作。保障3户以上深度困难职工家庭生活，解决1户以上相对困难职工家庭、意外致困家庭生活暂时困难。

【弘扬劳模工匠精神】 2021年，县总工会学习贯彻习近平总书记在全国劳动模范和先进工作者表彰大会上重要讲话精神，积极选树先进典型，其中，韶关凯鸿纳米材料有限公司获“广东省五一劳动奖状”。联合县融媒体中心摄制展播“五一系列”劳模工匠专题片，讲好劳模故事、讲好劳动故事、讲好工匠故事。开展劳模志愿者参与乡村振兴、巩固文明城市创建成果、关爱农民工子女等活动。强化劳模工匠管理服务工作，开展劳模新春座谈会，向劳模发放慰问金48000元，开展“工会进万家”调研走访慰问活动，向6名70岁以上县级劳模发放慰问金3000元，常态化开展困难劳模帮扶救助，开展全国和省劳模健康体检和疗休养工作。创建劳模（职工）创新工作室。推选凯鸿纳米材料有限公司的市级劳动模范“陈升创新工作室”及仁化县醉三鲜大酒楼餐饮有限公司的“神三强创新工作室”申报市劳模（职工）创新工作室。

【服务阵地建设】 2021年，县总工会继续落实“工会二次医保”维护工作，全年争取413份补贴名额。发展仁化工会户外劳动者爱心驿站，在原有爱心驿站基础上，投入资金1万元，新设县农商银行等3个站点为爱心补给站。组织“全国模范职工之家”县税务局工会与县丹霞山翔龙湖有限公司工会开展“结对共建”活动，提升职工之家建设质量及工会服务职工成效。推进广东工会会员实名制服务平台“粤工惠”App建设。以“粤工惠”平台为载体，以重要节假日活动与实名认证相结合，开展新年送福利、红色观影赠票等线上普惠服务，发布资讯并链接县“春暖行动”促进就业大型网络招聘会，“粤工惠”实名认证率与平台曝光率提升。全年，已登记工会组织74个，平台会员数9872人。

【助推乡村振兴】 2021年，县总工会联合县乡村振兴局印发《关于深化拓展消费帮扶工作的通知》，明确各基层工会可额外增加2021年度、2022年度，人均不超过600元的消费帮扶额度，鼓励和引导各基层工会在职工集体福利项目、职工活动项目中优先采购县消费帮扶农副产品。截至11月，各基层工会购买扶贫产品件，参与消费扶贫人数4181人，购买金额371万元。引导各级工会观看宣传扶贫先进事迹电影《迟来的告白》、宣传植树造林绿化荒山电影《郭富山》等。县总工会落实对大桥镇水江村挂点帮扶工作，配合开展泥瓦匠培训、电商培训、直播带货培训、丹霞月嫂、粤菜师傅、农技培训等人才振兴工作，每周组织村民开展至少1次新时代文明实践活动等文化振兴工作，依托“一线双联”“民情夜访”“互学互帮互促”等载体，配合开展乡村建设提升、换届选举、党史学习教育、节日慰问等工作。其中，中秋、重阳两节共慰问44户，发动社会力量扶贫消费水江村蜜柚、油、鸡共1.3万元。

【巩固文明城市创建成果】 2021年，县总工会联合县委宣传部、县文明办、县新时代文明实践中心联合举办新时代文明实践活动之“文明印记——讲述我们的创文故事”演讲大赛，牵头组织第十二网格区6个责任单位每月开展1次巩固文明城市创建成果主题活动。全年，开展“践行文明行为十五条，争做文明有礼仁化人”宣传活动、学雷锋全民志愿服务行动月活动、“学党史颂党恩”学习教育等系列活动11次，“党员到社区报到”、“周五爱国卫生运动”、志愿服务活动均有序开展。在全县7次创文网格区区长工作考核排名中，县总工会5次排名第一。

【助力疫情防控】 2021年，县总工会投入专项资金1.32万元，对留在仁化过年的异地务工医务工作者开展“留仁过牛年，把福送给您”慰问活动，投入慰问金0.57万元；对武深高速城口站省际联合检疫检查站、城口镇省际联合检疫检查站、长江镇疫情防控检查站等5个检查站工作人员开展“防疫有你，关爱有我”慰问活动，投入慰问金0.75万元。各级工会干部、职工群众响应号召投身疫情防控一线，落实网格区人员摸排、信息登记、科学防疫宣传等工作。县总工会为应对疫情影响，对小微企业工会经费进行全额返还，共计81.8万元。

（李坤艳）

中国共产主义青年团仁化县委员会

【概况】 2021年，仁化县有镇（街道）团（工）委11个，县直属机关事业单位团（总）支部15个，学校团委5个，学校团（总）支部11个，“两新”团支部19个，在册团员6462人。

【党史学习教育】 2021年，中国共产主义青年团仁化县委员会（简称团县委）“青年讲师团”累计开展活动60余次，受众人数1万余人。发动中共党员、共青团员和群众参加“党在我心中”党史知识竞赛“线上+线下”活动，线上知识竞赛参与3.8万余人次。开展“我为群众办实事”“我为青年做件事”实践，以志愿服务为抓手，依托“一线双联”、“民情夜访”、网格区志愿服务活动，收集群众诉求34条，协调解决32件。全县各团支部完成“智慧团建”党史学习教育，团支部参与活跃率88.97%，在全市县（区）级排名第二，获得团市委通报表扬。

【团建基础夯实】 2021年，团县委以“智慧团建”为抓手，健全基层组织体系，全县127个团支部均于3月中旬率先全市完成换届，于11月底完成乡镇团委换届。全县发展团员300名。5月，200余名新老团员、团干在城口红色小镇开展仁化县2021年“五四”表彰大会暨“万名新团员献礼百年华诞”入团示范活动，表彰县级优秀共青团员（干）45名、优秀团组织16个。举办2021年度仁化县团干培训班，各镇（街）团委、各学校团组织负责人参加培训。

【少先队工作】 2021年，团县委印发《仁化县深化少先队改革工作实施方案》，初步构建阶梯式成长激励体系，全年全县有2243名少先队员分批入队。开展寻找“最美南粤少年”，其中4人获得市“最美南粤少年”称号，60人获得县级“最美南粤少年”称号，有14人获省市“优秀少先队员”称号，5个少先队组织获省市级优秀组织称号。举办仁化县少先队辅导员鼓号技能技巧培训，提升师资力量。

【服务青年】 2021年，团县委开展“展翅计划”，在县机关企事业单位提供实习见习岗位100个。开展青年交友联谊活动3次，结合“重走长征路”定向越野和非遗文化传承活动，组织青年400余人参与。举办“领头雁”青年创业培训班1期，返乡创业大学生、农村致富带头人等基层青年创业人才40余人参加培训。完成镇级村级“青年之家”设置22个。

【青年志愿服务】 2021年，全县有注册志愿者29608人。年内，团县委开展各项志愿服务活动，营造“人人为我 我为人人”志愿服务氛围，常态化开展文明劝导志愿服务，参与志愿者4000余人。组织开展文明养犬和文明餐桌志愿服务活动16次，派发宣传资料3000余份。3月，组织青年志愿者开展义诊义剪、法律援助、科技宣传、禁毒知识、消防安全、护林防火等志愿活动，服务群众2500余人次，派发各类宣传资料4000余份。组织志愿者定期对困境儿童、孤寡老人、留守儿童、残疾儿童等弱势群体开展志愿服务活动。5月15日，为“丹霞马拉松”大型文化体育赛事活动提供志愿服务。

【预防青少年违法犯罪】 2021年，团县委发挥共青团教育、引导、服务和维护青少年合法权益基本职能，以预防青少年犯罪为抓手，主动履职。发挥仁化县“护苗”青年志愿法治宣讲团作用，深入全县开展法治宣传志愿服务活动12次。对重点青少年群体提供困难帮扶、法律援助、心理疏导、行为矫治等服务项目，在青少年宫成立“善美心房”心理辅导站。宣传新修订《中华人民共和国未成年人保护法》及预防校园欺凌、预防溺水、禁毒等知识，引导未成年人知法、懂法、守法，提高自我保护意识。

【服务乡村振兴】 2021年，团县委与挂点村党支部开展共建活动，组织中共党员开展农村人居环境整治、疫情防控、森林防火、粮食生产等工作。组织18名希望乡村教师和11名乡村振兴志愿者到基层服务教书育人、驻镇帮镇。组织22名仁化籍大学生到基层兼职锻炼，参与乡村振兴等重点工作。组织开展“河小青”巡河护河行动和环境保护宣传，依托125个村级志愿服务队伍，定期到河边清理垃圾和杂草，开展水质保护培训，加强野外用火、焚烧秸秆等巡护工作。

（刘慧霞　何淑勤）

仁化县妇女联合会

【重要会议】　2021年4月19日，仁化县妇女联合会（简称县妇联）召开第十三届执委会八次会议，会议采取举手表决方式，补选连柳娇、邝健为仁化县妇联第十三届执委委员；奚铭敏为仁化县妇联副主席。11月5日，县妇联召开第十三届执委会九次会议，会议采取举手表决方式，补选黄银凤、张九香、范琦、朱翠雯、刘艳凤、蓝琳、代火霞、刘晓霞、李芬萍、戴侥希、邱文凤、何艾、余香莲为仁化县妇联第十三届执委委员；黄银凤为仁化县妇联挂职副主席。

【思想引领妇女群众】　2021年，县妇联组建了一支由中共党员、党代表、“三八红旗手”、教育工作者组成的巾帼宣讲团，在妇女集聚的地方因地制宜开展党史学习教育宣讲及传承好家风好家训、构建好邻里宣传活动。各级妇联共开展党史学习教育宣讲70余场次。

【家庭教育】　2021年，县妇联发挥妇联组织作用，联合县教育局组建一支由15名志愿者组成的家庭教育志愿队，创建家庭教育基地，推进家庭教育工作。举办多场线上各类主题的家庭教育活动，高坪社区的小太阳幼儿园园长每周日晚8点开设网上家长课堂。全年共开展亲子阅读活动48场、家庭教育主题活动55场。8月，“舒心驿站”（韶关市仁化站）在县青少年宫挂牌成立。

【婚姻家庭维权工作】　2021年，仁化县畅通“12338”热线电话，为妇女群众及时提供帮助与指导。开展宪法、民法典、反家庭暴力法、妇女权益保障法、未成年人保护法、禁毒防艾、防拐防侵害等线上线下法律宣传活动30场，“关爱女童　护苗成长”女童保护课程和户外宣传12场。接待妇女群众来信来访85宗，结案率100%，法律援助1宗。

【妇联基层组织建设】　2021年，县妇联落实县委、市妇联关于2021年村（社区）妇联换届工作部署，组织好村（社区）妇联换届工作，于3月中旬前完成村（社区）妇联换届工作，共选出1444名村（社区）妇联执委，其中中共党员351名，占24.3%，大专及以上文化268名，占18.56%。制定《仁化县村配备妇女小组长实施方案》，结合村妇女小组长和妇女议事会工作共同谋划、共同开展。截至是年底，全县选出村妇女小组长数量1117个，设立妇女议事会村（居）125个，占比100%。

【推动乡村产业振兴】　2021年，县妇联举办妇女创业小额担保贷款贴息项目工作推进会和宣传活动，发出宣传单、宣传物品1000余份，累计发放小额贷款115万。举办“乡村振兴　巾帼行动”暨“丹霞杯”巾帼创富赛培训，“铭记家庭农场”获企业组铜奖，“巷子深酒行”“仁化县英飞瑜伽中心”获企业组优胜奖。依托韶关市“十百帮扶农村低收入妇女乡村振兴项目”基地丹霞蓝莓园基地，举办蓝莓、贡柑栽培技术等培训，并向低收入妇女赠送化肥、果苗等。

（宁家红）

仁化县科学技术协会

【概况】　2021年，仁化县科学技术协会（简称县科协）围绕提高全民科学素质目标，贯彻落实《中华人民共和国科学技术普及法》《广东省全民科学素质行动计划纲要实施方案（2021—2025年）》，推进仁化县创建全国科普示范县（2021—2025年度）工作，坚持面向大众普及科学知识，提高公众思想道德素质和科学文化素质，促进全县经济快速发展和社会全面进步。截至2021年年底，全县建立镇（街）科协11个，企业科协2个，县级各类学会、协会17个，会员1993人。

【创建2021—2025年度全国科普示范县】 2021年，县科协稳步推进仁化县创建2021—2025年度全国科普示范县工作。3月，仁化县被省科协确定为2021—2025年度广东省全国科普示范县创建单位，获得2021年中央和广东省基层科普行动计划资金100万元。11月，仁化县被中国科协确定为2021—2025年度全国科普示范县创建单位。

【科普设施建设】 2021年，县科协完成7个科普教育基地、6个村委、2个学校共15个科普长廊（科普宣传栏）宣传制作。新增市、县科普教育基地2个，全县累计建有全国科普教育基地1个（丹霞山科普小镇）、省级科普教育基地5个、市级科普教育基地11个、县级科普教育基地16个、科普中国e站3个。重点打造董塘中学粤东西北农村中小学校园科学馆、田家炳小学科普展厅、仁化中学校园科技馆。其中，仁化中学校园科技馆（面积240多平方米）得到省科协、省科学馆支持，是仁化县建成的第一个设施设备最完善的科技馆。

【文化科技卫生“三下乡”活动】 2021年3月24日，韶关市文化科技卫生“三下乡”主场活动在仁化县仁爱广场启动。县科协联合县卫健局、县农业农村局等部门围绕活动主题“弘扬时代新风，助力乡村振兴”，在现场开展文化科技卫生集市服务，内容包括科学普及、科技展示、健康义诊、宣传咨询、应急演练等，有市民和学生300余人参加活动。

【寻找“最美科技工作者”活动】 2021年5、6月，县科协联合县委宣传部、县科技局开展寻找2021年仁化县“科技工作者”学习宣传活动，评选出王慧香等12名仁化县“最美科技工作者”，并对获奖者进行颁奖、慰问、采访等活动。县科协推荐的仁化县田家炳小学教师谭桥辉被评为2021年韶关市“最美科技工作者”。

【科技活动周活动】 2021年6月28日，县科协联合县新时代文明实践中心等多个部门在仁爱广场开展2021年仁化县全国科技活动周之科普巡回展活动，向群众发放包括农业技术、低碳环保、防灾减灾、创建国家森林城市、文明城市建设等知识内容科普宣传资料，与群众现场交流，详细解答群众提出的疑难问题，共派发科普宣传品500余份，发放科普宣传资料1000余册。

【“全国科普日”活动】 2021年9月17日，县科协组织县工信局、县市场监管局、县卫健局等多个部门在扶溪镇广场举行2021年仁化县“全国科普日”启动仪式。活动围绕“百年再出发，迈向高水平科技自立自强”主题，通过悬挂横幅、设立展板、发放宣传手册、设立宣传咨询台、有奖问答等形式进行宣传，同时在扶溪学校开展科普大篷车暨无偿献血科普知识进校园活动。该次活动共有科技工作者、科普志愿者70余人参加，参与群众1000余人次，发放科普资料2000余份。

【青少年科学普及活动】 2021年，县科协全面贯彻实施《全民科学素质行动计划纲要》，开展青少年科学普及活动，有效提升青少年科学素质。年内，联合广东科学馆等单位在仁化县城北小学、董塘中学等5所学校开展科普大篷车进校园活动5场，参与师生1500余名；联合县科技局、县卫健局等在田家炳小学举办科普健康知识讲座，派发健康知识书籍240余份，参与学生300余人；联合县创森办在原色科普教育基地和丹霞蓝莓园科普教育基地开展“科普（研学）自由行”活动5期，100余个家庭300余名学生及家长参加，发放科普宣传资料和宣传品300余份。为城北小学、石塘中学等9所中小学校赠送科普书籍2600余本。

【“农村夜校”试点村建设】 2021年，县委组织部联合县农业农村局、县科协整合资源组建一支57名各类专家人才的师资队伍，在每个镇（街）选取1—2个村作为“农村夜校”试点，组织省、市、县、镇四级专家开展针对性培训。全县建有“农村夜校”试点村24个，组织贡柑、花生、茶叶种植、食品加工、电商销售等技术培训160余场，发放培训资料5000余份，培训农户、脱贫户计5000余人。

【县科协第五届委员会第八次会议】 2021年7月16日，县科协第五届委员会第八次会议在县三中心一馆召开，各镇（街）、县各单位科协委员共21人参会。会议听取并审议通过县科协第五届委员会作的2021年上半年工作报告，选举邓明、蓝传宝等10人为韶关市科学技术协会第九次代表大会代表人选，审议并通过县科协第五届委员会第八次会议决议。

【科普阵地宣传】 2021年，县科协联合县融媒体中心，在《仁化新闻》电视栏目和“仁爱仁化”App开辟“科普专栏”，每个星期推送1—2篇“科普中国”资源信息。联合中国联通仁化分公司，运用“微信朋友圈”第五条对仁化县域群众精准投放“广东科普”“全国科普示范县”“全国科普日”等系列宣传活动信息，推送达60万人次。在仁化县人民政府门户网开辟“科普专栏”，实时发布科普活动信息和资讯，全年发布信息41篇。

【“四送一训”活动】 2021年，县科协深入基层、农村开展“四送一训”活动（送资料、送科技、送新项目、送新成果、开展农科实用技术培训）。组织科普志愿服务队下乡开展文明实践志愿服务活动12次，邀请农业技术专家到董塘、周田、扶溪等镇举办技术培训班多场。9月27日、28日举办“广东省中青年科学家助力乡村振兴”活动，邀请6名省市专家到仁化与有关企业、事业单位开展人才对接和技术合作，现场签订合作框架协议10份。全年，开展“四送一训”活动15次，直接受惠群众3000人次。

（许　钰）

仁化县归国华侨联合会

【为侨服务】 2021年，仁化县归国华侨联合会（简称县侨联）增强与归侨侨眷和海外侨胞的广泛联系。年内，开展传统节日慰问归侨活动，走访慰问困难归侨侨眷20户，发放广东省华侨事业费和贫困归侨扶贫救助补助资金、慰问金、慰问品共计3.5万元；结合节假日慰问活动，遍访归侨侨眷50人次。为侨属企业提供多元服务。到侨属企业广东志成冠军集团有限公司和广东威玛新材料科技有限公司走访调研，收集和梳理企业投产、生产、经营过程中遇到的困难和诉求，指导企业用好用足有关惠企政策，协调相关部门发挥合力，帮助企业解决实际困难和问题，助力侨属企业高质量发展。

【侨益维护】 2021年，县侨联发挥侨联组织依法维护侨益职能作用，强化法治宣传，推进涉侨纠纷多元化解工作，主动、科学、依法维护侨益。2021年11月，县侨联与县人民法院沟通合作，建立健全涉侨纠纷诉前多元化解工作机制，成立涉侨纠纷调解室，由法律专业人士或在归侨侨眷中有影响力的人员作为多元化解调解员，依法维护归侨侨眷和海外侨胞合法权益。结合走访慰问活动，向归侨侨眷宣传中国共产党和中央政府有关侨务工作的方针、政策，宣传《广东省华侨权益保护条例》，引导广大侨界群众自觉运用法律武器维护自身合法权益，营造依法护侨社会氛围。

【侨务会议】 2021年，仁化县深化侨联改革，加强侨联组织自身建设，树立大侨务理念，提升服务能力和水平。年内组织召开侨联常委会会议4次。2021年12月22日，召开仁化县归国华侨联合会第六次归侨侨眷代表大会，完成换届选举工作。

（罗楚红）

仁化县工商业联合会

【工商联换届工作】 2021年9月17日，仁化县工商业联合会（总商会）第十二次会员代表大会在县城召开。会议听取并审议县工商联第十一届执行委员会工作报告，选举产生仁化县工商业联合会（总商会）第十二届执行委员会。仁化县工商联合会（简称县工商联）成为韶关市第一家完成该次换届工作县级工商联。

【商会发展】 2021年，县工商联推进所属商会改革工作，发挥商会作用服务县域经济社会发展。年内，县工商联走访已成立商会镇街商会10个，调查商会建设基本情况，召集5个镇街统战委员和商会会长研究推进商会改革工作，新注册乡镇商会1家。围绕“四好”（政治引领好、队伍建设好、服务发展好、自律规范好）商会建设标准，加强与商会和企业联系，指导、协助商会开展工作，加强镇域商会之间沟通交流，促进镇街商会发展。全年，县工商联走访县属镇街商会及企业多次。11月3日，2020年度国家科学技术进步奖评选结果揭晓，广东志成冠军集团有限公司获国家科技进步二等奖。

【助力乡村振兴】 2021年，县工商联第十二届18位兼职副主席结对帮扶10家商会所属镇街，带动18家企业结对帮扶镇街，动员支持企业参加“百企兴百村”行动，助力乡村振兴。其中，仁化县建筑安装工程有限公司捐资24万元、广东志成冠军集团有限公司捐资9.5万元、广东方卓建设工程有限公司捐资3万元；东莞（仁化）商会捐助丹霞街道52户困难户每户200元物资、300元现金，捐赠总额2.6万元。

【社会责任担当】 2021年，县工商联以服务会员为重点，构建亲清新型政商关系，优化营商环境，引导会员商会、企业参与社会各项公益事业。年内，有30位会员参与巩文巩卫志愿服务行动，有近百名会员支持扶贫行动；仁化县新农人农业生态发展有限公司为董塘小学及董塘、周田、扶溪等中心幼儿园捐赠水果、饮料、文具价值计2.6万余元；仁化县森壹车业向县丹霞中心小学捐赠学习用品用具及向县人民医院捐赠帐篷20个等共计5280元；韶关鑫金诚首饰销售有限公司仁化区店重阳节开展慰问老人活动赠送物资一批。

（叶华青　陈燕莎）

仁化县文学艺术界联合会

【概况】 2021年，仁化县文学艺术界联合会（简称县文联）管辖文艺协会5个：仁化县摄影家协会、仁化县书画家协会、仁化县音乐协会、仁化县观赏石协会、仁化县作家协会。各协会共有会员271名（县摄影家协会85名、县书画家协会49名、县音乐协会55名、县观赏石协会26名、县作家会员56名），其中国家级会员11名（县摄影家协会9名、县音乐协会1名、县观赏石协会1名），省级会员41名（县摄影家协会34名、县书画家协会2名、县音乐协会1名、县观赏石协会2名、县作家会员2名），市级会员57名（县摄影家协会36名、县书画家协会5名、县音乐协会3名、县观赏石协会1名、县作家会员12名）。

【精品展示】 2021年，县文联开展“百年辉煌·仁化巨变”主题书法展活动，展出书法精品60多幅，以篆书、隶书、正楷、行书和草书等不同字体，表达书法爱好者爱党爱国爱家乡情怀；举办“我与共和国奋进”主题“迎中秋、庆国庆”书画作品展，展出美术作品15幅、书法作品30幅，集中呈现仁化县生态环境保护、美丽乡村建设、红色文化发展等方面成果。

【刊物编印】 2021年，县文联编辑出版《丹霞》杂志庆祝中国共产党成立100周年特刊1期，刊登文学作品35篇，摄影作品60幅，书画作品17幅。

【文艺创作】 2021年，县文联开展“百年辉煌·仁化巨变”庆祝中国共产党成立100周年主题征文活动，收稿65篇，评选出一等奖2名、二等奖3名、三等奖5名、优秀奖10名，编印成《“百年辉煌·仁化巨变”——庆祝

2021年9月17日，县文联开展“我与共和国奋进”主题活动——2021年仁化县“迎中秋·庆国庆”书画作品展活动　（县文联　供）

中国共产党成立100周年主题征文”获奖作品汇编》。

【文艺活动】 2021年春节前夕，县文联联合韶关市书法家协会、县书画家协会开展新时代文明实践活动“我们的中国梦”文化进万家暨2021年韶关市（县）文艺轻骑兵“迎新春送春联笔墨浓情送祝福”文艺志愿服务活动，为基层农村、社区居民、企业职工家庭送春联、送福字1000余副。组织开展新时代文明实践活动“诗歌诵明月、手工制灯笼”中秋亲子活动，20余个家庭围绕“月”诵读经典诗句，并手工制作中秋投影走马灯、手提灯笼。组织文艺工作者在县新华书店开展“品读红色经典 牢记初心使命”读书分享会。组织开展“红色文化（长征国家文化公园仁化段）”主题摄影采风等活动。

【文艺人才培养】 2021年，县文联从繁荣发展社会主义文艺事业需求及文艺工作者的实际要求出发，做好文艺人才培养工作。结合“结对子·种文化”文化志愿服务活动，发挥文艺宣讲服务队（文艺轻骑兵）作用，邀请市级以上文艺专家授课，举办书法进社区培训72期、中华优秀传统文化教育之书法进校园2期、管弦乐培训36期、“乡村振兴”主题文学创作培训1期，培训2000人次，组织文学采风1次、红色文化主题采风3次。

【获奖情况】 摄影方面。2021年，中国摄影家协会同意继续授予仁化县“中国摄影创作基地”称号。仁化县人民政府与中国摄影家协会续签“中国摄影创作基地”合作协议（2022年1月至2027年1月），持续打响“仁化摄影”文化名片。2月，县摄影家协会获韶关市摄影家协会授予的2020年度“先进集体”称号。县摄影家协会会员曾春莲、张秋利、王川福获广东省摄影家协会优秀志愿者称号，王川福、陈伟明、曾义获韶关市摄影家协会优秀会员称号，谢锦树被评为仁化县创建全域旅游示范区先进个人；会员谢锦树、吴玮、罗兆祥、张焱旻、马联合、何乃战共11幅作品入选2020“善美韶关”图片库；会员曾春莲、李贵清、沈德奎、谢海燕、易伟嵘等12位会员共24幅作品入选“聚集生态善美韶关、发现森林城市之美”主题摄影大赛；会员陈少文、彭樾、刘贤琴、叶九庭、王诚等14位会员共14幅作品入选“丹霞山杯”第三届“善美韶关”全国摄影大展；谢锦树作品《红军长征精神永放光芒》《红色堡垒——双峰寨》《重走长征路》入选“老兵永远跟党走、传承红色基因、续写军旅荣光”作品征集活动，作品《广东丹霞山》在中国世界遗产地摄影大展作品选登；王凡路作品《村巷道路修复》入选第五届广东省美丽乡村摄影大赛；吴玮作品《开启仁化红色之旅》《缅怀》分获庆祝建党100周年“江山入画耀岭南，百幅骈臻颂党恩”三等奖、优秀奖；王川福作品《万木沐朝晖》获广东最美天然林（公益林）摄影大赛一等奖，吴玮作品《绿水青山家乡美》、曾贞良作品《碧境通途》获优秀奖；曾义作品《澌溪古庙——仁化县委旧址》入选“百幅作品献礼建党百年”广东省红色主题摄影展；何乃战作品《西约今生》入围“丰年人乐业 陇上踏歌行”全省摄影展；张秋利作品《回溯初心》获庆祝建党100周年主题摄影三等奖；王凡路作品《誓师大会》获全国有色企业“庆祝建党100周年”美术、书法、篆刻、摄影、党建品牌文创作品摄影类二等奖。龙全明作品《云海奇观》获亚洲摄影联合会（APF）2021亚洲国际摄影巡赛自然风光组金奖。

书画方面。2021年，县书画家协会报送10幅作品参加韶关市第四届新人新作书法展征稿活动，其中，会员刘国华、张福田作品入展。会员张政洲国画作品《凝神》入选韶关市文联、韶关市美术家协会主办的“我们的节日”2022韶关市迎春美术展。

文学方面。2021年，县作家协会会员谢嘉文作品《“仙山琼阁”下的丹霞碧道》获2021年首届“国地杯——河长故事”征文大赛优秀奖；周祥贵《残疾人的贴心人》获“永远跟党走”主题文化创作征文比赛三等奖；谭灯材作品《执时代之卷，书青春华章》《党旗下飘扬的“统计蓝”》分获“岭南杯”首届统计文学征文大赛一等奖、优秀奖，作品《从“见字如面”到“指尖微触”》获“走向我们的小康生活”征文、摄影、微视频大赛中获征文类三等奖；刘志红作品《古树心语》《“醉看”乡村旖旎 静听古树风声》在韶关日报发表。

（邱晓梅）

仁化县残疾人联合会

【残疾证办理】 2021年，仁化县持证残疾人5715人，其中视力残疾485人、听力残疾499人、言语残疾189人、肢体残疾2367人、智力残疾910人、精神残疾1020人、多重残疾245人。全年累计办证739人次。

【残疾人康复】 2021年，仁化县残疾人联合会（简称“县残联”）围绕“人人享有康复服务”目标，完善残疾人康复服务体系建设。年内，县、镇残联进村入户开展宣传、筛查工作，筛查出疑似残疾儿童7人，其中孤独症1人、视力4人、智力2人。转介残疾儿童到市级康复机构康复并得到救助60名。为有需求残疾人配发辅助器具314名。协同县慢病站通过医疗渠道，长期为精神病人提供免费药物治疗。扩大家庭生活无障碍覆盖面，全年完成家庭无障碍改造53户，完成任务数50户的106%，共支付资金21.85万元。

【残疾人就业】 2021年，县残联按照相关残疾人就业政策文件要求，开展《按比例安排残疾人就业年审》业务工作，安排残疾人就业年审用人单位107家，按比例安排就业残疾人202人。推荐5名残疾人到粤北残疾人培训基地参加培训班，其中网红食品制作培训1人，残疾人专职委员社会工作技能提升培训2人，农村实用技术（小龙虾养殖）培训2人。

【残疾人教育】 2021年，县残联为16名残疾学生发放广东省扶残助学金，其中，高等教育4人，每人800元，共3200元；中等教育12人，每人600元，共7200元。为2名低保残疾儿童学生申请并发放学前教育助学金，每人1000元，共2000元。全年有2名残疾学生报考广东省培英职业技术学校，其中1名听障学生就读该校西餐烹饪专业。

【残疾人补贴发放】 2021年，县残联规范残疾人“两项补贴”审批和发放工作，将残疾人“两项补贴”政策落实到户到人，共计发放残疾人“两项补贴”资金达11129546元。其中，为3204名一、二级重度残疾人和智力、精神残疾人发放残疾人重度护理补贴，总计发放31480人次；为1723名困难残疾人发放残疾人生活津贴，总计发放19226人次。

【残疾人信访和维权】 2021年，县残联以残疾人法律援助中心为平台，做好残疾人信访和维权工作，为残疾人提供维权服务。全年受理信访、上访3件。

（何　沫）

仁化县红十字会

【红十字“博爱送万家”活动】 2021年春节前夕，县红十字会开展“红十字博爱送万家”活动，到丹霞街道车湾村、扶溪镇水口村、长江镇冷饭坑村、闻韶镇塘源村等地共慰问困难群众50户，送上毛毯、花生油、大米、温暖包等物资款物合计23896.4元。

【新农合大病救助】 2021年，县红十字会发挥单位自身优势，扩大红十字会社会影响力，完善参与新型农村合作医疗方案，发动社会各界人士支持，主动争取上级资金，依照实际情况，对全县参加农村合作医疗特困病人进行救助。全年救助特困群众3人次，救助金额2400元。

【救护培训工作】 2021年4月22日，县红十字会联合仁化县登山协会举办初级救护员培训班，培训初级救护员50人。5月5日，联合仁化县登山协会在丹霞山叠云谷酒店开展应急救护知识培训，受益30人次。11月19日、20日，在仁化县农商银行开展救护员培训，培训合格救护员58人。

【困难儿童救护工作】 2021年，县红十字会通过各种渠道在全县范围内筛查白血病儿童、先天性心脏病儿童，帮助患儿申请救助。全年上报先心病患儿3例、白血病患儿2例，获得小天使基金会批复救助白血病儿童1例，救助金额3万元。

【器官捐献工作】 2021年，县红十字会开展人体器官捐献知识宣传普及工作，提高公众对其认识度和接受度。全年招募器官捐献志愿者1人。

（谭芳苗）

法 治

政法委与综治

【概况】 2021年，中共仁化县委政法委员会（简称县委政法委）围绕政法主责主业，为实现仁化县“十四五”规划良好开局创造安全稳定社会环境。年内，全县政法系统累计组织开展各类学习教育活动11910人次，选树政法英模14名，发现并整治顽瘴痼疾问题388个，建立健全长效机制94项，开展实践活动90余场、为群众办实事932次，收到锦旗17面，感谢信6封。在省委政法委委托的第三方机构2021年群众安全感和政法工作满意度测评中，仁化县群众安全感和常态化扫黑除恶工作满意度全省排第一名，反诈专项行动满意度全省排第二名，政法工作满意度全省排第五名，政法队伍教育整顿效果满意度全省排第九名，以上五项测评满意度在全市均排名第一。

【维护社会和谐稳定】 2021年，县委政法委严格落实“属地管理、分级负责”和“谁主管、谁负责”工作原则，坚持开展镇（街）书记接访、县四套班子领导接访和县委书记大接访活动，及时妥善化解群众急难愁盼问题。持续开展矛盾纠纷每周排查每周研判工作，加强对重点领域和重点行业风险隐患和矛盾纠纷排查，定期召开片区联席研判会议，全年召开片区研判会议13次，找准矛盾纠纷化解突破口，解决群众合理诉求和问题，排查矛盾纠纷577宗，化解566宗，确保矛盾纠纷底数清、情况明，完成各重要时期维稳安保工作。成功化解郭某长达16年的“三跨三分离”信访积案，获韶关市委政法委通报表扬。

【意识形态工作】 2021年，县委政法委建立健全形势分析、风险评估和工作协作机制，以庆祝中国共产党成立100周年活动安保工作为主线，统筹做好疫情防控和安保维稳各项工作，加强“反渗透、反破坏、反颠覆、反分裂”和反恐防暴，筑牢国家政治安全屏障。开展反邪防邪工作，推进邪教人员教育转化和巩固帮教，坚决防止境外涉宗教非法渗透。加强涉政法领域意识形态安全监管力度，全年，全县政法领域未发生涉意识形态网络舆情事件。

【扫黑除恶常态化】 2021年，县委政法委不断建立健全扫黑除恶常态化工作制度，在各个行业领域制定并完善监督管理、信息互通共享等法规制度机制，提升“三书一函”[监察建议书、司法建议书、检察建议书和公安机关提示（建议）函]质量。开展重点行业、重点领域治理工作，巩固十大重点行业领域专项整治成果，把源头治理作为扫黑除恶专项斗争治本之策，开展信息网络、交通运输、工程建设、自然资源、金融放贷5个行业领域专项整治，优化营商环境。持续防范和整治“村霸”干扰侵蚀、家族宗族势力影响、宗教势力渗透等问题，将不符合条件的候选人14人“拒之门外”，审查清理受过刑事处罚村“两委”成员1名。2021年，仁化县被评为全市扫黑除恶专项斗争先进县，县委政法委获全市扫黑除恶专项斗争先进集体称号。

【县域社会治理现代化】　2021年，县委政法委加快推进市域社会治理现代化试点，将全县调整规划为基层网格284个，实现基层社会治理综合网格化，利用空间影像图层，选任网格员队伍1000人入格，率先完成仁化县网格图层绘制工作，为全省网格图层信息采集和网格地理信息置入“粤政图”工作奠定基础。开展群防群治，建立和完善县、镇、村、网格四级“红袖章”平安志愿者队伍，组成5000余人平安力量，强化技术支撑，在镇级三防值班中心设立“雪亮+综治”24小时视频监控，加强视频监控前端补点，强化综合治理防控体系。开展“舒心驿站”建设，发挥第三方专业心理工作力量，做好妇女儿童心理服务，提升仁化县“德治”水平。

【民生领域保障】　2021年，县委政法委深入推进“全民反诈”等系列专项行动，抓获涉电信网络诈骗违法、犯罪嫌疑人49名，打掉开办卡团伙和收贩卡团伙各2个，共止付涉案金额2520万余元、冻结涉案金额1173万余元。创新开展粤湘赣三省边界社会治安联防协作工作，实现毗邻地区纠纷联调、治安联防、平安联创新局面。做好特殊人员管控，全年未发生严重精神障碍患者及社戒、社康人员肇事肇祸事件。开展5轮校园安全隐患排查整治，及时发现并消除各类安全隐患。开展“减量控大”“系统防范化解道路交通安全风险工作”等专项行动20余项。加强非煤矿山、商贸、危险化学物品等行业隐患排查整治，严格抓好企业负责人安全生产主体责任，全年未发生涉安全生产领域矛盾纠纷。常态化开展疫情防控工作，统筹“三人小组”做好大数据接收和落地排查管控，坚决守好广东防疫“北大门”。

【法治仁化建设】　2021年，县委政法委深入推进民主法治领域和涉法涉诉信访工作改革，牵头推进县法学会机构改革，促进司法救助工作规范化、制度化，加强政法各部门协调，规范国家司法救助资金管理、使用和监督。强化落实执法监督职责，协调推动解决“执行难”问题，落实“两法衔接”工作，全年录入“两法衔接”信息共享平台案件36件。牵头组织开展“《民法典》基层行”和“百名法学家百场报告会”宣讲活动，发挥“仁化政法”等政法新媒体平台宣传作用，联动电视媒体围绕政法工作重点、社会热点，录制和播出电视栏目“政法之窗”15期，深化落实政法工作依法办理、舆论引导、社会面管控“三同步”理念，营造仁化县政法工作创新发展舆论环境。

（叶选明）

法治政府建设

【法治思想学习】　2021年，仁化县贯彻习近平法治思想、中央依法治国工作会议精神及《法治政府建设实施纲要（2021—2025年）》等文件精神，全面落实领导干部学法制度，增强领导干部和公职人员法治意识。严格落实党政主要负责人履行推进法治建设第一责任人职责和法治政府建设情况定期报告制度，履职情况纳入年终述职报告，列入绩效考核。2021年年初向市委市政府及县委、县人大常委会报告2020年度法治政府建设情况，并向社会公开。贯彻落实广东省2021年依法行政工作要点，制定年度全面依法治县工作要点及年度依法治理工作要点等文件，将法治建设纳入县域发展总体规划和年度工作计划。

【创建法治政府建设示范县】　2021年是仁化县“全面依法治县年”，仁化县以法治政府建设带动法治社会建设，结合“全国文明城市”建设全力推进县域法治文明，定时研究部署法治政府建设和依法行政工作，党政主导、齐抓共管，全县法治文明程度大幅提升。开展示范县创建，2月，完成广东省法治政府建设示范创建活动第二阶段评审；9月，申报创建“2021年全国法治政府建设示范县”。

【“放管服”改革深化】　2021年，仁化县简政放权、放管结合、优化服务推进行政体制改革，转职能、提效能，深化“一门一网式”和“四办”集成服务，新增24小时自助政务服务厅，设置“办不成事”反映窗口。截至2021年年底，99.5%以上的事项进驻县级政务服务大厅，“一窗受理率”93%，94%以上事项实现“最多跑一次”，网办率99%以上，“全市通办”事项逾400个。实行“马上办”，实现“零见面”办照和1个工作日完成。开展县级职权下放，梳理公布510项乡镇权责清单，推进乡镇街道体制改革。

【行政决策规范】 2021年，仁化县加强规范性文件审核管理，坚持少而精，定期清理和修订，文件制定科学、程序正当、过程公开、责任明确，全年审核政府、部门规范性文件8件，印发、备案1件，部门规范性文件备案1件。严格落实决策法定程序，执行重大行政决策向党委请示报告制度，规范行政机关行政决策行为，提高决策质量和水平，全年审核重大行政决策事项2件，制定发布政府重大行政决策1件。

【“数字化”执法】 2021年，仁化县规范“广东省行政执法信息平台”和“行政执法监督网络平台”管理和运用，加强行政执法事前事中事后监督和行政执法队伍管理。全面启用“粤执法”线上执法平台，实现数字化执法、无纸化执法、规范化执法。完善行政执法考评机制，检查各行政执法单位情况并将检查结果纳入各机关单位年度绩效考核；开展行政执法案卷评查，抽查各镇街、各部门行政执法案卷15件，并将评查结果反馈至被抽查单位，规范行政执法行为。全年组织广东省行政执法人员综合法律知识统一网上考试4次，参考533人次，办理执法证件430张。举办全县县直机关行政执法人员和镇（街）综合行政执法人员培训班，受训人员400余人次。

【行政复议体制改革】 2021年是行政复议体制改革年，仁化县印发《仁化县行政复议体制改革实施方案》，全力推动行政复议体制改革任务落地落实。通过改革，统筹整合全县行政复议资源，实现县本级行政复议案件统一受理、统一审理、统一决定；推行复议下沉，各镇（街）设立咨询点；推行复议案件庭前调解，发挥化解行政争议主渠道作用。全年办理行政复议案件21宗，均已办结，其中维持8宗，终止审查4宗，撤销9宗。采取制发行政复议意见书、个案指导监督等方式，加大对违法或者不当行政行为的监督纠错力度，发挥复议监督功能。

【出庭应诉】 2021年，全县一审行政诉讼案件35宗，其中县政府（单独及共同）作为应诉机关涉诉14宗，各镇政府、县政府各部门作为应诉机关涉诉21宗，全县行政诉讼胜诉率63.6%；全县机关负责人出庭应诉16宗，出庭应诉率45.7%，其中县政府负责人出庭9宗，镇政府、县政府部门负责人出庭应诉7宗。强调行政机关负责人出庭应诉工作按照“有诉必应”要求，做到“出庭是原则、不出庭是例外”，全年全县未出现不答辩、不出庭应诉等情况。

【普法宣传】 2021年，仁化县开展“我为群众办实事”、防电诈、农村建房、文明促进等法治宣传教育活动，举办民法典宣讲100余场；开展《中华人民共和国宪法》宣传，举办2021年仁化县“宪法宣传周”法治宣传及第三届法治文化节活动。开展“民主法治示范村（社区）”创建，推进法治文化阵地建设，打造乡村法治小公园一批。

【社会治理能力提升】 2021年，仁化县创新发展新时代“枫桥经验”，全年调解各类案件1200余宗，成功率99.69%。打造基层社会治理平台，全县建成11个镇（街）综治中心、125个村（居）综治工作站。完善“综治中心+网格化+信息化”治理模式，网格化服务管理覆盖率100%。整合群防群治力量，组建单位内部志愿者、村（居）义务巡防员、重点行业志愿者队伍，参与平安仁化建设。全面推进“红袖章”志愿者队伍建设，落实“三个一”（每村居一组织、每日一巡防、每周一调解）工作机制。构建公共法律服务体系，县、镇、村一站式、综合性、服务型公共法律服务实体平台全覆盖，“12348”公共法律服务热线平台和公共法律服务事项网络平台提供“全业务、全时空”公共法律服务。

（黄汝君）

公安

【维稳安保工作】 2021年，仁化县公安局（简称县公安局）以庆祝中国共产党成立100周年和“十四五”规划开好局创造安全稳定政治社会环境为主线，开展维护政治安全专项行动；深化严打严防暴恐专项行动。贯彻落实县委、县政府和市公安局部署要求，树立“一盘棋”思想，在村（社区）“两委”换届选举、春节、全国“两会”、高考、“七一”建党节、“十一”国庆节、广交会、中共十九届六中全会和仁化县“两会”等重要时间节点成立相应安保维稳领导小组，制定相关安保维稳工作方案，做好值班备勤处突准备、社会面巡逻防控等各项安保维稳工作。全年参加维稳安保任务43次，零失误。在省委政法委牵头引入第三方调查机构开展的全省2021年度调查测评中，仁化县群众安全感全省排名第一、全市排名第一，公安工作满意度全省排名第五、全市排名第一，教育整顿总体考核全省排名第九、全市排名第一，常态化扫黑除恶满意度考核全省排名第一、全市排名第一。

【刑事侦查】　2021年，全县刑事侦查工作坚持严厉打击违法犯罪，以常态化推进扫黑除恶专项斗争为重要抓手，结合专项行动，持续重拳出击，创建平安仁化。全面推广安装使用“国家反诈中心”App，全县常住人口为186009人，“国家反诈中心”App安装注册量76125人次，常住人口安装率40.92%，常住人口安装率排名全市第一。全民反诈专项行动考核全省排名第二（全市排名第一）。全年，全县立各类刑事案件549宗，破案229宗，在全市公安机关专项行动总体考评中排名第五，其中，抓获涉电信网络诈骗违法犯罪嫌疑人68名，破案19宗；侦破毒品犯罪案件6宗，查处吸毒人员24人；破获市目标案件2宗，“平安关爱”行动毛发筛查总完成率100%；破涉食药环案件14宗，刑事拘留18人，提请逮捕18人，取保候审2人；起诉涉盗销犯罪嫌疑人34人，起诉涉盗骗犯罪嫌疑人17人；立涉枪案件3宗，破案3宗；立破涉野生动物刑事案件5宗；立涉黄刑事案件2宗，行政处罚6人，刑事拘留8人；破涉赌刑事案件6宗，行政处罚78人，刑事拘留25人。全县公安机关共计提请批准逮捕案件116宗、185人，同比上升20.8%、32.1%；检察院批准逮捕94宗、153人，逮捕率82.7%，移送审查起诉案件204宗、289人，同比上升74.3%、79.5%。

【经济犯罪侦查】　2021年，县公安局围绕经侦工作要点，推进护航金融等各类专项行动，依法打击各类经济犯罪活动，全力维护社会稳定和市场经济秩序。全年，全县立信用卡诈骗案件1宗，破案3宗（含年前案件），刑事拘留6人，提请逮捕8人，移送起诉案件6宗，移送起诉19人。其中，破获持有使用假币案件2宗，抓获持有使用假币违法嫌疑人5人，行政处罚2人，协助烟草部门查处涉走私香烟行政案件1宗。

【治安管理】　2021年，县公安局主动防范化解风险，社会大局持续稳定。组织开展专项行动，重点抓好出租屋排查整治工作，挤压违法犯罪空间；结合“八个一”勤务机制和“百万警进千万家”活动，对全县吸毒人员、精神病患者等重点人员进行摸底排查，全面落实重点人员管控措施。守护校园安全，根据省公安厅《中小学幼儿园安全保卫“五统一”工作规范》要求，做好全县中小学幼儿园安全检查工作，共开展7轮校园安全检查，对发现问题的教学点及时指导做好整改工作；推进校园安全“百日攻坚”行动，严格落实校园“护学岗”机制，组织交警、特警和各派出所民警及辅警在上下学重点时段、校园周边重点地段、学生主要途经路段加强巡逻防控，提高巡逻密度和频次，及时发现并消除各类安全隐患。推进“一室两队”改革，11月5日零时起，实现建设路派出所、水南派出所和丹霞派出所集中合署办公，高标准建设派出所“一室两队”，全面优化警力配置、警务运行机制，提升派出所警务效能。

【道路交通管理】　2021年，县公安局强化交通安全管理，道路交通安全有序。多次开展夜查、整治交通违法行为、整治货车等专项行动，“减量控大”专项行动总分排名全市第三。全年查处（纠）各类违法行为为5万余起，路面执法查纠工作取得阶段性成效。对辖区国道106线K2162+000—K2162+500（周田桥至富然农科路段）、丹霞大道等38处道路交通安全隐患点加强排查整治，在医院人行道、老车站斑马线安装按键申请式人行红绿灯及建设路丹霞学校路段安装3个违停抓拍系统，维护辖区道路交通安全畅通。全面排查公交站场及周边风险隐患，严密堵塞防范漏洞，建立严密治安巡防网络和高效快速反应机制，加强人流密集客运站、公交沿线站点等重点部位巡逻防控，安排民警、辅警对待发客运车辆进行检查，提升公交站场防控能力，确保人民群众出行安全。

【户籍及出入境、往来港澳户政管理】 2021年，县公安局贯彻落实公安部“放管服”工作要求，提高和加强出入境及往来港澳管理与服务工作。全年审批入户申请1835人次，签发居住证814人次，办理居民身份证11803张，临时身份证1553张；受理护照14人次，来往港澳通行证733人次。在县行政服务大厅新增1台身份证免费照相机，为前往办理身份证群众免费提供身份证照相回执单，共为群众免费提供身份证照相回执135人/次，为群众减免费用4050元。贯彻落实新修订的《韶关市户籍管理规定》（韶府规〔2020〕7号），全面取消城镇落户限制，实施在居住地设立的城镇居民户口公户登记户口的“零门槛”政策，全年审批办理户口从乡村迁入城镇226人，审批通过“零门槛”入户申请6人。按照《仁化县公职人员市民化专项行动工作方案》要求，协助县委、县政府开展公职人员市民化专项行动，共核查单位56个，核查公职人员城乡属性3001人，其中户籍在乡村公职人员390人，办理公职人员户籍从乡村迁入城镇261人。

【监所管理】 2021年，县公安局狠抓各项制度落实，不断提升监所管理水平，把抓管理、保安全作为工作主线，认真贯彻落实省、市监管业务主管部门工作要点。定期清查监室，严查违禁物品，全年组织大清查28次，查获违禁物品5次。落实医疗巡诊制度，确保在押人员健康权。5月3日，仁化县看守所在抗击新冠肺炎疫情工作中成绩突出，获授先进集体称号，受到省厅通报表扬。

【公安法治】 2021年，县公安局强力部署推进法治公安行动，制定《仁化县公安机关“法治公安行动计划”实施方案》。落实刑事案件“两统一”机制，强化法治部门案审机构职能和办案部门法治员执法质量“源头管控”职能，严格落实接报案“五个当场”刚性要求，加大对受立案环节的监督检查，建立“久挂未结”案件清理督办制度，实行未结案件卷宗集中保管制度。开展对14个派出所专项执法巡查2次。提升执法主体能力，组织民警5人参加基本级执法资格等级考试，全局基本级执法资格民警达99%，取得高级资格民警2人。全年审批刑事拘留184人，同比上升86%；取保候审142人，监视居住20人，两种强制措施采取数量同比上升252%；提请检察机关批准逮捕犯罪嫌疑人185人，检察机关批准不予逮捕32人，不捕率17.29%；移送审查起诉案件289人，检察院决定不起诉20人，不诉率6.92%。审批行政案件763起，同比上升36.7%；行政处罚273人次，同比上升53%，其中行政拘留234人次，同比上升230%；决定强制隔离戒毒2人，同比下降250%，决定社区戒毒10人，同比持平。

【警务督察】 2021年，县公安局加强和改进督察工作，严格执法执纪监督，强化督促抓落实，依法维权抓服务，围绕“八大专项行动”、省厅“六项纪律规定”等16项专项督察，开展明察暗访269次，专项督察16次，填写“现场督察记录”586份，检查单位、执勤点539个次，发现问题148个，现场纠正问题142个；编发《警务督察》《督导检查情况通报》25篇。对民警开展党内谈话69人次，其中日常谈话7人次，提醒谈话62人次（科所队长教导员27人次，其他民警35人次）；谈话内容包括组织纪律、廉洁纪律、群众纪律、生活纪律各7次，工作纪律99次。

（邓红莲）

检察

【“五好”基层院建设】 2021年，仁化县人民检察院（简称县检察院）对标“五好”（党的建设好、检察理念好、职能发挥好、能力素质好、纪律作风好）基层院建设标准，推进广东省“五好”基层院创建工作。建设多功能“党员活动室”，创设“为民服务联系工作站”，开创“司法救助助力巩固拓展脱贫攻坚成果助推乡村振兴”专项活动，创建“号角先锋”党建品牌和“起点团队”业务品牌，打造“吹响先锋号角、奋进起点征程”融合品牌和“丹山锦水、仁爱仁检”文化品牌。年内，第一检察部获授“全国青年文明号”。

【扫黑除恶】　2021年，县检察院常态化开展扫黑除恶专项工作，紧盯案件线索办理办结、四大行业源头治理等方面，统筹抓好常态化下涉黑涉恶案件办理、纪法衔接、建章立制、综合治理和法治宣传等各项工作，夯实扫黑除恶工作成果。全年受理审查起诉涉恶案件1件21人。8月，县检察院被中共韶关市委、韶关市人民政府评为“韶关市扫黑除恶专项斗争先进集体”；9月，第一检察部被广东省人民检察院记“集体三等功”。

【乡村振兴】　2021年3月，县检察院制定《关于开展“司法救助助力巩固拓展脱贫攻坚成果助推乡村振兴”专项活动实施方案》。是月，在全市率先与县退役军人事务局联签《关于建立退役军人国家司法救助工作沟通协调机制（试行）》，为因案致贫、因案返贫、因案增贫困难群众提供救助。全年办理司法救助案件6件7人，发放救助金14万元。

【社会治理】　营造健康有序营商环境。2021年，县检察院紧扣服务经济社会高质量发展主题，落实“六稳”“六保”要求，以检察办案为主要手段，强化细化实化服务举措，对民营企业人员涉嫌犯罪案件贯彻“少捕慎诉慎押”刑事司法政策，增强服务，保障营商环境工作主动性。办理的彭某拒不支付劳动报酬案，帮助农民工追回劳务报酬50余万元。

擦亮为民服务联系工作品牌。以周田检察室和在各村（社区）设立的“为民服务联系工作站”为抓手，聚焦“人民”，解决“实事”。开展为民服务联系工作136次，解决群众实际问题41件，通过走访发现司法救助线索2件，发放国家司法救助金3万元。

【刑事检察】　强化案件办理质效。2021年，县检察院刑事检察“案件比”为1.082，处于全市最好水平，案件质效管理水平明显提升。深化提前介入工作，引导侦查工作从“破案抓人”向“证据定案”转变，提前介入案件37件。发挥“捕诉一体”工作机制优势，推进诉前侦查跟进监督工作，尽可能减少退回补充侦查、延长审查期限等程序，减少当事人因诉累而产生不满。全年（含上一年度结转案件），办理审查逮捕案件112件177人，审结116件185人，审结率100%；审查起诉案件216件319人，审结222件307人，审结率99.55%。重点整治电信诈骗、网络赌博等新型犯罪，办理10件17人，如汪某等3人涉嫌帮助信息网络犯罪活动案。构建绿色生态司法保护屏障，依法打击破坏环境资源案件29件59人，成功办理长江“1·29”非法采矿案，立案办理3起生态环境和资源保护领域刑事附带民事公益诉讼案件，对牛鼻村生活污水直排问题、华南虎自然保护区缓冲区违法生产经营活动问题等进行监督。

贯彻少捕慎诉慎押刑事司法政策。2021年，县检察院坚持对严重暴力犯罪从严打击，对轻微刑事犯罪案件依法从宽处理，不捕22件32人，不起诉32人。转变“够罪即捕”“一押到底”习惯思维，将羁押必要性审查贯穿办案各环节。全年，审前羁押率63.01%，强制措施改变率10%。办理赖某危害珍贵濒危野生动物案变更强制措施做法被市检察院列为典型案例予以刊发。落实好认罪认罚从宽制度，有效减少对立增进和谐，适用认罪认罚197件268人，适用率91.75%，量刑采纳率98.44%。

强化刑事检察监督。2021年，县检察院建议行政机关移送案件3件，监督公安机关立案14件、撤案3件，发出“纠正违法通知书”5份、“侦查活动监督通知书”47份、“检察建议书”3份，纠正漏捕漏诉9人。

强化刑事执行监督。2021年，县检察院监督违法违规“减假暂”案件115件、社区矫正脱管漏管3人，发出监督意见书8份，发现涉嫌职务犯罪线索1条并移交县纪委监委。

【民事行政检察】　2021年，县检察院办理民事行政检察监督案件49件，发出检察建议2份。开展行政非诉执行监督专项活动、虚假诉讼领域深层次违法行为监督，促进严格执法，向县人民法院发出类案检察建议1份。

【公益诉讼检察】　2021年，县检察院立案办理公益诉讼案件15件。通过加强线索收集，把诉前实现维护公益目的作为最佳司法状态，向行政机关发出诉前检察建议15份、工作函1份。针对网红“泰绿柠檬茶”违法使用食品添加剂问题等进行监督，督促职能部门在全县开展制售自制饮品行业专项整治。开展红色革命资源保护公益诉讼专项监督工作，县检察院向县委报送《英烈保护公益诉讼检察专项调研报告》后，促成相关职能部门形成《仁化县烈士纪念设施保护修缮方案》。研究制定《仁化县人民检察院公益诉讼案件线索举报奖励办法》，拓展公益诉讼案件线索，引导社会公众积极参与公益诉讼，提高公益诉讼工作知晓度和参与度。

【未成年人检察】　2021年，县检察院推进落实新修订《中华人民共和国未成年人保护法》和《中华人民共和国预防未成年人犯罪法》，构建未成年人保护体系，牵头团委、妇联、教育等部门会签社会支持体系合作协议，推进性侵违法犯罪人员从业禁止、侵害未成年人权益案件强制报告等制度落实。推进未成年人检察业务统一集中办理，最大限度维护未成年人合法权益。全年受理涉未成年人案件（含跨年结案）35件43人，其中，批准逮捕17件23人，不批准逮捕3件3人，提起公诉11件12人，改变管辖2件2人，附条件不起诉2件2人，对未成年人心理疏导11人次，给予司法救助1件，发放救助金额2万元。针对校园教育监管漏洞向教育部门制发的检察建议书，被评为全市检察机关2021年度“十佳检察建议”。

【三个规定】　2021年，县检察院严格执行“三个规定”（《领导干部干预司法活动、插手具体案件处理的记录、通报和责任追究规定》《司法机关内部人员过问案件的记录和责任追究规定》《关于进一步规范司法人员与当事人、律师、特殊关系人、中介组织接触交往行为的若干规定》）等重大事项记录报告制度，严防干预司法行为，并通过微博、微信、客户端等新媒体平台强化舆论宣传引导，努力筑牢共同遵守“三个规定”安全防火墙。全年，记录过问、干预、插手检察办案等重大事项16件。

（温观华）

法院

【概况】　2021年，仁化县人民法院（简称县法院）坚持以习近平新时代中国特色社会主义思想为指导，忠实履行宪法法律职责，全年受理各类案件2772件，审结2574件，结案率92.86%，结收比100.08%。

【严惩危害国家安全和社会治安犯罪】　2021年，县法院依法审结各类刑事案件194件，判处罪犯262人。严格落实重大风险防控工作要求，从严从实做好中国共产党成立100周年安保维稳工作。严厉打击危害公共安全犯罪，审结“两抢一盗”、寻衅滋事、危险驾驶等犯罪案件84件。严惩电信网络新型违法犯罪，审结跨境网络赌博、网络电信诈骗、网络传销等犯罪案件3件。积极参与综合治理，深入开展防诈、禁毒宣传17场次，营造全民禁毒、全民反诈氛围。

【常态化推进扫黑除恶】　2021年，县法院围绕线索摸排、案件审理等中心工作建立健全长效机制，加强规范化建设，推进扫黑除恶专项工作。加大涉黑涉恶案件财产刑执行处置工作力度，对未执结案件充分运用各类强制执行措施，穷尽各类财产调查措施，最大限度提升案件执行到位率，执行到位财产358.98万元，执行到位率93.72%。7月，县法院扫黑办获评韶关市扫黑除恶专项斗争先进单位。

【依法惩治腐败犯罪】　2021年，县法院依法加大惩治腐败力度，审结贪污、贿赂、渎职犯罪案件5件5人，依法审理社会影响较大的新丰县原副县长潘某受贿、贪污、行贿案。

【法治化营商环境建设】　2021年，县法院紧扣县委发展战略目标履职尽责，审结各类民商事案件1281件。依法为企业排忧解难，妥善处理涉民营企业纠纷250件。依法维护市场交易秩序，审结民间借贷、买卖、租赁等合同案件698件。灵活运用执行手段，依法对各类市场主体财产保全案件采取“活封”“活扣”措施，最大限度减轻对企业生产经营不利影响。加强与企业联络互动，为企业合法经营、化解风险提供司法服务，开展入企走访、入企普法6次。

【智能化诉讼服务】　2021年，县法院完善智能化诉讼服务措施，最大限度方便常态化疫情防控下当事人参与诉讼，为当事人提供网上立案服务802件，远程开庭、调解案件818件。

【服务生态文明建设】 2021年，县法院贯彻刑事附带民事环境公益诉讼损害担责、全面赔偿原则，依法追究污染环境、破坏生态侵权者民事责任，加大对污染环境、破坏生态犯罪行为惩治力度，审结环境资源类犯罪案件12件。

【民生权益司法保护】 2021年，县法院贯彻实施民法典，审结民生领域案件412件。开展根治欠薪专项行动，审结劳动争议案件76件，为务工人员追回欠薪71.59万元。主动融入乡村振兴大局，促进巩固脱贫攻坚成果同乡村振兴有效衔接，审结涉农案件77件。加强对妇女儿童优先保护，家事调解员和专业审判团队调处家事纠纷158件，调撤率60.13%；深化法治校园建设，以“请进来+走出去”方式组织青少年观摩庭审、模拟法庭和法官进校园、上讲台活动18场次。

【强制执行】 2021年，县法院深化“执行难”综合治理、源头治理，开展“南粤执行风暴”专项行动，坚持综合施策攻坚执行，推动执结案件996件，2021年1—12月，首次执行案件实际执行到位率全市法院排名第一。8月，县法院执行局获评第20届“韶关市青年文明号”称号。开展执行案款集中清理专项行动，截至2021年12月底，超期未发放执行款项全部清零；开展执行案款集中发放活动，向申请执行人148名发放执行到位案款865.93万元，全年累计发放案款1892笔7731.3万元。

【矛盾纠纷多元化解】 2021年，县法院推广“诉前调解+司法确认”工作，受理诉前调解案件1149件，占同期民商事案件立案数90.05%，诉前调解成功率61.07%。完善“法院+”多元解纷机制，与县侨联、人民银行仁化支行建立联动机制，共建涉侨纠纷、金融纠纷调解室，特邀调解组织18个、特邀调解员147名入驻调解平台，拓宽群众解决纠纷渠道。一站式诉讼服务体系建设质效评估得分稳居全省法院前列，工作成效被《南方日报》刊载推广。

【参与基层社会治理】 2021年，县法院坚持和发展新时代“枫桥经验”，在全县7个乡镇设立法官联络点，推进“审务进基层、法官进村居”工作，联动辖区内司法所、人民调解委员会等基层治理单位，常态化开展矛盾调处、巡回审判、法律咨询，推动化解矛盾纠纷592件。设立网上巡回法庭6个，为偏远地区群众提供“家门口”式司法服务。

【一站式诉讼服务体系建设】 2021年，县法院深化一站式诉讼服务体系建设，完善集约化、智能化、便利化诉讼服务功能，创新推行执行立案免交生效证明、诉讼费退费专窗集中办理等便民举措，一站式诉讼服务体系建设质效评估得分稳居全省法院前列。

【司法领域深化改革】 2021年，县法院严格落实司法责任制，健全院庭长办案示范机制，院庭长办结案件2019件，占总结案数78.44%。完善“四类案件”（重大、疑难、复杂、敏感的；涉及群体性纠纷或者引发社会广泛关注，可能影响社会稳定的；与本院或者上级人民法院的类案裁判可能发生冲突的；有关单位或者个人反映法官有违法审判行为的）识别监督管理机制，开展长期未结案件清理、案件质量评查等专项活动，提升审判质效。推动落实类案和关联案件检索机制，发挥审判委员会工作机制作用，全年召开审委会会议讨论案件11件，促进裁判尺度统一，确保同案同判。推进诉讼制度改革，深化以审判为中心的刑事诉讼制度改革，落实“三项规程”，推动庭审实质化，适用速裁程序审结刑事案件71件，占同期刑事案件结案总数38.17%。推进认罪认罚从宽制度正确实施和健康发展，对认罪认罚被告人221名从宽处罚。深入推进民事诉讼程序繁简分流改革，实行简案快审、繁案精审，68.56%的民商事案件通过简易程序或小额诉讼程序审结。

（卓碧君）

司法行政

【普法宣传】 2021年，仁化县司法局（简称县司法局）结合党史学习教育、政法队伍教育整顿活动，开展党委中心组学习、政府常务会议学法、领导干部依法行政专题培训、专题法治讲座等学法活动。在村（社区）文明实践中心推动法治宣传394场次，送法到基层，广泛宣传《韶关市野外用火管理条例》《韶关市农村住房建设管理条例》等法律法规。以“美好生活·民法典相伴”为主题，组织开展《中华人民共和国民法典》（简称《民法典》）主题宣传31场次，印发《民法典》宣传资料2万份。创建“民主法治示范村（社区）”，董塘镇新龙村、红山镇鱼皇村被确认为2021年省级“民主法治示范村（社区）”。推进法治文化阵地建设，结合“四小园”建设，在董塘镇河富村、新龙村打造乡村法治小公园。

【人民调解工作】 2021年，“刘日红调解工作室”接办法院委派诉前调解案件81宗，调解后双方当事人和解撤诉34宗。经办介入诉前调解案件调解成功率60%。成立“仁化县退役军人纠纷人民调解委员会”，将法治宣传、公共法律服务、心理危机干预等融入调解过程，为退役军人排忧解难。全年调解各类案件1200余宗，调解成功率99.69%。

【社区矫正工作】 2021年2月，县司法局牵头成立仁化县社区矫正委员会，截至9月底，全县11个镇（街）人民政府均成立社区矫正委员会，社区矫正领导机制加强。全年，全县接收社区矫正对象84人，解除社区矫正对象53人。截至12月底，全县在册监管社区矫正对象78人，其中缓刑75人，假释3人。全年全县社区矫正对象未出现脱管、漏管情况，监管率100%，在矫社区矫正对象年再犯罪率0%。2021年6月，县司法局联合粤北人民医院为社区矫正对象开展义诊活动。

【安置帮教工作】 2021年，县司法局衔接接收刑满释放人员140人，其中监所刑满释放人员95人，解除社区矫正人员45人。安置137人，安置率98%，帮教140人，帮教率100%。探访慰问生活困难刑满释放人员3人次，发放慰问金600元。全年，全县在册监管安置帮教对象无重大违法违纪行为。

【司法行政视频会见工作】 2021年，县司法局办理视频会见133宗，会见人数343人次，每月开放号源180个以上，引导会见人通过微信“粤省事”办理视频会见预约，会见人通过“粤省事”申办预约视频会见率98%以上。

【公证工作】 2021年，县司法局开展“我为群众办实事”活动，主动为困难群众提供调查核实取证服务，为年老行动不便的当事人提供上门办理公证服务。联合韶关市韶州公证处，对广东铝厂及中色十六冶井巷公司、二公司棚户区改造安置房的群众集中办理继承、委托等公证事项。全年办理公证案件262宗，并按公证卷宗“一卷一档”要求完成归档。

【法律援助工作】 2021年，县司法局落实刑事案件法律援助全覆盖。全年办理法律援助案件396宗，其中刑事法律援助案件333宗，民事法律援助案件63宗，见证刑事认罪认罚案件90人次。

【一村（社区）一法律顾问】 2021年，仁化县驻村（社区）法律顾问25名履职为村（社区）“两委”提供专业法律意见，开展法律咨询、普法宣传、参与人民调解和法律援助等工作。全年举办防电信诈骗、《中华人民共和国民法典》等法治培训、法律辅导课510场次，接受法律咨询1300人次，出具法律意见书17份，参与疑难纠纷调解5件，办理法律援助案件1宗，办理其他法律事项44宗。

【公共法律服务体系】 2021年，县司法局完成县、镇、村三级实体平台建设工作，并在实现县镇（街）村（社区）三级平台全覆盖基础上，推进实体平台规范化建设。优化县级公共法律服务中心设置，按照“3+X”要求设置行政复议、法律援助、法律咨询、人民调解、公证、律师等多个业务专窗，满足“窗口化、综合性、一站式”服务需求。各实体平台在广东法律服务网实体平台综合服务系统每日值班时长8小时，录入咨询信息162条，录入工作记录408条。全年接收省厅工单3件，完成法律援助、调解工单3件，工单办结率100%。加强公共法律服务案例库建设，仁化县法律援助处推荐的典型案例仁化县法律援助处对张某涉嫌非法持有枪支罪、非法狩猎罪提供法律援助案被“12348”中国法网（中国法律服务网）采用发布。

（甘枚丰）

军 事

人民武装

【思想政治建设】 2021年，中国人民解放军广东省仁化县人民武装部（简称县人武部）紧扣中共党史学习教育和庆祝中国共产党成立100周年系列活动，在提纯政治忠诚、激发战斗血性、强化责任担当上下功夫见成效。组织干部职工学习习近平总书记“七一”重要讲话精神，组织人员参加省军区师团职领导干部理论培训，组织干部职工到粤北长征纪念馆开展主题党日和“重走长征路”红色拉练活动，重温入党誓词和革命历史，夯实干部职工思想政治自觉。

【军事训练工作】 2021年，县人武部坚决贯彻中央军委主席习近平训令，严格落实党委议战议训制度，加强日常战备值班，完善辖区非战争军事行动方案，调整细化各应急分队任务，补充完善县本级战备器材与应急连部分民兵任务器材；协调地方相关部门引接应急管理系统与视频监控信息。拟制民兵训练计划。组织干部参加省军区网上集中学习训练和半年、年终军事训练考核，成绩均为良好以上。组织专武干部、民兵教练员、民兵干部骨干集训以及民兵入队集训、军分区民兵骨干群众性比武竞赛，促进民兵训练深入开展。组织各类分队集训，完成年度民兵军事训练任务。

【部队管理】 2021年，县人武部围绕疫情防控风险和“人车枪弹密”等要素抓安全管理。开展规范达标抓建设活动，完成机关各办公室、战备器材库、应急仓库物资器材补充。按照动员部署、学习训练、规范整治、考核总结等4个步骤进行新条令条例学习，强化条令意识。强化安全教育督导。坚持交班会、干部职工大会和节假日开展安全教育，讲评安全管理工作情况，每季度召开安全形势分析会，部署有关安全管理工作，开展军车交通违章整治活动。定期组织安全形势分析、隐患排查整治和随机检查督导，开展保密工作集中整治检查验收，全年没有发生安全违纪问题。贯彻落实上级疫情防控指示要求，完成人员疫苗接种、定期核酸检测等工作。

【征兵工作】 2021年，县人武部以“一年两征两退”改革为主线，采取线上线下相结合模式抓好宣传，坚持每周通报制度，推动基层征兵工作落实。严守廉洁征兵和疫情防控底线，确保征兵工作全程安全稳定。完成全年征兵任务，无退兵，无廉洁征兵问题，征兵“五率”考评优秀。

【“双拥”工作】 2021年，县人武部发挥军地桥梁纽带作用，配合县委、县政府做好创建全国和广东省“双拥模范县”各项工作，营造军民共建、合力创建全国和省级“双拥模范县”氛围。发动民兵参与巩固拓展脱贫攻坚成果，持续推进脱贫地区乡村振兴。

（谭岳娟）

武警仁化中队

【概况】 2021年，中国人民武装警察部队广东总队韶关支队执勤三大队仁化中队（简称武警仁化中队）以中央军委主席习近平系列重要讲话精神为指导，贯彻落实习近平强军思想，立足中队建设实际，树牢科学发展理念，注重建队育人，强化练兵备战，完成执勤和处突各项任务。

【军事训练】 2021年，武警仁化中队按照中央军委主席习近平“部队全部心思向打仗聚焦”要求，经常开展实战化军事训练。着眼部队遂行多样化任务实际，按纲施训、依法治训、科学组训，从难从严从实战出发，苦练军事技能。军事训练总评成绩达到良好以上，无训练事故。推荐1名战士参加侦查员培训，3名战士参加“预提指挥警士”集训。完成中学新生军训任务。

【执勤战备】 2021年，武警仁化中队聚焦“两个维护”使命任务，按照平战一体、战备训练任务一体要求，落实战备制度，战备秩序正规，装备物资齐全。贯彻“整体建设、全面规范、勤训结合、确保安全”的“十六字”执勤思路，树立底线思维，端牢执勤“饭碗”，及时修订方案，常态组织战备演练，常态保持好应急备战水平，高效应对各类突发情况。在重大节日、重要时期，采取边训练边执勤，边查勤边教方法等措施，学习事故案例和专题研讨相结合，开展执勤战备教育，增强官兵居安思危意识。坚持从严执勤，实现全面执勤目标安全无事故。出动官兵30余人次，配合公安机关和有关部门完成武装押解勤务10余次和城口设卡勤务1次。

【后勤保障】 2021年，武警仁化中队围绕强军目标要求，坚持“三服务”（服务中心任务、服务部队建设、服务基层官兵）方向，落实各项供应保障标准，改善官兵执勤、训练、工作和生活条件。强化后勤岗位兵岗位训练，提升素质能力。落实制度，装备管理达到“四无”（无丢失、无损坏、无锈蚀、无霉烂变质）标准，“三室一库”建设稳步推进，伙食保障到位，统筹规划农副业以及养殖业生产。推荐1名战士参加中级厨师集训、1名战士参加驾驶员培训、1名战士参加卫生员集训。

【安全管理】 2021年，武警仁化中队开展“条令年”学习活动，提高官兵行为规范，树牢法纪意识。常态化抓好安全隐患治理，排查安全隐患20余次，消除安全隐患苗头40余处。吸取兄弟单位事故教训，联合目标单位多次召开联席会议，消除隐患漏洞3处。严格落实动静态枪弹管控，提升装备作战运用和管理保障能力。

（马振特　李章瑞）

人民防空

【人防警报系统建设】 2021年，仁化县人民防空办公室（简称县人防办）巩固和完善疏散基地建设，落实重要经济防护目标。按照市人防办统一要求，结合警报试鸣，组织防空疏散演练。加强防空警报系统建设，新增固定警报器1台，完成全县人防警报检测维护任务。组织开展各人防警报点管理维护人员集中培训。9月18日，防空警报试鸣当天，全县警报器、多媒体显示屏投入试鸣，经各警报点工作人员现场回馈，成功率100%，城区覆盖率100%。

【人防结建工程监管】 2021年，县人防办抓实结建政策贯彻执行，突出“调结构、强管理、重质量、增效益”，抓人防工程建设规划编制、单建“窗口”工程建设、结构调整，实现防护工程又好又快发展。对在建人防工程实施全程质量监督，加强已竣工人防工程维护管理。开展人防工程安全生产隐患大排查工作，重点检查在建人防工程，对排查期间所发现隐患马上落实整改，防范各类事故发生。

【行政执法】 2021年，县人防办按照“双随机、一公开”要求，对保留行政许可项目进一步简化程序和流程，提高审批效率。做好使用证发放工作，依法处置“12345”平台投诉问题。加强各部门沟通与协调，联合把关检查，严格审核每个人防工程建设项目人防设计，通过对照图纸、施工现场对照实际面积、审批表对照收费金额“三对照”，实现结建管理科学化。

【人防法规宣传】 2021年，县人防办加大人防宣传力度，结合

"九一八"事变纪念日、"12·4"国家宪法日、"12·13"南京大屠杀死难者国家公祭日等节点，多形式、多渠道宣传人防法律法规知识。向县域初中和城区小学配发人防知识教育课本3000册，发放教育光盘40张、人防宣传赠品2000份，联合县教育局在县田家炳小学（县人防教育示范基地）开展人防宣传教育进学校及疏散演练活动，参与师生150余人。联合县媒体中心编制人防宣传新闻稿件，通过电视台、公众号等新闻媒体宣传人防法律、法规、人防知识，向社会开展人防法律法规和人防知识的宣传普及教育，提高人防宣传覆盖率，扩大人防知晓率。结合"9·18"试鸣警报工作在县高坪社区组织人防志愿者培训，发放人防宣传知识手册300余份、人防赠品400余份，解答群众防空应急相关问题。多次开展人防知识宣传教育工作，全年给4个社区发放人防宣传单及宣传纸巾2000份。制定《仁化县人防工程建设联动审批制度》，完善人防工程建设联动审批机制，提高服务质量，简化、优化审批流程。

【应急准备建设】 2021年，县人防办推进县人防应急指挥中心指挥信息系统建设，参与和市（县）地面指挥中心互联互通工作，实现协同统一调度功能。提升人防指挥通信能力，除按计划抓好日常训练以外，全年参加人防系统培训1次，赴市人防组织市、（县）人防机动指挥所跨区域野外训练1次，赴各县拉练训练7次，协助市人防承办省级通信训练1次，依托现有人防指挥信息平台有效完成与市（县）人防机动指挥所通信互通训练。完成医疗救护、交通运输、抢险抢修、综合救援、伪装设障5个人防专业队重组工作，做好培训演练、资料整理和信息采集等工作。

（黄仁佑　李　曼）

退役军人事务

【优抚政策落实】 2021年，仁化县退役军人事务局落实优抚对象自然增长机制，逐年提高抚恤补助标准。落实军烈属优待，发放军烈属优待金。落实军人立功奖励制度，对义务兵立三等功和优秀士兵给予当年优待金奖励。

2021年仁化县籍立三等功士兵一览表

表23

姓名	姓名	姓名	姓名	姓名
曾　飞	周　伟	罗　坚	邓盛鸿	杨明达
许雁浩	莫显通	彭荣华	幸　洪	—

【退役军人帮扶援助】 2021年，县退役军人事务局在全市率先与县人民检察院联签《关于建立退役军人国家司法救助工作沟通协调机制》，完善困难退役军人司法救助机制。与县卫生健康局联合启动退役军人基本公卫健康管理和家庭医生签约服务，加强退役军人健康服务保障。做好困难退役军人帮扶解困工作，为排查出需要救助的困难退役军人申请省应急救助资金。

【退役军人安置就业】 2021年，县退役军人事务局接收符合政府安排工作条件转业士官，经县政府同意，安置转业士官到县直事业单位，帮助转业士官办理自谋职业相关手续。落实城乡退役士兵一次性补助金发放，按时足额发放企业军转干部生活困难补助。做好退役士兵就业创业工作，开展退役军人就业创业情况调查。4月29日，举办2021年仁化县民营企业招聘月活动暨退役军人专场招聘会，38家企事业单位进场提供各类就业岗位1148个。9月24日，举办2021年退役士兵全员适应性培训。完成退役士兵社保接续工作。

【荣誉体系建设】 2021年，仁化县继续为新申请退役军人家庭悬挂光荣牌工作，开展欢送新兵活动，为2021年度入伍新兵宣讲优抚政策，赠送纪念品。开展"最美退役军人"评选活动，2021年评选出仁化县"最美退役军人"8名。1人获退役军人事务部"建党一百周年 老兵永远跟党走 党旗飘扬在心中"知识竞赛全国一等奖。

2021年仁化县“最美退役军人”一览表

表24

姓　名	姓　名	姓　名	姓　名
邹建雄	华鹏程	何衍强	陈桂汉
刘德能	邓茂香	赖伟光	蔡坤勇

【退役军人服务体系建设】 截至2021年年底，仁化县有退役军人服务中心（站）12个，其中，命名为广东省五星级示范退役军人服务中心（站）10个，四星级服务站2个。抓好工作人员培训工作，每季度组织各镇（街）退役军人服务站负责人和业务骨干开展培训。12月，举办县、镇、村三级退役军人服务站能力提升视频培训班，县、镇、村三级退役军人服务中心（站）工作人员、各村（社区）“兵支书”和“兵委员”190人参加培训。

2021年9月30日，仁化县“9・30”国家烈士纪念日公祭活动暨向烈士纪念碑敬献花篮仪式在仁化县红陵公园举行　　（欧辛格　摄）

【走访慰问】 2021年春节、“八一”建军节期间，仁化县党政主要领导带队慰问驻韶关军分区等部队，赠送慰问品。县四套班子领导到挂点镇（街）走访慰问二等功臣、军烈属、乡退伍军人等优抚对象，发放慰问金。县直单位开展各类拥军优属活动，组织慰问组走访慰问军烈属、伤残军人、军队离退休干部、退伍军人等优抚对象，传递党和政府的关心关怀。

【烈士褒扬纪念】 2021年，县退役军人事务局联合县检察院开展全县英雄烈士纪念设施现状及修缮保护情况自查工作，建立完善辖区内英雄烈士纪念设施数据台账。争取中央、省财政烈士纪念设施修缮资金204万元，完成县级以下烈士纪念设施修缮前期工作。开展“9・30”国家烈士纪念日公祭活动，在仁化县红陵公园举行烈士公祭活动暨向烈士纪念碑敬献花篮仪式，县四套班子成员、县直单位、武警、公安代表、部分退役军人及师生代表300余人参加。加强烈属走访慰问工作，在“9・30”国家烈士纪念日期间，慰问烈属，发放慰问金。

【“双拥”共建】 2021年，县退役军人事务局在各革命遗迹地开展爱国主义教育、革命传统教育310余场，参与1.2万余人次。推进教育、文化、法律、医疗拥军活动，与县文广旅体局共同创作大型拥军红色歌舞晚会《你来过》，通过线上线下相结合形式进行展播。印发《中华人民共和国退役军人保障法》6800份，宣传贯彻退役军人保障工作政策。开展军地“双向服务，双向奉献”活动，落实军地需求双清单工作，投入资金为县人武部办公楼安装净水器，为武警仁化中队更换纱窗等；驻地部队投入经费支持乡村振兴和人居环境整治工作，部队官兵参与扶贫消费，支持3名贫困学生完成学业。

（廖苑威）

交通·邮电·信息业

国道省道公路建设与管理

【概况】 2021年，韶关市仁化公路事务中心管养国道106线、323线、535线，省道244线、246线、342线和县道887线，总养护里程201.877千米，其中国道113.559千米，省道85.572千米，县道2.746千米。

【公路建设】 创建交通安全文明示范路安全提升工程。2021年11月30日，国道106线安全提升工程项目（桩号为国道106线K2145+000—K2145+600，全长0.6千米）完工。该工程新增标线419.5平方米，新铺4.5米宽水泥混凝土路面130平方米，铺植草皮165平方米，新增道口标注12根。核定预算金额15.8845万元。国道323线安全提升工程项目（桩号为国道323线K319+600—K320+600，全长1千米）完工。该工程新增悬臂式标志牌4根，单柱式标志牌1根，单柱式太阳能爆闪灯7根，标线工程105.3平方米。核定预算金额11.2348万元。

“一清一灯一带”建设、“平安村口”建设、穿村过镇整治工程。截至2021年6月20日，仁化公路事务中心完成“一清一灯一带”建设、“平安村口”建设和穿村过镇路段整治3项工作任务。在辖区国省道整治“一清一灯一带”113处，在国省道与县乡道平交道口清理遮挡视线树木31棵、灯柱25根，设置爆闪灯65座，增设减速标线334.8平方米，投资11.6372万元；整治“平安村口”149处，在国省道与县乡道平交道口清理遮挡视线树木31棵、灯柱35根，新增停车让行标志94个、道口桩280根，投资5.18万元；整治“穿村过镇”7120米、中央隔离带6970米、机非隔离带1500米，增设标线927.36平方米，新增照明路灯190盏。

普通公路标志标线优化提升。2021年，仁化公路事务中心完成国省道安全设施维修工程（省道246线）标线3891.8平方米，线型诱导标志8座，投资20万元。根据《县委书记专题会议决定事项落实情况的通知》文件精神，做好国省道标志划线工作，排查县内国省道公路干线标志标线。锦江大桥增加限速标志1对、减速线364平方米，青湖塘新增安全岛标线8平方米，补画中心实线约100平方米。完成周田高速出口及往仁化、始兴分岔路口安全治理方案整治。

【公路养护】 做好路容整治及公路养护工作。2021年，仁化公路事务中心公路技术状况指标国道年值为93.41，省道年值为91.83。全年，派出养护作业人员7266人次，出动养护车辆6070台班，完成清扫路面3408千米，清理水沟894千米、涵洞547道、倒塌树木竹子935棵、塌方1325立方米，清洗防护栏786千米、示警桩1317根、标志牌95块、百尺桩301根，修剪路树414千米，人工修整边坡路肩草523千米，路面灌缝230千米，清洗修复路面1042平方米，人工除草662千米，喷洒除草剂429千米，补种道口桩95根、百尺桩42条、标志牌62块；油刷路树224千米、边线221千米。

国省道水毁修复工程。2021年，由于连续强降雨，粤北山区出现洪涝灾害，仁化公路事务中心管养的国道106线及省道246线均出现不同程度水毁，存在较大交通安全隐患，影响正常行车安全，仁化公路事务中心推进水毁修复工程实施及竣工验收工作。10月，完成市中心下达任务国道106线以及省道246线公路水毁路段修复，总投资169.7556万元。8月前，通过9个水毁抢修复工程（国道106线K2145+730—K2147+100段3处灾毁修复工程，国道106线K2154+950和省道246线K9+150段2处水毁修复工程，国道106线K2142+268—K2142+300段水毁修复工程，国道106线K2142+270—K2160+340段水毁修复工程，国道323线、106线和省道246线3处水毁修复工程，国道323线K347+700处水毁修复工程，省道246线董塘桥抢修工程，省道246线公路水毁修复工程，省道246线K7+925处水毁修复工程）竣工验收，总投资为271.71万元。

国省道桥梁养护工作。2021年，仁化公路事务中心以桥梁养护为重点，安排养护中心对桥梁伸缩缝、泄水孔、桥面铺装等进行桥梁日常检查，每月检查桥梁1次，年终安排桥梁养护工程师定期检查，建立“一桥一档”技术档案。根据《韶关市公路事务中心关于下达旧线（弃置）桥梁处置任务的通知》要求，通过全面梳理排查，拆除或移交当地政府桥梁10座。根据《韶关市公路事务中心关于开展国道危桥改造前期工作的通知》要求，有11座桥梁列入国道桥梁养护工程项目库，年内完成勘察设计工作。

【安全生产管理】 2021年，仁化公路事务中心贯彻“安全第一、预防为主、综合治理”安全生产方针，加强安全生产管理。加强“安全生产月”“安全生产警示周”“安全生产万里行”安全生产系列宣教活动，提高职工安全意识和技能。加强应急管理，重点加强应急救援队伍和应急物资储备建设，实行科学施救、安全施救。全年开展警示教育、安全生产培训各4期，培训职工56人次，开展应急抢险演练1次。清理辖区道路存在边坡塌方隐患10处；联系第三方检测管养路段，并向市公路事务中心上报存在不同程度损坏的桥梁11座，修复涵洞下塌2处，修补路面水氹150平方米，清理路面堆积物190立方米。全年无生产安全事故发生。

（刘洁真　张玉珍）

地方公路与交通运输管理

【概况】 截至2021年年底，全县公路通车总里程数2239.18千米，公路密度101.64千米/百平方千米。按行政等级分，有国道203.329千米（其中国家高速干线84.318千米）、省道233.871千米、县道189.812千米、乡道公路487.232千米、村道494.138千米、乡村小路630.798千米；按技术等级（不含国家高速干线）分，有一级公路11.729千米、二级公路105.147千米、三级公路316.186千米、四级公路1374.899千米、等外公路346.901千米。全县纳入交通运输行业管理客运经营企业有仁化汽车站（含仁化公共汽车分公司）、富利捷出租车公司2家，分别拥有客车107辆2421个座位、出租汽车13辆65个座位。2021年9月，富利捷出租车公司退出仁化市场。货运企业15个，有货运车辆130辆1990.82吨位。营业机动车驾驶培训学校有雄达驾校、天成驾校、宏泰3家，有教学车辆167辆。乡镇班车线路39条、客运班车46辆，城乡客运一体化覆盖率100%。全县符合通班车条件行政村班车通达率100%。车辆维修业户140户。乡镇渡口有3个，渡船4艘。

【交通重点工程建设】 “一清一灯一带”和平安路口建设工作。2021年，仁化县交通运输局（简称县交通局）完成“一清一灯一带”（清理遮挡视线绿化带、增设交通警示灯、增设减速带标线）110个，完成率100%；完成“平安村口”建设153个，完成率100%；完成村道安防建设12.8千米，完成生命安全防护线路查漏补缺和维护工作，总投资68万元。

地养省道建设。2021年，县交通局完成地养省道244线龙皇坪至闻韶段路面改造工程，路线全长33.28千米，总投资11438.78万元；完善地养省道517线城口至红山段路面改造前期工作，路线全长31.356千米，项目概算总额8148.2万元。

“四好农村路”示范路建设工作。2021年，县交通局完成乡道575线六角亭至旱溪桥段路面改造工程，全长6.434千米，项目总造价1878.4万元；完成乡道543线车湾至车头段路面改造工程，路线全长3.5千米，项目总造价692.12万元；推进乡道629线灵溪河大桥至新凉亭旅游公路改建工程，项目预算总额2772.42万元；推进县道802线周田至韶石山段路面改造工程前期工作，路线全长7.893千米，项目施工图预算1693.7295万元。

【县乡道路桥梁养护】 农村公路日常养护。2021年，县交通局按养护里程责任到人，抓好养护队伍班容班貌，加强图表管理和完善、规范内业管理。及时疏通水沟、涵洞、桥梁等排水设施，清扫路面、清除路障。提升阅丹公路养护水平。按照“预防为先”要求，做好县乡道路小修保养工作。加强养护巡查力度，做好危险路段安全警示标志设置，及时清理路障，保障公路安全畅通。

水毁抢修复工作。2021年，县交通局提前部署水毁预防和抢修复工作，做足预防措施，全力抗击水毁灾害。年内，出动抢险人员500人次，清理公路上下边坡山体及路基坍塌土6.5万立方米。组织设计单位进行水毁公路修复施工图设计工作，及时修复水毁较为严重路段，保障过往群众安全出行。

桥梁日常维护。2021年，县交通局下属单位仁化县地方公路事务中心管养全县农村公路桥梁151座，全长4172延米。其中，地养省道32座，县道37座，乡、村道82座；按桥梁类型分，大桥4座、中桥29座、小桥118座；按等级分，一类31座、二类101座、三类12座、四类7座。年内，完成曰庄桥、下坑桥、猪屎夹桥改造任务。

【路政管理】 2021年，县交通局加强公路安全巡查，累计出动1170人次，巡查303天，巡查里程19096.34千米。巡查发现涉路“六乱”问题280宗，当场制止清理各种公路乱堆乱放272宗，立案处理路政执法案件8宗；办理路产路赔1宗，追收路产路赔费560元；发放公路安全宣传资料320份，悬挂宣传横幅4条。

【春运】 2021年1月28日至3月8日春运期间，仁化汽车站投入营运车辆107辆（其中县际班线24台、市际包车8台、县内班线46台、新能源公交车29台），安全行驶里程690312千米，与上年同期里程对比增加421406千米，同比增加156.71%，客运量15.6万人次，同比上升50.07%；完成客运周转量5.99百万人千米，同比上升64.26%。

【交通运输系统服务】 2021年，县交通运输局年审客、货运车辆337辆，办理普通货物运输车辆年审272辆，新增道路普通货物运输许可30户，新增普通货物运输车辆100辆，注销营运车辆92辆，注销道路普通货物运输业户53户。规范教练车营运证办理，加强学员报考审批和签章审核。规范驾培学时平台与公安考试平台无缝对接工作，申请行政复议为零，群众投诉率较上年有所下降。抓好农村候车亭和新增加客运班线工作，全县通行政村109个，通达率100%。

【交通运输行业安全生产】 2021年，仁化县落实和完善交通运输行业安全生产责任制、“一岗双责”制度、安全月检制度，结合县政府开展安全生产专项活动契机，配合开展安全生产月活动（6月）、假期安全检查、特别防护期（7—10月）安全生产大检查等安全隐患排查整治行动，重点审查运输经营者安全生产条件、营运车辆技术状况、营运驾驶员从业资格，督促客运车辆按照规定安装行驶记录仪或GPS定位系统，加强客、货运站（场）安全监督管理工作。加强客、货运输安全监督管理工作，指导、检查、监督县内水域渡口渡船安全生产工作。加强宣传教育，结合安全生产咨询服务宣传日活动，每月通过“119消防安全宣传月”“安全生产月”等主题活动，向交通运输领域从业人员宣传安全生产理念、安全生产法律法规和企业规章制度，发放宣传单1万余份、宣传手册1万余本、宣传环保袋1万余个，接受群众咨询1000余人次。全县交通运输系统未发生重特大责任事故。

【交通运输综合执法】 2021年，县交通局开展路长制“136”行动，重点开展高速出入口路域环境整治和“示范路百日攻坚”工作，启动推行“路长制”App信息化管理系统，深化普通公路养护体制改革，完善县、镇、村三级工作方案和机构，制度化、规范化、常态化巡查整治全县公路路域环境。年内，阅丹公路被评为“广东十大最美农村路”。以扬尘治理工作为契机，开展货车超限超载、货运源头治理以及异地用警执法工作。查处货车超限超载案件128宗，卸载吨数3609.99吨，计分642分；开展异地用警联合执法13次，查处货车超限超载16宗，卸货236.4吨，计分81分；拉网式排查非法改装机动车违法行为，排查汽车维修103户，摩托车维修43户，货运物流企业15户，查处非法改装21宗，实行闭环管理。成立工作专班、实行“双段长”工作机制，统筹推进全县普速铁路安全隐患综合治理工作，完成整治问题12个。加强铁路沿线巡查和管理，构建常态化、长效化铁路综合治理体系。强化客运和水运执法整治工作。结合防疫工作联合公安交警部门组建“打非防疫”整治联合执法队伍，加强重点路段执法检查。查处非法营运车辆案件4宗；加强客运企业源头检查，检查市际、县际客运大巴、网约大巴车、旅游包车及社会非营运车辆，检查市际、县际客运大巴353辆、社会车辆225辆，未发现违法违规客运车辆。强化危货运输、驾培、水上运输监管工作。加大危货运输路面检查力度，全年检查危货运输车辆100多辆次，查获未经许可擅自从事危货运输经营1宗。开展非法运输、倾倒固体废物违法行为专项行动。加强辖区驾培学校整顿整治和水上丹霞、乡镇渡口码头安全执法检查工作。

【仁化汽车站】 2021年，仁化汽车站开往市际包车车辆8台，县际线路车辆24台，县内线路车辆83台。全年发车班次21.75万班（韶关班线4万班、乡村班线3.39万班、短农8.49万班、城乡公交3.77万班、城市公交1.98万班、包车0.12万班、外站班0万班），完成客运量210.03万人次。

【仁化县雄达机动车驾驶员培训学校】 截至2021年年底，雄达驾校有标准合格教练车157台，教练员214人，招收学员1712人，培养合格驾驶员1700余人。

【仁化县天成机动车驾驶员培训学校】 截至2021年年底，天成驾校有教学车辆39台，教练员42名，招收学员658人，培养合格驾驶员424人。

【仁化县宏泰机动车驾驶员培训学校】 截至2021年年底，宏泰驾校有标准合格教练车42台，教练员57人，招收学员926人，培养合格驾驶员920余人。

（庎　健　曾文如）

邮政

【普遍服务】 2021年，中国邮政集团有限公司广东省仁化县分公司（简称邮政仁化分公司）投入3.5万元更换服务设施设备；加大关键指标管控力度，乡镇普服网点覆盖率、邮件全程时限达标率、建制村直接通邮率、县及以上城市党政机关《人民日报》当日见报率、普服投递频次深度达标率、机要通信安全率均达100%，普通给据邮件丢损率压降到万分之一，条码平信丢损率压降为零；杜绝擅自停限办普遍服务业务红线问题4项。推进“普服提质达标、客户满意度、服务设施升级”等重点事项工作落实，普遍服务保障水平提升。

【乡村振兴】 2021年，邮政仁化分公司做好巩固拓展脱贫攻坚成果同乡村振兴有效衔接，落实消费扶贫，帮助脱贫户销售贡柑0.45吨增收1800元；落实爱心帮扶，邮政仁化分公司全体员工为重疾脱贫户捐款2270元，挂点24户脱贫户100%稳定脱贫；与农业农村部门沟通协调，将“邮乐优鲜”平台列入仁化县消费帮扶购买定点名单，成为全县唯一指定线上平台。开展鲜果寄递项目，助力农产品上行20.4万件。

【业务经营】 代理金融转型增效。2021年，邮政仁化分公司金融业务收入、余额规模保持正增长。打造“金融+生活+服务”金融生态体系，“丹霞新城美食街”和“丹霞山民宿”2个双微场景获省公司验收通过，助推3家民宿获评省级“最美民宿”。

寄递业务稳步发展。2021年，邮政仁化分公司寄递业务收入同比增长8.18%。优化乡镇邮路，新增乡镇电商客户2户。政务类寄递业务服务范围扩大，开发种类便民率75%。快递包裹质量提升，整体得分全区排名第二。

邮务业务持续发展。2021年，邮政仁化分公司邮务类业务完成市分公司下达任务。完成“团险+卡单险+重疾险”营销模式收入目标124.1%，全市排名第一。围绕建党百年主题，创建邮政政务图书销售主渠道，“四史”等政务图书发行5700册，销售“有声笔记本”762册。主动协助县委宣传部开展“仁爱仁化，阅读‘邮’你开始”送书下乡活动，结合邮政实际举办书展。

【和谐企业建设】 2021年，邮政仁化分公司坚持“以人为本”，推进员工关爱工程，走访慰问困难、重病职工，重大节日和旺季生产期间开展送温暖、送清凉活动；“六一”儿童节举办亲子活动，搭建职工子女交流平台。10月，组织员工观影《长津湖》；为基层职工小家添置乒乓球等运动器材以及洗衣机、电磁炉、冰箱等。

（陈诗华）

信息化建设

【信息基础设施建设】 2021年，全县有现网基站834个（新增50个）；5G基站188个（新增103个）；2021年无线网络解决历史未覆盖、老大难黑点区域6个。有线网络方面，截至12月底，全县光缆总长度9847千米（新增592千米）；宽带端口140222个（新增6150个），农村及偏远地区网络覆盖水平提升。通信基础设施建设重点完成城市区域、城市间主干道、乡镇区域、城市与乡镇间主干道、高速路段连片覆盖，其他区域优先满足人口聚集区域覆盖，逐步向农村区域延伸，逐步解决散、远、偏等自然村信号覆盖问题。

【弱电线路整治】 2021年，仁化县财政投入18万元，集中整治县城4个社区弱电线路凌乱问题，完成整治点位76个。

【工业企业信息化服务】 2021年，仁化县工业和信息化局（简称县工信局）帮助“凡口铅锌矿安全虚拟实训平台建设项目”完成高质量发展支持“互联网 先进制造”发展项目入库申报，申报金额100万元。该项目凡口铅锌矿投入432万元，采用虚拟仿真+三维动画+信息化平台，以视频场景体验、VR交互等创新方式进行安全教育及生产培训，开启易于接受、易于理解的培训新模式，可视化表达安全生产知识点，提高安全培训质量。

（庞国雄　李晓玲）

数字政府建设

【网络信息安全】 2021年，仁化县加强单位网站和信息系统排查，督促各责任单位完成整改。6月21日，召开中国共产党成立100周年重点防护期仁化县电子政务外网网络安全保障工作会议，部署有关网络安全工作。下半年联合县公安局、县委网信办，到县农业农村局、县法院进行网站系统安全等测评检查，全年未发生重大网络安全事故。落实全县各单位新拟建政务信息系统初审、在建和已建系统迁移上云工作，年内3个系统申请上云。

【政务信息系统推广使用】 2021年，仁化县在县、镇、村三级推广应用韶关市电子政务综合应用平台和粤政易平台，管理统一身份认证平台组织架构。利用“粤省事”高频便民服务事项和“粤商通”高频涉企服务事项，引导群众指尖办事。在人流密集场所加大“粤康码”推广使用力度，引导群众快速扫码打卡，达到出入管控、追踪溯源、了解群众健康状况等目标。推广应用电子印章，全年制作电子印章410个，主要应用于OA系统发文和部分高频电子证照盖章。推广应用政务服务“好差评”系统，召开全县业务员培训会，要求各单位窗口工作人员积极主动引导和鼓励办事群体扫码评价，耐心做好群众和企业思想工作。年内，对全县36个政务服务单位和11个镇（街）就“好差评”工作开展情况排名通报10次，全年差评整改率100%，大厅推广度100%，政务服务质量评分9.8分（总分10分），办事评价覆盖度95%。

【政府信息公开及政务新媒体发布和监管】 2021年，仁化县加强政府信息公开平台日常管理职责，做好政府信息公开平台推进、指导、监督等管理与政务新媒体建设与发展，做好规范性文件、政策性文件解读工作。落实

“三审”和保密审查制度，定期开展检查工作并督促整改，印发《关于进一步加强政府信息公开与政务新媒体信息发布审核工作通知》，全年印发政务公开政府信息公开工作情况通报4次。加强政务新媒体日常监管，定期清理整合“僵尸”“睡眠”和无力维护账号，杜绝“有平台无运营、有账号无监管、有发布无审核”等现象，关闭“仁化县农业农村局”新浪微博、“仁化三农”南方号和“魅力董塘”政务新媒体账号3个。

【制定乡镇权责清单】 2021年，仁化县政务服务数据管理局梳理镇（街道）权责清单，经3次征求各镇（街）意见、2次征求县各有关单位意见以及征求法律顾问意见、报送县司法局进行合法性审查等环节，形成符合纳入乡镇权责清单条件职权500项，其中行政征收1项、行政许可7项、行政给付5项、行政确认4项、行政裁决3项、行政处罚253项、行政检查36项、行政强制17项、行政奖励0项、其他行政权力152项、公共服务22项。12月28日，《仁化县乡镇（街道）权责清单》印发实施。

【政务服务“一门办、一窗办、一网办”改革】 实现事项“一门办”。2021年，仁化县完成政务服务实体大厅升级改造，设置“办不成事”反映窗口，让办事群众遇到难点堵点有“出口”。开展“我为群众办实事 政务服务大厅在行动”专项活动，领导班子成员挂点联系1—2个镇（街）政务服务大厅开展调研工作，协调解决企业、群众办事堵点、痛点、难点问题。

实现事项“一窗办”。2021年，仁化县推进集约式办理，在县政务服务大厅设立政策兑现专窗，实行政策兑现“一窗办理”。线上线下开设企业开办专区，实现企业开办“一窗受理”“一日办结”。

推进事项“一网办”。2021年，仁化县政务服务数据管理局监督指导县有关单位做好政务服务事项“线上线下”一致性自查整改工作。推行“免证办”和“邮递办”，组织县各相关单位完成电子证照共享类型及其经办人信息填报工作，利用数据共享与电子证照等技术手段，提高办事效率，为群众、企业提供便捷办事渠道。推动政务服务向基层延伸，完成全县“粤智助”政府服务自助机投放安装112台。

【“互联网+监管”系统应用和监管数据汇聚】 2021年，县政务服务数据管理局组织全县11个镇（街）注册授权管理员账号，组织县相关单位在省“互联网+监管”系统开展用户注册授权工作并认领本部门监管事项，认领率100%；补充完善实施清单内容，完成率和完备度100%，监管事项覆盖度100%。

【政务服务能力第三方调查评估各项指标完成情况】 2021年，仁化县时限压减率95.07%，即办件占比、网办深度四级占比100%，均高于全省平均值。使用电子证照事项1923项，用证事项覆盖率35.2%，电子证照调用次数29759次。实施事项质检存在问题整改至31个（均为特殊问题）。监管事项主项438项，有监管行为事项数438项，覆盖率100%。“粤商通”注册13592家，注册率100%。

（吴秋云）

中国电信股份有限公司仁化分公司

【信息化建设】 2021年，中国电信股份有限公司仁化分公司（简称仁化电信）根据云改数转要求，成立方案解决和交付中心，人员、工作职责及考核制度到位，政企部、政企中心、方案解决和交付中心联合办公。方案解决中心面对全县四级营服开展方案解决支撑工作，在董塘中心凡口矿区域实现5G切片业务突破。做好通信网络建设及维护保障工作。完成电信、联通4G基站共享工作，电信基站数量、网络覆盖范围、电信用户日均流量等得到提升。装维服务从重指标向重服务转变，满意率98.63%，同比提升1.11%。

【企业管理】 2021年，仁化电信加强作风建设，推动云改数转战略和省、市公司重点工作落实落地。班子成员每周深入营服中心，实地了解困难和需求，协调解决问题；与客户经理走访政企客户，创新产品服务，提升客户感知。抓好安全生产，明确职责，全体员工签订安全工作责任书。全年组织开展安全知识培训

4次、消防安全应急演练2次，完成安全生产预案12宗。开展安全生产风险隐患排查整治专项工作，全面排查重点、细项工作92项，发现安全隐患4项并完成整治。坚持正确选人用人导向，严格按照选人用人制度和程序要求，选任五级经理人员1人，岗位晋升20人。

【支持地方建设】 2021年，仁化电信制订前洞村和19户脱贫户巩固帮扶计划，因户施策，确保脱贫户2021年人均收入达到省定标准。完成前洞村档和脱贫户2016—2020年档案制作，移交到县档案馆验收，与村委做好巩固脱贫与乡村振兴交接工作。8月，仁化电信转到丹霞街道开展乡村振兴工作，完善城南村14户脱贫户巩固帮扶动态监测、广东省防止返贫监测信息平台信息更新，做好2021年度城南村脱贫户“明白卡”等工作。协助村委做好脱贫户节日慰问，春节前慰问脱贫户14户，金额4000余元。配合县网格十四区巩文和疫情防控工作，对督办问题如线路整治、营业厅广告整治、管辖小区卫生整治等按期按质落实；参与纠正不文明行为志愿活动80次，开展入户调查和卫生清洁活动50余次，参与疫情防控入户工作调查200余户。参与第七次全国人口普查工作，按时按质完成200余户入户人口普查任务。

（朱亚梅）

中国移动通信集团广东有限公司仁化分公司

【网络建设】 2021年，中国移动通信集团广东有限公司仁化分公司（简称仁化移动）着重提升县城5G信号覆盖深度和行政村5G信号覆盖广度，新增农村5G信号覆盖84个、农村4G信号覆盖26个，行政村光纤宽带覆盖68个，行政地宽带覆盖率100%。

【社会责任担当】 2021年，仁化移动做好各项业务工作，开展打击、治理、惩办开办贩卖电话卡（含手机卡、物联网卡、流量卡）违法犯罪团伙“断卡”行动；警企联动，协助公安机关加强反诈打击力度。开展“我为群众办实事”主题实践活动，参与反诈知识宣传进社区、智慧助老进社区、人居环境卫生整治等志愿服务161次，服务时长603.5小时。

（刘洁灵）

中国联合网络通信有限公司仁化县分公司

【基础建设】 2021年，中国联合网络通信有限公司仁化县分公司（简称联通仁化分公司）加快基础设施建设，网络质量和覆盖率提升。落实“共建共享”，5G网络覆盖仁化城区主要区域，路面覆盖率90%，实现5G网“电联一张网”目标。4G网络覆盖扩大，新增物理站点30个，全年开通共建共享基站小区15个，全网覆盖率93%，完成仁化91个20户以上自然村光网建设任务。

【网络安全建设】 2021年，联通仁化分公司网络平稳运行，为市民和客户提供安全、优质网络服务。严守“实名制”红线，通过“技防”+“人防”，确保全量新入网用户稽核100%覆盖，电话实名率100%；常态化推进骚扰电话、诈骗电话和垃圾短信治理，优化沃猎网系统，实现问题号码自动关停。全年，网络安全事故零发生、数据安全及用户信息零泄露。

【市场经营】 2020年，联通仁化分公司以融入地方、赋能产业发展为着力点，塑造差异化发展能力，探索5G+在各行业的应用，推进5G新基建建设，发挥中国联通基础设施优势和建设经验，致力成为推动数字产业化、产业数字化中坚力量。

【服务客户】 2021年，联通仁化分公司坚持以人民为中心发展理念，完成服务监督管理模式转型，提升客户感知。以用户感知为导向，聚焦用户关注热点和需求，推出多项暖心服务：线上业务办理，高龄用户拨打“10010”直接进入人工服务，营业厅建设无障碍通道、优先办理、爱心智能辅导服务等。与腾讯、中国聋人协会联合推出“畅听王卡”，提供无障碍AI通话服务。

（何智艳）

供电·供水·供气

供电

【概况】 2021年，广东电网有限责任公司韶关仁化供电局（简称仁化供电局）售电量11.45亿千瓦时，同比增长4.57%；线损率2.03%，同比下降0.16%。当年电费回收率100%，排名全市第一；第三方客户满意度88分，提升4分，连续3年获得县政府公共服务满意度评价第一。营业收入5.10亿元，增长10.86%。固定资产投资3545万元。低压客户平均停电时间5.09 小时/户，同比下降17.26%；中压用户平均停电时间7.02小时/户，同比下降34.59%。累计专利拥有数8件。主动服务“双碳”目标，清洁能源100%消纳，完成电能替代电量370.3万千瓦时，超额完成指标值的570%。服务乡村振兴战略，投入16.78万元用于消费帮扶项目。投资3442万元建设现代化农村电网，三大指标大幅优于考核要求。实现全台区低压监测全覆盖，年度存量119台低电压台区问题全部整改。

【安全生产】 2021年，仁化供电局完成仁化局全年安全生产目标，完成韶关供电局严管作业现场违章工作任务，未发生上级考核扣分事项。完成全国“两会”、庆祝中国共产党成立100周年大会、中共十九届六中全会等重要节点保供电任务33次。加强电网、设备、人身及涉电公共安全等高风险控制措施落实监督。开展“线上+线下”督查4303项，其中线上督查3903项，线下督查400项；发现违章行为159起，其中A类违章2起、B类违章7起、C类违章75起、D类违章75起，个人累计扣366分；发出广东电网公司承包商违章处罚通知单54份，承包商累计扣分8.32分。每月通报各级负责人线上线下督查、挂点参加生产班组安全学习到位情况，利用智慧安全监督系统开展信息督查、视频督查。全面开展安全生产大起底大排查大整治，督促隐患排查和整改落实；组织开展“春季暨防风防汛安全生产大检查”“秋季安全大检查、体系审核”等安全自查工作，发现问题118项，完成整改92项，持续整改26项。对地安全距离有102处，完成整改83处，开展树障联合执法2次；实现“护网2021”网络安全攻防演习“零失分”，全年未发生网络安全事件。

【客户服务】 2021年，仁化供电局落实保供要求，政企联动，现场实地服务，实施用户分群管理，全面精准排查超计划限电序位表中包含民生和公共服务用电情况，全社会用电量同比增长4.4%，保障县域经济发展。一户多人口、新分时电价政策平稳落地。用电业务全部线上办理，实现客户办电“一次都不跑”。与政务平台电子证照共享，“刷脸办电”资料精简。互联网渠道业务办理比例99.91%，压减营业厅2个，占比20%。客户服务水平持续提升，地方政府公共服务满意度评价连续3年获第一名，全年未发生能源监管热线转办诉求。严把施工队伍质量关。把严用户工程报装关。全年未发生上级考核安全事故事件。

【电网发展】 2021年，仁化供电局完成“十四五”配电网规划修编，项目总投资2.44亿元，规划项目393项，为中压目标网架建设及低压台区改造布局。投入建设资金4933.65万元，解决历史存量项目31个；配合完成500千伏韶关北变电站配套220千伏线路工程石塘段、110千伏高基变电站、35千伏走马坪变电站的属地管理工作；完成中低压配电网改造投资3442万元，提高中压线环网率、可转供能力、自动化有效覆盖率等；投产配网基建项目73个，完成年度投产任务，工程创优实现全覆盖，打造扶溪“长江变电站F17龙潭线长坑台区改造”工程成为局样板工程。中压配网智能化水平提升，配网线路可转供电率76.38%，馈线自动化有效覆盖率90.28%，自愈率80.39%。依从配网需求快速解决机制，急需解决的低电压、报装受限等问题从输出到投产缩短至3个月。

【提质增效】 2021年，仁化供电局建立基建项目快速结算机制，完成项目结算145个，增量项目应结必结，有效转资3373万元。完成“两金”（指应收业主单位工程款、库存材料配件与工程项下已完工未结算的总称）考核目标。做好5个审计项目迎审配合工作。投建充电桩18个，完成上级下达任务，物资需求计划准确率98%，闲置物资再利用率90%，盘活库存358万元。评标专家出勤率100%。保障企业合法权益，办结法律案件1宗。

【改革创新】 2021年，仁化供电局纵深推进改革，完善班组设置，优化业务组织模式，成立配网智能作业班和2个中压运维班，建立基于无人机自主巡视模式、“无人机+”的运用，共识别线路上缺陷5061项，解决紧急、重大等缺陷1467项。建立管理人员竞争上岗常态化机制，落实“干部能上能下、员工能进能出、收入能增能减”机制，全年新聘班站所长35人，通过公开选聘（包括公开竞聘及公开组聘）方式共新聘22人，占比62.85%。全局人均素质当量为0.94，增长1.08%，技师人数增至23人，选聘技术专家8名，技能专家3名。电力市场化改革政策平稳落地，推动一般工商业用户全部进入市场，首次实施代理购电，内部培训与外部宣贯相结合，实现全程零投诉。

【数字化转型】 2021年，仁化供电局支撑公司数字化电网管理平台、“南网智搜”、“南网智瞰”、人工智能平台等应用落地。夯实资产和营销管理数据基础，实现跨业务域数据协同治理，全域数据质量水平评价99.89分。完成基于配网运维的生产组织新模式探索以及数字化智能应用，实现配网一次设备“航线自动巡视+图片自动回传+缺陷自动识别”3个自动化。通过“无人机+”应用，实现问题发现和精确处理，发现缺陷增加253%，中压故障率下降25.97%。实现项目验收、移交全过程数字化，杜绝设备“带病”入网。

（王春生　凌朝晖）

供水

【概况】 2021年，仁化县县城、丹霞山、广东铝厂、格顶矿和丹霞街道办、董塘镇、石塘镇等墟镇部分村庄由香港中国水务集团仁化银龙供水公司（简称仁化银龙供水公司）采用赤石迳水库水源供水，各乡镇自建饮水工程。截至2021年年底，全县由银龙供水公司供水人口约10万多人，由各乡镇自建饮水工程供水人口17万多人。

【城市供水】 基本情况。2021年，仁化县城、丹霞山、广东铝厂、格顶矿和丹霞街道办、董塘镇、石塘镇等区域供水，均引入赤石迳水库水，活水期水库补充水量每天保持在30万立方米以上。每天检测监控水厂出厂水，定期检验水厂制水原水，委托仁化县疾病预防控制中心每月作全分析检验，保证供水管网水质合格率。定期清洗反应池、沉淀池，采用水力排泥阀排污；清水池封闭通气。消毒设备选用二氧化氯消毒剂发生器，保障水厂供水水质安全。日供水能力4万立方米，供水面积20平方千米，主管网总长约150千米；用水人口约10万人，供水量740万立方米，日最高峰为2万立方米。实行阶梯用水水价：居民生活用水第一阶梯用水价格1.65元/立方米、第二阶梯用水价格2.38元/立方米、第三阶梯用水价格4.55

元/立方米，合表用户1.90元/立方米，非居民用水价格3.04元/立方米，特种经营用水价格4.20元/立方米，消防、环卫、绿化用水1.64元/立方米（以上价格含水资源费0.20元/立方米），县政府对县城居民用户加征0.85元/立方米、其他用户加征1.20元/立方米污水处理费。

安全生产。2021年，仁化银龙供水公司严格按照中国水务集团有关《供水运营管理标准（试行）》《制水运营管理标准（试行）》《供水公司安全生产管理标准（试行）》等运营管理标准生产，投资约80万元升级改造水厂制水系统，每月出厂水合格率100%，安全生产事故率为0。

打造优质供水企业。2021年，仁化银龙供水公司以“准确、热情、便民、为民”为宗旨，提升服务品牌，开展“世界水日”“服务进社区”“情润一线，夏送清凉”“保护母亲河”“关爱留守儿童”“慰问困难群众”“助力高考”“水厂开放日”等一系列服务活动。不定期组织开展“服务品牌故事大赛”、“一花一世界，一人一匠心”三八节插花艺术活动、“观经典爱国电影 忆百年峥嵘岁月”、“八一”拥军优属走访慰问等系列活动，增强员工归属感，促进公司品牌服务文化建设。7月，公司获“仁化县先进基层党组织”称号；12月，仁化银龙供水公司工会被广东省总工会命名为“省模范职工之家”。

【农村饮水】 2021年，仁化县农村供水人口约为18.1万人。年内，开展农村部分供水工程需求增加净水设备项目，涉及长江镇、扶溪镇、城口镇、红山镇、周田镇、黄坑镇等6个镇14个行政村64个自然村2374户9968人，通过净水设备添加与改造，解决水质达标率不稳定问题。该项目通过政府采购形式启动建设，合同金额为817.77万元。截至年底，该项目完工，开展试运行。

【饮用水水源地保护区划定工作】 2021年，仁化县根据《韶关市生态环境局关于开展乡镇级集中式饮用水水源地保护区划定工作的通知》要求，开展镇级集中式饮用水水源地保护区划分（6个）、突发环境事件应急预案编制以及水源地标准化建设。完成镇级集中式饮用水水源地保护区划定方案编制和送审工作（市级评审），11月底，由市政府批复印发实施。对尚未划定饮用水源保护区的镇级集中式水源地启动划定工作，设置标示并实施整治。仁化县镇级集中式饮用水水源地保护区“划、立、治”项目经公开招投标合同总额为495.09万元，截至12月底项目仍在建设中。

（李恩泽）

供气

【管道天然气供应】 公司概况。截至2021年年底，仁化县安顺达管道天然气有限公司管网用户有居民用户1.56万户，商业用户120户、工业用户10户。年设计最大供气为3900万立方米，实际年供气约802万立方米。购进LNG（液化天然气）约800万立方米，销售额3840万元，平均单价4.80元/立方米。年内，仁化县工业园区用气企业有10家，其中，企业月均用气量150吨2家、10—50吨4家，暂停用气企业4家。

【石油液化气供应】 2021年，仁化县有石油液化气经营企业6家，均取得燃气经营许可证。全年，全县总销售石油液化气1817.2吨，总销售额约1270万元。

（刘俊文　刘　红）

水利·气象事业·水文监测

水利

【汛期安全防御】　落实汛前管理。2021年，仁化县水务局（简称县水务局）抓实各项防汛措施落实，确保安全度汛。落实做好全县防汛责任书签订工作，制订山塘水库汛期控制运用计划，派出督查组专项督查汛前准备安全检查工作。在岁末年初、春节前后、汛前、汛期、“五一”国际劳动节、国庆节等时间时点，对全县水库、水电站、山塘和在建水利工程组织水利安全生产检查工作。完善防汛应急物资管理和使用，派出仁化县防汛抢险轻舟应急中队巡查锦江多次。各镇街对辖区内所有水利工程进行全面摸排检查，及时完善防汛值班、应急救援和物资准备，开展病险山塘、水库巡查，在强降雨期间安排专人盯守大坝、溢洪道、涵闸、厂房、压力管（含周边山体）等重点部位，确保第一时间发现险情并采取措施处置到位。5月，在大桥镇长坝村委会举行湾头水库库区低洼易涝地区群众转移安置“一页纸”预案演练、山洪灾害防御预案演练、小型水库调试运用方案演练。7月，仁化县防汛抢险轻舟中队参加市轻舟大队培训。全年，申请涉农资金112万元用于完成全县范围内水旱灾害风险普查、清查和整改工作。

【中小河流治理】　2021年，仁化县实施中小河流治理工程（城口河支流），治理总河长2千米，新建护岸长0.345千米、休闲步道0.175千米、人行桥2座、箱涵1处、排水涵管1座，改造步级2座，清淤疏浚2.0千米，概算总投资363.81万元。项目于5月完成初步设计与批复，8月开工，12月完工。

【病险水库除险加固】　2021年，霞山水库、松坑龙水库除险加固工程被列入全国《防汛抗旱水利提升工程实施方案》项目清单，概算总投资464.82万元。主要对水库进行上游坡坝重建护坡、阻滑墙，下游坡坝培厚，新建溢洪道，重建输水底涵及梯级引水，白蚁防治，安全监测设施及安全运行管理标准化建设完善等除险加固措施。项目于1月开工，12月完工。

【山塘除险加固】　2021年，仁化县实施12宗病险山塘实施除险加固项目，除险加固内容主要为坝体、溢洪道、输水涵管加固，概算总投资845.35万元。1月开工；闻韶镇2宗3月完工，黄坑镇4宗6月完工，丹霞街道、董塘镇、周田镇各2宗12月完工。

【锦江河城口镇段碧道建设项目】　仁化县锦江河城口镇段碧道建设项目位于仁化县城口镇境内城口河中上游段，碧道建设总长10千米，其中城口河上寨桥至城口文化健身广场上游跨河桥9.35千米，城口河支流大麻溪汇水口至其上游电站0.65千米，项目批复概算1208.63万元，8月开工，12月完成建设。

【小水电管理】　2021年，仁化县根据省水利厅等5个部门联合印发的《关于开展小水电清理整改核查评估工作的通知》《关于开展小水电站退出试点工作的通知》精神，完成全县257宗小水电站核查评估工作，核查评估结果为整改类小水电站212宗，退出类小水电站45宗。9月，经县林业局再次核查后，全县涉及自然保护区电站共有45宗。退出电站装机总容量41435千瓦，其中下黄坑电站完成退出试点工作。做好水电站安全生产标准化推进工作，将大中型水库安全生产化达标经费列入涉农资金申报项目库，安全生产标准化达标评级水电站（单位）有广东省仁化县利源水电有限公司大坑水电站、仁化县扶溪镇长坑三级水电站、仁化县黄坑镇白沙水电站 、仁化县长江镇牛凹岭电站、仁化县周田镇大和电站5家。做好小水电站安全生产日常管理工作，开展汛前小水电站安全生产检查，汛期及时跟踪电站安全生产及度汛情况。联合县应急管理局、县供电局检查水库144宗（次）、水电站76宗、山塘21宗、在建水利工程4宗、水厂103宗、水毁工程1宗、电排站4宗，所查出的问题经电站业主及时整改均已销号。

【水资源管理】 2021年，仁化县严格实施取水许可和计划用水制度，审批与发放取水许可证101宗。保有有效取水许可证286户，其中河道外取水37户、河道外取水249户。按时完成取水许可管理台账录入、更新、上报工作，加强取水计量管理，河道外取水户取水计量设施安装率100%。严格按内部管理方案，落实饮用水水源保护。全县用水总量2.0675亿立方米，达到考核目标要求；万元工业增加值用水量79.6132立方米/万元；万元国内生产总值用水量174.3675立方米/万元，比2020年下降5.75%，符合考核要求。

【水土资源保护】 2021年，县水务局按照上级水利信息化和“互联网+现代水利”工作部署，开展水土保持信息化工作，在规定时限内完成上级交办任务。完成14个项目水土保持方案编制及审批工作，收缴入库水土保持补偿费8.2万元。做好已审批在建项目巡视检查。做好生产建设项目水土保持“天地一体化”工作。完成新增水土流失治理面积2.58平方千米。

【水政执法】 2021年，县水政监察大队结合河道采砂形势，严格开展水政执法。结合“世界水日”“中国水周”主题，通过出动宣传车、张贴宣传单、派发宣传册、设置警示牌、开展集中宣讲等形式，广泛宣传《中华人民共和国水法》《广东省河道采砂管理条例》《广东省水土保持条例》，发放宣传资料4000余份。落实执法人员24小时备勤、夜间巡查、节假日执法巡查等制度。全年开展执法巡查203次，动执法车辆215车次，派出执法人员720人次，夜间巡查44次，节假日巡查52次。联合派出所等单位开展执法巡查36次，发出“责令停止违法行为通知书”5份，立案查处水事违法行为2宗，结案1宗，缴纳罚金10万元。

【河湖管理】 2021年，仁化县建立健全“党政领导、河长主导、流域统筹、部门联动、系统治理、齐抓共管”河长制工作格局，持续抓好河湖“五清”“清四乱”专项整治，投入资金437万元，人员23854人次，出动船车8880辆次，清理全县各河段水上漂浮物和生活垃圾14242吨。加强水污染防治，强化执法监督，维护河湖秩序。做实做细河湖管护基础工作，加强水利基础设施建设，确保水利安全基础夯实。在全面完成579千米流域面积50平方千米以上河道管理范围划定、河道采砂规划工作基础上，完成122千米流域面积50平方千米以下河道和管理范围划定，完成流域面积1000平方千米以上河道浈江（仁化段）、锦江142.08千米水域岸线保护与利用编制。更新河湖名录及公示牌信息，主动向社会公布各级河长名单。

【水库移民工作】 2021年，仁化县有水库移民2920户11266人，其中大中型水库移民2876户11069人，分布于城口、大桥、丹霞街道、董塘、扶溪、红山、黄坑、石塘、周田9个镇（街）38个行政村115个自然村；小型水库移民人数44户197人，分布于大桥镇大桥村叶屋、榕树下、新村、东风村小组以及古洋村鹿子坑村小组。年内，全县投入水库移民直补资金575.449万元，直补发放人数11166人；投入移民资金约900万元，用于移民村公共基础设施和基本口粮田及农田水利建设，其中公路0.95千米、蓄水池1处150立方米、路面硬化9732平方米、渠道1.119千米、机耕道0.2千米，新农村建设（挡土墙、绿化整治）5处。

（李恩泽）

气象事业

【业务质量】 2021年，仁化县气象局地面测报台站平均错情率0，台站个人平均错情率0，报表错情率0，农气测报表错情率0，业务质量均达到上级业务部门考核标准。

【气象服务】 2021年，县气象局针对仁化县特色、优势农业产业，开展农气情报预报、春耕春播、夏收夏种专题气象服务、田园气象等特色农业气象服务。全年，向当地政府和有关部门发出书面《天气报告》39期、《重大气象信息快报》13期、《重大气象信息专报》9期、《春运气象服务专报》46期、《高考气象服务专报》10期，《雨情简报》23期，《气象灾情快报》2期，发布预警信号155次。

【公共服务和决策服务】 2021年汛期，仁化县气象局密切关注天气变化，实行24小时值班及领导带班制度，遇有重大天气过程，有条不紊开展气象服务工作。每天通过微信、微博公众平台发布24小时和未来3天预报；每周五通过短信平台发布未来一周天气预报；每月制作《气象月报》《气候影响评价》报送到各相关服务单位。针对春运、春播、夏收夏种、高（中）考天气、中秋假期、国庆假期等重大活动及重要天气过程，做好决策气象服务。

【防雷减灾工作】 2021年，仁化县气象局严格履行气象行业安全生产职责。加强气象灾害防御重点单位气象安全巡查，配合县应急局开展全县易燃易爆和危化场所行业领域气象灾害防御暨防雷安全生产检查，联合县应急、住建部门开展2021年广东省重点单位气象灾害防御专项执法检查工作。发现问题及时向业主单位进行反馈，整理相关台账每月汇总上报安委办。做好雷电灾害事故调查、取证、分析、汇报和宣传工作。广泛开展气象灾害防御知识培训和宣传，举办气象灾害防御知识暨气象信息员培训班，利用仁化县气象防灾减灾自救互救认证科普中心科普宣传平台和下乡镇、进企业、进村居等渠道开展气象灾害防御、防雷安全宣传。

【人工影响天气工作】 2021年，仁化县气象局通过完善相关人工影响天气业务安全台账工作，全年开展人工增雨作业5次，合计发射增雨火箭弹27枚，未发生人影作业安全生产事故。

（王文星　王倩婧）

水文监测

【概况】 仁化水文站负责监测仁化县域内各河流水量监测工作，实现有人看管、无人驻守测验方式，测验任务由韶关水文分局下属韶关水文测报中心承担。2021年，仁化县有水文站1个、中小河流水文站4个（东光、猴子坪、瑶山、长江）、巡测断面1个、雨量观测站18个、大中型水库观测站4个（锦江水库、高坪水库、赤石迳水库、澌溪河水库）、冰冻灾害监测站点1个，均实现水位、雨量自动测报。流量测验配备走航式ADCP、雷达测速枪等先进仪器和水文测船、冲锋舟、华测RTK型GPS、天宝全站仪、水深测量仪等辅助测量设备。

2021年仁化站属下降水量站一览表

表25

水系	河名	站名	观测场地点
北江	浈江	周田	广东省仁化县周田镇
北江	百顺水	黄坑	广东省仁化县黄坑镇
北江	闻韶水	闻韶	广东省仁化县闻韶镇
北江	灵溪水	大围	广东省仁化县周田镇大围村新屋场

续表25

水系	河名	站名	观测场地点
北江	锦江	长江	广东省仁化县长江镇
北江	扶溪水	扶溪	广东省仁化县扶溪镇蒙屋街
北江	城口水	兰洞	湖南省汝城县三江口镇东岭兰洞
北江	城口水	城口	广东省仁化县城口镇老盐街
北江	黎屋水	五渡村	广东省仁化县红山镇五渡村
北江	黎屋水	厚坑	广东省仁化县城口镇厚坑
北江	锦江	仁化	广东省仁化县仁化镇水南村
北江	董塘水	石塘	广东省仁化县石塘镇礼园村
北江	董塘水	大水坝水库	广东省仁化县石塘镇上中坌村大水坝水库
北江	西水	前洞（仁化）	广东省仁化县红山镇前洞村前洞小学
北江	百顺水	大坝	广东省仁化县黄坑镇高塘村大坝组
北江	城口水	东光	广东省仁化县城口镇东光村
北江	董塘水	猴子坪	广东省仁化县石塘镇猴子坪村
北江	锦江	瑶山	广东省仁化县丹霞街道夏富村瑶山组

【水质监测】 2021年，仁化县域内水质监测断面有仁化、周田、金牛农庄人行桥、赤石迳水库、锦江水库、高坪水库6个，实现各河流水功能区和水库水功能区水质评价。水质断面由韶关水文测报中心安排采样，由广东省水环境监测中心韶关分中心进行水质化验。

2021年仁化县域内水质监测站点一览表

表26

监测站点	分布地址	监测频次	监测项目
周田	仁化县周田镇司土坝村	1年4次	pH、电导率、六价铬、总氮、铜、铅、镉、硫化物、砷、硒、汞、氨氮、高锰酸盐指数、阴离子表面活性剂、挥发酚、总磷、氰化物、五日生化需氧量、溶解氧、叶绿素、硫酸盐、氟化物、硝酸盐氮、氯化物、锌、铁、锰、透明度、水温
仁化	仁化县丹霞街道水南村	1年12次	
赤石迳水库	仁化县董塘镇赤石迳水库	1年4次	
金牛农庄人行桥	仁化县丹霞镇夏富管理区牛鼻组	1年12次	
锦江水库	仁化县锦江水库	1年12次	
高坪水库	仁化县红山镇	1年4次	

【水文服务】 2021年，韶关水文分局每两个月向丹霞山管委会提供《丹霞山风景区水文综合情况报告》1份，全面介绍流域内降水量、径流量、水质资料状况。

（文小平　冉东辉）

城乡建设·环境保护

城乡规划

【县城规划编制】 2021年，仁化县规划委员会组织召开会议12次，审议《仁化县老城区提质改造项目设计方案》等议题78个，通过议题76个，暂缓议题2个。指导完善全县规划建设项目，保证城市有序发展。

【村庄规划优化提升试点】 2021年，仁化县选取城口镇恩村、上寨、厚坑、东罗4个行政村为全县村庄规划优化提升试点村。至年底，试点村编制成果已通过专家评审，报送至广东省自然资源厅审核。

（谭理智）

城镇建设与管理

【重点工程建设管理】 仁化县城镇老旧小区改造提升项目。项目改造任务包括科委宿舍、木材公司宿舍、化工厂宿舍、教育局A小区、教育局B小区、林业局宿舍小区6个老旧小区。2021年年底全面完工，完善老旧小区内配套基础设施、部分老旧小区外立面安全隐患整治以及与老旧小区周边相关基础设施，总投资约1330万元。

城市路网建设项目。该项目由县城丹山路、教育路、甫仁路、幼儿园西侧道路4条新建市政道路子项目组成，道路总长度2.61千米，道路红线宽度13米—31米。年底完成甫仁路验收。项目完成总投资约1.6亿元。

老城区环境整治工程。项目主要为老城社区及周边背街小巷约1.33万平方米硬底化改造、排水沟渠约1.3千米清淤，解决老城区群众急难愁盼问题。

县城品质提升“439”行动工作。截至2021年，仁化县“439”（“4”指全国文明城市、国家卫生县城、国家森林县城、国家园林县城四城同创；“3”指污水、垃圾、“六乱”三项整治；“9”指9项品质提升工程）在库项目33个，总投资约4.68亿元，完工项目28个，在建项目5个。年内，巩固“全国文明城市”“国家卫生县城”，创“国家森林县城”获国家林业和草原局备案，拟定创建“国家园林县城”实施方案。完成县城污水处理厂建设并通过环保验收，每日处理污水约2万吨，县城管网累计完成敷设18千米，每日收集清运生活垃圾约80吨，加强公共区域消杀及提高生活垃圾清运频率，城区生活垃圾分类试点加快推进，发放城区生活垃圾分类试点宣传资料2万份。对“六乱”及“两违”巡查和整治10073次，清理乱堆放现象1767处、乱停放现象6498处，劝导流动摊贩13002人次，审批办理外墙装修3处，办理道路审批6处、户外广告审批41处，拆除违规搭建广告65处计1172.05平方米。完成新建或改造市政道路约6千米，消除主次干道建筑外立面安全隐患14栋，整治提升农贸市场1个、文体健身广场1个、背街小巷16条，新增公共停车位121个、示范幼儿园公办学位2家计1000个、“120”医疗综合大楼1座床位166个、可同时容纳118人入住医院专家公寓1座。

【县城市容市貌管理】 2021年，县住建管理局执法大队开展“六乱”年度巡查11754次，清理占道经营现象12635次、乱堆放现象2009次、乱拉挂现象331次、乱张贴现象579次、乱停放现象7210次，疏导流动摊贩14409人次，向商户、摊贩发放整改通知书99起，发现并安置流浪乞讨人员6起，审批办理外墙装修2处，办理道路审批6起、户外广告审批52起，处理野外用火22次，拆除违规搭建广告72宗，拆除乱搭建面积总计1172.05平方米。加强县城夜市摊点治理和管控。

【环境卫生管理】 2021年，县环境卫生管理所稳步推进农村生活垃圾“户收集、村集中、镇转运、县处理”全覆盖收运处理体系工作，加强县、镇、村环境卫生监管，包括道路和人行道清扫保洁、垃圾清运及公厕保洁等环节。截至12月底，该所对运营公司发送出各类问题整改通知723份，接收到整改情况反馈723份，整改完成率100%，责任片区内无卫生死角、无纰漏。

【绿化管理】 2021年度，县市政公司强化城市养护管理，加强巡视，定期修剪县城主要道路行道树，及时补种和修复县城公共绿化带。10月，县环丹公路沿线整治绿化养护管理项目移交给县园林所监管，范围包括城口镇—城口高速出口、城口高速出口—丹霞街道高联村段，丹霞街道麻塘村—丹霞街道县住建局路口、丹霞街道高联村—仁美大酒店段，丹霞街道县住建局路口—黄坑路口，黄坑路口—周田镇—大桥镇段，董塘镇白莲村—董塘镇高宅村段，绿化总面积36.6万平方米。

【路灯监管】 2021年，县园林所完成实验学校到新东村委会6米铁杆单臂LED路灯23盏、LED抱砸路灯18盏敷设，工程造价17万元。置换及维修县城樟树头花坛、大岭工业园、丹霞楼、明珠广场存在安全隐患高杆灯4座。临时安装丹霞新城月岭排原龙井村未硬底化路面简易路灯3盏。

【房屋征收管理】 2020年，县房屋征收管理中心做好县房屋征收管理工作。完成县城老街排水排污工程项目房屋征收工作，签订征收补偿合同5份。完成原林业局地块（金福雅苑）回迁户回迁房屋移交及合同款结算。完成丹霞新城啸仙路市政道路建设项目4户拆迁户回迁房资金申请、回迁房屋交付及办证，委托拆迁公司对啸仙路项目已作补偿房屋进行拆除。开展丹霞新城综合建设（啸仙路）市政道路项目、规划二路至新东大街衔接工程市政道路建设项目及“五小”配套设施建设项目征收补偿协商工作，对10户尚未签订合同房屋重新评估，草拟《房屋征收补偿决定》报县政府审核。开展县交警大队办公大楼和宿舍楼地块“三旧”改造项目房屋征收，完成该大楼全部20户房屋征收与补偿合同签订。

建筑业管理

【安全生产管理】 2021年，县住建管理局核发施工许可证21个，竣工验收备案工程36项，所监管工程未发生安全生产事故。组织检查30次，发出整改通知书110份、质量整改通知书13份。组织安全生产培训22次708人次。落实年度监督检查、“铁拳”执法114次，行政处罚7.15万元。投入资金15.2万元，引入第三方专业服务机构排查安全隐患88次。推动企业职工安全隐患举报奖励420次，奖励金额4.01万元。全年，全县未出现安全生产等级事故。

【房地产业和建筑业总产值】 根据资质房地产开发公司联网直报数据和县房管所提供网签交易数据：2021年，仁化县1—12月房地产开发企业完成投资13.2252亿元，同比上年增长17.1%；商品房销售19.0678万平方米，同比上年上升11.8%，商品房销售额7.8070亿元，同比上年下降9.5%。12月，全县新建商品住房平均成交价格3817元/平方米，房价环比下降38.7%；非住宅平均成交价格6832元/平方米。1—12月，二手房交易面积8.9万平方米，交易额26829.4万元。1—12月，新增商品房预售面积11.84万平方米。12月底商品房库存总量17.98万平方米（其中住宅14.17万平方米、非住宅3.81万平方米），12月末商品住房库存870套。县域21家施工企业建筑业总产值14.86亿元，同比上年增加28.3%。房屋新报建项目21项，面积58.97万平方米，工程造价21.3亿元。

【工程预结算管理】 2021年，仁化县建设工程造价管理站做好工程造价信息采集整理和发布，提高信息质量，全年发布人工或材料信息6期。

【建筑设计】 2021年，仁化县建筑设计室执行国家强制性条文、标准规范，做好工程勘察、设计工作。实行会审制度，提高设计质量。通过抓好工程设计管理，提高设计水平，缩短设计周期。全年完成建筑工程设计项目厚塘村村委门口及巷道硬底化工程、仁化县餐厨垃圾处理中心工程（一期）、县城主次干道建筑外墙安全隐患消除项目、第五网格区道路硬底化工程、仁化县人民检察院安装雨棚项目、福利院围墙重建工程、仁化县碧翠园住宅小区修建性详细规划、仁化县城镇老旧小区改造项目（一期）、林业局宿舍改造工程及住宅楼方案报建工程等27项，设计建筑面积2000多平方米。

【测绘工作】 2021年，仁化县市政工程公司抓好工程测绘工作，做到测绘数据及时、准确、规范。全年完成测绘项目22个，其中，市政工程项目5个、房地产项目5个、教育强镇项目3个、医院建筑项目4个、其他项目5个。

2021年仁化县市政工程公司完成测绘项目一览表

表27

项目属性	项目名称	项目属性	项目名称
市政工程项目	中万亿配套道路	教育强镇项目	仁化县新城幼儿园建设工程项目
	仁化县丹霞街道新东村三板桥地块土地平整项目		车湾小学建设项目
	丹霞新城市政道路建设工程（丹山路、教育路）	医院建筑项目	石塘卫生院建设工程
	仁化县仁化产业共建园土地平整二期工程		仁化县董塘镇中心卫生院业务综合楼建设项目
	新城幼儿园西侧道路		仁化县人民医院发热门诊及感染科防治楼建设项目
房地产项目	亿豪庭住宅楼建设项目		仁化县妇幼保健院不动产测量
	丹霞冶炼厂新建职工公寓项目	其他项目	县级文保单位保护范围和建控地带
	丹霞新城二期（沁泳园6-11#）工程		广东西力电源有限公司年产100万千伏安时蓄电池建设项目
	仁化县晟泰花园不动产测绘工程		韶关旭日酿酒厂有限公司A、B地块项目
	富仁商务中心商业综合体项目		韶关仁化城口省际公安检查“升级增效”建设项目
教育强镇项目	仁化县中等职业学校实训楼建设工程		广东韶关仁化新庄加油站项目

房地产管理

【住房保障】 2021年，仁化县贯彻落实国家和省、市住房保障工作有关政策，推进保障性安居工作，抓好公共租赁住房管理和分配，解决低收入家庭住房困难问题。全年，安置符合申请公共租赁住房对象18户，发放城镇住房保障家庭租赁补贴3户。

【直管公房与房屋租赁】 2020年，县房产管理所加强直管公房管理，投入5万元，维修公产房天面、下水管，维修公租房大门1条、卫生间8间，更换化粪池盖板4个，搭建雨棚。

【房地产交易备案】 2021年，县房产管理所加强房地产交易备案管理，执行房地产交易和商品房预售监管机制，严格控制一房多卖现象。全年办理各类房地产交易2381宗，其中二手房637宗、商品房1744宗；出具公积金贷款证明365份。

【白蚁防治】 2021年，仁化县房屋白蚁防治所组织员工外出学习白蚁防治先进技术，提高白蚁防治水平和服务质量。加大白蚁防治宣传力度，提高百姓对白蚁危害新认知。全年，完成新建房屋现场施药13宗约46.36万平方米，上门灭治白蚁12宗，完成“白蚁预防合同”登记备案13份。

（黄仁佑　李　曼）

生态环境保护

【环境影响评价】 2021年，韶关市生态环境局仁化分局（简称市生态环境局仁化分局）执行《中华人民共和国环境影响评价法》《建设项目环境影响保护条例》等有关法律规定进行建设项目审批，按照中华人民共和国生态环境部《建设项目环境保护分类管理名录》《建设项目环境影响登记表备案管理办法》，分类管理受理项目。全年，审批建设项目环境影响评价文件15宗，建设项目环境影响登记表备案系统备案项目37个，项目总投资20.02亿元，环保投资2.31亿元。

【环境执法监管】 2021年，市生态环境局仁化分局按照《中华人民共和国环境保护法》《广东省环境保护条例》等法律法规，依法行政。通过开展汛期环境安全隐患排查、锦江河沿河企业巡查、竹炭行业专项整治和小散乱污企业整治、危险废物规范化管理考核及危险化学品安全隐患排查、畜禽养殖排查等专项行动，严厉打击环境违法行为。强化企业履行环保法律、法规等情况检查，建立并完善“一厂一档”制度。加大重点企业执法检查力度，建立完善监控网络系统。加强重点污染源在线监控系统监管。完善全县各国控企业（凡口矿、华粤电厂、生活污水处理厂、丹霞冶炼厂）建成污染源在线监控系统。完善“两法衔接”机制，协调公安、检察院、法院健全行政执法与刑事司法衔接机制，严厉打击环境违法犯罪行为。全年，韶关市生态环境局仁化分局出动人员1543人次，检查企业712家次，下达“责令改正违法行为决定书”17份，查处环境违法行为16起，销案处理1起，罚款83.1237万元。落实新环境保护法“四个配套办法”（《环境保护主管部门实施按日连续处罚办法》《环境保护主管部门实施查封、扣押办法》《环境保护主管部门实施限制生产、停产整治办法》《企事业单位环境信息公开办法》）中查封扣押6件，适用刑事责任追究3件，刑事逮捕7人，行政拘留3人。未出现超越权限执法现象，无重大行政执法违法案件，无行政复议案件及行政应诉案件。

【环境信访】 2021年，市生态环境局仁化分局受理群众投诉213件，其中，电话投诉（含“12345”工单）173件、来信（含“12369”工单）35件、网络问政4件、来访1批次1人次，涉废水污染投诉12件、废气污染投诉100件、噪声污染投诉77件、畜养类投诉20件、其他投诉4件。信访投诉到场率和调处率均为100%，没有发生因环境污染引发的环境污染事故和群体性事件。

【环境减排】 2021年，市生态环境局仁化分局根据《韶关市生态环境局关于印发〈韶关市2021年主要污染物总量减排工作计划〉的通知》（韶环〔2021〕

97号），围绕二氧化硫、化学需氧量、氨氮和氮氧化物“四项指标”，分解落实减排工作责任，制订减排工作计划，抓好工业减排工程建设、畜禽养殖减排工程建设及污水处理工程建设，开展减排项目跟踪督导工作，加强环境管理。完成仁化县华粤煤矸石电力有限公司氮氧化物减排项目、奥达公司挥发性有机物减排项目、石塘镇污水处理厂等8家镇级污水处理厂减排台账。

【环境监测】 2021年，市生态环境局仁化分局按照新《中华人民共和国环境保护法》关于环境质量监测要求，做好县城区域空气质量监测、酸雨监测、降尘监测、地表水水质监测、地表水水质自动监测、跨界（省界、市界）河流交接断面水质监测、集中式饮用水源地水质监测、土壤环境质量监测、生态状况监测、农村环境质量监测、农村饮用水水源地水质监测、农田灌溉水质监测、农村生活污水处理设施出水水质监测、国家重点生态功能区县域生态环境质量考核监测、声环境质量监测、市重点排污单位污染源监督性监测、生活污水处理厂污染源监督性监测、VOC专项检查监测、产业转移园排污口和影响水域水质监测、城镇污水处理设施监测、蓝藻水华监测、敏感区域水质监测、仁化县董塘区域环境监测、涉铊企业环境监管监测等工作。全年，获得空气质量监测数据51978个、降水监测数据376个；获得城市水质监测数据7080个，其中饮用水水质监测数据1244个、地表水水质监测数据5836个；获得噪声监测数据116个，其中区域环境噪声监测数据101个、道路交通噪声监测数据15个。出具监测报告、报表等410份。根据监测数据显示，地表水水质监测达标率100%，饮用水水质达标率100%，空气质量优良率99.2%，区域声环境质量保持较高水平。

【环境宣教】 2021年，市生态环境局仁化分局通过“生态和美”志愿服务进校园宣传、进社区宣传、送法进企业宣传等形式，开展“6·5”世界环境日主题系列宣传活动。全年，开展各类环保宣传教育活动20余次，派发各种环保宣传资料2万余份，环保袋1100余个，环保咨询2200余人次。

【环保信息公开】 2021年，市生态环境局仁化分局借助“仁化县政府网”“韶关市重点领域信息公开平台”等信息发布平台，做好环境信息公开工作。全年，公开重点领域信息126条，其中空气环境信息12条，水质环境信息16条，建设项目环境影响评价信息31条，国控企业污染物自动监控信息12条，挂牌督办和行政执法信息23条，国家重点监控企业污染源监督性监测信息5条，行政处罚信息17条，财政专项信息2条，部门预决算2条，建设项目竣工环保验收信息、企业环境信用评价信息、环境污染费征收信息、核与辐射安全信息、土壤污染防治信息、“三公”经费各1条。督促国控重点污染源企业每月将排污数据上网公开，对网上操作不规范企业下达责令整改通知。各企业均能及时、真实进行环保信息公开，未发现虚报、瞒报、迟报信息现象。

【生态功能区考核】 国家重点生态功能区县域环境质量考核工作是仁化县重点工作之一。2021年10月31日，经过县各有关部门协同合作，市生态环境局仁化分局完成2021年国家重点生态功能区考核县域环境质量考核资料汇编及数据上报工作。年内，为仁化县争取中央财政拨付国家重点生态功能区转移支付经费21774万元，比上年多争取634万元。环境污染治理、生态保护与修复投入36932万元，占财政总支出比例17.67%。

【中央环保督察】 2021年，仁化县抓好新一轮中央环保督察整改工作，制定和印发《仁化县迎接中央生态环境保护督察专项整治工作方案》《仁化县迎接中央环保督察部分重点关注问题清单》《仁化县2016年至2021年中央省环境保护督察交办整改工作台账》《上级交办生态环境问题整改落实挂图作战表》《生态环境信访投诉挂图作战表》等文件清单，开展自查自纠。第二轮中央环保督察期间未收到市交办案件。中央督察组驻粤前后县内自查的144个问题已全部整改完毕，接舆情信访案件28期39宗均已办结。

（胡宗松）

经济综合管理

发展和改革

【相关编制文件】 2021年，仁化县发展和改革局（粮食和物资储备局）（简称县发改局）协助编制完成《仁化县国民经济和社会发展第十四个五年规划和二〇三五年远景目标纲要》《仁化县公共服务发展“十四五”规划》《仁化县2021年国民经济和社会发展计划主要指标》《仁化县2021年上半年国民经济和社会发展计划执行情况的报告》。牵头联合县公安局、县农业农村局等7个部门起草《关于仁化县促进农业转移人口市民化加快新型城镇化的若干政策措施（试行）》及8个配套文件。起草、制定《仁化县人民政府办公室关于进一步加强定向销售粮食出库和加工转化监管工作的通知》《粮食流通监督检查制度》《粮食质量安全风险监测管理制度》《储备粮管理联席会议制度》。建立“仁化县储备粮管理联席会议制度”“仁化县粮食流通监督检查和粮食流通质量安全风险监测联席会议制度”，强化县级储备粮油管理工作，确保全县粮食安全。

【新型城镇化建设创新实践】 2021年，县发改局开展调查研究，加强试点示范，以董塘镇作为重点新型城镇化综合试点镇，城口镇、石塘镇为试点镇，探索开展新型城镇化建设创新实践。推动全县县域镇域经济高质量发展、产业共建和产业对接“深调研”以及老区苏区振兴发展。

【依法治价管费】 2021年，县发改局开展督促落实收费目录清单制度，实行收费公示制度，按规定设置收费公示栏。核查收费目录清单，没有发现自立项目、自立标准等收费行为。严格要求行政事业性收费全部实行财政“收支两条线”管理。全面深化价格改革，加快完善由市场决定价格机制，明确政府价格管理范围和权限，激发市场活力。

【价格监测监审】 2021年，县发改局掌握市场信息，关注涉及民生的自来水、天然气、殡葬、污水处理、生活垃圾处理、水资源等方面价格动态。制订仁化县2021年农业水价综合改革实施计划，将小型灌区任务落实到具体项目中，年底前完成或完善新增实施面积农业供水计量设施配套建设；中型灌区将农业用水总量指标分解到用水主体，落实田间工程管护主体和管护责任。完成农业供水运行成本监审工作，出具农业供水运行成本监审报告1份。制定农业用水价格：粮食作物用水价格0.051元/立方米；经济作物用水价格按粮食作物用水价格加收10%执行，即加收后0.056元/立方米；水产养殖用水价格按粮食作物用水价格加收20%执行，即加收后0.061元/立方米。按照省提出的“先建机制、后建工程”理念，将农业水价综合改革任务纳入相关项目建设内容，落实工程建设与机制建立并重。

【价格听证】 2021年5月7日，县发改局根据《政府制定价格听证办法》和《广东省价格听证目录》等法律法规有关规定程序，组织召开调整自来水价格听证会。制定一个合表（居民）用水价格。合表用水户价格比第一阶梯水价稍高，从而增加供水企业收入以降低用水价格。调整居民阶梯用水量，即第一阶梯由原18立方米/月·户及以下调整为25立方米/月·户及以下，第二阶梯由原19—25立方米/月·户调整为26—33立方米/月·户，第三阶梯由原26立方米/月·户以上调整为34立方米/月·户以上。调整用水价格，即居民用水第一阶梯用水价格由原1.70元/立方米调整为1.65元/立方米，降低2.94%；非居民用水价格由原3.37元/立方米调整为3.04元/立方米，比现行水价降低0.33元/立方米，降低9.79%。消防、环卫、绿化用水按成本加税金3%制定为1.64元/立方米。

【行政事业性收费】 2021年，县发改局要求收费单位能贯彻落实国家停征、免征和降低行政事业性收费政策，严格按规定收费项目和收费标准收费，未发现擅自设立收费项目、分拆收费项目、提高收费标准等违规乱收费现象。

【投资管理和服务】 指标完成情况。2021年，县发改局完成固定资产投资项目审批、核准和备案工作共159项，总投资额64.82亿元。其中，审批项目97项，总投资额22.88亿元；核准项目1项，投资额0.42亿元；备案61项，总投资额41.52亿元。专项债和中央预算内投资资金：会同项目单位共谋划2022年专项债项目28个，总投资77.47亿元，入市级库24个，总投资71.44亿元，专项债需求26.43亿元。申报2022年专项债项目共29个，总投资77.22亿元，资金需求30.34亿元。2021年专项债下达项目7个，共6.3亿元。2021年中央预算内资金下达广东仁化县凡口铅锌矿独立工矿区3个项目，共3240万元。

项目监管情况。加强对政府投资项目的事中管理，严格评审项目建设过程中设计调整建设内容、造价概算等事项。按照《仁化县县级政府投资项目管理办法》要求，加强对项目增加概算的管理，严格按照程序批复项目增加投资的行为。加强项目跟踪服务力度，每个季度汇总项目建设进展情况，不定期到重大项目实施地点查看，掌握项目动态，及时了解项目建设过程中存在的困难和问题。

项目招标审批。加强工程项目招标核准工作，做好后续招投标工作指导、协调和监督。在项目立项阶段，严格按照国家规定审核工程项目立项资料，对项目进行招标核准。按照《广东省全面开展工程建设项目审批制度改革实施方案》，配合开展好房屋建筑和城市基础设施等工程建设项目审批制度全流程、全覆盖改革，实现统一审批流程，统一信息数据平台，统一审批管理体系，统一监管方式。

【粮食流通监督检查】 2021年，县发改局开展粮食流通监督检查36次，检查范围涵盖粮食收购、粮食库存、粮食销售出库、安全生产、消防安全、疫情防控等领域。开展2021政策性粮油库存检查、储备领域安全生产和安全仓储隐患大排查、粮食流通“2021专项执法行动”，强化粮食流通事中事后监管，严肃查处违法违规行为，确保“南粤粮安”。

【粮食收购和资金筹措】 2021年，县发改局改革完善粮食收购制度，根据新修订的《粮食流通管理条例》开展粮食收购备案，规范收购秩序。全县粮食收购市场平稳有序，未出现大范围农民“卖粮难”情况。落实政策性粮食收储和轮换等资金，满足地方粮食储备需要，未出现挤占挪用收购资金情况。多渠道筹措市场化收购资金，与农发行建立健全粮食收购贷款信用保证基金等融资担保机制。

【储备粮轮换】 2021年，县发改局监督检查县级储备粮轮换完成情况，确保数量真实，规模库存达到上级要求。抓好粮食质量安全管理与日常监督，督促储备承储企业建立健全粮食质量安全档案，抓实监管，确保政策性储备粮食质量达标。组织开展安全生产应急演练和安全生产培训。开展政策性粮食销售出库监督检查，出库粮食质检符合食品安全指标，未发生“出库难”。

【粮食应急体系建设】 2021年，县发改局与县16个粮食应急保障企业保持互联互通，确保粮油市场正常供应和价格基本稳定，及时变更4家不符合条件粮食应急供应网点。全年累计发放更新维护费用8000元。

【粮食风险基金拨付审核管理】 2021年，县发改局根据“关于做好2020年度市级储备粮轮换验收工作的通知”精神，对本年度轮换储备粮进行现场审核验收，确保数量真实、质量良好、储存安全。验收结果作为结算年度费用重要依据。

【粮食危仓老库改造】 2021年，县发改局完成周田、董塘、石塘库点粮食仓储设施维修，达到基本储粮要求。其中，周田直属库投入43.76万元，用于县级成品粮储备修缮；董塘直属库、石塘库点投入75万元，用于稻谷储备维修改造；投入62万元，用于安装现有承储政策性粮仓仓内视频监控和董塘、石塘、周田库点智能化出入库系统。

（肖健军）

自然资源管理

【国土空间规划编制】 2021年，仁化县自然资源局（简称“县自然资源局”）完成国土空间规划主报告编制和8个专题编写，开展底图底数梳理和城市定位、发展战略、产业体系和中心城区方案的研究，按照自然资源部及省厅政策要求完成并提交“三区三线”（根据城镇、农业、生态三类空间对应划定的城镇开发边界、永久基本农田保护红线、生态保护红线3条控制线）第二轮试划成果。完成国土空间基础信息平台主体功能框架开发，具备数据浏览、查询统计、空间分析等功能，为规划或审批等业务系统提供基础支撑。

【生态保护红线划定】 2021年，县自然资源局根据部、省、市自然资源部门部署，评估调整“三线一单”（生态保护红线、环境质量底线、资源利用上线和生态环境准入清单）中的生态保护红线，2月23日和3月22日报送仁化县生态保护红线矛盾冲突项目；6月，省自然资源厅下发生态保护红线评估调整数据。根据《生态保护红线管理办法》，严格管控生态保护红线内的人为活动，禁止城镇化和工业化活动，严禁不符合主体功能区的各类开发活动。

【耕地保护】 仁化县实行最严格耕地保护制度，严格落实耕地保护主体责任，坚决耕地“非农化”、防止“非粮化”，切实保障粮食安全。

*历史补充耕地整改工作。*2021年，仁化县全部完成15个不实补充耕地项目整改，建设规模77.27公顷，整改补充耕地面积67.03公顷，提交到自然资源部复核，并通过复核认可，认可补充耕地面积67公顷。

*偿还储备补充耕地指标欠账工作落实。*2021年，仁化县补充耕地指标欠账457.54公顷，水田欠账3.59公顷，通过实施补充耕地整改偿还耕地指标欠账67公顷。

*耕地占补平衡。*2021年，仁化县严格落实“占优补优、占水田补水田”要求，加大土地整理复垦开发补充耕地和补划永久基本农田力度，确保县域年度补充耕地、补划永久基本农田数量和质量不低于建设占用耕地、永久基本农田数量和质量。加强补充耕地后期管护监管力度，建设项目落实占补平衡。

*永久基本农田核实整改补足工作。*2021年，仁化县按照全省统一部署，完成永久基本农田核实整改补足第二轮划定工作，最新划定成果已提交省规划院汇总，并报省自然资源厅。

*耕地卫片监督工作。*2021年，仁化县根据《广东省自然资源厅关于抓紧开展2021年上半年耕地卫片监督工作的通知》要求，对县域年内第一批次耕地卫片监督8个疑似图斑进行核实、举证材料填报，逐级报市、省自然资源厅审核。

*执法监察加强。*2021年，仁化县采取多部门协作配合，多措施强化日常监管，制止耕地“非农化”行为，遏制新增农村乱占耕地建房行为，做到“早发现、早制止、严查处”，以“零容忍”态度处理新增违法违规行为。

【项目征地及用地报批】 2021年，县自然资源局取得县2020年度第二、第六、第七、第九、第十二批次和2021年第四批次以及新疆煤制气（仁化段）批次项目的用地批复，批复总面积31.76公顷，涉及丹霞冶炼厂炼锌渣绿色化升级改造工程、周田冷链物流园、县产业转移工业园以及110千伏高基输变电工程等县工业相关重点项目。

【土地市场管理】 2021年，仁化县收取国有建设用地出让金额19799.02万元。其中，公开出让已缴纳出让金15宗17378万元，面积48.25公顷；协议出让1宗162万元，面积0.7公顷；划拨补办出让13宗44.19万元，面积0.14公顷；合宗补缴1宗1244元；跨年2214.7万元。

【土地收储】 2021年，县自然资源局按照储备计划依法依规开展土地收储工作，全年完成土地收储19宗42.22公顷。开展土壤污染状况调查工作，完成7个地块17.4公顷土地污染状况调查工作，及时报韶关市生态环境局仁化分局审核，未涉及污染地块。及时缴交耕地占用税，完成5宗计26.07公顷耕地占用税5511225元缴交。

【生态修复】 2021年，仁化县完成核销地质灾害隐患点19个，所有隐患点均已落实两卡一书，竖立警示牌，制定应急预案。县自然资源局争取上级经费630.69万元，开展红山镇鱼皇村上为坑组搬迁避让，以及中等职业学校北东侧滑坡、董塘镇五一村老凡口组滑坡工程治理，完成矿山石场复绿5.4公顷，超额完成4公顷。完成凡口铅锌矿小斜井旧采坑治理及土地复垦复绿工程，治理复绿面积4公顷，已通过专家验收。争取山水林田湖草生态修复工程试点项目资金350万元，开展公安局后山、鱼皇村上为坑历史遗留矿山地质环境治理项目。完成历史遗留矿山核查图斑核查183个。

【拆旧复垦】 2021年9月18日，仁化县提交拆旧复垦项目已整改并通过市级现场检查面积5.55公顷交易申请，全年上报交易面积约53.33公顷。

【垦造水田】 2021年，韶关市下达仁化县垦造水田任务26.67公顷。经实地勘察，仁化县选取2个地块供市金财集团选择。4月，对2020年市批复的周田镇麻洋村垦造水田34.76公顷项目进行立项，6月23日开工。6月29日，周田镇较坑村垦造水田项目（水田指标62.4公顷、耕地指标61.08公顷）通过市级验收。

【矿产资源管理】 2021年，县自然资源局完成仁化县华粤煤矸石电力有限公司2020年煤矸石资源存量监测核查，出具核查意见。制定《仁化县关于推进矿产资源资产价值化的实施方案（试行）》文件，推进县矿产资源合理开发利用。加强非煤矿山安全生产管理，巡查检查非煤矿山企业60余次。加强矿山企业开采活动监测监控。加大县内矿业权监管力度，加强与上级和矿山企业沟通协调，确保资源供应，加强矿业权审批，推进绿色矿业发展示范区建设。

【调查监测与确权登记】 “房地一体”农村不动产权籍调查。2021年，仁化县完成11个镇（街）113个行政村农村不动产权籍调查，经县级验收和市级外业验收核查后，于11月底汇交调查数据库给省厅，按省市要求完成房地一体各项工作。

变更调查工作。2021年1月，县自然资源局完成1138个上年度国家遥感监测图斑省级外业图斑举证及上报工作。2月，在县级“三调”（第三次全国国土调查）统一时点数据库基础上，以省级终审意见为依据，按国家规定的数据库更新技术要求，开展数据建库与省级核查工作；3月22日，仁化县2020年国土变更数据库通过省级检查。6月，对国家反馈需核查的75个问题图斑开展内业分析、外业举证、内业建库等工作；至7月底，复核整改数据库成果资料汇交省厅，8月中旬全部通过国家级核查。

全民所有自然资产清查价格体系建设工作。2021年4月20日，县自然资源局和卓越公司工作人员分3组对仁化县8镇27村163个样点进行现场调查，并对农户和承包商等进行调查询问，25日完成外业工作，26日整理调查表、完善资料和建库。5月底，提交仁化县全民所有自然资产清查价格信号采集成果给省厅审核。9月初，省厅组织核查修改仁化县国有农用地与建设用地基准地价一张图数据库中的基准地价一张图数据库和清查价格一张图数据库，检查确认仁化县国有土地资源资产清查价格。10月底，省厅组织在韶关市局对国有土地资源资产实物量成果进行确认。

【不动产登记办证】 2021年，仁化县不动产登记中心受理办证件36255份，其中不动产权证书32973本，登记证明3282份。办结业务36255宗，办结率100%。

【执法监察】 2021年，县自然资源局执法监察部门查处违法用地行为46宗，移送法院申请强制执行20宗。成立“两违整治”巡查组，建立日夜班巡查制度，落实巡查台账登记。立案调查4宗。查处非法开采行为6宗，落实罚款111500元，先行登记保存车辆机械设备2台，其中3宗非法盗采稀土矿案均移送公安机关立案侦查。联合属地政府对重点非法开采区域每周开展巡查1次以上。办理县公安局转办扫黑除恶线索1宗、县扫黑办移交线索1宗。办理办结县信访局交办件15宗。办理“12345”政府服务热线（网络问政）案件55宗。

（谭理智）

统计

【概况】 2021年11月，仁化县统计局被县委评为县直机关模范机关创建先进单位并被仁化县创建健康促进县工作领导小组授予“健康促进机关”称号；月度劳动力调查工作、粮食畜牧业全面统计工作和主要畜禽监测调查工作获得全市通报表扬；12月，获得韶关市第七次全国人口普查先进集体称号；1个镇和3人分别被评为广东省第七次全国人口普查先进集体、先进个人；25人被评为韶关市第七次全国人口普查先进个人；一篇统计分析获全市三等奖。

经韶关市统计局统一核算，2021年仁化县实现生产总值（初步核算数）1114300万元，按可比价计算，比上年增长8.1%，其中，第一产业增加值236981万元，增长5.4%；第二产业增加值453471万元，增长10.5%；第三产业增加值423848万元，增长7.3%；第一、二、三产业对经济增长贡献率分别为15.4%、48.9%、35.7%。三次产业结构比重为21.3∶40.7∶38，第三产业所占比重比上年上升1.1个百分点。

【统计监测】 2021年，县统计局及时、准确、全面、保质保量完成各统计专业年报及季度报表工作。每季度定期召开经济运行调度和分析会议，科学预判主要经济指标完成情况，跟踪对接，分析反馈后问题，强化全县经济运行情况有效监测和研判。完善主要统计数据质量评估机制，严审把关，确保各项经济指标符合经济走势，真实客观反映仁化经济运行情况。

【统计服务】 2021年，县统计局加强统计服务工作，创新统计服务方式，完善统计服务体系机制，提高预警分析能力，加强经济运行情况跟踪监测分析，定期公布统计资料，强化统计信息职能，及时为县委、县政府提供针对性强的统计信息和统计分析，为社会各界了解全县经济走势及发展状况提供信息资源。强化统计咨询职能，推进便民利民优质咨询服务。

【统计基层基础建设】 2021年，县统计局加强统计队伍建设，多次举办统计业务培训班，指导和督促各镇（街）和企业加强统计基层基础建设，确保各镇（街）和企业统计机构人员落实到位。加强统计台账档案化、业务化和信息化。夯实镇（街）统计调查基础，提升基层统计信息化水平，配备各镇（街）统计站基础设施设备。董塘镇、石塘镇、大桥镇获评为2021年度韶关市乡镇（街道）统计能力建设先进单位。

【统计执法监督】 2021年，县统计局与仁化县纪委、监委联合印发《仁化县纪委监委与仁化县统计局关于统计违法线索双向移送制度和查办结果反馈机制的通知》《关于县委巡视机构与县统计局工作协调机制的意见（试行）》，形成部门齐抓共管长效机制。与各镇（街）、“四上”企业及房地产开发企业统计员建立统计信用档案，并加强管理，形成机制，实时维护。与县发改局、县市场监管局、县司法局对接，完善统计信用台账。9月16日至10月12日，开展统计执法检查，检查企业13个、固定资产投资项目5个。

（罗　培）

审计

【审计成果】 2021年，仁化县审计局围绕县委县政府中心工作，完成审计项目26个（其中项目计划22个，临时交办4个），完成计划的118%。审计查出管理不规范金额25743.11万元，违规金额41.34万元，非金额计量问题180个，提出审计意见和建议61条。

【党对审计工作的领导】 2021年，仁化县委审计委员会、县审计局向县委、县政府报送审计报告20余篇，得到县委、县政府主要领导多次批示。县审计局将领导批示件作为政治要件办理，建立工作台账，明确具体责任和完成时限，及时跟踪督办。年内，县委审计委员会办公室被市委审计委员会办公室评为“积极发挥党委审计委员会办公室作用先进单位”；县审计局被评为2021年全市山水林田湖草生态保护修复试点工程项目资金管理使用和绩效情况专项审计调查工作先进单位、县直机关模范机关创建先进单位，全市审计机关优秀审计项目评选获得优秀等次。

【政策跟踪审计】 2021年，县审计局把推动中共中央及省委、市委、县委重大战略实施、重大部署落实作为主线，开展国家和省重大政策措施落实情况跟踪审计，重点审计新增财政资金直达市县基层直接惠企利民情况、“南粤家政”工程实施情况、保居民就业政策落实情况、现代农业产业园建设推进情况和县城中心城区停车场规划建设管理情况，揭示重大政策措施执行中的具体问题和风险隐患，以审计监督保障“六稳”“六保”任务落实，推动解决为民办实事好事问题。

【财政预算执行审计】 2021年，县审计局开展县本级预算执行、决算草案和其他财政收支审计，把握财政运行整体情况，分析预算编制和执行、财政资金分配管理、重大投资绩效、政府监管责任落实等方面体制障碍和制度缺陷，提高公共资金资产资源使用配置效率。开展部门预算执行审计，通过大数据审计模式，实现全覆盖审计，运用“总体分析、发现疑点、分散核实、系统研究”数据化审计方式，审计一级预算单位82个，二、三级预算单位54个，掌握全县预算单位预算管理和执行情况，推动提高部门预算管理水平和预算绩效。

【经济责任和自然资源资产审计】 2021年，县审计局推进领导干部经济责任审计全覆盖，落实“三个区分开来”要求，推动领导干部依法用权和担当作为。按照5年一轮审全覆盖要求，推进镇级党委政府主要领导干部经济责任审计，强化县属部门单位主要领导干部审计监督，推进领导干部自然资源资产离任审计。5月18日，召开仁化县经济责任审计工作联席会议，总结2020年全县经济责任审计工作情况，安排部署2021年经济责任审计工作。

【生态环境保护专项审计探索】 2021年，县审计局对仁化县山水林田湖草生态保护修复试点工程项目资金管理使用和绩效情况开展专项审计调查，抽查县农业农村局实施的2万亩耕地安全利用示范项目、耕地安全利用技术集成与示范项目，丹霞街道办实施的仁化县丹霞山片区农村生态环境治理工程3个子项目，揭示治理面积未达标、治理后稻米重金属达标率未达合同约定、资金管理使用不规范、项目建设管理不规范等问题，分析问题背后机制性缺陷和制度性漏洞，一体推进揭示问题、规范管理、促进改革。

【审计整改】 2021年，县审计局审计查出问题161项，已完成整改问题120项，未到审计整改期限问题34项，逾期未整改问题7项，审计整改率94.49%。通过上缴财政、调整账务、归还资金原渠道等方式整改问题金额1411.62万元，指导被审计单位建立健全规范工作长效机制9项。加大审计整改跟踪督促力度，实行未完成整改问题每月一报制度，对未及时整改到位的报送县政府领导及督查室督促落实整改。3月，县审计局组成5个督导组，分别到26个未完成审计整改情况单位现场督导，被审计单位分管县领导、派驻纪检组相关同志、主要负责同志、整改经办人员一同参加督导会，审计整改工作得到落实。

（刘紫韵）

市场监督管理

【疫情防控】 2021年，仁化县市场监督管理局（简称县市场监管局）抓好冷链食品、发热药品登记工作以及每周对2家冷库、7家终端销售单位的从业人员、产品、环境进行全覆盖核酸检测。完成进口冷冻食品经营单位从业人员核酸采样969份，产品采样822份，环境采样727份，检测结果均为阴性；全县药店登记上报购买退热药品人员信息146859条，发现购买退热药品人员50人。

【商事主体登记注册】 2021年，县市场监管局推进“证照分离”工作，实行商事主体登记注册“马上办”提速措施。群众从受理业务到拿到营业执照，最快可在6分钟内完成。全年办理登记业务4575宗，时限内办结率100%。其中，发放“银证通”卡81户，办理首套印章免费刻制企业248户，实现企业开办全流程零成本。

【食品安全监管】 2021年，县市场监管局强化日常监管，重点检查餐饮单位是否持有效“食品经营许可证”经营，从业人员是否持有有效健康证明上岗，食品原料、食品添加剂索证索票和采购记录登记情况，食品加工场所卫生情况，餐具、饮具的清洗、消毒、保洁情况。对检查过程中所发现问题，下发监督意见书，要求餐饮单位及时整改，消除隐患。根据疫情防控工作要求，加强餐饮单位监督检查，重点督促餐饮单位做好各项防疫措施，确保疫情防控工作措施落到实处。

【农贸市场快速检测】 2021年，县市场监管局开展全县3家农贸市场食用农产品快速检测工作，及时筛查发现不合格食用农产品，公示快检信息，依法处置不合格食用农产品。全年完成食用农产品快检10893批次，其中蔬菜10045批次，水产品709批次，畜禽肉蛋类139批次，检出不合格115批次，处置不合格产品362.1千克。

【药品医疗器械化妆品安全监管】 2021年，县市场监管局加强重点品种高风险品种（疫苗、麻醉药品、精神药品和易制毒药品等）专项检查、药械化不良反应（事件）监测、药品经营企业跟踪检查工作。全年，监测上报药品不良反应176例、医疗器械不良事件88例、化妆品不良反应15例。完成36家药店跟踪检查，责令6家不符合GSP要求药店限期整改。

【打击违法工作】 2021年，县市场监管局开展打击传销、走私及食品药品监管工作，加大价格监督检查和反垄断执法力度，保障人民群众消费安全。出动执法人员726人次，立案86宗，结案78宗，涉货值约158.83万元，罚没款64.9321万元，移送公安机关3宗（均未立案）。

【“四品一械”抽检】 2021年，县市场监管局结合各类专项工作抽检任务、抽检计划，抽检县域“四品一械”（药品、餐饮食品、保健食品、化妆品、医疗器械），完成食品抽检606批次，合格572批次，不合格34批次，不合格处置率100%；抽检化妆品7批次、保健食品8批次、药品30批次、医疗器械3批次。

【市场主体信息公示】 2021年，县市场监管局加强企业年报公示工作的组织指导，利用电台、电视台等媒体宣传，通过上门通知、群发短信、电话等方式告知。全县企业应报年报1757户，已报1719户，年报率为97.84%。7月9日，依法对未在规定期限内公示年度报告的38户企业列入经营异常名录。

【产品质量监管】 2021年，县市场监管局推进质量强县工作，切实开展危险化学品道路运输专项整治工作、油品质量专项整治行动、高考期间质量安全监管专项行动、硼砂类玩具产品专项整治行动、口罩质量提升专项整治行动等工作，开展各类工业产品质量抽检工作。

【特种设备检查】 2021年，县市场监管局跟进前期发现存在安全隐患的设备，落实企业整改。全年出动特种设备安全监察人员483人次，检查特种设备使用单位205家次，抽查特种设备412台（套），发出“特种设备安全监察指令书”25份，发现存在事故隐患设备131台（套），其中121台（套）存在事故隐患特种设备已完成整改，10台（套）设备按要求整改中。

【消费维权】 2021年，县市场监管局处理调解消费投诉329宗，其中“12345”热线工单（网络问政）293宗、来人来信及其他系统投诉举报36宗，为消费者挽回经济损失约7.8万元，接受来电咨询30人次、来访咨询11人次。开展形式多样“3·15”宣传咨询活动，提升市民维权意识。

【国家知识产权强县工程试点】 2021年，县市场监管局开展“2021年春节地理标志保护行动”和“2021年专业市场知识产权保护专项行动”，打击知识产权侵权行为，向企业和个人发放资助资金40.16万元。全年，全县有商标注册211件、专利授权206件。知识产权强县工程试点工作进入考核验收阶段，聘请专业第三方共同抓好资料收集整理工作，并准备好考核验收材料。

【广告监管】 2021年，县市场监管局通过深入摸排、日常巡查和定期网络监测等方式，重点加强涉导向性问题广告、疫情防控物资广告等监管，规范和引导广告经营者、广告发布者依法发布广告。全年，出动执法人员349人次、执法车辆97台次，监测、检查各类广告1500余条次，立案处罚广告违法行为2宗，对违反广告法经营主体发出责令改正通知书8份。

【创建“放心消费承诺”示范街区】 2021年，县市场监管局开展以“放心消费承诺”和“线下无理由退货承诺”为主题的“放心消费承诺”示范街区创建活动。全年有符合资格的59户经营者参与申报。

【仁化县个体劳动者协会和私营企业协会工作】 2021年，仁化县个体劳动者协会和私营企业协会围绕“服务个私经济发展、服务会员发展”宗旨，拓宽服务领域，提升服务能力，发挥服务个体私营企业发展桥梁、纽带和助手作用，提升会员单位依法经营意识，为创业就业人员提供信息指导、政策咨询、协调联系等服务，帮助个私业主办理营业执照，解决会员单位经营中所遇到困难。

（吴孙强　童凌云）

应急管理

【概况】 2021年，仁化县发生生产经营道路交通事故2起，死亡2人。全县未发生工矿商贸生产安全事故。

【执法监督】 2021年，县应急管理局完成年度监督检查计划中有关执法工作，办理使用伪造特种作业行政处罚案件1起、加油站行政处罚案件2起，共催缴罚款21900元。

【工矿商贸企业监管】 2021年，县应急管理局结合市非煤矿山三年专项行动、非煤矿山外包工程，对全县辖区内4家地下矿山和1家露天采石场开展专项检查，做好非煤矿山防汛度汛安全生产工作。发送防汛度汛信息70余条次。排查出一般隐患85处，完成整改复查83处，正在整改2处。到工矿商贸企业现场检查127余次，参与检查人次405余人次。

【危险化学品监管】 2021年，县应急管理局开展企业培训167场次，培训人员5058人次。开展隐患举报，收到举报624次，发放奖励金额6.18万元。排查危险化学品生产储存企业隐患67条，全部完成隐患清零。开展化学品登记和“一企一品一码”标识化管理工作，2家危险化学品企业完成化学品登记，生产企业完成化学品信息二维码应用，10月1日起按国家要求全面使用。建立危险化学品生产、经营、运输、废弃处置和城镇燃气使用等环节和领域风险点危险源台账，开展成品油联合“打非”行动5次，查获处置成品油5.5吨，罚款1万元。完成行政许可危险化学品企业全覆盖检查28家。

【烟花爆竹打非治违】 2021年，县应急管理局联合县公安、供销社、市场监管、消防大队、交通运输等部门组成烟花爆竹“打非”联合执法工作组开展“打非”行动12次，覆盖全县11个镇（街），重点排查城乡接合部、出租仓库房屋、封闭式院落等地，出动检查人员95人次，发现非法经营窝点8个，收缴非法爆竹1580余件，治安拘留5人。结合执法计划及重点时段检查仁化县永安烟花爆竹专营有限公司9次，排查整改一般隐患2个。

【防汛防旱防风防冰冻】 2021年，县应急管理局、县水务局、县气象局与县大中型水库管理单位每10天召开1次用水调度会商会议，研判全县干旱形势，讨论用水调度工作，做好防旱抗旱工作。落实全县“三防”业务能力暨地震地质灾害防治培训和应急预案演练，组织各镇（街）201人参加防御“龙舟水”工作专题会暨“三防”、地震地质灾害防治专题培训会。5月27日，开展防汛防旱防风防冰冻应急预案演练。7月30日至8月6日，县“三防”指挥部组织举办2021年“三防”责任人“三防”减灾线上专题培训班。督促各镇（街）、村（居）、村小组结合本地实际开展“一页纸”预案演练106次。

【森林防灭火】 2021年，县应急管理局结合春节、清明、“两会”期间等各重大节假日，制定森林防灭火工作方案、应急预案，印发《仁化县森林防火临时检查站工作指引》《关于切实做好当前森林防灭火工作的通知》《关于印发〈仁化县2021—2022年森林防灭火工作实施方案〉的通知》。清明节期间，为强化野外火源管控，全县森林防火临时检查站由原68个增至137个。全年投入16万余元，购置森林火灾预防扑救设备无人机3台、柴油发电机1台、蓄水袋以及单兵装备一批。

【防灾减灾】 2021年4月9日，县应急管理局联合县自然资源局、教育局、中等职业学校、省核工业地调院等部门在县中等职业学校举行地质灾害应急演练。5月8—14日，全县减灾委员各成员单位开展“防范化解灾害风险，筑牢安全发展基础”主题“5·12”全国防灾减灾日宣传活动，发放张贴防灾减灾宣传手册2000份、折页2000份、扇子500份、手提袋500个，悬挂横幅38条。11月，全县50条普查数据通过市普查办抽查。是年，扶溪镇扶溪居委会获批全国综合减灾示范社区。

【突发事件应急处置工作】 2021年3月30日，县政府印发《仁化县突发公共事件总体应急预案》（2021年版）。4月，县制定“仁化县应急值班值守制度”并下发各镇街及相关单位，要求做好应急值班值守工作。建立健全突发公共事件和监测预警制度，完善突发事件报告信息网络系统，全县实现县、镇、村准确快捷三级信息报告联网。全年举办应急演练153场，参演单位90家，参演人员2300人次。

（罗　姗）

消防救援

【概况】 2021年，仁化县消防救援大队（简称县消防大队）接警出动322起，其中火灾扑救134起，抢险救援63起，社会救助97起，公务执勤21起，其他出动7起。担任重大节假日安保及丹霞山前置执勤任务36次。年内，县消防大队党支部被广东省消防救援总队评为“先进基层党组织”，1人被省总队评为“优秀干部”；新东大街消防救援站被市支队授予“政治工作业务先进单位”“基层建设先进消防站”“训练业务先进单位”，被市支队评为“优秀基层党支部书记”1人、“优秀共产党员”1人、“优秀消防员”4人、“执勤岗位练兵先进个人”1人。

【正规化建设试点创建达标】 2021年，县消防大队以“传承红色基因、赓续标兵精神”为主题，全面创新规范营区，完成正规化硬件建设40项（必建23项、选建15项、创新2项）、软件建设共28项制度。立足队站“房前屋后”实际情况，规范完善训练内容和科目规程，规划融合训练设施场地，改造升级体能训练室、营区跑道等场所。规范交接班等日常战备程序，编制执勤战斗模式，制定基层消防救援站基本作战单元训练手册，有针对性开展高层建筑内攻操、车辆事故处置操等编成训练，科学固化、模式化应对处置日常灾情。坚持层级管理、按级负责，责任到人，从工作运行、营区管理、证件与印章管理等7个方面推进工作落实。建立消防员之家、舒心驿站。通过“问卷星”App、“心理健康阳光工程”服务小程序，排摸消防救援人员心理健康状况，邀请心理老师开展“心理沙龙”、“心理讲堂”、团队游戏等心理疏导活动。

【消防监管】 2021年，县消防大队强化监管，开展消防安全治理活动。检查社会单位821家次，督促整改火灾隐患或违法行为224处，下发责令改正通知书200份、“行政处罚决定书”33份、临时查封决定书25份，责令“三停”单位4家；开展火灾延伸调查，移交辖区派出所1宗，县公安局以过失引发火灾实施拘留2人。开展火灾高风险区域整治，投入20万余元在老城社区和瑶塘新村新增市政消火栓25个，新建瑶塘新村微型消防站并组建兼职消防队伍。开展违规住人整治，排查整治区域内“三小”场所240家，落实整改“三合一”场所15家。

【消防安全专项检查】 2021年，县消防大队开展“打通消防生命通道”和“三合一”场所整治“两项工作”。结合上年度消防安全考评情况，约谈整治工作落实不力单位，挂牌督办消防责任落实不到位物业小区，联合县政府部署开展“两项工作”，发动各镇（街）开展整治工作，排查“三合一”场所655家，增设独立式感烟探测器700个，新增消防车通道10条。深刻吸取湖北十堰“6·13”事故、河南商丘“6·25”火灾事故教训，参与全县餐饮、住宿业燃气安全隐患和消防培训托管机构联合检查。指导建成董塘镇消防所，实现基层乡镇综合执法力量实体化运行，打通基层消防监管工作“最后一公里”。

【消防宣传教育】 2021年，县消防大队按照总队“四类群体”消防安全宣传教育培训工作部署，开展消防安全教育，提升群体和监护人消防安全意识和自救逃生能力。11月9日，在宏昌百货广场举办以“落实消防责任，防范安全风险”主题“119”消防宣传月启动仪式。结合全县“文明城市”“乡村振兴”等活动，开展机关单位员工、学生群体、安全责任人和乡镇网格员消防教育培训2000余人次，对全县80家小微企业344名管理人开展现场指导性教学，围绕“消防安全进农村”“百车南粤万村行”开展消防知识下乡活动125场次，通过网上预约开展消防培训31次，结合“三下乡”“防灾减灾日”“安全生产月”等宣传活动，向社会群众发放宣传资料3.3万份。

（黄常桃）

国有资产监督管理

【国企改革】 2021年3月2日，成立仁化县国有（集体）资产监管工作领导小组，强化县属国有（集体）资产监管，以国有（集体）资产保值增值为目标，健全国有（集体）资产监管体系。8月，经县委编办批复成立仁化县国有资产服务中心，为县工业和信息化局管理公益一类事业单位，承担监管企业国有资产保值增值，推动国有企业改革重组，完善相关企业制度等工作。8月底，组织召开多部门“僵尸企业”出清工作联席会议，明确出清工作有关程序及要求，成功出清试点出清企业1家。有序推进供给侧结构性改革有关工作。9月，完成仁化县仁兴资产运营有限责任公司注册登记，整合县工信下属多家企业人员、资产，减少县属国有企业数量，提升国有企业质量。

【转制企业管理】 2021年，县工信局收回位于县城新东横路、占地面积400多平方米的原县百货公司（县属关停转制企业）仓库使用权，该资产由县属国有企业仁兴公司管理并对外出租。解决县建材厂国有划拨用地与丹霞街道办康溪村瑶前组林权证重证问题，瑶前组林权证被注销，收回原县建材厂部分国有划拨用地。赎回仁化县水泥厂、仁化县矿产公司等9户国有企业在中国银行债权，有效盘活所赎回资产，出让仁化县水泥厂部分地块。

（李勇明　刘　灏）

【规范国有资产处置】 2021年6月17日，县公共资产管理中心处置行政事业单位报废资产一批，成交金额4.7万元。7月28日，在公共资源交易中心公开拍卖仁化县长江镇河田电站清淤物料一批，成交金额48.6万元。12月，将原检察院办公楼房产协议转让给丹实公司，成交金额580.50万元。处置县林业局公务用车8辆，成交金额22.75万元。

【往来款长期挂账自查工作】 2021年4月，县公共资产管理中心对县直各单位、镇（街）开展往来款长期挂账自查工作，要求各单位对单位往来款挂账进行全面梳理统计，做到每一笔往来款挂账有出处、有着落、不重不漏。经过各单位配合，完成该项工作。

【资产盘活】 2021年，县公共资产管理中心深挖资产资源增值潜力，通过委托评估，招标租赁等公开方式，确保资产资源保值增值。已纳入县锦霞投资开发有限公司统一管理的县直行政事业单位经营性资产出租出借收入，由县锦霞投资开发有限公司统一收取，在扣缴相关税费后统一定期上缴县财政，全年上缴租金收入67.12万元。丹霞实业发展有限公司上缴代管资产租金收入29.62

万元。

【资产档案管理】 2021年，县公共资产管理中心严格执行《档案管理制度》，对资产移交书、房屋产权证、物业移交资料、图纸、租赁合同等重要档案由专人管理，专人负责，分门别类、整理归档，统一存放。建立行政事业单位资产电子档案，实行先登记后查阅，使用后及时归档，确保各资产档案安全、完整、有序。

【企业财务会计决算报告工作】 2021年，县公共资产管理中心做好国有企业财务会计报表编制工作，完成全县国有企业财务会计决算报告、国有资产管理情况报告两套报告编报、审核、上报工作。

【资产年报工作】 2021年年初，县公共资产管理中心开展并完成全县公共基础设施等行政事业性国有资产年报、全县行政事业性国有资产年报两套报告编报工作。3月，组织参加全省行政事业资产年报系统业务网络培训会议，做好行政事业单位资产系统培训工作。

【在建工程转固专项整治】 2021年，仁化县财政局公共资产管理中心根据韶关市财政局《转发广东省财政厅关于组织开展已使用在建工程转固专项整治工作的通知》精神，组织各单位开展整治工作。经清查，全县有在建工程45700.70万元。经整治，将符合转固条件在建工程按要求转固，价值38614.51万元，占比84.49%；7086.19万元因暂未投入使用，不符合转固要求，待投入使用后督促相关单位按规定及时转固。

（彭艳芳）

住房公积金管理

【服务质量提高】 2021年，韶关市住房公积金管理中心公积金仁化办事处（简称公积金仁化办事处）开展“我为群众办实事”实践活动，树牢全心全意为人民服务宗旨。依托公积金业务咨询微信群、电话咨询、“12329”公积金热线等多种咨询渠道，回应职工业务需求，在线解答职工问题。推行粤省事、网上办事大厅、微信公众号办理公积金提取及查询等业务，推行“网上办”服务新模式。

【公积金归集】 2021年，公积金仁化办事处根据《韶关市住房公积金缴存管理规定》，做好归集工作。截至2021年年底，全县新增开户单位38家，新增开户职工891人；归集住房公积金32231.06万元，与上年同期28409.16万元相比，归集额增加3821.9万元，增幅13.45%。实缴单位377个，实缴职工1.5万余人，累计归集总额226980.75万元，归集余额8.99亿元（其中两厂矿的转移金额为2.41亿元）。

【公积金提取】 2021年，仁化县住房公积金各类提取合计22488.26万元，占当期归集额69.77%，提取额较上年同期21337.97万元增加1150.29万元，同比增加5.39%。截至2021年12月底，累计提取额161185.99万元，占累计归集额226980.75万元的71.01%。提取金额中，住房消费类提取17132.54万元，占提取额76.18%，其中，购买、翻修、大修自住住房占19.28%，偿还购房贷款本息占80.71%，租赁住房占0.01%。

【住房公积金贷款】 2021年，仁化县发放223笔个人住房公积金委托贷款5600.86万元，相比上年同期4266.3万元增加1334.56万元，增幅31.28%。截至2021年12月底，累计为4642户家庭发放个人住房公积金贷款85045.76万元；全县住房公积金贷款余额52728.51万元，个贷率62%。按贷款类型分类，普通贷款201笔，金额5099.36万元；异地贷款21笔，金额477.3万元；人才贷款1笔，金额24.2万元。全年完成档案系统中已上线贷款档案整理工作298笔（2020年1—12月200笔，2021年1—6月98笔）。

【做好仁化中心工作】 2021年，公积金仁化办事处按县委县政府部署，结合“一线双联”，开展“民情夜访”以及挂点村农村人居环境整治等乡村振兴工作。联合社区开展单位党员活动，以党建助力扶贫，积极主动入户，访贫问苦，确保完成脱贫攻坚任务。帮助乡村振兴挂点村农户销售生姜0.5吨，助农增收3000余元；联合乡村振兴挂点村开展反诈宣传及扫黑除恶宣传、森林防火宣传活动。

（谭玮玲）

农业农村

农业、农村工作

【概况】 2021年，全县农林牧渔业总产值为38.68亿元，同比增长6%；农村居民人均可支配收入21216元，同比增长9.3%。3月30日，仁化县被评为第二批全国农作物病虫害“绿色防控示范县”。

【粮食安全生产】 2021年，仁化县全面压实粮食生产考核责任，制定《2021年粮食生产工作方案》《仁化县2021年粮食生产奖补方案》等系列奖补政策，促进粮食生产工作。复耕复种撂荒耕地215.53公顷；引导耕地内失管果园恢复粮食生产，清除失管柑橘园610.17公顷，完成“退果还粮”514.2公顷，种植花生和其他作物86.87公顷。推广“水稻直播”“再生稻”等新技术，水稻机械化大棚育秧成功。完成春种粮食面积3842.27公顷、夏种粮食面积6183公顷；玉米433.33公顷，豆类200公顷；油料作物6553.33公顷，蔬菜3626.67公顷，绿肥3000公顷。3月3日，韶关市春耕春播现场会在仁化县扶溪镇召开。

【畜牧业生产】 2021年，仁化县发展高标准规模养殖，支持建设养殖、屠宰加工、冷链物流配套全产业链项目。规范养殖场资源化利用工作，全县配备异位发酵床规模猪场42家，规模养殖场粪污处理设施装备配套率100%；抓好重大动物疫病防控工作，完成春秋两季动物强制免疫任务。家禽禽流感免疫127.5万羽，免疫率91.3%；猪口蹄疫免疫15.5万头，免疫率89.6%；牛羊口蹄疫免疫1.13万头，免疫率95.6%；小反刍兽疫0.81万头，免疫率96.2%。推广优质草鱼健康养殖技术，全县推广面积220公顷。截至2021年12月底，全县生猪总存栏10.5万头，与上年同期相比增长13%，出栏18.3万头；羊存栏6530只，出栏3650只，牛存栏536头，出栏269头；家禽存栏63.4万羽，出栏119.2万羽，牛羊与家禽生产与上年基本持平。

【“一村一品、一镇一业”专业村镇建设】 2021年8月，经广东省农业农村厅组织专家评审，认定周田镇（水果）、董塘镇（蔬菜）为第三批省级“一村一品、一镇一业”专业镇，丹霞街道夏富村（铁皮石斛）、扶溪镇紫岭村（扶溪大米）、红山镇烟竹村（茶叶）、董塘镇安岗村（花卉）、董塘镇董联村（蔬菜）、闻韶镇华塘村（柑橘）、黄坑镇高塘村（贡柑）7个村为第二批省级“一村一品、一镇一业”专业村。截至12月底，全县有省级专业镇7个、专业村20个，认定数量在全市名列前茅。

【农村人居环境综合整治】 2021年，仁化县推进美丽村庄工程建设工作，完成周田麻洋村等30个行政村及周田铁路沿线12个自然村雨污管网、污水处理设施、道路硬化等农村基础设施建设。开展农村公厕摸排整改，建立摸排整改工作台账，压实各镇（街）责任，加强农村公厕管护。推进“四小园”（小公园、小花园、小果园、小菜园）建设，出台《仁化县农村“四小园”建设实施方案》，全年建成“四小园”3000余处，建设面积33.64万平方米。常态化开展村庄清洁工作，通过“战疫情·迎新春”村庄清洁行动、村庄清洁行动春季战役等行动，清扫整治各村巷道、卫生死角、村内池塘沟渠等公共区域，常态化做好村庄清洁。9月，董塘镇新龙村被评为“第二批全国乡村治理示范村”。11月，丹霞街道黄屋村被农业农村部评为“2021年中国美丽休闲乡村”。

【脱贫攻坚成果同乡村振兴有效衔接】 2021年，仁化县推进脱贫攻坚成果同乡村振兴有效衔接。精准选派111人驻镇帮镇扶村，出台《全面推进乡村振兴，加快农业农村现代化的实施方案》《仁化县乡村振兴驻镇帮镇扶村联支部工作方案》，落实五级书记抓巩固拓展脱贫攻坚成果及乡村振兴工作，成立驻镇工作队临时党支部，强化组织保障，做好巩固拓展脱贫攻坚成果同乡村振兴有效衔接工作。加强扶贫项目资金资产管理和监督，每季度开展检查。

【新型农业经营主体培育】 2021年，仁化县新增注册农民合作社9家、家庭农场51家。认定仁化县周田镇凯乐家庭农场、仁化县周田镇逸园家庭农场、仁化县红山镇锦鸿家庭农场、仁化县黄坑镇长冲家庭农场、仁化县董塘古溪家庭农场、仁化县董塘信红家庭农场、仁化县大桥镇五马寨家庭农场、仁化县石塘镇茂盛家庭农场、仁化县石塘镇新红生态源家庭农场9家家庭农场为县级示范家庭农场；韶关田园牧歌农业生态科技有限公司、韶关小桔灯农业科技有限公司、韶关市农聚福生态农业有限公司、瑾泰水产（仁化）有限公司、仁化县永生生态农业有限公司5家企业为县级农业龙头企业；仁化县红山镇金茗豪茶叶专业合作社、仁化县长坝丰收农副产品农民专业合作社2家合作社为县级农民专业合作社示范社。新增市级家庭农场5家（仁化县黄坑镇长冲家庭农场、仁化县石塘镇茂盛家庭农场、仁化县周田镇吴茱萸种植基地家庭农场、仁化县周田镇红盛家庭农场、仁化县大桥镇五马寨家庭农场）、省级家庭农场2家（仁化县周田镇李尚往来家庭农场、仁化县周田镇丹霞蓝莓园家庭农场），市级示范社1家（仁化县青青沙田柚农民专业合作社）。7月，仁化县被广东省农业农村厅评为“2021年省级家庭农场示范县”。8月，仁化县向阳农机专业合作社被广东省农业农村厅认定为省级“全程机械化+综合农事”服务联合体。

【“12221”市场体系建设】 2021年，县农业农村局推动以贡柑为主的大宗农产品市场体系建设工作，制定、印发《仁化县2021年大宗农产品“12221”市场体系建设系列工作方案》。组织农业企业、特色农产品参与各类型大型农产品展示展销及专场推介活动。11月26日，参加“2021湖北农业博览会”；12月2日，参加第30届中国食品博览会、粤贸全国（武汉）经贸交流对接活动暨仁化贡柑推介展示，仁化县代表团签约合作协议4150吨，签约金额3200万元；12月7日，丹霞贡柑携手长坝沙田柚在广州塔亮灯。

举办贡柑展示展销活动。11月11日，开展仁化（丹霞）贡柑产销精准对接大会，现场签约预售丹霞贡柑逾2.5万吨，预售金额1.25亿元。11月22日，开展丹霞贡柑品牌联盟大会暨线上产销对接会，启动丹霞贡柑电商预售发布，现场电商预售订单2.5万件，预售金额逾236万元。11月25日，开展第二届丹霞贡柑果王争霸赛，吸引全县50多家主体及农户参加，通过数字化分选以及专家现场评选，评选出果王金奖1名、银奖2名、铜奖6名和种植达人10名。12月1日，举办丹霞贡柑开园节系列活动开幕式，现场举办丹霞贡柑展示展销、丹霞贡柑主题曲首唱发布及丹霞贡柑销售发车仪式等活动，活动现场发车逾200吨，分别发往北京、上海、昆明等地。

【农产品质量安全监管】 2021年，仁化县印发《2021年仁化县农产品质量安全监管与监测工作方案》，以农业龙头企业、示范农民专业合作社、家庭农场、种养大户和“三品一标”、名牌产品、菜篮子基地等59家生产单位为重点对象，制定农产品生产经营主体监管名录，对监管名录主体开展农产品质量安全日常巡查工作，全面排查风险隐患。开展农产品质量安全监测。配合市级开展监督抽查4批次，开展水产品例行监测12批次，开展畜禽监督抽查10批次。截至12月，开展县级监督抽查67批次、县级定量监测351批次、快速检测2988批次，开展农产品生产经营主体巡查检查76家次，出动监管人员312人次。10月，黄坑镇农产品快速检测室完成验收。完善周田镇、董塘镇农残快检室建设，开展镇级农产品快速检测工作。

【农业农村现代化试点县建设】2021年，仁化县制定《仁化县农业农村现代化试点县建设工作方案》，推进农业农村现代化试点县各项工作。坚持产业优先，发展富民兴村产业；坚持科技引领，完善农业科技体系。以现代农业园区为载体，推广应用农业科技创新成果，示范带动全县现代农业发展；坚持农企联动，健全现代农业经营体系。积极培育新型农业经营主体，提高乡村产业发展集约化、专业化、组织化水平；坚持农旅融合，发展农旅产业。

【高标准基本农田建设】 2021年，仁化县按照上级时间节点要求，做好高标准农田建设工作。完成2018—2020年建设项目市级验收。做好2021年度高标项目实施工作，涉及车湾村、夏富村、岭田村、董中村、董联村、南湖村、坪岗村、红星村、高莲村、新莲村、新龙村11个行政村，8月完成施工招投标、签订合同，9月入场施工，建设高标准农田1333.33公顷，总投资4500万元。10月25日，仁化县人民政府办公室印发《仁化县高标准农田建设项目建后管护实施方案》，完善建后管护制度，建立县、镇、村、组四级管护队伍，明确管护内容及标准、管护主体和职责、资金来源。整合涉农资金，统筹安排300万元农田水利管护建设资金，其中，粮食生产灌溉用水资金150万元，小型农田水利建设管护资金150万元，组织群众投工投劳开展冬修农田水利建设，补齐农田水利基础设施短板。截至12月31日，全县冬春农田水利建设清淤疏浚14.4千米，修复水毁灾毁灌排渠道322处、陂头82处、涵闸33处、田间道路8835米。

【农业科技宣传推广】 2021年，县农业农村局加强农业科技指导，扎实做好基层农技推广体系改革与建设补助项目建设，全县公开遴选项目农技人员25名、科技示范主体（户）100名；建设科技试验示范基地5个；在全县筛选、确定、发布水稻、油料、果树、茶叶主导品种8个、主推技术9项；利用“农村夜校”举办再生稻、水稻旱直播技术、地膜花生、香芋种植技术、柑橘黄龙病防控、红火蚁防控等培训班30期，培训人数2000余人。认定为“2021年广东农技推广能手”1人。实施高素质农民培育项目，公开遴选培育对象85名，分班举办为期6天综合培训班。推进“互联网+农技推广”，持续应用“中国农技推广信息服务平台”（中国农技推广）App，开展进村入户农技指导打卡，全年全县农技人员进村入户技术指导3000天（次）以上。开展农业科技下乡活动，联合县有关部门到扶溪镇、丹霞街道举办农业科技下乡活动，发放农业生产技术资料1000份。

【农业行政综合执法】 2021年，仁化县农业农村局开展农资打假专项治理行动，严厉打击各种制售假劣农资商品等坑农害农违法行为。检查农资、饲料、兽药、农机等经营门店及种养殖生产经营企业220家，出动执法人员597人次，查处违法违规行为5起，组织宣传2次，处罚4.53万元，发放各类宣传资料1700份。联合县水产资源自然保护区管理站及属地政府在辖区河段流域开展严厉打击非法捕捞专项行动，重点打击违规使用禁用渔具和“电、炸、毒”鱼等各类非法捕捞行为，集中清理违规网具，出动车船46辆（艘）次、执法人员146人次，清理整治地笼56条、粘网2千米、拦河网7张，查处案件1起，共罚款0.3万元。

【红火蚁综合防控】 2021年，根据国家及省、市、县关于红火蚁等农作物重大病虫疫情防控决策部署，仁化县成立农作物重大病虫疫情防控指挥部，印发《仁化县红火蚁疫情防控工作方案》《仁化县红火蚁春秋防控行动方案》，通过电视、微信、村广播等宣传方式，播报红火蚁防控新闻、宣传片及广播85期次，举办防控技术培训及现场观摩会32场次，培训1600人次，发放宣传海报及资料1.05万份。采取整村推进，科学防控思路，通过培训当地熟悉村落村民，组建村民红火蚁防控技术服务队，开展红火蚁防控工作，初步建立联防联控机制，开展红火蚁防控面积4520公顷。

【农业农村综合改革】 2021年，县农业农村局深入推进农业农村综合改革。抓好农村集体资产清产核资工作，建立仁化县农村集体“三资”管理服务平台，实现市、县、镇平台互联互通和数据资源共享共用。核实资产总额6.49亿元，集体农用地面积17.41万公顷，规范流转土地面积261.456公顷。扶持壮大农村集体经济，新增扶持壮大村级集体经济试点村3个，稳妥推进农村集体产权制度改革。完成全县1220个农村集体经济组织换证登记工作，全部集体经济组织制定成员界定办法和组织章程，理清集体经济组织成员清册，摸清集体资源、资产、资金“家底”。3月，完成农村集体经济组织换届选举。完成股份制改革的经济联合社69个、经济合作社210个，量化经营性资产3500万元。

（刘志强）

县委农办工作

【驻镇帮镇扶村联支部】 2021年，中共仁化县委农村工作办公室（简称县委农办）贯彻落实中央、省关于巩固拓展脱贫攻坚成果同乡村振兴有效衔接，全面推进乡村振兴的决策部署，5月完成脱贫攻坚交接工作，6月组建成立县乡村振兴局，制定《仁化县乡村振兴驻镇帮镇扶村联支部工作方案》等一系列政策文件，精准选派驻镇帮镇扶村工作队，分类分级组团结对帮扶11个镇（街），转入全域全覆盖推进乡村振兴阶段。周田镇、扶溪镇、长江镇、红山镇、城口镇、大桥镇6个重点帮扶镇由省、市直属单位和东莞市结对帮扶，闻韶镇、石塘镇、董塘镇、黄坑镇、丹霞街道办事处5个巩固提升镇由县直单位结对帮扶，全县各级选派工作队队员175人，其中省部门5人、东莞市16人、市部门12人、县部门76人、科技特派员33人、三支一扶11人、大学生志愿者11人、金融助理11人。在11个镇（街）建立乡村振兴临时党总支部，驻镇帮镇扶村工作队队长挂任镇（街）党委副书记和兼任乡村振兴临时党总支书记，在27个重点村设驻村第一书记27人，推进驻镇帮镇扶村联支部工作。

【督导考核机制】 2021年，仁化县围绕农村人居环境整治工作要点，派出督导组对全县11个镇（街）村庄卫生及长效管护、农村污水设施运行、农村“厕所革命”工作、“四小园”建设等开展督导检查，分片区组织工程核查组对各片区农村人居环境整治工作开展现场勘查及复核和指导工作。开展乡村振兴“比学赶超”“赛龙夺锦”活动，每季度对镇（街）在巩固脱贫攻坚成果、五大振兴、镇域经济发展等工作进行量化评比。抓实年度考核，对镇街及成员单位实施考评，推动全县乡村振兴工作。

【乡村卫生环境整治】 2021年，仁化县组织开展“战疫情·迎新春”村庄清洁行动、村庄清洁行动春季战役、村庄清洁行动夏季战役等活动，持续整治农村人居环境卫生。出台《仁化县农村“四小园”建设实施方案》，以奖代补、以评促建开展村庄“四小园”建设，全县利用农村破旧泥砖房拆后土地累计建成“四小园”3000余处35.1万平方米。

【农村生活污水治理】 2021年，仁化县组织开展农村生活污水处理设施整改工作，对村庄现有污水收集管网及处理设施运行情况开展全面排查，县委农办牵头组织县职能单位开展专项督导抓落实，完成问题设施整改。持续做好农村生活污水处理工作，完成9个自然村农村生活污水治理示范建设任务。全县纳入规划984个自然村中，935个自然村完成农村生活污水收集，收集率95.02%，722个自然村完成农村生活污水治理。

【农村“厕所革命”】 2021年，仁化县根据省、市要求，开展农村厕所问题摸排整改工作，逐村逐户逐厕开展排查，排查农村卫生户厕40396户、农村公厕197座，完成问题厕所整改。推进农村老旧厕所改造工作，完成老旧厕所改造229户。出台《仁化县农村基础设施运行管护方案（试行）》等系列管护制度，规范农村公厕等基础设施管护工作。全县农村无害化卫生户厕普及率100%，配备农村公厕专（兼）职保洁员157人，公厕保洁覆盖率100%。

【生态宜居美丽乡村建设】 2021年，仁化县新启动农村人居环境整治项目30项，建成污水处理、村内道路、文化室等公共设施一批。推动乡村风貌整体提升，完成阅丹公路沿线车湾、夏富美丽乡村工程建设；初步建成董塘河碧道沿线美丽乡村风貌带，覆盖新龙村、高莲村、江头村、安岗村、董塘社区，全长15千米。全县57个行政村达到美丽宜居村标准，完成率52.29%，建成夏富村等美丽乡村一批，环丹、阅丹、董塘河碧道沿线美丽乡村连线成片。

【美丽乡村市场化改革】 2021年，仁化县印发《仁化县美丽乡村建设市场化改革工作方案》，通过系列措施推进试点工作。提升环丹、阅丹、董塘河碧道沿线、城口省际廊道等沿线乡村风貌，打造乡村旅游精品线路。引入韶关市乡村振兴公益基金会和ITREE爱树公司，在董塘镇河富村建成大井民宿“爱树·丹霞山苑”项目，促进当地乡村旅游发展，村委通过土地入股分红，增加村集体收入。在大桥镇大桥村、董塘镇安岗村、长江镇沙坪村建设乡村振兴车间。通过“万企兴万村”活动，实现16个村企有效对接。

【帮扶政策衔接】 2021年，仁化县印发《仁化县关于建立困难群众动态监测预警帮扶机制的实施意见》《仁化县困难群众医疗救助兜底保障工作方案（试行）》《仁化县困难群众就业兜底保障工作方案（试行）》《仁化县困难家庭学生教育补助方案（试行）》《仁化县建档立卡贫困户应纳入兜底保障而不符合民政保障政策的贫困人口纳入财政兜底保障的方案》等一系列政策文件，健全防控返贫和兜底保障等长效机制，确保现有政策有效衔接，保持总体稳定。

【防止返贫动态监测】 2021年，仁化县健全防止返贫动态监测和帮扶机制，成立县、镇、村、户“三人工作组”，推行村每周、镇（县）每月一次“排查—研判—帮扶”，形成县、镇、村、组四级联动预警机制。全县纳入防止返贫监测范围7户22人，其中有劳动力监测对象3户14人，因户施策、常态化开展监测和帮扶工作。开展巩固社会救助兜底脱贫成果“回头看”行动，加强农村低收入人口监测，全县农村低保1979户4052人，新增184户402人；低收入家庭127户354人，新增47户134人；特困供养人员583人，新增44人。开展临时救助235户544人，发放临时救助金53万元。

【扶贫资产管理】 2021年，仁化县全面梳理脱贫攻坚以来各级各类扶贫资金形成的资产，其中，经营性扶贫资产101个1.62亿元，公益类扶贫资产867个9136.81万元，两类扶贫资产项目共968个完成确权；到户类扶贫资产35个95.7万元，全县形成扶贫资产2.54亿元。建立健全长效管理机制，强化扶贫资产运营及管护工作，县国资管理平台仁化县锦霞投资开发有限公司开展每周一监测、每季一核查、半年一风险评估，对全县扶贫资产进行监测和指导工作，确保扶贫项目在巩固拓展脱贫攻坚成果、全面推进乡村振兴中持续发挥效益。

【产业帮扶】 2021年，县乡村振兴局加强对扶贫产业项目后续管理，扶贫产业增收项目经营状况良好，持续发挥扶贫效益，其中县级统筹项目3个收益1408.52万元，全部归脱贫户（含监测对象），脱贫户人均增收1567元。采取定期分红、吸纳就业等方式，与脱贫户建立稳定的利益联结机制，全县95个增收项目中有62个项目增加脱贫户收入，33个项目增加村集体收入。继续鼓励扶贫项目经营主体吸纳脱贫人口就业，全县扶贫产业项目吸纳脱贫人口就业14人。

【就业帮扶】 2021年，仁化县出台《仁化县关于促进劳动力和人才社会流动性的体制机制改革的实施意见》，加强就业服务和技能培训，鼓励就业。年内，有就业意愿脱贫劳动力484人，就业率100%。有就业意愿第三类评估对象技能培训1人，培训率100%。公益性岗位安置脱贫人口230人。落实就业激励奖补政策，奖补就业创业脱贫人口180人165.88万元，其中，乡村公益性岗位补贴70人次87.23万元，吸纳就业困难人员社保补贴54人次33.45万元，一般性岗位补贴54人次11.42万元，一次性创业资助20人次20万元；创业租金补贴1人次0.4万元，求职创业补贴34人次10.2万元，一次性吸纳脱贫人口补贴7人次3.18万元。

【消费帮扶】 2021年，仁化县出台《仁化县继续大力实施消费帮扶巩固拓展脱贫攻坚成果的实施方案》《关于深化拓展消费帮扶工作的通知》，引导社会力量积极参与消费帮扶，举办“丹霞贡柑电商预售发布及品牌联盟大会”“仁化（丹霞）贡柑产销精准对接会”“仁化县丹霞贡柑开园节”“仁化贡柑走进内销市场产销对接会”等产销对接活动，组织参加“第30届中国食品博览会”“第六届中国国际食品及配料博览会”等展示展销活动，促进消费帮扶。全年，全县消费帮扶金额1442.43万元，同比增加64.85万元，带动贫困户1440户，同比增加18户。建设完善消费帮扶“三专一平台”，建设消费扶贫专柜3个、专馆1个、专区6个，“三专一平台”通过线上线下全年消费扶贫产品1883.15万元。

（冯旭胜）

国家现代农业示范园区建设

【省级柑橘产业园建设】 2021年8月，广东省农业农村厅组织专家对仁化县省级柑橘产业园现场验收。11月，省农业农村厅发文通报仁化柑橘产业园验收合格。通过柑橘产业园建设，仁化县基本形成“生产+加工+科技+品牌+营销”发展格局。

【广东金柚产业集群建设】 2021年，仁化县获得广东金柚产业集群项目中央专项资金500万元，用于沙田柚产业补短板、强弱项，包括新型智能水肥一体化节水示范基地和粤北冷链物流与商品化处理产业园建设。

【省级牛羊产业园申报成功】 2021年，仁化县全面统筹布局牛羊品种繁育、生态养殖、种养循环、屠宰加工、物流交易、农牧休闲、科技创新、创新孵化等功能板块，申报省级牛羊产业园。12月28日，省农业农村厅公布2021年省级现代农业产业园建设名单，韶关市仁化县牛羊产业园成功入选特色产业园建设名单。

【区域公共品牌建设】 2021年，仁化县推进“12221”农产品市场体系建设，开展“丹霞贡柑”“长坝沙田柚”品牌策划、包装及宣传推介工作。与南方农村报等单位合作，举办“仁化县农业招商（博览）会暨丹霞贡柑开园节”系列活动，发展壮大仁化特色农产品产业，提升“丹霞贡柑”“长坝沙田柚”“仁化白毛茶”等区域公共品牌价值。在2021年“粤字号”农产品品牌设计大赛之百县百品打擂台活动中，丹霞贡柑获县域公共品牌优秀品牌称号。

【农业科技水平】 2021年，仁化县通过完善广东韶关国家农业科技园区、柑橘物联网应用综合管理平台项目和创新创业公共服务平台等农业科技项目配套功能，发挥科技带动作用，推动农业产业技术转型升级和产业结构调整，用科技手段解决发展中所存在的问题，降低生产成本，提高产品质量，优化产业结构，提升农产品竞争力。5月，仁化县和而友生态农业有限公司的韶关市柑橘工程技术研究中心和仁化县橘颂生态农业有限公司的韶关市丹霞贡柑工程技术研究中心被认定为2021年第一批韶关市工程技术研究中心。

（李 莹）

林业

【概况】 2021年，仁化县林业用地面积18.33万公顷，森林覆盖率80.78%。

2021年仁化县各镇（街）林业用地情况表

表28

单位	林业用地总面积（公顷）	公益林（公顷）	商品林（公顷）	森林覆盖率（%）
仁化县	183260.4521	77362.3920	83850.4643	80.78
丹霞街道	10364.1484	5991.4389	3402.6437	63.31

续表28

单位	林业用地总面积（公顷）	公益林（公顷）	商品林（公顷）	森林覆盖率（%）
董塘镇	12185.6641	6739.5028	4636.3687	63.1
石塘镇	5170.7558	1704.4255	2634.2290	63.98
长江镇	24293.6279	10079.6786	9204.3524	84.4
扶溪镇	15049.8638	5454.5510	7539.2350	84.37
闻韶镇	7477.1454	3157.5934	3597.0682	88.02
城口镇	21183.5144	6639.5851	12234.8155	88.98
红山镇	15230.0005	7176.9167	5159.3479	90.9
周田镇	22052.5877	9865.2852	9959.5608	79.8
黄坑镇	13803.3677	5057.0356	6554.7144	78.53
大桥镇	13508.3741	7434.8669	5198.2493	81.63
红城场	3534.2625	828.9988	2434.9177	95.36
长江场	1760.5130	428.0165	1300.1179	91.17
小梢水场	4539.8571	2190.5142	2128.6193	94.02
长坑林场	1404.5136	1081.6927	314.2029	95.69
霞山林场	1154.5097	888.2236	172.8441	53.07
苗圃场	51.5894	—	29.9413	73.59
仁化林场	10496.1570	2644.0665	7349.2362	89.99

【林业“四大工程”建设】2021年，仁化县以植树造林和绿化、“森林进城，公园下乡”建设、乡村绿化美化、景观林带建设“四大工程”为抓手，推进林业生态建设。完成高质量水源林（水土保持）362.27公顷、高质量水源涵养林抚育326.13公顷、大径材培育739.48公顷，义务植树191.82万株，义务植树尽责率98%。完成红城林场森林生态综合示范园与城南生态公益林保护管理示范区项目建设。开展锦江两岸生态公益林示范区项目建设。完成周田镇平甫村绿美古树乡村建设。抓好已建成乡村绿化美化示范点20个和绿美古树乡村7个后期管护工作。做好2019—2023年重点防护林体系工程珠江防护林4733.33公顷封山育林项目后期管护，完成韶赣高速两侧8千米景观林带抚育，做好省道246线、大岭工业园、阅丹公路等30千米景观林带绿化项目后期管护。

【森林防火】 2021年，县林业局强化森林防火宣传，发放《韶关市野外用火管理条例》《仁化县人民政府森林防火禁火令》等宣传资料64万余份，悬挂宣传标语横幅2000多条，通过电视、广播、微博、微信播放、刊载森林防火宣传口号，累计传播39万余次，在长江、红山、城口、闻韶、黄坑5个镇级森林公园入口处宣传点设置森林防火语音警示防火虎威威卡通形象。规范临时检查站设置，督促指导镇（街）在进山主要路口、重点林区、隐患较大地区以及其他地点设立森林防火临时检查站72个。增设春分、清明期间临时检查站69个。制定出台《仁化县森林防火临时检查站工作指引》，统一制作临时检查站站牌、标识、服装、防火码、登记本等物资。加强隐患排查整治，开展各类可燃物“五清”（清坟边、清林边、清地边、清隔离带、清旅游景区）专项行动，督促各镇（街）重点清理连片坟地、庙宇、林田交错区、生物防火林带等区域。各镇（街）共清理30.866公顷集中连片纯松林边可燃物，198个防火区内电力、电信及其他生产经营单位可燃物，41.8千米铁路、高速公路沿线边坡可燃物，1009处连片坟地、林区庙宇周边可燃物。开展防火林带建设，扩建小楣水林场等4个林场及石塘镇生物防火林带，面积61.4公顷；维护城南森林公园、石塘镇乐昌坳等37.5千米生物防火林带。

【森林资源保护管理】 2021年，县林业局加大打击各类涉林违法犯罪行为执法力度，查办林业案件43宗，其中行政案件37宗、刑事案件6宗。加强森林资源巡查管护，出动林政巡查车次331次、人员1186人次。做好伐区以及环丹区域、斯溪河保护区、锦江河湿地等自然保护地巡查，维护林区正常秩序，保护林地资源。严格林地定额管理与用途管制，受理建设项目征占用林地申请18宗，涉及使用林地面积78.25公顷，审批项目10宗，依法批准使用林地面积8.21公顷。严把林木采伐审批与限额管理关，制定《2021年度商品林采伐限额方案》，严格控制森林资源消耗，掌握2020年度林木采伐伐区执行情况，开展全县2020—2021年度林木采伐伐区检查并整改所发现问题。做好林业有害生物防控，调查监测马尾松毛虫、松材线虫等有害生物面积15.522万公顷。通过飞机喷药防治松材线虫病森林666.66公顷，清理病枯死树7500株。防治红火蚁39.61公顷、蚁穴900余个，防治黄脊雷篦蝗254.66公顷、桉树尺蛾207.35公顷。承办赣韶林业有害生物防治联席第四次会议，得到市林业局通报表扬。开展“林安2021”林业植物检疫执法行动，检查涉木企业16家、涉苗企业12家，巡查28家，签发植物检疫证书33份。

【涉林矛盾纠纷化解】 2021年，县林业局接待涉山林纠纷、人工林赎买流转、生态公益林权属纠纷等方面群众来电来信来访87批286人次，处理信访件12宗、山林纠纷案件40宗。做好涉生态公益林矛盾纠纷化解工作。组织引导黄坑镇古竹村林农办理不动产权证书，协助林农完成不动产权证书办理300多宗及生态公益林1300公顷补偿资金发放。完成天然林核定落界8.22万公顷，为林农申报将天然商品林纳入生态公益林保护，有2.57万公顷商品林纳入天然林保护。

【林业产业扶持】 2021年，仁化县完成林下经济作物种植面积143.33公顷。完成66.67公顷油茶低产林改造和20公顷新种油茶林任务。举办优良（珍贵）树种丰产技术、林木种子（种苗）生产经营管理、食用林产品风险监测培训班各1期。2021年，县林业局为符合条件林业经营户申报林下经济项目。年内，完成省级龙头企业申报2家、复核1家，国家级林下经济示范基地申报1家、省级农民林业专业合作社示范社申报1家、省级林下经济示范基地和林下经济示范县监测3家。完成省级林业专业合作社示范社、省级森林康养基地、省级自然教育基地申报各1家。推动仁化县林业龙头企业与省林科院等科研院所合作，协助奥达胶合板有限公司、鸿伟木业（仁化）有限公司做好竹木纤维复合环保新材料生产线技术改造项目、20万立方米连续压机竹刨花板生产线引进建设，开展红城林场森林康养基地宣传推介和资金引进。邀请中山大学教授调研仁化县竹产业，厘清全县竹产业发展思路。做好全市林业产业现场会仁化参观点会务组织筹备工作，得到市林业局通报表扬。

【野生动植物保护】 2021年，县林业局结合疫情防控，严厉查处涉野生动物违法行为，加大野生动物野外栖息地及农贸市场、饭店巡查、清查力度，出动527人次，检查场所215次。结合湿地日、爱鸟周、国际生物多样性日，融合微信平台载体，线上线下全方位开展野生动物保护宣传，收容、救助、放生野生动物2起。

【自然保护地管理】 2021年，县林业局聘请技术单位开展全县自然保护地勘界立标报告编制，完成7个自然保护地（共12个自然保护地）勘界立标报告编制。完成南岭国家公园韶关片区入口社区提升工程建设。开展森林公园、湿地公园保护宣传，加强管理，提高社会公众保护意识。

【国家森林城市创建】 2021年，县林业局将最新国家森林城市指标测评体系涉及任务细化分解到各创森成员单位，督促各创森成员单位对标《仁化县创建国家森林城市指标自查报告任务清单》《仁化县创建国家森林城市总体规划实施报告任务清单》，抓紧项目建设。加强督查检查，收集整理创森佐证资料。开展“游山水画廊 创森林城市”生态碧道徒步行活动、“走进茶乡品兰花香茶”最美茶园推介宣传活动、“最美阳台”评选活动等创森主题宣传活动14次。通过微信公众号、电视新闻等平台宣传报道创森工作新进展，在“韶关创森发布”“仁化发布”等媒体平台发布全县创森工作动态信息50余篇。印制、发放创森宣传手册、倡议书等资料5万多份。

【推行林长制工作】 2021年，县林业局制定出台《仁化县全面推行林长制工作实施方案》，建立县、镇、村三级林长制责任体系，设立县、镇、村三级林长275名，明确林长责任分区，在全县林区设置林长制公示牌135块。制定林长会议制度、林长巡林制度、信息公开制度、考核评价制度等6个配套制度，落实森林资源保护发展目标责任。

（刘文平 欧小霞）

畜牧兽医水产业和农作物病虫监测

【概况】 2021年，仁化县生猪总存栏10.5万头，与上年同比增长13%，出栏18.3万头；能繁母猪存栏1.04万头，同比增长15%。羊存栏6530只，出栏3650只。牛存栏536头，出栏269头。家禽存栏63.4万羽，出栏119.2万羽。牛羊与家禽生产数据与上年基本持平。肉类总产量17473吨。水产养殖面积1683公顷，其中池塘面积1088公顷，山塘水库面积595公顷。水产品总产量9771吨，比上年同期增长0.97%。渔业总产值13598万元，比上年同期增长5.29%。

【养殖监管】 2021年，仁化县畜牧兽医水产局加强养殖监管，成立畜禽养殖督查组，分5个组督查各镇（街）、养殖场（户）落实安全生产、防控防疫、环保达标等情况。制定《仁化县畜禽养殖粪污资源化利用主推模式及台账要求》《发酵床建设与运行管理规范》，规范养殖场资源化利用。恢复仔猪供应，规模猪场空栏率下降，生猪存栏接近非洲猪瘟暴发前2017年的存栏水平。

【动物防疫检疫】 2021年，县畜牧兽医水产局订购、发放疫苗，开展疫病监测、养殖环节病死生猪无害化处理、产地检疫、屠宰检疫、非洲猪瘟排查。组织入粤动物及产品指定检疫道口排查。开展生猪养殖环节、屠宰环节瘦肉精检测。根据省市有关工作部署和要求，选丹霞、董塘两镇作为动物防疫示范镇，各镇选定示范村2个，示范场2个；建立防疫检查汇报制度，组织人员实地检查防疫措施落实情况，指导饲养户掌握动物疫病防控技术。春秋防疫期实行周报告制度。

【水生动物养殖发展】 2021年，县畜牧兽医水产局牵头相关职能部门及镇（街），按照中央、省、市工作部署，落实鱼塘巡查责任，指导养殖户合理用水、注意鱼病防控和病鱼处理，及时解决生产中所存在问题。开展优质草鱼健康养殖技术推广面积220公顷，指导昇洋养殖实业发展有限公司扩大工厂化水产养殖规模，加强龟鳖养殖户相关证照管理工作。印发《仁化县牛蛙养殖专项整治行动方案》，排查发现全县有牛蛙养殖场3家，截至12月底，完成全部清退。

【惠农政策落实】 2021年，县畜牧兽医水产局组织开展政策性农业保险工作。养殖保险投保母猪5200头、育肥猪86192头、仔猪65000头，合计156392头，申请发放中央财政补贴2052688元、省级财政补贴1096544元、县级财政补贴380979元。

【指定道口工作】 2021年，县畜牧兽医水产局根据《广东省人民政府关于公布经道路运输动物进入本省指定通道的通告》等文件精神，组织专职人员7名（其中站长1名），24小时值班制，开展仁化县指定道口入粤动物及动物产品监督检查工作，排查运输生猪车辆703辆，合法703辆，运输生猪84106头；排查运输生猪产品合法车辆36辆，运输动物产品401.2吨。

【农作物病虫监测】 2021年，县畜牧兽医水产局坚持逐日收集、分类、记录“虫情测报灯”诱虫情况。工作人员深入田间、地头适时调查，及时掌握各农时季节病虫发生动态，及时提供可靠、高效防治措施及指导意见。履行“中韩水稻迁飞性害虫监测合作项目”项目县（广东区域）职责。按照农业农村部及省农业农村厅统一部署，适时实地调查全县范围内春种玉米“草地贪夜蛾”专题虫情。完成全国农业技术推广服务中心水稻迁飞性害虫（稻纵卷叶螟、稻飞虱）监测及样本采集工作，有效控制农作物病虫害大面积严重发生。

（华少滨）

农业机械

【概况】 截至2021年年底，仁化县农业机械总动力12.58万千瓦，比去年提高0.63%。12K及以上拖拉机2278台，拖拉机配套农机具2278台/套，插秧机190台，收割机794台，其他农机具一批；水稻生产机耕率96%，机插率19.54%，机收率86%，水稻耕、种、收综合机械化水平76.66%，农作物机械化综合水平49.43%。

【农机购置补贴政策落实】 2021年，上级下达仁化县农机购置补贴资金73万元，截至是年底，仁化县农业机械事务中心（简称县农机中心）完成兑现补贴资金45.89万元，补贴机具70台，受益农户66户，其中拖拉机8台、联合收割机4台、施肥机械1台、田园管理机械12台、耕整地机械35台、水产养殖机械9台。组织农机购置补贴宣传活动，印制、发放宣传农机购置补贴纸巾盒500个，牙签筒500个，环保袋2000个。

【农机技术推广】 *召开全市现场会（观摩会），推广新农机和新技术。*2021年3月，韶关市春耕春播现场会在仁化县扶溪镇召开，县农机中心负责现场会农业机械及展示区安排，布展山地轨道运输车、无人机、收割机、插秧机、施肥机、播种机等一批。6月，仁化县向阳农机合作社被省农业农村厅授予“全程机械化综合农事联合体”称号。10月，由韶关市农业农村局主办的“韶关市机收减损现场观摩会”在仁化县董塘镇召开。

*参加省（市）农机大赛，培育新型农机技术人才。*2021年7月，仁化县向阳农机合作社在韶关市机收减损大比武获优秀奖。10月，仁化县向阳农机合作社代表韶关市参加全国农业行业职业技能大赛，获三等奖，选手刘永福代表韶关市机械手被广东省农业农村局授予“土专家”称号。

*开展农机具推广活动。*2021年，县农机中心协助市农机化科举办农机技术培训班，受训农机手57人。举办培训班2期，全县农机干部、机械手、种植大户100人次参与培训学习。组织宣传活动2次，印制、派发宣传资料2000余份。

【水稻生产机械化】 2021年，县农机中心贯彻落实中央一号文件稳定粮食生产要求，强化现代农业科技和物质装备支撑，支持农民专业合作社建立1万多平方米工厂化育秧大棚以及稻谷烘干房、水稻全程机械化生产示范片等，补贴购置耕整机、联合收割机等机械农户30多户，水稻生产全程机械化水平得到提升，带动全县1300余公顷水稻参与代育代插、代耕代种等托管服务。引进新型农业经营组织3家入驻仁化县区域性农业机械综合推广站，开展新机械推广、培训、农事托管服务等。

【农机安全宣传】 2021年，县农机中心开展农机安全宣传与教育工作。组织各镇（街）农机员开展2021年农业行业“安全生产月”活动。结合“3·15”国际消费者权益日，到扶溪、城口、周田、县城开展农机安全生产督导。通过宣传标语、短信等平台开展农机安全生产宣传工作，印制、派发农机安全生产宣传资料至各农机专业合作社、农机经销点、农机手。举办全县农机化推广和农机安全生产工作培训班2期，各镇（街）农机干部、机械手、种植大户100余人次参加培训。协助开展农机安全生产隐患排查工作5次，检查农机合作社、农机经销商、农机大户等19家次。协助查处无牌无证、违章载人、非法改装等严重违章行为，降低道路交通事故拖拉机涉案率，提升农机“三率”水平。协助做好拖拉机、联合收割机驾驶证和行驶证登记、发放以及变形拖拉机注销等工作，全年注销农机39台。

（许美花）

工 业

综述

【工业发展概况】 2021年，仁化县规上工业企业总数为32家，完成工业总产值92.14亿元，增长28.6%，工业增加值28.8亿元，同比增加13.8%，超额完成市下达7%的增速任务，增速全市（10个县市区）排名第五；完成工业投资19.81亿元，同比下降15.0%（完成25.62亿元任务的77.32%），增速全市（11个县市区，包含新区）排名第八；完成技改投资11.57亿元，同比下降6.9%（完成15.32亿元任务的75.52%），增速全市（11个县市区，包含新区）排名第六；完成制造业投资14.09亿元，同比增长38.0%（完成16.58亿元任务的84.98%），增速全市（11个县市区，包含新区）排名第四。完成韶关盈瑾金属有限公司、广东威玛新材料科技有限公司2家新建企业升规，下转上企业仁化岭田萤石矿有限公司、广东讯天新能源有限公司、仁化恒达新型材料有限公司、韶关韶能本色丹霞纸品有限公司、仁化县众康环保精细粉料有限公司5家企业达到升规条件，已提交资料至统计部门。全年新增规上工业企业7家，超额完成市下达新增3家的任务。

【规上工业结构组成】 有色金属产业是县工业第一支柱产业。2021年，仁化县有有色金属规上企业6家，占规上企业总数18.8%；有色金属行业增加值21.4亿元，占规上企业增加值总数74.2%。

新能源产业。2021年，仁化县新能源产业是光伏发电产业。全年，电力行业增加值3.3亿元，占规上企业增加值总数11.5%；其中光伏发电增加值0.4亿元，占电力行业增加值12.1%。仁化华粤煤矸石电厂生物质与煤混合燃烧发电技术投产，获得生物质发电指标2亿千瓦时。

高端制造及动力电池产业。2021年，仁化县高端制造业及动力电池产业优势产品主要有电池级碳酸锂、硫酸镍、硫酸钴、纳米氧化锌等。规上企业有韶关凯鸿纳米材料有限公司和广东威玛新材料科技有限公司2家。全年，凯鸿纳米材料有限公司产值0.6亿元，占全县规上企业总产值0.6%；工业增加值0.1亿元，占全县规上企业工业增加值0.4%。广东威玛新材料科技有限公司于2021年投产，完成工业产值3亿元，占全县规上企业总产值3.2%，增加值0.6亿元，占全县规上企业总产值2.2%。

（庞国雄 吴静涛）

电力工业

【水力发电】 截至2021年年底，仁化县有水电站256宗（其中锦电总公司4宗、县水务局下属电站5宗、石塘镇4宗、董塘镇8宗、丹霞街道办3宗、红山镇40宗、长江镇74宗、扶溪镇27宗、城口镇39宗、闻韶镇10宗、大桥镇3宗、周田镇12宗、黄坑镇27宗），装机容量19.3440万千瓦（其中1万千瓦以上电站3座，装机容量4.72万千瓦；0.1—1万千瓦电站23座，装机容量5.36万千瓦；0.1万千瓦以下电站230座，装机容量9.26万千瓦）。全县小水电年发电量45378.02万千瓦时，与上年57121.22万千瓦时，减少11743.2万千瓦时。

（李恩泽）

【火力发电】 2020年，仁化县火力发电63300万千瓦时，比上年增长17.6%。

（县统计局）

锦江电力开发总公司

【概况】 2021年，锦江电力开发总公司（简称锦电公司）实现发电量12315.82万千瓦时，上网电量12067.27万千瓦时，发电收入7137.63万元，上缴财税2699万元（其中上缴税费1059万元，上缴财政1640万元）。全年实现安全生产无重大责任事故。

2021年，锦电公司开展“一线双联”、“民情夜访”、主题党日和“‘2+1’讲坛”等活动97次、“我为群众办实事”实践活动32次；开展党史学习教育专题讲座、“中国共产党百年辉煌”党史专题辅导报告会、习近平总书记“七一”重要讲话专题宣讲活动5次受众600人次。重新修订《仁化县锦江电力开发总公司章程》和修订和完善《锦电公司机电设备改造和设备采购制度》等规章制度8条，汇编成《锦电公司制度汇编》。培养“双培”（将业务骨干培养成党员，将党员培养成业务骨干）人员12人。开展创文网格六区卫生整治、农村人居环境卫生整治、文明交通劝导志愿服务活动259次，参与3218人次。

【科学调度】 2021年，锦电公司以锦江水库为龙头，运用丰枯、峰谷电价差优化调度锦江上下游梯级水库群，汛前将水位拉低至122.63米腾空库容，根据天气情况调节库容。保持高水头运行，减少发电耗水量，增加发电，支持锦江两岸农田灌溉，实现经济和社会效益双丰收。

【技改和检修】 2021年，锦电公司节约各项开支，抓好机电设备维护、检修和技改工作，提高厂站安全生产水平和经济效益。年内完成：锦江电厂集水井2台渗漏排水泵更新改造，110千伏线路保护屏更新改造，天车供电系统及滑线更换为安全的封闭供电线路升级改造，低压配电屏更新改造工作；黄屋电站100安时第二套直流系统蓄电池更新改造，大坝闸门上位机自动控制系统技改，无功补偿装置电容器组更新改造，1号机组接力器技术改造，高压气机自动控制柜安装改造；丹霞电站2号机组转轮叶片技术改造，两台机组油压装置压力容器技术改造，两台机组油压装置组合阀及自动补气装置技术改造，前池检修闸门技术改造，1号机组计算机监控系统改造，2号机组空冷器技术改造，2号机组控制柜、公用系统控制柜、油系统控制柜监控技术改造，2F机组空冷器供排水管路技术改造；瑶山电站高压气系统改造，两台检修排水泵更换，两台机组同期回路技改，35千伏母线电压互感器 A、C相避雷器更换，2号机组调速器控制器CPU更换，两台高压气机更换及其自动控制接线技改，1号机组惰转运行监测装置安装，1号机组大修等工作。

【职工教育培训】 2021年，锦电公司与广东省岭南工商第一技师学院（韶关校区）进行企校合作开展新型学徒制培训，参加职工81人；选派1人参加2021年仁化县中青年干部培训班；参加县直机关工委举办的专题培训班3期93人次，分层分级全覆盖常态化开展集中教育培训等。

【综治、人事、工青妇工作】 2021年，锦电公司抓好社会管理综治、工青妇、文秘、劳资、档案、车队、后勤服务等工作，办好内刊《锦电通讯》，开展“十佳员工”“十佳岗位女能手”评选活动，活用各种载体宣传公司。开展帮扶解困、节日慰问活动，探望困难党员、老党员、退伍军人、退休职工72人，发放慰问金2.18万元，探望生病职工及其家属、生育职工、家有离世老人职工49人，发放慰问品和慰问金2.2万元；开展消费帮扶2次、16.2052万元；奖励高考取得优异成绩职工子女3人1.1万元。

【库区农作物淹没补偿】 2021年，锦电公司发放青苗补偿款等14.4万元，发放库区“两头”人员（指老少人员）517人生活扶持金51.7万元，无发生库区群众上访事件。

【企业社会责任担当】 2021年，锦电公司扎实推进巩固脱贫成效、乡村振兴、锦江流域环境综合治理、创文、帮扶解困等工作。筹集资金13.76万元用于五一村开展脱贫户居住环境改善工程、凡口河河道清理工程、凡口河道和晒坪清理工作，筹集资金4.93万元用于董中村开展村庄环境整治、提升脱贫户居住环境工程以及解决中山村小组自来水水损费问题。开展锦江流域环境综合治理工作，坚持每周巡查锦江水库至瑶山水库流域1次以上，做好河面保洁工作，投入资金51.42万元打捞公司属下各库区漂浮物3706吨。开展创文网格六区卫生整治志愿服务活动197次2716人次、文明交通劝导59次472人次，人均志愿服务时长达99.71小时。开展帮扶解困活动，“6·30”广东扶贫济困日捐款10万元，关爱董塘镇五一村小学留守儿童10名，捐款1600元。

（刘春香）

有色金属行业企业

【概况】 2021年，仁化县有色金属行业规上企业完成工业总产值58.3亿元，同比增长33.0%，完成工业增加值为21.4亿元，同比增长20.6%，占全县规上企业增加值的74.2%。全县规模以上有色金属行业企业主要有凡口铅锌矿、丹霞冶炼厂、韶关市鑫众钨业有限公司（原名“韶关市鑫海仁丹钨业有限公司”）、仁化县博世铝业有限公司、韶关中润金属科技有限公司、韶关盈瑾金属有限公司。

【有色金属重点企业】 凡口铅锌矿。2021年，完成铅锌金属量生产14.95万吨，同比下降0.99%；总产值23.3亿元，同比增长39.52%；工业增加值16.7亿元，同比增长26.5%，年税收总额3.25亿元。（参见“中央、省、市驻仁化单位”类目“深圳市中金岭南有色金属股份有限公司凡口铅锌矿”分目）

丹霞冶炼厂。2021年，生产锌锭14.8万吨，同比增长2.59%；实现总产值32.54亿元，同比增长30.0%；工业增加值4.5亿元，同比增长1.7%，年税收总额3204万元，比上年增长62.5%。（参见“中央、省、市驻仁化单位”类目“深圳市中金岭南有色金属股份有限公司丹霞冶炼厂”分目）

韶关市鑫众钨业有限公司。2021年，年产值4400.3万元，比上年增长99.82%；年税收总额258万元，比上年增长31.3%。

仁化县博世铝业有限公司。该公司是韶关市铝型材重点生产企业，位于仁化县产业转移工业园。2021年实现生产总值1.35亿元，比上年增长3.8%，年税收总额188万元，比上年增长24.59%。

（庞国雄　吴静涛）

竹木加工工业

【概况】 2021年，仁化县规上竹木加工企业完成工业总产值6.07亿元，同比增长35.1%，完成工业增加值1.2亿元，同比增长37.93%。占全县规上企业增加值的4.0%。

【重点企业简介】 鸿伟木业（仁化）有限公司。2021年，产值为3.3亿元，同比增长9.2%，年税收总额为1390万元，同比增长52.1%。

仁化县奥达胶合板有限公司。2021年，产值2.8亿元，同比增长89.2%，年税收总额1136万元，同比增长149.3%。

（庞国雄　吴静涛）

工业园区建设与管理

【概况】 2021年，丹霞开发区主要管理仁化产业转移工业园和仁化小企业创业集聚区，代管县城东湖工业园。中金岭南有色金属绿色循环产业示范园由深圳市中金岭南有色金属股份有限公司负责开发建设，仁化县竹产业园未启动开发建设。

2021年，仁化产业转移工业园有高新技术企业10家，省级研发机构5个，市级研发机构13个；拥有高新技术产品35项，发明专利84个，研发经费1.23亿元，技改投入10.11亿元。完成固定资产投资14.3亿元，同比增长32.5%，其中，工业投资12.37亿元，同比增长36.3%，基础设施投资1.93亿元，同比增长12%。实现规模以上工业总产值12.3亿元，规模以上工业增加值2.08亿元，完成税收0.7亿元。

2021年，仁化县小企业创业集聚区有企业16家，其中规模以上企业3家。实现规模以上工业总产值7.04亿元，增加值1.41亿元，完成税收2420.7万元。

2021年仁化县产业转移工业园区规模以上企业一览表

表29　　　　单位：万元

仁化产业转移工业园					
企业名称	法人代表	主要产品	产值	增加值	税收
广东志成冠军集团有限公司仁化分公司/广东志成冠军电气器材科技有限公司	韩妹平	铅酸免维护蓄电池与极板、输配电及控制设备类不间断供电电源（UPS）配套装置	10867.3	2007.2	1240.4
韶关中弘金属实业有限公司	廖远坤	球形氢氧化镍、硫酸镍、碳酸镍、电解铜板	15518.9	3280.2	216.9
广东威玛新材料有限公司	秦婉淇	电池级碳酸锂、硫酸镍溶液、硫酸钴溶液、硫酸锰	30174.1	6377.9	226.9
广东升隆电源有限公司	黄培辉	铅酸蓄电池	7092.8	1310.1	360.6
韶关元泰资源科技有限公司	钟　健	碳化钨、钨粉、钼制品、钴制品	7946.6	1679.6	59.3
韶关富鑫有色金属有限公司	曾韶生	阴阳极板、铅合金	18248.8	1103.3	152.4
广东英业达电子有限公司	汪国兵	不间断电源、应急电源、铅酸蓄电池等	4913.6	907.6	302.5
广东西力电源有限公司	梁龙合	太阳能电池、不间断电源、应急电源、铅酸蓄电池等	3195.1	590.2	146.7
韶关凯鸿纳米材料有限公司	梁鹤贤	纳米氧化锌、粗铅、精铁粉	5671.9	1198.9	49
仁化县博世铝业有限公司	李健强	铝型材、铝合金	13530.1	1182.7	160.2
韶关盈瑾金属有限公司	陈慧崇	智能空调铜管	3740.3	327	12.9
广东天鹰新能源科技有限公司	罗远光	铅酸蓄电池	2412.8	445.6	117.5
仁化产业转移工业园小计			123312.3	20410.3	3045.3
仁化县小企业创业园					
企业名称	企业联系人	主要产品	产值	增加值	税收
仁化县奥达胶合板有限公司	林万荣	人造板、建筑模板、集装箱板、细木工板、竹木制品	28022.3	5364.7	955.6
鸿伟木业（仁化）有限公司	张博澜	木制品加工	32685.5	6257.4	548.2
仁化县安建混凝土有限公司	肖培旋	商品混凝土、商品砂浆	9731.2	2468.4	853.8
仁化县小企业创业园小计			70439	14090.5	2357.6
总计			193751.3	34500.8	5402.9

【基础设施建设】　2021年，园区利用地债资金建设标准厂房项目，总投资7834万元。12月，一期工程（修建三层厂房1栋，建筑面积7350平方米）竣工验收；是月，园区商业综合体项目竣工验收。完成园区XZE-1地块2.67公顷场地平整工程。

【新入驻企业建设】　2021年，园区有新入驻企业5家。3月，仁化卓邦新型材料有限公司生产环保新型材料项目动工，12月完成主体建设，待验收。4月，广东电网有限责任公司110千伏高基输变电工程项目动工，12月完成主体建设，待验收。广东源著能源设备有限公司纳米硅镁高低温环保蓄电池项目1号办公楼楼板施工至6层，10号水泵房、15号雨水池基础建设及2号办公楼压桩处于施工阶段。完成广东西力电源有限公司年产100万千伏安时铅酸蓄电池建设项目主体建设，待验收。8月，韶关盈瑾金属有限公司年产8000万件空调管路件项目投产。

【招商引资】　2021年，丹霞开发区引进企业签约并注册项目3个，完成市下达招商任务。重点招商项目有广东盛祥6万吨锂电池拆解项目（总投资1.6亿元）、申能集团废铅酸蓄电池综合回收利用产业基地（总投资2.5亿元）。12月，广东盛祥6万吨锂电池拆解项目动工。

（蔡裕峰）

中小企业管理

【民营经济基本情况】　截至2021年12月底，仁化县有登记注册私营企业1695家，登记注册个体工商户11295户，新增登记注册中小企业297家、个体工商户1553户。有规模以上企业32家，完成工业总产值92.14亿元，同比增长28.6%；规上工业增加值28.8亿元，同比增长13.8%；工业投资19.81亿元，同比下降15.0%；完成技改投资11.57亿元，同比下降6.9%。新增规上企业7家，新增加工业总产值4.4亿元。

【解决企忧问题】　2021年，仁化县33家企业提出52项需要县政府协调解决事项，49个问题事项已办结，3个问题事项因为土地、林地政策、规划调整等原因未办结。

【中小企业减负及专项资金申报】　2021年，仁化县有17家企业获得技改、科技资金扶持共239.75万元。仁化县奥达胶合板有限公司完成倍增计划成功申报资金61万元；韶关凯鸿纳米材料有限公司、仁化县奥达胶合板有限公司2家省级高成长企业申报省级促进经济高质量发展专项资金（民营经济及中小微企业发展）60.74万元。仁化县闽盛建材有限公司、广东天鹰新能源科技有限公司2家企业省、市升规奖励资金60万元。广东英业达电子有限公司获得省级产业共建资金补助300万元。韶关中润金属科技有限公司等6家企业获得县制造业小微企业贷款贴息共11.36万元。鸿伟木业（仁化）有限公司获得市级企业技术中心奖励资金30万元。仁化县奥达胶合板有限公司和韶关建东机械制造有限公司评定为市级专精特新企业。

【中小企业融资问题解决】　2021年，仁化县发展普惠金融，缓解中小微企业融资难融资贵问题，完善金融服务体系建设，加强对中小企业贷款风险补偿基金管理。推荐广东丹霞印象集团有限公司等12家企业纳入中小企业库，广东丹霞印象集团有限公司等5家企业8笔贷款共获得6450万元贷款额度。组织企业参加各级融资洽谈会，多渠道帮助解决企业融资难问题。组织21家有融资需求小微企业参加市工信局4期融资洽谈会。

（连柳娇）

商 贸

国内贸易综述

【概况】 2021年，仁化县完成社会消费品零售总额25.74亿元，同比上年增长12.2%。其中，限上批发业销售额6.05亿元，同比下降12.2%；限上零售业销售额1.40亿元，同比下降2.3%；限上住宿业营业额完成0.63亿元，同比增长61.1%；限上餐饮业营业额0.44亿元，同比增长13.1%。

【流通规模】 2021年，仁化县做好“限上”企业申报工作，引导县域新增和限下批发、零售企业向限额以上企业发展，壮大商贸流通业，提升商贸流通业发展水平和经济增长基础。有限额以上批发（年主营业务收入2000万元及以上）、零售贸易业（年主营业务收入500万元及以上）、住宿和餐饮业法人企业（年主营业务收入200万元及以上）41个。

【商业经济多元化】 2021年，仁化县商业经济保持平稳增长，大型商场超市、休闲酒店饭店、汗蒸休闲会所、专业艺术摄影、黄金专卖店、美发足浴、连锁餐厅和众晟商贸有限公司等传统商业经济不断发展。实施“专业市场+电商+物流”商业发展模式，加快电子商务和信息服务业发展，推动现代物流和商贸服务等产业融合发展。

（何梅娣　卓　佳）

【招商引资】 2021年，仁化县实现新开工产业项目19个，新竣工投产项目17个，完成年度投资额25.78亿元，位居全市第一；驻外招商队引进企业完成签约并注册项目3个。

（庞国雄　邓慧娟）

供销合作

【概况】 2021年，仁化县供销系统供应农资12197.88吨（其中化肥销售11835.04吨，农药362.54吨，农膜0.3吨），实现销售总额30000.36万元，其中农资销售4919.02万元、日用消费品销售12024.59万元、农产品加工与销售10235.47万元、再生资源1700.10万元、综合服务营业额896.18万元、物流业营业额225万元，社会贡献总额228.41万元。

【联农带农服务网络】 2021年，仁化县供销合作社联合社（简称县供销社）围绕“一村一品”，密切联系农民，成立村级供销社董塘镇新龙村供销社、城口镇厚坑村供销社、丹霞街道夏富村供销社、红山镇鱼皇村供销社、周田镇龙坑村供销社、黄坑镇小溪村供销社6家，以“农产品进城、消费品下乡”经营模式，发展订单农业，通过社有企业及社会企业资源，帮助农户销售农产品，服务“三农”，促进农户增产增收。领办创办农业产业专业合作社8家。升级改造黄坑供销社，增加农产品购销加工、农资农技、乡村特色旅游及旅游采摘活动等服务功能，销售农资19.7万元，乡村旅游采摘、电商销售当地特色农产品6.75吨，销售额42万元。发展蔬菜、茶叶、果品等特色产业化联合体5个，构成“供销社+专业合作社+农户”发展模式，增强乡村产业发展内生动力。

打造农资农技、农产品冷链物流、直供配送县镇村三级助农服务体系，完成建设县域助农服务综合平台1个、助农服务中心10个。县供销社下属企业强联公司完成加工厂房建设，投入7万元添置自动化机械设备，销售豆腐、月饼等31.5万元。黄坑镇、周田镇、董塘镇、红山镇供销社及厚坑村、夏富村、新龙村、下营村供销社已对接省级电子商务进农村综合示范项目。

【广东供销天业（仁化）冷链物流园建设项目】 广东供销天业（仁化）冷链物流园建设项目位于周田镇丹霞火车站旁，规划占地6.67公顷，容量2万吨，计划总投资2.7亿元。2021年5月，完成注册和办理广东省企业投资项目备案证。

【产销对接与消费帮扶】 2021年，仁化县各镇助农服务平台（中心）与农信互联仁化运营中心签订合作协议，建设农信小站，为农户提供金融贷款、产品推销、收购服务及种植技术，黄坑、周田、大桥农信小站开始运营，签订保底价收购协议7户。设立扶贫专柜，集中销售扶贫产品。通过“供销社+农民合作社+贫困户”模式，与贫困户签订产销协议，设定保底收购价，强联供销有限公司、韶顺供销有限责任公司等在所属经营门店设立消费扶贫专柜3个，与430多户农户签订产销协议，包购包销，“以购代捐”“以买代帮”，销售蔬菜、瓜果等农产品1406万元，其中春节前后销售农产品234万元。

【茶叶产业助农增收】 2021年，县供销社做大做优红山供销社茶叶产业经营，借助富农电商平台、红山镇电子商务服务站，展示县域茶叶品牌、发展在线订购业务，以平台促销售，以销售促生产，以生产提高科技含量。打造富农茶叶打造成为广东省“十大名牌”茶叶，通过“丹霞银毫”“丹霞红茶”“丹霞工夫”“丹霞普洱”品牌产品示范带动效应，走好品牌化、标准化、规模化发展道路。收购茶青220吨，价值1647万元，销售额2544万元。

【农资农技服务】 2021年，县供销社依托1个助农服务综合平台和10个助农服务中心做实农业生产资料储备，种子、化肥、农药配送等农资农技服务，销售农资4919.02万元。通过韶关市小桔灯农业服务有限公司、下属基层社、企业开展农业技能专题培训4092人次。

【安全生产防范】 2021年，县供销社落实安全生产责任制，组织干部职工、下属基层社、企业负责人深入学习宣传贯彻习近平总书记关于安全生产重要论述及重要指示批示精神5次，开展安全生产学习教育培训、安全生产知识、消防知识宣传等活动6次，到永安烟花爆竹专营有限公司开展烟花爆竹生产事故应急救援演练1次。

【中心工作任务完成】 2021年，县供销社结合“一线双联”“民情夜访”活动，听民声、解民忧，走访董塘镇新龙村脱贫户12户24次，发现问题2个，解决问题2个；走访周田镇龙坑村脱贫户17户24次，发现问题8个，解决问题8个。按照县工信局（国资办）部署，出清县社下属“僵尸企业”7家。配合县审计局做好单位主要领导届中审计工作。完成县供销社全宗卷档案编研材料移交至县档案馆。做好“巩文”“巩卫”等志愿服务工作。

（李慧萍）

烟草专卖

【概况】 2021年，仁化县有卷烟零售户806户，与上年持平，销售卷烟4056.05万支，卷烟销售收入30606.77万元，同比上升18.55%，卷烟单箱销售收入37726.48元/箱，比上年增长5.13%。

【卷烟经营】 2021年，仁化县烟草专卖局（广东烟草韶关市有限公司仁化县分公司）［简称县烟草专卖局（分公司）］严格执行市局各月下发销售计划，完成各月销量、年总量任务。推进诚信互助小组建设，城镇小组覆盖率100%，农村覆盖率94.04%。抓好功能店建设及易灵通系统安装、使用和销售数据上传质量，年内建成“20支”网络形象店1家、加盟店1家、合作店6家、功能店37家。

【专卖管理】 2021年，县烟草专卖局保持卷烟打假打私高压态势，深化联合打假打私机制和协同打假打私协作机制，强化内部专卖管理监督，查获卷烟违法案件71宗，涉案卷烟624.61万支（其中，假烟33.26万支、私烟26.3万支），案值155.01万元。查获5万元以上大要案13宗，协助公安机关抓获涉烟违法犯罪嫌疑人7名，经司法机关判刑3人，刑拘2人，申报1宗二级省标网络案件。

【涉烟违法案件查处】 2021年，县烟草专卖局多次联合公安、市场监督管理部门开展联合检查行动。根据投诉举报，查处涉烟违法案件8宗，涉卷烟双喜（硬红玫王）、芙蓉王（硬）50条、庐山（大红运）、相思鸟（软）累计133个品种14409条，现场控制涉案嫌疑人2人。

（肖帅能）

酒类生产经营监管

【概况】 2021年，仁化县有葡萄酒、配制酒生产企业各1家；酒类生产加工小作坊56家，比上年新增1家，其中石塘镇酒类生产加工小作坊占数量约占全县50%；酒类经营者数量众多，包括批发企业、零售单位、餐饮服务者、娱乐企业和网络经营者等。全年，全县未发生酒类食品安全事故。

【监督抽检】 2021年，县市场监督管理局制定并实施《2021年仁化县食品监督抽检计划》，抽样检验酒类生产经营环节酒类产品37批次，主要检验甜蜜素、糖精钠、氰化物、三氯蔗糖等指标，检测结果均合格。

【仁化石塘堆花米酒生产加工小作坊集中加工区建设】 仁化石塘堆花米酒小作坊是在自然村落中长期积淀、稳定形成本地传统特色食品的食品小作坊集聚区。2021年，县市场监督管理局联合小作坊生产者制定《食品生产加工食品安全控制基本要求》《小作坊食品安全公约》，规范加工区内小作坊生产经营行为，做好加工区公示牌及小作坊信息公示，杜绝食品安全隐患，接受公众监督。

【酒类安全知识宣传教育】 2021年，县市场监督管理局结合日常监管、“3·15”消费者权益日和食品安全宣传周，开展形式多样酒类食品安全知识宣传。拓宽投诉举报渠道，在酒类生产经营重点场所、重点区域，公示“12315”“12345”等投诉举报电话。开展自泡酒风险警示宣传，提示泡制药酒的食品安全风险。

（袁春林）

食盐专卖

【概况】 2021年，仁化县有销售碘盐网络14个，零售碘盐网点560个，与上年持平。碘盐覆盖率100%，碘盐合格率100%，合格碘盐食用率100%。完成食盐、生产用盐销售475.3吨，其中小包装食盐407吨（250克低钠盐110吨、250克自然食用盐3.6吨、400克自然晶盐42.4吨、400克海水自然盐44吨、500克加碘精制盐167吨、2.5千克精制盐7吨、500克加碘日晒盐26吨、雪晶盐和生态盐7吨）、食品加工用盐22.3吨、小工业盐46吨。

【食盐宣传与监督管理】 2021年，县工信局配合县市场监督管理局、仁化县盐业分公司开展“‘3·15’联合打假”“中秋国庆两节保食盐安全联合行动”。开展餐饮、学校饭堂、企业事业单位饭堂等用盐安全专项行动。配合市场监管局执法人员做好工业用盐、食品加工盐专项检查等重大活动登记、查验记录工作。加强日常市场走访巡查，仁化县盐业分公司在全县开展食盐辅助执法巡查，巡查市场110个、商超980间、餐饮、学校单位饭堂168间，派发各种宣传资料3100份，出动巡查车辆88台次。巡查过程中，未发现假冒伪劣食盐、工业盐、“臭脚盐”流入仁化食盐市场，全县食盐质量安全，食盐经营秩序平稳。

（卓　佳　何梅娣）

生猪屠宰供应

【生猪屠宰管理】 2021年，县畜牧兽医水产局加强生猪屠宰管理工作，压实屠宰企业主体责任和驻场官方检疫人员监管责任，确保出场肉品质量安全。按照新冠肺炎疫情防控工作部署，实行屠宰场封闭式管理，肉品实行冷链配，加强非洲猪瘟防控，落实官方兽医驻场检疫和屠宰场非洲猪瘟自检工作“两项制度”。推进县城屠宰场创建省级标准化生猪屠宰场，升级改造相关设施设备，增加冷链车辆7台。12月底，除红山镇外，全县实行生猪产品配送，完成屠宰行业机制体制改革。

【生猪供应】 2021年，全县屠宰生猪46045头，检疫46045头，合格45843头，不合格产品202头全部作无害化处理。

（华少滨）

对外经济贸易

【利用外资】 2021年，仁化县引进外资项目1个，合同吸收外商投资15.45万美元；实际利用外资663万美元，完成进度的110.5%，全市排名第五。

【外贸出口】 2021年，仁化县外贸出口1514.6万元，比上年增长26.2%，完成进度的114.7%，全市排名第七。

（庞国雄 邓慧娟）

电子商务

【农村电商设施建设】 2021年，仁化县围绕“高标准完成省级电子商务进农村综合示范县建设，打造电商发展新高地，建设区域电商发展中心”目标，结合仁化产业特色，发展“电商进村”工程，探索仁化特色电商发展有效路径，打造“电子商务进农村”示范样板。6月，完成县级电商服务中心升级改造，划分为开放直播区、农产品展示区、洽谈区、培训区、公共办公区、农产品检测区、农产品溯源区、会议区区域。镇、村级站点运营稳步进行，11个镇（街）级站点正常开始运行工作；80个村级站点完成建设并正常运营，53个站点进驻社区团购。

【农产品上行】 2021年，确定仁化县区域公共品牌为“仁心仁物”；完成品牌视觉形象系统设计、产品包装设计、文创类产品开发、品牌商标注册、文创类产品设计、特色农产品包装设计以及品牌IP形象工作；对接京东青年扶贫馆、淘宝、天猫、南方菜篮子等电商平台上架长江米粉、石塘灵芝、红山茶叶等农副产品。全年，电商交易额6910万元，其中农产品上行交易额4898万元。

【农村电商培训】 2021年，举办电商人才培训100场，指导培训超3000人次。

【农产品线上销售】 2021年，仁化县将农特产品上架到抖音、京东、淘宝、拼多多等电商平台，扩大销售渠道；对接参加淘宝特卖平台线下选品会，建立渠道联系，嫁接资源，带动本地农产品拓展销售新渠道，助力农产品上行，实现增收。通过仁化本地公众号，面向全县公开招聘带货主播，利用专业运营团队的优势，定期培训专业直播，实现主播专业化发展，拓宽线上销售渠道，发展多元化销售方式。与美团优选、橙心优选、十荟团等社区团购平台达成合作，覆盖所有站点，对接京东青年扶贫馆、淘宝、天猫、南方菜篮子、有赞商城、广之旅、全新假期旅行社等平台以及珠三角地区线下营销采购商渠道。4月，美团优选入驻仁化县。由美团为站点提供“工业品下行”，采购当地农产品，实现农产品上行和下乡无缝连接，降低交通运输成本，让利于民。

（庞国雄 李晓玲）

石油销售

【概况】 2021年，仁化县有加油站9家，石油批发销售额3.32亿元，同比上涨33.3%。有限额以上零售石油企业3家，销售额共计3778.1万元，同比下降11.1%。

（何梅娣 卓 佳）

【石油行业监管】 2021年，仁化县加强石油行业安全生产，检查加油站128次、充电桩24次，未发现安全隐患及成品油流通异常现象。派出执法人员联合开展打击非法储存和销售成品油专项行动4次，其中，3月22日查扣流动黑油车3台、柴油2.51吨、油箱等物品一批；5月31日抽运、储存处理罚没油品2.16吨。开展安全生产培训24次，参训人员386人次。

（肖健军）

天然气销售

【概况】 仁化县安顺达管道天然气有限公司是仁化县唯一一家管道天然气供应公司。2021年，仁化县天然气年总销售量800万立方米，总销售额3840万元，其中工业用户570万立方米，居民用户230万立方米。

【天然气阶梯收费】 2021年，仁化县实施2020年居民生活用气阶梯气价，根据大部分居民用气量为第一档（350立方米及以下/户年用量，每立方米4.32元）和第二档（350—500立方米/户年用量，每立方米4.75元）实际情况，商业用气价格由每立方米5.55元调整为4.40元，实现居民用气和商业用气价格下调。

（黄仁佑 李 曼）

旅游业

旅游经济

【概况】 2021年，仁化县接待游客总人数148.83万人次，同比增长433.35%，实现旅游收入9.15亿元，同比增长219.49%。旅游类固定资产投资项目数据库纳入项目11个，完成总投资52118万元。截至12月，全县住宿业限额以上经济指标增幅到64.1%，完成上级部门年增幅11.7%工作目标。

【“黄金周”假日游】 2021年春节假期（2月11—17日），仁化县旅游景点景区累计接待游客17.71万人次。其中，丹霞山景区接待游客13.61万人次，同比增长7377.8%，景区收入1500万元，同比增长3419.47%；石塘古村（双峰寨）、金喆园、五马寨、凡口矿山公园、城口红色小镇等景区景点合计接待游客1.38万人次，同比增长502.53%；其他乡村旅游景点累计接待游客2.72万人次，同比增长995%。国庆黄金周期间（10月1—8日），全县接待游客24.64万人次，同比下降36.13%，实现旅游收入1730.647万元。其中，丹霞山景区接待游客12.33万人次，同比下降54.1%，景区收入684.28万元，同比下降89.45%；其他乡镇景点旅游接待游客12.31万人次，同比增长8.75%。

【旅游招商引资】 2021年，县文广旅体局促成招商引资项目11个，签约金额共计1.145亿元，其中蚂蚁公社文旅项目、爱树民宿项目、丹霞酒吧K－ONE项目、丹霞KTV项目均签约运营。

旅游开发与景区（点）建设

【旅游线路开发】 2021年，县文广旅体局围绕丹霞街道、城口、红山、董塘等红色镇（街）红色、生态、文化旅游资源，规划设计绿色生态旅游线路（金喆园—五马寨生态园—丹霞灵溪—现代农业综合馆—丹霞山—红山茶园—红军长征粤北纪念馆）、特色文化旅游线路[宝能文旅城（仁化县非遗民俗文化街）—南湖村（移民文化馆）—安岗村（党员红色教育展馆）—凡口矿（凡口国家矿山公园博物馆）—石塘村（双峰寨）]2条特色文化精品绿色线路。

【旅游基础设施建设】 2021年，县文广旅体局完成新建旅游厕所1间及其数据入库与百度地图上线工作，全县有旅游厕所90座。

旅游宣传促销

【旅游宣传】 2021年，县文广旅体局参与5月21—23日举办的2021广东（惠州）文化旅游体育产业博览会暨手信产品展销会、7月16—18日举办的2021年西安丝绸之路国际旅游博览会、9月10—12日举办的广东国际旅游产业博览会（广州）会、9月22—24日举办的中国（深圳）国际文化产业博览交易会、11月1—5日举办的2021年莞惠韶（长春、沈阳）文旅联合推介等活动。

【“仁化旅游”官方微信】2021年，“仁化旅游”官方微信公众号平台发布仁化旅游资讯宣传图文333篇，涵盖全县各季节、各月吃、住、行、游、购、娱主题攻略、旅游路线推荐，县域当季热门旅游资讯、节庆活动宣传、旅游活动宣传。微信用户新关注量749人，阅读量209372次150258人次。

仁化县主要旅游资源类型、级别、特征一览表

表30

名称	类型	级别	特征	位置
丹霞山	自然遗产 地质公园 风景名胜区 AAAAA级旅游区 自然保护区 生态旅游示范区 度假区	世界级 世界级 国家级 国家级 国家级 国家级 省级	1.丹霞地貌命名地，是丹霞地貌面积最大、发育最典型、类型最齐全、造型最丰富、风景最优美集中分布区 2.丹霞山风景雄、险、奇、秀、幽特点突出 3.丹山碧水、田园村舍组合风光别具特色 4.具有深厚历史文化、红色文化和宗教文化底蕴	丹霞街道、周田镇、董塘镇、黄坑镇、大桥镇
丹霞源	水利风景区	国家级	1.集绮丽丹霞、蜿蜒锦江、古老寺塔、婆娑绿影于一体 2.空间结构沿锦江自北向南延伸，北与长江镇万时山接壤，西临石塘镇双峰寨，南靠周田镇月岭 3.水域内有锦江水库和锦江、西岸、黄屋、丹霞、瑶山电站5个梯级电站 4.沿岸植被茂盛，森林覆盖率高	长江镇、扶溪镇、城口镇、丹霞街道、董塘镇、石塘镇、周田镇
丹霞山摩崖石刻	保护文物	国家级	1.内容涵盖僧尼、香客、政要人士、文人墨客登临丹霞山后题字、题名、题记、题诗、碑文、游记 2.书法有楷、行、草 3.数量逾数百款，镌刻时间跨越北宋至民国期间	丹霞山景区、丹霞街道、周田镇、董塘镇、大桥镇
古秦城	保护文物	县级	1.历史悠久建筑，广东仅存的赵佗城 2.红色文化丰富	城口镇
恩村古村	中国传统村落 保护文物	国家级 县级	1.历史悠久建筑 2.白墙黑瓦式民居、鹅卵石街道、古城门、老商铺构成独具地方特色古村落 3.蒙氏家族遗风	城口镇
双峰寨	保护文物 革命文物 中共党史教育基地 爱国主义教育基地 廉政教育基地	国家级 国家级 省级 市级 县级	1.气势雄伟、设计巧妙的清末大型军事堡垒 2.被中共广东省委誉为“农民暴动中最伟大的战斗”的仁化暴动主要战斗场所	石塘镇

续表30

名称	类型	级别	特征	位置
云龙寺塔	保护文物	国家级	1.广东境内唯一一座列为国家级重点文物保护单位唐塔 2.佛禅“一花五叶”最早形成宗派沩仰宗开山鼻祖之一仰山慧寂禅师塔 3.保存完好，具有较高研究价值的唐代方形楼阁式砖构五层实心塔 4.古刹、古塔、山林营造出深山藏古刹意境	董塘镇
石塘古村	中国历史文化名村 中国传统村落 AAA级旅游景区 最具红色景观村落 最美古村落 旅游名村	国家级 国家级 国家级 省级 省级 省级	1.集古屋、古巷、古井、古寨、古风、古韵于一体的村落 2.悠久而光辉的历史，丰厚的红色与历史人文底蕴 3.古寨、古村落、田园风光组合景观良好	石塘镇
澌溪寺塔	保护文物	省级	1.唐末宋初斗拱平座楼阁式砖构半实心七层塔 2.古塔、古村落、瑶乡、水库、山林组合景观良好	董塘镇
凡口矿山公园	矿场	国家级	1.国内产量最大、矿井深达900米的铅锌矿 2.多层保存完好，可供利用的废弃采掘坑道 3.升降机、地下车道、供电、通风、安全等配套完善的基础设施	凡口矿
华林寺塔	保护文物	省级	1.北宋斗拱檐平座楼阁式砖构六角半实心七层塔 2.古寺、古塔、古村落、田园组织景观良好	闻韶镇
文峰塔	保护文物	省级	1.明代八角九层楼阁式砖石空心塔，气势雄伟、建筑完好，塔高属县域之最 2.与城区周围文峰体育广场、文峰路景观连为一体	仁化县城
高坪	自然保护区	省级	1.湖光山色、林深叶茂、风景迷人 2.温泉资源品质良好，周边环境优美 3.茶园密布，粤北白毛茶传统产地	红山镇
万时山	风景区	县级	1.山势巍峨，森林茂盛，罕见的南方高山草原 2.丰富的动植物资源和温泉 3.山下有湘粤赣边境著名的土法造纸地和古商贸城镇	长江镇
锦江库区	风景区	县级	锦江两岸风光绮丽、山色、田园、村落、桥梁、古塔等构成一道亮丽的风景线	丹霞街道
扶溪	旅游区	县级	1.唐代古庙、古村落、古塔、古亭、古桥、温泉、梯田等旅游资源组合良好 2.历史与红色文化丰富	扶溪镇
暖水温泉	风景区	县级	以温泉资源为主的山林、村落、田园、水库等组合景观良好	闻韶镇
灵溪河	风景区	县级	架空索道与漂流结合，观赏景区红叶枫树	周田镇

续表30

名称	类型	级别	特征	位置
鸡笼寨	风景区	县级	小丹霞地貌与淳朴古村寨遗址、清浅溪流、神秘洞穴山庄、古寺等景观组合，舒适、恬静	董塘镇
周田古村	古村落 风景区	省级 县级	名人张九龄故里、古村古民居	周田镇
东庄门楼	古村落 保护文物	省级 县级	县域古建筑中风格较为独特的一座建筑物	黄坑镇
南庄村	古村落	省级	1.集古屋、古巷、古风、古韵于一体的古村落 2.集田园、果园生态休闲旅游于一体	黄坑镇
夏富古村	古村落 最美古村落 旅游名村	省级 省级 省级	1.位于丹霞山核心地带，传统建筑风格独特，古风犹存 2.村巷中心地带的“三角街”是古民居建筑之谜 3.古村、田园、生态有机组合 4.广东省旅游名村	丹霞街道
鱼皇村	“全国一村一品”示范村	国家级	山清水秀，田园、生态有机组合，以茶叶种植闻名	红山镇
古夏古村	中国传统村落 古村落	国家级 省级	集古建筑、田园风光与传统文化于一体	扶溪镇
灵溪大围古村	古村落	省级	以围楼成村落，与田园风光相结合，历史悠久	周田镇
五马寨生态园	AAA级旅游景区	国家级	是集农作物种植、农副产品生产、加工、销售等生态农业，休闲娱乐，生态旅游观光于一体的生态园景区	丹霞街道
金喆园景区	AAA级旅游景区	国家级	以还原生态理念，体现原生态管理，以及古法种植、培育沙田柚的农业示范基地	大桥镇
瑶塘新村	乡村旅游重点村 文化和旅游特色村	国家级 省级	1.位于世界自然遗产丹霞山核心景区内，始建于明朝后期，因山清水秀、宛如王母瑶池之美而取名瑶塘 2.通过统一规划改造，建成岭南徽派建筑风格民居楼群 3.发展“旅游+”产业，兴办一批民宿、农家乐、餐饮等旅游配套服务产业，走出一条以民宿经济为核心的特色村庄发展道路	丹霞街道
安岗村	红色示范村	省级	1.仁化红色革命的摇篮、革命老区村、“仁化暴动”策源地和重要发展点、澌溪山游击根据地、中国工农红军第四独立团的补给地和省定党建第一批“红色村”示范点建设村 2.曾留下朱德、陈毅、阮啸仙等老一辈无产阶级革命家的光辉足迹 3.拥有党员红色教育展馆、思诒堂、阮啸仙居住旧址、华阳寨等红色点	董塘镇

续表30

名称	类型	级别	特征	位置
城口红色小镇	历史文化小镇	省级	1.因秦末龙川令赵佗筑城而得名，墟镇四面环山，地势险要，处在水陆交汇处，历来商贸发达，自古乃兵家必争之地 2.具有光荣革命斗争史，是开国中将谭甫仁故里、中国工农红军长征突破第二道封锁线的重要关口 3.拥有红军长征粤北纪念馆、谭甫仁将军旧居、红军街、秘密交通站、萝卜坝广场等红色革命遗址	城口镇
阅丹公路	旅游公路	—	1.总长约54.6千米，从韶关市区沿着锦江河通往丹霞山世界自然遗产腹地，沿线实施新农村建设，融丹岩、青山、碧水、田园、休闲休憩点于一体 2.将丹霞山世界自然遗产的生态价值、美学价值与乡村振兴有机结合，成为自然保护地、人与自然和谐发展的典范	丹霞街道
红军长征粤北纪念馆	爱国主义教育基地 中共党史教育基地	省级 省级	1.广东省内唯一以红军长征为主题的纪念馆 2.纪念馆依托红军长征过境粤北并留下丰富红色遗迹资料的史实，旨在将分散在粤北地区的各类红军历史文物、文献纳入加以保护，形成一个以纪念馆为中心辐射全省的红色教育基地，以更好地开展以红军长征为主题的爱国主义教育和党史军史教育	城口镇城群村

仁化县主要旅游景点一览表

表31

景点名称	主要旅游景点	位置
丹霞山风景名胜区	世界自然遗产、世界地质公园、国家级重点风景名胜区、国家AAAAA级景区、国家级地质地貌自然保护区、国家生态旅游示范区，广东四大名山之首，世界地质学上“丹霞地貌”命名地，中国最美的红石公园，面积292平方千米，以“雄、奇、险、秀、幽”著称，因“色如渥丹、灿若明霞”而得名。主要旅游景点有锦石岩、摩崖石刻、百丈峡、丹福音峡、别传寺、丹梯铁索、长老峰（观日亭）、僧帽峰、虹桥拥翠、宝珠峰、韶音亭、舵石朝曦、仙居岩、玉带桥、双龙壁、阴元石、阳元石、嘉遁亭、细美寨、通泰桥、狮子岩、放生池、玉女拦江、群象过江、虎卧龙蟠、金龟朝圣、拇指峰、仙山琼阁、巴寨、海螺峰、翔龙湖、韶石山	丹霞街道、周田镇、董塘镇、黄坑镇、大桥镇
丹霞源水利风景区	国家级水利风景区。位于县境内锦江流域。主要旅游景点锦江水库，仁化林场森林公园、县城文化广场江边夜景、鲤鱼跳龙门、锦岩大赤壁、群象过江、金龟朝圣、五指擒魔、长老仙翁、仙山琼阁、小丹霞	长江镇、扶溪镇、城口镇、丹霞街道、董塘镇、石塘镇、周田镇

续表31

景点名称	主要旅游景点	位置
丹霞山灵溪河森林旅游度假公园	灵溪河漂流有“中国飞索第一漂”之誉，全长3.5千米，漂流时间约1.5小时。灵溪河大峡谷观光索道全长1520.3米，单线乘坐时间约28分钟，实现架空索道与漂流的完美结合。沿途可观赏老鹰石、象鼻石，秋冬可赏红叶	周田镇
石塘双峰寨	全国重点文物保护单位、全国重点文物保护单位革命文物，省市县爱国主义教育基地，广东省中共党史教育基地。始建于清光绪二十五年（1899）。为“河护城”结构，外形长方形，墙体结构呈梯形，城墙全部由石块、石灰和青砖砌成，总占地面积1.13万平方米，寨外有宽13.5米、水深2米的护城河环绕。是广东省保存比较完整的古建筑之一。1928年发生的双峰寨保卫战是仁化暴动重要组成部分，被誉为广东省“农民暴动中最伟大的战斗”	石塘镇
五马寨生态园	自然风光优美，环境良好，总占地面积约8公顷，是集农作物种植、农副产品生产、加工、销售等生态农业，休闲娱乐，生态旅游观光于一体的生态园景区、国家AAA级旅游景区。主要旅游景点有农耕文化、食用菌科普长廊、灵芝人工栽培示范区、野生灵芝展示区、灵芝工艺观赏区和儿童游乐区等	丹霞街道
金喆园景区	位于仁化县南端，是一家以还原生态理念，体现原生态管理以及古法种植、培育沙田柚的农业示范基地。园区占地面积约78.33公顷，其中山地63.33公顷，鱼塘15公顷。种植沙田柚1.3万株、桂花4万多棵及其他树木一批；鱼塘植有多种荷花，是国家AAA级旅游景区	大桥镇
广东凡口国家矿山公园	位于广东省韶关市仁化县董塘镇，是第三批国家级矿山公园，分三期建成，已完成第一期建设。主园区一期建成面积0.054平方千米，主要包括主碑及广场、矿山公园博物馆、采选设备展示区、科普长廊和游客服务中心等。主要旅游景点有矿业开发史迹、矿业生产遗址、矿业活动遗迹、矿业制品及矿业人文景观、矿产地质遗迹、森林公园	董塘镇
红山高坪省级自然保护区	是省级自然保护区，内有青山环抱的大型水库，片片茶园分布于山林之中，是国家地理标志产品“仁化白毛茶”传统产地。主要旅游景点有高坪水库、3333.33公顷次生林、温泉、峡谷溪流和茶园	红山镇
长江万时山天山大草原	位于长江镇与湖南汝城、江西崇义交界处，浈江支流锦江河发源地之一，海拔1559米，是全县最高峰及登临“脚踏三省第一峰”。山顶有百亩高山草原，蓝天白云之下，苍山如浪，重重叠叠。夏季可濯清澈溪流，冬季宜赏神奇冰挂雾凇	长江镇
锦江库区	锦江库区范围125平方千米，库容1.89亿立方米，最深水位135米。主要旅游景点有孤岛山头、青山、松林、杉林和丰水期泄洪壮景	丹霞街道
城口红色小镇	城口镇是革命老区，具有光荣革命斗争史。中央红军长征时突破国民党第二道封锁线重要据点。该镇被市委、市政府列为“红色小镇”重点打造，并作为历史文化小镇入选省级特色小镇培育库。主要旅游景点有古秦城、红军长征粤北纪念馆、谭甫仁旧居、胜一理发店、红军街、萝卜坝、恩村古村落、上寨美丽乡村、温泉等	城口镇
长江清朝广州会馆	建于清光绪十一年（1885），占地面积1571平方米，建筑面积657平方米。由30家广属商贾联手“仰桃园之义重，恩梓里之情深”集巨资兴建。整个会馆分为上、下座，中间一大院，左右两侧有厢房，中间有天井，馆内顶墙下有108幅大小彩色壁画，木梁刻有各式龙凤图案。是1929年红五军游击仁化县的宿营地、1932年红三军团转战仁化的临时指挥部及被服加工厂。仁化县第三批文物保护单位	长江镇东风街

续表31

景点名称	主要旅游景点	位置
恩村古村	地处城口镇政府西南7千米，是中国传统村落、广东省古村落。主要旅游景点有7座祠堂、4座牌坊、2座门楼和1座城堡	城口镇
夏富古村	位于仁化县城西南面，处在世界自然遗产丹霞山核心区域内，阅丹公路旁，历史上曾是锦江下游的第一商埠。是广东省古村落、广东最美古村落、广东省旅游名村。主要旅游资源有民俗“装故事”等，主要景点有丹霞石柱和西北碉楼等古建筑及古树7棵	丹霞街道
石塘古村	位于仁化县西南方石塘镇，集古屋、古巷、古井、古寨、古风、古韵和红色文化于一体，是仁化县乃至韶关市范围内历史较悠久、古建筑群最大、保存最完好的一个古村落。是中国历史文化名村、中国传统村落、国家AAA级风景旅游区、广东十大最美古村落、最具红色景观村落、广东省旅游名村。旅游资源主要有红色文化及省级非遗项目“月姐歌坛”活动和“仁化石塘堆花米酒酿造技艺”。主要旅游景点有双峰寨、娘娘庙、古井、三角街	石塘镇
古夏古村	位于扶溪镇北边，始建于南宋，是中国传统村落、中国最美摄影地、广东省古村落。主要旅游资源有民俗有“禾斋节”、舞狮、板凳舞、闹春牛及非遗项目“八音”“走马灯”技艺，主要景点有“甲第蝉联”照壁、缵诒堂、光裕堂、司马第等	扶溪镇
锦城广场	位于县城锦江河畔，占地面积1.2万平方米。主要旅游景点有音乐喷泉、仁化人精神雕塑——丹霞之光、锦江夜景	县城新城路
古塔	“古塔之乡”仁化域内有各式古塔18座，有唐代的董塘云龙寺塔，唐末宋初的澌溪寺塔，宋代的华林寺塔、明代的文峰塔、白塔（又称水口塔）、文明峰塔、华表峰塔、腾凤塔、水口塔及明清时期丹霞山舍利塔，分布在董塘镇、闻韶镇、丹霞街道、扶溪镇、长江镇、石塘镇、丹霞山风景区内	县各镇区
梯田	石崀梯田：位于仁化县长江镇石崀村委会，仁化县第一高峰万时山山脚，距县城约62千米。梯田分布于该村各个村落里，因为气候原因，村民一年只能种一次水稻，端午节前后是插秧时节，国庆节前后为收割时节 凌溪梯田：凌溪梯田位于仁化县长江镇凌溪村委会，因地域气候原因，只种植单季稻 扶溪蛇离梯田：位于韶关市仁化县扶溪镇蛇离村委会各自然村，掩映于青山、飞瀑、竹海之间，多为单季稻，规模稍大者主要集中在素有“广东最美梯田”之称的上里社、下里社、苦竹坪、木崀等自然村	长江镇、扶溪镇
仁化县博物馆	位于县城仁化剧院旁，建筑面积987平方米，为半封闭式琉璃瓦盖顶3层展览馆。馆藏文物800余件	县城新城路
瑶塘新村	全村按照岭南徽派建筑风格，统一规划建设，是丹山脚下、锦水之畔的文化旅游网红民宿村	丹霞街道
阅丹公路	阅丹公路将丹霞山世界自然遗产的生态价值、美学价值与乡村振兴有机结合，是广东省最美乡村旅游公路	丹霞街道、董塘镇

续表31

景点名称	主要旅游景点	位置
红军长征粤北纪念馆	广东省内唯一以红军长征为主题的纪念馆，全方位地展现南昌起义军余部、红军主力部队转战粤北、中央红军长征粤北突围、留守红军和游击队坚持三年游击战争的光辉历史	城口镇
安岗红色村	是仁化革命的摇篮、“仁化暴动”策源地和重要发展点，广东省“农民暴动中最伟大的战斗”华阳寨保卫战所在地，革命老区村，曾留下朱德、陈毅、阮啸仙等老一辈无产阶级革命家的光辉足迹	董塘镇
铜鼓岭红军烈士纪念碑	红军长征入粤后的一次惨烈战斗——铜鼓岭阻击战发生地	丹霞街道
董劝书院	建于清道光二十七年（1847），土地革命战争初期，朱德、陈毅率领南昌起义余部两度作指挥部，工农革命军独立第四团团部旧址、第五区苏维埃政府旧址、1928年仁化县革命委员会旧址，省级文保单位	董塘镇
古秦城	秦末汉初龙川令赵佗所筑，“以壮横浦”。是粤湘主要通道之一，红军宿营地旧址，县级文保单位	城口镇
红军街	1929年红五军、1932年红三军团、1934年中央红军长征时的露宿地	城口镇
广兴栈	长征期间，毛泽东随中央军委纵队经过城口时的暂住旧址	城口镇
胜一理发店	1930年10月，中共城口特别支部的秘密交通站“胜一”理发店旧址	城口镇
谭甫仁将军旧居	开国中将谭甫仁将军旧居	城口镇
中山公园	位于长江镇墟，始建于乾隆七年（1742），1930年改名为“中山公园”，是1931年红七军临时指挥部及宿营地。园内有参天古樟树群，内设“革命烈士纪念碑”1座。是县级文物保护单位，市级爱国主义教育基地	长江镇

旅游行业管理

【旅游市场监管】 2021年元旦、中秋、国庆假日期间，县文广旅体局联合相关部门开展文化旅游市场巡查行动5次，出动检查人员26余人次，检查涉旅企业350余家次。

【旅行社管理】 2021年，县文广旅体局开展星级宾馆、景区、旅行社等涉旅单位安全大检查108次，出动检查人员220人次。

【星级饭店管理】 2021年，县文广旅体局对星级宾馆（锦城宾馆）开展安全生产检查28次，出动检查人员56人次。

【旅游安全管理】 2021年，县文广旅体局对县域旅游A级景区（景点）5家、旅行社3家开展安全生产检查18次，出动检查人员54人次。

2021年仁化县住宿限上企业一览表

表32

企业名称	联系人	地址	备注
锦城宾馆	顾慧萍 黄细英总经理 史增丽财务 前台	仁化县新城路2号	星级酒店、住宿限上企业
仁化县维以纳酒店有限公司	陈海珍总经理 财务黄小姐 会计林文英	广东省仁化县丹霞大道228号	住宿限上企业
仁化县乐屋酒店管理有限公司（县城维也纳）	罗国辉 李莉经理 财务晓梅	广东省韶关市仁化县建设路26号维也纳仁化县城中心店	住宿限上企业
仁化县琪富丹霞酒店有限公司（丹霞山维也纳）	陈瑞 吴总 佟总	广东省韶关市仁化县丹霞山新山门维也纳酒店丹霞山景区店	住宿限上企业
仁化县瑞霞酒店有限公司	何细妹经理 财务张爱珍	仁化县九龄路2号沁淮园商业楼第三四层	住宿限上企业
广东万物生旅游文化发展有限公司（叠云谷）	许甲英经理 前台	广东省韶关市仁化县丹霞山大门右侧	住宿限上企业
仁化县丹霞山彤景酒店有限公司	郑欣伦总经理 前台	广东省韶关市仁化县丹霞山景区新山门外彤景酒店	住宿限上企业
韶城印象酒店管理有限公司（丹霞印象）	郭仕铭总经理 财务曾玲 卓鹏店长	广东省韶关市仁化县丹霞街道霞山大道22	住宿限上企业
仁化县原色客栈	刘建宇总经理 前台	广东省韶关市仁化县丹霞街道青湖塘村238号	住宿限上企业
韶关胜高酒店管理有限公司	邹总 李路秀 李书艳	广东省韶关市仁化县丹霞山景区门口客运站旁胜高韵酒店	住宿限上企业
韶关市丰源酒店管理有限公司	代明伸总经理 刘秀玲经理	仁化县城口镇城群村委会光头梗丰源酒店二楼	住宿限上企业

2021年仁化县星级民宿一览表

表33

名称	地址	评定结果	评定时间	房间数（间）	床位数（张）
仁化县艺术店客栈	仁化县丹霞街道黄屋村瑶塘组16—17号（艺术家店）	五星级	2017年	14	21
仁化县原色客栈	仁化县丹霞街道黄屋村委会青湖塘村	五星级	2018年	13	28
仁化县乌有同金客栈	仁化县丹霞街道车湾村委会红历坵村小组	四星级	2018年	24	37
仁化县禅语精品客栈	仁化县丹霞街道黄屋村委会瑶塘村小组28、29号	四星级	2018年	21	36

续表33

名称	地址	评定结果	评定时间	房间数（间）	床位数（张）
仁化县燕子呢喃依山民宿	仁化县丹霞街道黄屋村瑶塘村小组	四星级	2018年	24	40
仁化县禅意客栈	仁化县丹霞街道黄屋村瑶塘组41号	三星级	2018年	9	13
仁化县图书馆客栈	仁化县丹霞街道瑶塘村40号	三星级	2018年	26	34
仁化县云宿客栈	仁化县丹霞街道黄屋村委会瑶塘村小组新村43、44号楼	三星级	2018年	19	30
仁化县乐曙归然客栈	仁化县丹霞山景区内瑶塘新村9–10号	四星级	2019年	26	46
仁化县星屑馆客栈	仁化县丹霞山瑶塘村	三星级	2019年	10	14
仁化县九州客栈	仁化县丹霞山瑶塘村	三星级	2019年	26	46
仁化县萤火虫客栈	仁化县丹霞山瑶塘村	三星级	2019年	10	17
仁化县丹霞姑娘客栈	仁化县丹霞山阳元村	三星级	2019年	10	19
仁化县瑶塘仁家宾馆	仁化县丹霞山瑶塘村	三星级	2019年	14	26
丹霞灵溪民宿	周田镇丹霞灵溪景区内	四星级	2020年	19	32
牛鼻碧水花寨度假民宿	丹霞街道夏富村牛鼻村桥头段尾房屋处	四星级	2020年	13	18
那些瓜儿亲子民宿	丹霞街道丹霞山瑶塘村11号	三星级	2020年	12	18
观景客栈	丹霞街道瑶塘村32号	三星级	2020年	8	16
云崖居客栈	丹霞山黄屋村瑶塘组27号	三星级	2020年	8	13
一千零一夜度假屋客栈	丹霞街道黄屋村委会瑶塘村小组16号	三星级	2020年	11	21
有个聚点民宿	丹霞山风景区瑶塘新村46号	三星级	2020年	5	5
远方的家客栈	丹霞街道青湖塘新村E区121号	三星级	2020年	14	27
梧桐树下民宿	丹霞街道青湖塘新村D区92	三星级	2020年	14	28
怀森小舍	丹霞山风景区断石村小组56号	三星级	2020年	8	15
城口镇老班长民宿	城口镇大河背水（粤北红军纪念馆对面）	三星级	2020年	14	26
爱树·丹霞山苑	广东省韶关市仁化县董塘镇河富大井村	四星级	2021年	17	41
仁化县青玄憩客栈	仁化县丹霞街道黄屋村委断石村第三排第三户	三星级	2021年	10	21
仁化县迎客楼民宿	仁化县黄屋村委会青湖塘村小组	三星级	2021年	14	26
仁化县栖悦客栈	仁化县丹霞街道黄屋村委会青湖塘村小组45号	三星级	2021年	13	23
仁化县德睿公馆客栈	仁化县丹霞街道黄屋村委会青湖塘村小组C区58号	三星级	2021年	14	24
仁化县花屿民宿	韶关市仁化县丹霞山黄屋村瑶塘组12号	三星级	2021年	11	17

（易　佳）

红军长征粤北纪念馆

红军长征粤北纪念馆主题陈列“长征·粤北突围”

（龙全明　摄）

【设施建设】　2021年，红军长征粤北纪念馆（简称“红军馆”）投入11.4万元完善疫情防控登记点设施设备，购置2台疫情防控核验设备。1月，开通游客智慧预约平台，游客可通过微信公众号预约。

【游客接待】　2021年，红军馆接待游客139094人次，同比上年增长35.48%，其中团队1504批次72341人，散客66753人次。其中，未成年37427人次，外地游客55638人次。2月21日至12月31日，接待广东南岭干部学院培训班及省、市、县各级党员干部团队1201批次42867人。

【馆员能力提升】　2021年3月2日，红军馆讲解员4人参加仁化双峰寨项目讲解培训。9月27—29日，红军馆工作人员、讲解员8人参加为期3天由韶关市文化广电旅游体育局主办的“韶关市华南教育历史研学导师及博物馆讲解员培训班”。10月31日至11月5日，红军馆讲解员1人参加为期6天由广东省博物馆协会主办的“2021年广东省红色讲解员培训班”。

【安全防控】　2021年，红军馆根据上级有关疫情防控指引，落实防控工作，制定应急预案，加强入馆参观人员健康监测。全年开展消防安全演练2次，维护馆内消防设备12次。开展全馆工作人员进行安全知识培训活动9次。

【文物保护】　2021年，红军馆征集文物藏品179件。9月，加入广东省流动博物馆成员单位。11月，引进图片展“红色热土　不朽丰碑——中国共产党领导广东新民主主义革命历史专题展”，吸引游客14000余人次，其中青少年3700余人次。

【提级增誉】　2021年，红军馆经中共广东省委宣传部命名，入选广东省爱国主义教育基地；获批广东省人文社会科学普及基地，入选韶关市直机关模范机关创建先进单位拟表扬单位名单。主题陈列“长征·粤北突围”入围“2021年广东省弘扬社会主义核心价值观主题展览”推介名单和“广东省庆祝中国共产党成立100周年精品展览”。

（吴　芹）

财政·税务

财政

【财政收入】 2021年，仁化县一般公共预算收入完成47730万元，同比下降19.7%，完成年度调整预算任务的75.75%。加上上级补助收入206359万元、上年结余收入3039万元、债务转贷收入16828万元、调入资金3010万元和动用预算稳定调节基金2176万元，全县财政总收入完成279142万元，同比增长0.72%。

【财政支出】 2021年，仁化县一般公共预算支出完成25.79亿元，同比下降1.54%，加上上解上级支出5932万元和债务还本支出11830万元，全县财政总支出完成275662万元，同比增长0.57%。全县财政总收支相抵，滚存结余3480万元。全县财政预算实现收支平衡。

【民生保障】 2021年，仁化县优化支出结构，贯彻落实中共中央"六稳""六保"方针政策，科学合理调度资金，保障重点领域支出。发放医疗救助资金1571.66万元，发放城乡低保户资金2669.54万元。贯彻落实农村义务教育公用经费保障机制，下达2021年城乡义务教育公用经费补助资金3971.22万元（含省级资金3175万元，县级资金796.22万元）。

【乡村振兴】 2021年，县财政局加大资金统筹力度，提升资金使用效益，统筹涉农资金19029万元，支出18944万元，支出进度99.55%。

【疫情防控经费投入】 2021年，仁化县按照《仁化县新型冠状病毒感染的肺炎疫情防控财政应急预案（试行）》《仁化县新型冠状病毒感染的肺炎疫情防控后勤服务保障工作方案》等一系列方案，确保全县疫情防控工作有序开展，开通资金拨付绿色通道，简化工作流程。全年累计投入疫情防控经费736.03万元。

【收入征管】 2021年，县财政局向上争取资金，新增地债收入6.8亿元，其中一般债券0.5亿元，专项债券6.3亿元，用于保障全县中心工作和重点项目。通过清理陈欠、加大资产处置、加大土地出让力度等方式组织收入。盘活回收2019年结转结余资金，收存量资金8776万元，主要用于弥补2021年财政支出缺口。

【监督管理】 2021年，仁化县按照全面实施预算绩效管理工作要求，做好目标申报审核、绩效自评、自评核查、重点评价等重点环节，完善《仁化县项目支出绩效评级管理办法》，印发《仁化县部门事前绩效评估操作指引》，构建全方位、全过程、全覆盖预算绩效管理体系。开展核查评价项目（部门）36个；开展事前绩效评估项目，核减资金2145.43万元，核减率32.53%。完成会计信息监督检查项目5个、预决算公开检查工作单位145个。完成乡镇敬老院资金专项检查。加强"三公"经费使用情况检查，落实"双监控"线上监控和线下核查工作。强化财政投资评审，累计预算项目50

个，核减金额6675万元，核减率7%；结算审核项目132个，核减金额5923万元，核减率8%。加强政府采购监管，1月1日起上线运行“广东政府采购智慧云平台”，全年政府采购交易完成1229笔17535万元。

【深化改革】 2021年，县财政局推进暂付款清理工作，对以前年度暂存暂付款项挂账清理，定期报送财政挂账管理台账。强化农村财务管理，开展农村财务管理工作业务培训，提升农村财务管理水平。推进“数字财政”系统建设，提高财政信息化建设水平。

（刘志梅）

税务

【税费收入】 2021年，国家税务总局仁化县税务局（简称仁化县税务局）落实落细减税降费政策，分析调研仁化经济发展形势，优化征管资源配置和岗位责任分工，降低征纳成本和管理风险。完成辖区内12户纳税人的日常申报数据风险排查，补缴税款和滞纳金122.30万元。开展千户集团企业风险排查专项，补缴房产税、印花税及滞纳金565.19万元。接收上级风险部门推送低风险核查任务28户、中风险核查任务1户，补缴税款及滞纳税金70.71万元。全县税务系统组织各项税费收入148299万元，同比增收16985万元，增长12.93%，其中，税收收入79619万元，同比增收4200万元，增长5.57%。

2021年仁化县税务局分级次税收收入情况表

表34

级次	税收收入（万元）	比上年增收（万元）	比上年同期增长（%）
中央级收入	29498	306	1.05
省级收入	15420	−157	−1.01
市级收入	−108	46	29.87
县级收入	34809	4005	13.00
合计	79619	4200	5.57

2021年仁化县税务局分税种收入情况表

表35

税种	税收收入（万元）	比上年增收（万元）	比上年同期增长（%）
增值税	42314	5062	13.59
消费税	1285	−208	−13.93
营业税	—	−17	−100.00
企业所得税	6820	−2557	−27.27
个人所得税	3335	−33	−0.98
资源税	6360	1354	27.05

续表35

税种	税收收入（万元）	比上年增收（万元）	比上年同期增长（%）
城镇土地使用税	2872	1393	94.19
城市维护建设税	2270	283	14.24
印花税	1130	623	122.88
土地增值税	5764	−1864	−24.44
房产税	2642	316	13.59
车船税	576	42	7.87
车辆购置税	963	−454	−32.04
契税	2498	280	12.62
耕地占用税	606	−29	−4.57
环境保护税	184	9	5.14
合计	79619	4200	5.57

2021年仁化县税务局各规费收入情况表

表36

各项规费	收入数（万元）	比上年增收（万元）	比上年同期增长（%）
教育费附加	1324	157	13.45
社会保险基金	64955	12219	23.17
地方教育附加	882	104	13.37
残疾人就业保障金	207	29	16.29
工会经费	1131	100	9.7
罚没收入	1	1	—
文化事业建设费收入	—	−5	−100.00
水土保持补偿费	8	8	—
防控地下室易地建设费	97	97	—
城镇垃圾处理费	75	75	—
合计	68680	12785	22.87

【减税降费】 2021年，仁化县税务局落实减税降费。全年，全县累计减免税费（不含社保费）24678万元，其中新增减税降费4945万元；办理增值税增量留抵退税5户，退税金额717万元。

【营商环境优化】 2021年，仁化县税务局贯彻落实中共中央办公厅、国务院办公厅《关于进一步深化税收征管改革的意见》要求，强化“四精”（精确执法、精细服务、精准监管、精诚共治）举措，健全完善“干好税务”机制。全年，落实便民办税春风行动任务93条，累计招募纳税服务体验师14户，征集优化服务意见建议11条，累计授信企业53户，发放银税贷款8136.31万元。推进“首违不罚”、发票电子化、“交房即发证”等精细化措施，制定全县税务系统“首违不罚”清单，累计享受“首违不罚”政策纳税人238户。开展增值税专用发票电子化试点，推广率100%。推进土地闲置费和城镇垃圾处理费等非税收入征管职责划转，开出全市首张划转后中央非税收入统一票据。办税服务厅整体进驻县行政服务中心，完成政务服务事项录入1508项。落地落细“我为纳税人缴费人办实事暨便民办税春风行动”“纳税人满意度调查”“优化营商环境”“春雨润苗”“纳税服务体验师”等举措，在2021年纳税人满意度调查中获全市第4名。

2021年6月24日，仁化县税务局在仁化县丹霞新城售楼部举行“我为纳税人缴费人办实事暨便民办税春风行动”交房即发证仪式

（马琳　摄）

【乡村振兴服务】 2021年，仁化县税务局按照“产业兴旺、生态宜居、乡风文明、治理有效、生活富裕”总要求，在巩固拓展脱贫攻坚成果同乡村振兴有效衔接上主动作为。全年，局党委班子到帮扶村上党课6次，各党支部与帮扶村开展共建活动7次，安排脱贫户就业8人。自筹资金52.81万元，帮助挂点村岩头村、南湖村解决路灯维护、文化广场建设、人居环境整治等问题13项。

【政务事务】 2021年，仁化县税务局加强绩效管理，制定和完善绩效管理考评规则和指标，发挥绩效管理“指挥棒”作用。加强舆情防控，构建舆情、信访、保密和应急管理“四位一体”闭环管理链条，聚焦优化营商环境、改进执法方式等事项，开展全方位、多层次、联动式宣传报道，编发仁化县税务局信息简报34期，向市税务局和县委县政府报送信息简报。严格财务管理相关制度，优化后勤服务，做好安全保卫、纪要保密、档案管理等工作。

（温珍兰）

银行·保险

中国人民银行仁化县支行

【货币政策执行】 2021年，中国人民银行仁化县支行（简称人民银行仁化县支行）执行央行货币政策，推动金融机构支持涉农企业、小微企业发展，发放支小再贷款3000万元，支农再贷款3300万元，普惠小微企业信用贷款支持计划4笔1979万元，普惠小微企业贷款延期支持工具5笔192.55万元。截至年末，全县各项存款余额113.46亿元，同比增加5.66亿元，增长5.25%；各项贷款余额67.01亿元，同比增加14.09亿元，增长26.6%；存贷比59.06%，同比增长9.97%，在全市贷款增速排名第一，超出6个百分点完成县政府GDP考核指标贷款增长20%的考核任务。

【金融风险防控】 2021年，人民银行仁化县支行加强金融风险排查研判，开展互联网金融风险专项整治、金融广告治理等工作，加大力度打击非法集资、非法高利贷等违法犯罪行为，开展金融行业治理，以实际行动推进常态化扫黑除恶专项斗争。开展存款保险宣传，加强贷款审查及金融产品管理，提升金融领域防范风险能力。建立房地产贷款集中度管理制度，保持房地产贷款占比、个人住房占比基本稳定。履行打击治理电信网络新型违法犯罪局际联席会议成员职责，指导县辖银行业金融机构协助县反诈中心成功止付银行及第三方账户495个，涉止付金额1419万元，冻结银行账户及第三方账户116个，冻结金额272万元。

【金融服务】 2021年，人民银行仁化县支行稳妥推进移动支付便民工程，通过以点带面，扩大移动支付可获得性和场景覆盖率，建成移动支付示范街2个、示范点75个，累计完成移动支付商户改造241户，丹霞街道获得2021年度“广东省移动支付示范镇”称号。加强国库业务管理，规范国库会计核算业务操作，强化国库系统运维，实现全年国库业务零差错。全县国库办理预算收入业务79928笔，收入44.59亿元，同比增加2.3%；预算支出业务24363笔，支出38.72亿元，同比增加1.5%；预算收入退付6377笔，金额2219.02万元。推进“行镇共建”农村地区反假货币安全区建设，辖内银行业金融机构共没收、收缴假人民币512张（枚）、金额4.29万元。优化账户管理服务水平，开展银行业金融机构“负面清单”督导暗访，督促各银行加强基层网点服务管理，优化小微企业开户服务。规范人民币银行结算账户管理，履行账户核准职责，全年对公账户开立1070户、变更1065户、撤销349户。提升征信服务质量，开展征信合规情况自查工作，建立日、月、季征信查询核查制度，确保征信查询零风险；开展征信知识进学校、进农村、进企业等活动，普及征信服务政策和措施，受理个人信用报告查询业务7118笔，企业信用报告查询业务126笔，个人司法查询业务6笔。

【金融知识宣传】 2021年，人民银行仁化县支行践行“金融为民”理念，以人民银行韶关市中心支行“一中心两翼”货币文化宣传教育基地为核心，推进金融知识宣传普及教育。组织地方党政部门和有关单位到韶关市货币与防伪博物馆实地参观5批次百余人。开展“红色金融文化宣传月”活动，在县辖银行业金融机构网点巡回展出货币文化宣传展板。开展金融知识普及教育工作，向全县新录用公务员讲授《防范和化解金融风险》专题讲座。建成仁化石塘双峰寨中学金融读书角并开展金融知识讲座，“粤心融”志愿服务队到乡镇开展惠民金融知识宣传活动。

【金融消费者维权】 2021年，人民银行仁化县支行维护金融消费者权益，走访调研辖内8家金融机构，联合县法院探索建立仁化金融纠纷调解机制，成功签署仁化县金融纠纷多元调解合作备忘录。维护金融消费者权益，妥善处理金融消费者投诉建议，受理金融类网络问政7件，办结7件；收到上级行转来投诉3件，办结3件。

【乡村振兴】 2021年，人民银行仁化县支行履行乡村振兴战略主体责任，选派优秀青年到石塘镇光明村参与驻镇帮镇扶村工作。加大金融扶贫领域信贷投放，做好脱贫攻坚与乡村振兴工作有效衔接。引导辖内银行业金融机构创新乡村振兴信贷产品和服务方式，以助保贷、农家乐贷款和金柚贷款为重点，加大金融支持乡村振兴力度。截至年末，辖内银行业金融机构累计对符合条件的995名脱贫户发放贷款4063.66万元，风险补偿基金规模495万元；发放助保贷64笔28223.59万元、“丹霞仁家”农家乐贷款76笔3459.8万元、金柚贷款33笔6252.6万元。探索支付结算与农旅业融合，成功协办“丹霞贡柑”开园节启动仪式、“丹霞贡柑”品牌联盟大会暨线上产销对接会，实现网络平台预售量2.5万件，预售额236万元；推动银联云闪付App平台与仁化特色农产品“丹霞贡柑”达成直播补贴促销合作，帮助种植户实现增收致富。

（王建玲 罗 铧）

中国工商银行股份有限公司仁化支行

【概况】 截至2021年年末，中国工商银行股份有限公司仁化支行（简称工行仁化支行）各项存款余额103838万元，比上年增加12474万元，增加13.65%，其中，储蓄存款余额84777万元，比上年增长12883万元，增长17.92%。各项贷款余额35455万元，比上年增加10288万元，增加40.88%。中间业务收入637万元，比上年增加29万元，增加4.77%。实现净利润1677万元，比上年增加152万元，增加9.97%。

【信贷投放】 2021年，工行仁化支行落实上级行信贷业务经营策略，组织推动重要项目、制造业、绿色产业等重点目标客户营销和信贷投入。建立常态化客户分层次营销走访与联动机制，加强与政府机构、监管机构、龙头企业、社会团体等沟通联动，确保优质项目、优质客户群体信贷市场占比提升。强化企业走访力度，了解企业业务需求，将“税易通”“经营快贷”“E抵快贷”“粤农e贷”和票据贴现作为小微拓户抓手，提升贷款业务。各项贷款余额35455万元，比上年增长40.88%。

【风险防控】 2021年，工行仁化支行守好“资产质量”生命线，做实资产业务存续期管理，加大风险排查力度，加强新增违约贷款精细化管理，加快平台压降速度，做好贷款到期及按期还息管理，主动化解风险，严防新增违约风险。筑牢“内控案防”安全线，开展“价值创造年”主题活动，加强关键岗位、关键业务、关键风险排查和防范，以及员工异常行为排查和警示教育。完善落实安全生产责任制，强化“安全保卫”防护线。年内，高标准通过监管部门第七轮安全评估。全年实现“零案件、零重大责任事故”工作目标。

【金融知识宣传】 2021年，工行仁化支行根据韶关市银保监分局和人行仁化县支行部署，开展金融知识进万家宣传活动。以营业网点、乡村、社区、厂矿、校园为宣传阵地，设立咨询台，向群众宣传防范非法集资、电信诈骗、跨境网络赌博，反假货币、反洗钱、个人征信、安全用卡、支付结算、存款保险、投资理财等基础金融知识，引导广大青少年理性消费，有效识别并主动远离校园贷、套路贷等非法金融活动，解答公众普遍关注的热点问题。在网点营业大厅显著位置张贴金融知识宣传海报，滚动播放金融知识宣传标语。印制各类金融知识宣传折页3800份，接受群众咨询3865人次，向群众派发宣传资料3480份，转发上级行制作的宣传视频8650人次。

（叶仲林）

中国农业银行股份有限公司仁化县支行

【概况】 截至2021年年底，中国农业银行股份有限公司仁化县支行（简称农行仁化县支行）各项存款余额21.05亿元，比年初增长2.57亿元；各项贷款余额为18.76亿元，比年初增长5.94亿元。

【业务发展】 2021年，农行仁化县支行每季度初出台相关考核方案，明确目标，压实责任，利用可利用绩效资源与二次分配杠杆作用，加大重点业务产品销售。与县相关部门对接，宣传“三资”平台系统优势，成功拓展营销韶关分行首个农村集体“三资”平台业务，联动丹霞街道、石塘镇、红山镇共33个村（居）委会开立资金监管账户，实现县乡村振兴局及仁化县锦盛现代农业发展有限公司、仁化县仁兴资产运营有限责任公司等政府国资控股公司开立基本存款账户。落实对公分层管户职责，成功落地财政存款2.8亿元。制定个人非住房营销指引、产品宣传资料等，每周开展滚动式产品培训，组织各网点和部门认领优质客户单位清单，通过上门宣讲、微信群等方式，开展“教师e贷”“公务e贷”等非住房产品营销，个人非住房贷款余额5347万元，比年初新增2432万元，增幅83%。支持当地特色产业，拓展营销农户信息建档，带动相关业务发展，截至12月末，实现农户贷款余额突破2.2亿元，比年初增加近1亿元。强化“三农”服务团队建设，向11个镇（街）派驻金融助理，签订《金融服务乡村振兴战略合作协议》《金融支持乡村振兴服务方案》。支持县域产业发展，投放韶关霞兴温氏畜牧有限公司绿色信贷项目贷款金额1.3亿元。

【合规经营】 2021年，农行仁化县支行以合规经营为主线，全面夯实“双基”、强化案防为重点，以加强党建、党廉工作和强化员工行为管理为抓手，严格落实中共中央八项规定和上级行各项规章制度，筑牢思想防线，培养教育员工爱岗敬业、诚实守信、勤勉尽职、操作依法合规。全年，全行实现安全运营无事故。

（吴　静）

中国银行股份有限公司韶关仁化支行

【经营业绩】 截至2021年12月31日，中国银行股份有限公司韶关仁化支行（简称中行仁化支行）营业利润2828.63万元，人均利润202.05万元；非利息收入302万元，“四行”（工行、农行、中行、建行）占比16.02%；本外币存款余额79888万元，四行占比17.26%；各项贷款余额74539万元，四行占比21.10%。

【支持地方经济建设】 2021年，中行仁化支行推进普惠金融贷款业务，运用“复工贷”“粤菜师傅贷”“南粤家政贷”等产品，加大涉农企业、制造业、餐饮行业支持力度，年末贷款余额74539万元，“四行”占比21.10%。

【合规案防】 2020年，中行仁化支行严格执行中共中央八项规定精神和廉洁从业要求，对会议培训、出差出访、公务商务活动、办公用车用房、选人用人、经费管理等进行监督和审核，教育员工遵守中共中央八项规定，自觉抵制违规违纪。安全事故发生案件为零。

（杜香平）

中国建设银行股份有限公司仁化支行

【概况】 2021年，中国建设银行股份有限公司仁化支行（简称建行仁化支行）围绕乡村振兴、县域经济、数字化经营、网点综合竞争力提升等方面高质量发展工作思路，推进各项业务发展。截至2021年12月31日，建行仁化支行一般性存款68885万元，各项贷款余额59958万元。

【乡村振兴服务】 2021年，建行仁化支行通过“裕农通”等产品服务乡村百姓，缓解金融服务渠道不足压力，助力乡村基础设施，引导金融资源精准滴灌，满足乡村振兴多样化金融需求。实现裕农通服务点121个，覆盖率98%；裕农通场景交易1783笔；投放涉农及乡村振兴贷款2.1亿元。

【风险防控】 2021年，建行仁化支行推进合规文化教育，提高员工主动合规意识，守牢安全运行关口。年内，内控合规考核排名系统内全行第七名。加强员工法纪、职业道德和社会主义核心价值观教育。全年度做到零案件。

【帮助企业复工复产】 2021年，建行仁化支行举办“金融助企、政策直达”宣传活动，宣传小企业信贷政策，为防疫以及受疫情影响的企业、个体工商户等普惠金融客群注入金融活水。帮助因受疫情防控影响出现临时还款困难企业，通过调整贷款期限、变更还款方式、调整结息频率、减免利息、再融资等方式渡过难关。

（吕　伟）

中国邮政储蓄银行股份有限公司仁化县支行

【经营管理】 2021年，中国邮政储蓄银行股份有限公司仁化县支行（简称邮储银行仁化县支行）支持地方经济发展，巩固拓展脱贫攻坚成果同乡村振兴有效衔接。坚持以零售业务为主导，以公司业务和金融市场业务为协同的“一体两翼”战略，业务涵盖存款、贷款、结算、投资、财富管理，为客户提供“一揽子”综合化金融服务。有综合管理部、综合业务部、营业部各1个，全国联网服务网点7个。

【业务发展】 2021年，邮储银行仁化县支行抓好“两存”和“两小”等基础性业务持续发展，提升客户服务质量、业务技能和员工履职主动性。截至2021年年底，全县邮政储蓄存款余额209639万元，新增存款6015万元；贷款余额40632万元，新增贷款5681万元。

（钟旭东）

广东仁化农村商业银行股份有限公司

【各项业务发展】 截至2021年年末，广东仁化农村商业银行股份有限公司（简称仁化农商银行）各项存款余额50.67亿元，同比增加1.72亿元，增幅3.51%；各项贷款余额28亿元，同比增加4.75亿元，增幅20.45%；财务收入21622万元，实现经营利润6945万元、净利润4601万元；资本充足率18.96%，拨备覆盖率182.31%，各项监管指标均达标。

【涉农涉企信贷】 截至2021年年末，涉农贷款余额22.92亿元，比年初增加4.04亿元，增幅21.39%。小微企业贷款余额17.03亿元，比年初增加3亿元，增幅21.41%。支持县域重点产业企业发展，向锦电公司、威玛公司、安顺达公司、银龙供水公司、凯鸿纳米材料公司、华粤煤矸石电厂、鸿伟木业、志成冠军等县域重点企业授信超2.2亿元。

【“普惠金融户户通”工作】 2021年，仁化农商银行开展“党建引领·普惠金融户户通”工作，走访建档5040户，新增授信2201户，授信覆盖面43.67%，向423户个体工商户和小微企业发放贷款521笔2.78亿元。完成县域28个行政村整村授信工作，累计对符合条件农户授信664户，授信金额8481万元。与县卫健局签订战略合作协议，以“金融服务+医疗卫生”模式为乡村振兴注入金融力量。与县农业农村局、县财政局签订“三资”平台合作协议，投入200万元开发管理系统，覆盖县辖村集体80%。布放“粤智助”政务自助机107台，实现行政村全覆盖，向行政村派驻“金融特派员”47名，解决乡镇村居群众生活消费、业务查询、预约办理、金融服务等服务需求。

【“三农”信贷产品】 2021年，仁化农商银行结合县域产业发展特点，创新推出信贷产品“真猪贷”“光伏贷”，累计发放贷款1068万元。主动对接现代农业示范区、示范家庭农村、重点农业龙头企业等新型农业平台，紧扣“一镇一业、一村一品”，加大信贷投放力度。

【审计信息化建设】 2021年，仁化农商银行转变审计思维模式，运用审计信息系统开展“审计数据分析、审计现场作业、审计信息管理”三大工作。年度内对审计信息系统派发的线索开展专项核查7次，依托数据平台常态化监测重点业务领域、重点风险领域，人均运行省联社模型119个，自主开发并成功发布模型3个，模型运行结果融入日常审计工作中。针对风险易发多发薄弱环节加强审计监督，组织开展专项审计17项、经责及离岗审计35项，接受省联社行业审计审前调查6次，披露各类问题和风险点277个。做好提高整改率和扩大整改成果各项工作，内外部检查审计披露问题完成整改266个，到期整改率96.03%，内部问责处理违规人员378人次。

（周庆国）

中国人寿保险股份有限公司仁化县支公司

【业务收入】 截至2021年12月31日，中国人寿保险股份有限公司仁化县支公司（简称中国人寿仁化支公司）总保费收入6552万元，比上年减少239万元，同比减少3.52%。其中，新单保费收入1967.89万元。

个险渠道。2021年，中国人寿仁化支公司3—9年期交保费341.37万元，与上年同比减少1.14%；10年期交保费627.38万元，与上年同比减少1.14%；短期健康险保费143.26万元，与上年同比减少9.73%；短期意外险保费119.11万元，与上年同比增加7.07%。

银保渠道。2021年，中国人寿仁化支公司趸交保费10.60万元，与上年同比减少15.54%；3—9年期交保费145万元，与上年同比减少51.67%；短期险保费9.2万元，与上年同比减少68.83%。

团险渠道。2021年，中国人寿仁化支公司短期险保费393.92万元，与上年同比增长0.38%，其中意外险保费253.54万元，与上年同比增长17.7%。续期保费收入4762.16万元。全年给付支出1051万元（其中满期给付支出503万元、年金给付支出200万元、理赔给付支出348万元），比上年减少234万元，同比减少18.21%。

【普惠性保险】 2021年，中国人寿仁化支公司发展老龄保险、计生保险、女性保险等普惠性保险。截至2021年12月31日，老龄保险承保37022人，累计提供保障金额3.2亿元；女性保险承保15700人，累计提供保障金额17.6亿元；计生保险承保4429人，累计提供保障金额1.76亿元。

【寿险App服务】 2021年，寿险App、官微、小程序构成的线上服务矩阵成为中国人寿仁化支公司最主要的服务通道，实现“任一平台一次认证，所有平台一步登录”，客户享受便捷高效线上“一站式”服务。年内，寿险App提供160+项功能，累计注册用户超过11000人，服务超2万人次，用户月活超200人次。推出寿险App“尊老模式”，客户使用尊老模式服务超1000人次。

（邹健伟）

中国人民财产保险股份有限公司仁化支公司

【概况】 2021年，中国人民财产保险股份有限公司仁化支公司（简称人保财险仁化支公司）实现年保费5753万元，比上年增长19.36%；为受灾保户支付赔款2647.9万元，同比增长75.22%。

【业务发展】 政策性业务。2021年，人保财险仁化支公司承办全县政策性农房、水稻、能繁母猪、生猪养殖、自然灾害公众责任险等惠及民生系列政策性保险。全年，承保政策性水稻种植保险面积9406.67公顷、岭南水果150.58公顷、蔬菜种植13.33公顷，风险保额2.82亿元；承保政策性农村住房保险41522户，保险金额33.22亿元；承保能繁母猪6450头、育肥猪66392头、仔猪45300头，保险金额1.41亿元；承保政策性森林保险保单数量66宗总面积10.995万公顷。支出理赔款2647.9万元，同比增长75.22%。其中，赔付政策性农村房住房保险56宗，赔付金额11.933万元；赔付政策性水稻种植保险459.01万元、养殖险302.23万元、气象指数保险190.9万元、岭南水果21万元、政策性森林保险0.63万元。

车险业务。2021年，人保财险仁化支公司在车险综合改革后大幅减费让利，保障消费者合法权益。全年车险保费2897.1万元。

商业非车险业务。2021年，人保财险仁化支公司加强政策性业务与商业性业务融合，开拓增量市场，发展建筑领域保证保险、电动车责任险、意外险等主打险种。全年，商业非车险保费1246.1万元，同比增长13.9%。

理赔。2021年，人保财险仁化支公司加强理赔管控，确保承保理赔真实性，坚守合规底线。全年，处理赔案4023宗，支出赔款2647.9万元，其中农险案件658宗，支付农险赔款985.71万元。

（黎奎芳）

教科文卫体

教育管理

【概况】 2021年，仁化县有中小学和幼儿园共115所，其中，完全中学2所、中等职业学校1所、初级中学6所、九年一贯制学校8所（含特殊教育学校1所）、中心小学9所、完小5所、教学点44所、幼儿园40所。公办和普惠性民办幼儿园覆盖率90%，学前三年毛入园率102.01%，义务教育标准化学校覆盖率100%，九年义务教育巩固率95.1%，高中阶段毛入学率107.77%，成人教育（社区教育）蓬勃发展。建立健全校园安全“片区化、网格化”安全管理体制机制，开展校园安全“百日攻坚”行动，校园安全专项整顿，专职保安配备、校园全封闭式管理、“护学岗”设置、一键报警装置100%达标。

【教育投入】 2021年，仁化县一般公共预算教育经费投入46032万元，比上年增长2297万元，一般公共预算教育支出实现逐年只增不减。

【全国义务教育优质均衡发展县创建工作】 2021年，仁化县成立以县长为组长的工作小组和仁化县创建全国义务教育优质均衡发展县工作专班，出台《仁化县创建全国义务教育优质均衡发展县实施方案》《仁化县推动基础教育高质量发展行动方案》《仁化县县域义务教育优质均衡发展督导评估工作规划》等文件。投入1.68亿元完成城北幼儿园、教师发展中心综合楼、新城幼儿园、中等职业学校宿舍楼和实训楼、仁化中学宿舍楼和图书馆等项目建设，新增学位逾900个，住宿床位1380个；完成黄坑中学、城口学校等第一批9所达标示范校硬件设施优化提升，以及高考考场高清巡考系统、初中理化生实验操作考场、电教平台等现代教育技术装备配置。优化整合全县10人以下小规模学校19所，完成“厕所革命”升级改造项目17个。

【师资提升】 2021年，仁化县小学专任教师大专以上学历率98%，初中专任教师本科以上学历率85%；普通高中专任教师本科以上学历率98.8%、研究生以上学历率4.9%；中等职业学校专任教师本科以上学历率96%。小学、初中和高中教师具有中高级专业技术职务比例分别为78%、77%、72%，具有副高以上职称教师比例达15%。新招聘教师41人，选聘教师14人，其中本科学历33人。组织开展教师公需科、专业科、校本培训继续教育工作及信息化提升工程2.0培训10080人次。

【教师评聘评先】 2021年，仁化县获评南粤优秀教师2人，市级优秀乡村校长、教师16人，仁化“最美教师”10人，县级优秀教师先进个人383人。教学技能获奖673人次（省级37人次、市级236人次），教学论文获奖及出版265篇（国家级获奖27篇、省级获奖190篇、市级获奖48篇）。成功申报省级名师工作室1个，市级名校长、名师、名班主任工作室4个，市级名班主任7人，市级名班主任培养对象3人，评选县级名师、名班主任工作室10个，县级骨干教师74人。

【“县管校聘”管理】 2021年，仁化县深化“县管校聘”改革成果，推动教师队伍科学合理流动，交流教师113名，交流比例达4.8%，推动8名优秀校长轮岗交流，轮岗交流比例达9.8%。解决教师编制75个，全县中小学教师编制由1907个递增为1982个。加强教师工作考核，制定不同工作岗位分类考核指标和考核办法，建立完善学校、教师、学生、家长和社会多方参与教师考核评价机制。实行师德考核“一票否决制”。

【教师激励机制】 2021年，仁化县建立健全中小学教师工资收入随当地公务员工资收入动态调整机制，增加教师绩效收入累计1600多万元。

【学校德育】 主题教育。2021年，仁化县建立以立德树人为核心的校长抓德育工作机制，印发《仁化县深入推进中小学以立德树人为核心的校长抓大德育工作机制实施方案》《关于做好仁化县中小学德育工作“一校一案”落实〈中小学德育工作指南〉的通知》，促进德育工作专业化、规范化。开展“扣好人生第一粒扣子”主题教育活动、优秀传统文化传承活动、志愿服务活动、研学活动、文明校园创建活动、绿色学校创建活动。举办中小学研学实践课程导师培训6期、新建县级研学实践教育基地1个。

文明校园、绿色学校创建。2021年，仁化县有市级文明校园17所、县级文明校园25所，成功创建省级绿色学校9所。

心理健康教育。2021年，仁化县印发《仁化县中小学心理危机防控工作联席会议制度》，成立学生心理健康防护工作小组，完成线上心理健康教育5692次、线下心理健康教育3628次，接受线下心理咨询75例、线上咨询33人次，开展团体心理辅导活动26场。心理健康教育论文获市一、二等奖10余篇。

家庭教育。2021年，仁化县25所中小学校分层次建立家长委员会，组建仁化县家庭教育志愿讲师团队，开展家庭教育讲座10余次，受众2000余人。

法治教育。2021年，仁化县贯彻落实《中小学法制教育指导纲要》，丰富“法治进校园”内涵，开展晨读宪法、观看普法视频、法治教育主题班会等系列活动。2名学生获得韶关市“十佳”普法小使者称号，1名学生获韶关市“优秀”法治小记者称号。

【学校体育】 2021年，仁化县执行体育与健康课程标准，开足开好体育课，制定印发《仁化县提高学生体质健康水平攻坚行动方案（2021—2023年）》。全县体育考试工作做到“四无”（无安全事故、无工作差错、无违纪行为、无举报投诉）。

每天一小时阳光体育活动。2021年，仁化县开展“体育、艺术2+1 项目”，举办仁化县中小学生武术套路竞赛、仁化县中小学生乒乓球比赛、仁化县中小学校园足球联赛、仁化县中小学大课间比赛。田家炳小学、长江中心小学、城北小学、董塘中学、大桥中学获2021年韶关市第五届中小学大课间体育评比活动一等奖，田家炳小学、长江中心小学、董塘中学获2021年广东省中小学足球主题大课间展示活动二等奖。

注重体育课程特色建设。仁化县有全国足球特色学校实验学校、凡口学校、田家炳小学、仁化县第一中学（简称仁化一中）、黄坑中学、周田中学、长江中学7所，有武术特色学校仁化中学、仁化一中、城北小学、周田中心小学4所，有田径传统学校仁化中学、仁化一中2所，有篮球特色学校实验学校、田家炳小学2所。各校从“一校一品”向“一校多品”发展，确保学生掌握1—2项体育锻炼方法和基本技能。通过举办多层次、多形式学生体育竞赛，形成“校校有特色，人人有项目、班班有队伍、月月有比赛”学校体育格局。10月，举办仁化县中小学校园足球联赛。11月，举办仁化县中小学生田径运动会。12月，举办仁化县中小学大课间比赛。

参加省、市各项体育比赛。2021年，仁化中学参加省中学生武术锦标赛获高中组团体总分第二名，仁化一中参加省中学生田径锦标赛获初中组团体总分第五名、参加省中学生定向越野锦标赛获第六名，实验学校、仁化中职参加市“英东杯”足球比赛分别获初中男子组、高中男子组第一名，仁化中学、周田中心小学参加市“英东杯”武术比赛分别获高中组、小学组团体第一名。仁化县青少年游泳训练基地选手参赛获市运会小学组冠军。

【“双减”落实】 2021年，仁化县落实“双减”（减轻义务教育阶段学生作业负担和校外培训负担）政策，印发《仁化县关于进一步减轻义务教育阶段学生作业负担和校外培训负担工作的实施细则》，建立“双减”治理工作联席会议制度，推行义务教育学校课后服务“5+2”模式，义务教育学校作业管理、课后服务实现全覆盖，参与学生数1.8万余人、教师1200余人。开展校外培训机构治理，全县5所学科类培训机构有3所注销办学许可，2所转型为非学科类培训机构，均实行资金监管，规范经营。

【卫生防疫】 2021年，仁化县开展传染病防治、疫情防控、近视防控、卫生示范校建设工作。中小学校健康教育课本拥有率、开课率均为100%，学生健康知识知晓率90%以上，学生健康行为形成率85%以上。11所中小学校卫生工作完成示范学校县级初评验收。常态化做好新冠肺炎疫情防控等工作，全县师生新冠肺炎感染数为零。12月13日，仁化县周田中心小学发生乙型流感暴发疫情，累计发现262例流感样病例，经及时处置，12月20日全面复课。

【学校食品安全与学生营养健康】 2021年，仁化县建立集中用餐陪餐制度，开展“光盘”行动、“文明餐桌”行动，举办县级以上食品安全法律法规宣传和培训2期，实施“明厨亮灶”工程等。全县中小学校（含幼儿园）有A级食堂19所、B级食堂46所，B级以上食堂覆盖率100%。各校（园）每日自查和上报率100%。65间学校（含幼儿园）食堂纳入韶关阳光餐饮平台（互联网+明厨亮灶）进行智慧监管，100%全覆盖。

【学校艺术】 2021年，仁化县成立小学音乐工作室，举行2021年仁化县小学音乐青年教师基本功比赛，开展“‘童心向党，百年辉煌’——我爱您，我的祖国”主题活动暨仁化县中小学校（幼儿园）学生艺术比赛系列活动，实验学校李建萍老师人音版三年级《捉迷藏》教学设计获韶关市小学音乐教学设计一等奖、小学音乐五年级期末质量监测成绩获全市第四名。

【教育教学】 2021年，仁化县在国家“双减”政策背景下，落实六项管理（即手机管理、睡眠管理、课外读物进校园管理、作业管理、体质健康管理、考试管理），推进义务教育学校教学提质增效。满天星公益、韶关市乡村振兴公益基金会成立“仁化县儿童阅读指导与推广联盟”，建立“满天星公益图书馆”2个。学生参加全国、省、市各项竞赛，获全国奖励3人次、省级奖励698人次、市级奖励879人次、县级奖励2367人次。仁化中学、仁化一中学生参加高考975人，仁化中职高职类本科录取实现零的突破。各学校共完成课题立项53项，其中省级2项、市级16项、县级35项；课题结题52项，其中省级1项、市级21项、县级30项。教师在省、市、县各类期刊发表论文579篇，获全国及省、市、县各级教学技能大赛奖659人次。

【教育督导】 2021年，仁化县实施《督学责任区工作考核办法》，开展专项督导和经常性督导共11次。省开展县级政府履行教育职责评价工作，仁化县2020年政府教育履职评价工作在韶关市八县三区名列第二。

【教育财务结算】 2021年，仁化县教育局印发《仁化县教育局中小学教育收费管理办法》《仁化县中小学校财务管理办法》《仁化县教育系统公务卡使用管理暂行办法》，全县各中小学校、公办幼儿园实行“集中记账，分校核算”，由教育财务结算统一会计核算，学校设置报账员，统一在教育财务结算中心报账。

【捐资助学】 2021年，仁化县落实国家各项资助政策，累计争取社会捐资助学资金93.7万元，资助学生4160人1852.8万元，其中，学前教育149人、义务教育3012人、高中阶段999人。

【仁化县青少年宫】 2021年，仁化县青少年宫开设跆拳道、象棋、围棋、书法、绘画、拉丁舞、中国舞、爵士舞、街舞、钢琴、电子琴、小提琴、金喇叭语言艺术等科目共39个班，满足全县青少年学生校外培训和教育活动需求。

基础教育

【幼儿教育】 2021年，仁化县有幼儿园40所，其中公办幼儿园

14所（含凡口矿幼儿园），民办幼儿园26所，边远乡村设有混编幼儿班4个。入园幼儿7807人，学前三年入园率102.01%，共有幼儿园教职工1044人，其中专任教师478人，在编教师174人。普惠性民办幼儿园36所，公办和普惠性民办幼儿园覆盖率90%。

2021年仁化县幼儿园、混编幼儿班一览表

表37

独立幼儿园(所)						小学附设适龄班（个）	在园在班幼儿（人）	教职工（人）				
									其中			
合计	教育局办	单位办	镇办	村办	私立			合计	管理人员	教师	保育员	其他
40	13	1	0	0	26	4	7807	1044	78	478	245	243

【义务教育】 2021年，仁化县有义务教育阶段学校74所，义务教育阶段在校学生25893人，其中，小学生480个班18255人、初中生169个班7566人、特殊学校就读生72人。小学阶段6—11周岁学龄儿童毛入学率101.61%，学年内辍学率为零。初中阶段12—14周岁人口毛入学率106.96%，学年内辍学率为零。九年义务教育巩固率95.10%。适龄残疾儿童入学率99.02%。义务教育阶段各项指标均达到省市要求。

【普通高中教育】 2021年，仁化县普通高中学龄人口有3036人，在校学生3473人，普通高中毛入学率114.39%。全县有完全中学2所，其中，仁化中学为广东省国家级示范性高级中学，教学班56个，学生2669人，教职工236人，参加高考789人；仁化一中是市一级完全中学，有教学班50个（初中部30个班、高中部20个班），学生2397人，教职工212人，参加高考186人。

【特殊教育】 2021年，仁化县有特殊教育学校仁化启智学校1所，教职工29人，教学班5个，学生72人。全县有适龄残疾儿童少年205人，在校残疾学生203人（特殊学校就读72人、随班就读学生86人、送教上门45人），入学率99.02%，残疾学生毕业28人。

【职业教育】 2021年，仁化县有职业教育学校仁化县中等职业学校1所，是省重点公办职业学校，开设专业民航运输、旅游服务与管理、汽车运用与维修、电子商务、计算机动漫与游戏制作、机械加工技术、供用电技术7个，有教学班38个，学生1589人，毕业336人，教职工数125人。

【成人教育】 2021年，仁化县有镇（街）成人文化技术学校11所，全年举办种养技术和劳动技能等各类培训班，培训学员16008人次。

（易向荣）

科学技术

【科技投入】 2021年，仁化县地方财政投入科技支出总额514万元，达到当年财政总支出（扣除专项转移支付）的0.24%。县政府根据《仁化县人民政府关于印发〈关于进一步优化仁化县投资营商环境的具体措施（试行）〉的通知》，向2020年通过高新技术企业认定的仁化县启航电子科技有限公司、广东省勃诚建设有限公司、仁化县众康环保精细粉料有限公司、韶关市五马寨菌业有限公司各发放奖励资金20万元，向韶关凯鸿纳米材料有限公司（到期重新认定）、广东英业达电子有限公司（到期重新认定）各发放奖励资金2万元，合计84万元；向2020年获得韶关市工程技术研究中心认定的广东升隆电源有限公司、韶关中润金属科技有限公司、仁化县华粤煤矸石电力有限公司3家企业工程技术研究中心发放奖励资金各10万元，共计30万元。根据《韶关市加快培育高新技术企业扶持办法》（韶科〔2021〕6号）文件，向2020年通过国家高新技术企业认定且有财政贡献增量的县域4家企业，按财政贡献增量情况发放奖励资金广东英业达电子有限公司2.26万元、韶关凯鸿纳米材料有限公司20万元、仁化县启航电子科技有限公司1.65万元、仁

化县众康环保精细粉料有限公司1.61万元，合计25.52万元。

【科技项目扶持】 2021年，仁化县争取省、市科技部门扶持资金210.62万元：市科技局向仁化县拨付2020年度高新技术企业培育奖补资金共45万元，其中广东英业达电子有限公司、韶关凯鸿纳米材料有限公司、广东省勃诚建设有限公司各获奖补资金10万元，仁化县启航电子科技有限公司、仁化县众康环保精细粉料有限公司、韶关市五马寨菌业有限公司各获奖补资金5万元；2020年获得韶关市工程技术研究中心认定奖补资金共30万元，其中，韶关市高容量快充电池工程技术研究中心、韶关市锌粉冶炼工程技术研究中心、韶关市煤矸石与生物质耦合燃烧发电工程技术研究中心各获认定奖补资金10万元；拨付2019 年度、2020 年度科技型中小企业评价奖补资金共35.62万元，其中，2019年度广东西力电源有限公司获奖补资金3.06万元，2020年度广东西力电源有限公司获7.54万元、仁化县启航电子科技有限公司获0.82万元、广东韶德建设有限公司获24.08万元、仁化县橘颂生态农业有限公司获0.12万元。由仁化县向韶关市科技局推荐的仁化县韶关丹霞女农业科技有限公司申报2021年广东省科技创新战略专项资金（“大专项任务清单”）项目之揭榜制项目（成果转化类）“番茄新品种的产业化”获得立项，立项金额100万元。

【高新技术企业认定】 2021年，仁化县有仁化县奥达胶合板有限公司（重新认定）、广东竹稻农业科技有限公司、中核韶关锦原铀业有限公司、广东升隆电源有限公司、韶关建东机械制造有限公司、广东韶德建设有限公司、韶关中润金属科技有限公司、仁化县恒达新型材料有限公司、韶关美华电源有限公司9家企业通过省高新技术企业认定。全县高新技术企业数量达19家。

【研发机构】 2021年，仁化县有广东志成冠军电气器材科技有限公司、仁化县达昌建材凡口水泥有限公司、仁化县和而友生态农业有限公司、仁化县橘颂生态农业有限公司4家市级工程研究中心通过认定，全县市级工程研究中心增加至20家；有深圳市中金岭南有色金属股份有限公司凡口铅锌矿、鸿伟木业（仁化）有限公司、仁化县博世铝业有限公司3家省级工程技术研究中心通过认定，全县省级工程研究中心增至6家。

（李杰英）

社会科学

【社科课题申报】 2021年4月，仁化县社会科学学会联合会（简称县社科联）组织完成申报韶关市哲学社会科学规划课题《中央红军长征经过粤北》1个。

【社科普及基地建设】 2021年7月6日，城口红色革命遗址群被认定为第三批“韶关市社会科学普及基地”。9月24日，城口红色革命遗址群、红军长征粤北纪念馆、石塘双峰寨、董塘镇安岗村被评为省级人文社会科学普及基地（标准型），仁化县档案馆被评为省级人文社会科学普及基地（提升型）。争取市级专项资金5000元用于扶持石塘双峰寨社科普及基地建设。

【社科普及活动】 2021年，县社科联联合市社科联在城北小学举办“阅读成就人生”专题讲座1期，100余名师生参加活动；联合市社科联在周田镇平甫村开展“实施乡村振兴战略 加快推进农业农村现代化”专题宣讲，赠送社科书籍，受众80余人次。联合县委宣传部在城北小学举行“光辉的历程 伟大的党”学党史演讲比赛初赛和决赛，选出优秀选手3名参加市社科联主题演讲比赛，1名选手获二等奖、2名选手获三等奖，县社科联获优秀组织奖。6月至10月，联合县委宣传部组织各有关单位在红军长征粤北纪念馆、石塘双峰寨和董塘安岗红色村等社科普及基地开展“仁化红色文化讲堂”活动17期，29个单位656人次参加宣讲活动。

（唐 军）

文化行业管理

【公共文化基础设施】 2021年，仁化县坚持文化建设与经济建设并重，加大资金投入力度，创新服务方式，满足群众精神文化需求。继续实施仁化县图书馆新馆（国家二级馆）建设项目，配送图书8000册到5个镇（街），配齐或维修11个镇

（街）村居公共体育器材，以高分成绩通过第三方评估。

【文化市场管理】 2021年，县文广旅体局定期开展涉旅企业安全隐患排查和安全生产检查，检查涉旅行业366家次，出动检查738人次。严格执行疫情防控相关工作指令，开展防疫措施检查3575家次，出动7200人次。开展“扫黑除恶”“扫黄打非”工作，专项排查A级景区、星级酒店、互联网上网服务场所、歌舞娱乐场所、印刷厂等文化旅游市场涉“黄赌毒”、欺行霸市、充当保护伞等涉黑涉恶经营行为12次，出动执法人员530人次，摸排网吧3家、歌舞娱乐场所6家、星级宾馆1家、A级景区5家、旅行社3家、印刷厂3家，未发现违法违规经营行为。

【安全播出】 2021年，仁化县完善广播电视安全播出各项保障措施，加强巡查、值班值守及广告监管，提升应急处置水平，确保广播电视安全播出、网络安全、设施安全。全年，全县未发生安全播出事故。

【图书管理】 2021年，仁化县投入资金200余万元，完成大桥、扶溪2个图书分馆，以及风度书房长江分馆、风度书房董塘分馆、风度书房建设路分馆3个智能图书馆建设，增加馆藏图书1万余册、阅读坐席250个，县图书馆总分馆覆盖率100%。投入8万元，开展阅读推广活动50余场次。县图书馆全年接待读者12万人次，借书证总数增至9974个，外借册次6.4万册次。仁化县图书馆新馆进入建设。

群众文化活动

【文化活动】 2021年，仁化县在五马寨景区、丹霞灵溪景区开展新时代文明实践活动之2021年“文明旅游 我们的节日”主题宣传活动，用文明言行引导广大游客和群众文明游览，营造景区文明、和谐旅游氛围。开展2021“善美韶关 一路茶香”粤港澳大湾区自驾游系列活动，吸引粤港澳大湾区100多辆自驾游车到仁化体验茶文化+红色文化之旅。

【文化惠民】 2021年，县文广旅体局开展“我们的中国梦 文化进万家”“我们的节日·春节”“我们的节日·多彩非遗闹元宵”线上系列文化活动10场，带动惠及群众0.6万人次。开展“中国梦·劳动美——永远跟党走 奋进新征程”“五一”国际劳动节职工合唱大赛。开展“奋斗百年路 启航新征程”2021年新时代文明实践活动之“我们的中国梦”——文化进万家惠民文艺演出线上直播，惠及群众990人次。开展大型红色歌舞剧《你来过》线上展播活动，惠及参与活动群众1000人次。举办公益艺术培训班成人葫芦丝培训班、形体培训班，以及少儿葫芦丝、少儿书法、少儿东方舞等培训班，吸引100余人参加。举办2021“我最OK”全民才艺大比拼、“同饮一江水”广东劳动者歌唱大赛等活动，吸引300余人次参与。

文艺创作·文化交流

【文艺创作】 2021年10月，在第三届韶关民间艺术花会上，仁化县参赛作品表演唱《绣香包》获金奖，表演唱《月姐歌盛事》《季节歌》获银奖，表演唱《睇龙船》获铜奖。

【文化品牌】 2021年，县文广旅体局坚持打造特色文化品牌，开展“我们的节日”系列活动、“文明旅游 我们的节日”主题宣传活动“出行踏青 文明清明”、新时代文明实践活动之“情牵七夕 浪漫相约”联谊会等活动，参加活动330人次。

【文化交流】 2021年11月15—30日，第三十三届粤湘赣仁化、汝城、崇义三省三县文化艺术节在仁化县举行，活动包括文艺会演、书画美术展览、期刊印制等，展示3县优秀传统文化节目，保护传承创新边际特色文化，增进友谊，促进县域文化交流和文艺繁荣。

文物·博物

【文化遗产保护】 2021年，仁化县有县级以上文物保护单位68个。落实“保护为主、抢救第一、合理利用、加强管理”文物保护工作方针，做好文物保护和博物馆免费开放等工作，加强各级不可移动文物日常巡查管理。完成蒙氏家庙修缮，双峰寨及其他零星修缮工程。完成文物博物馆（不含丹霞山）单位安全直接责任人公告公示牌挂牌190处（其中博物馆1处、文物单位189处）。开展“广东国家级历史文化名城、名镇、名村——那城、那镇、那村”图片展下基层活动11场次，“镜头录史千秋在，笑傲人生九十年——大埔籍战地记者邹健东摄影展”进校园巡回展出25场次。开展蛋糕DIY、3D立体画科普、中秋月饼DIY等各类亲子教育活动4期。开展“5·18”国际博物馆日专场演出，发放文物保护宣传小册子2000多份。完成与广东省博物馆流动博物馆合作流动展览6期。完成县林业局宿舍小区考古挖掘工作，发现明代古墓葬4座，发掘出土明代人骨3具，其中2具完整，1具残缺，全部人骨委托中山大学人类进化与科技考古实验室进行人骨复原及后续研究工作。

2021年仁化县文物保护单位一览表

表38

序号	名　称	公布或批准机关	公布或批准时间、批次	批准文号
1	云龙寺塔	国务院	1988年1月13日公布为第三批国家级文物保护单位	国发〔1988〕5号
2	双峰寨	国务院	2006年5月25日公布为第六批国家级文物保护单位	国发〔2006〕19号
3	丹霞山摩崖石刻	国务院	2013年3月5日公布为第七批国家级文物保护单位	国发〔2013〕13号
4	鲶鱼转遗址	广东省人民政府	1960年10月30日第一批省级文物保护单位，1978年7月18日重新公布	粤府办〔2002〕56号
5	澌溪寺塔	广东省人民政府	1979年12月19日第二批公布广东省文物保护单位	粤府办〔2002〕56号
6	华林寺塔	广东省人民政府	1989年6月29日第三批公布广东省文物保护单位	粤府办〔2002〕56号
7	文峰塔	广东省人民政府	2008年11月18日第五批公布广东省文物保护单位	粤府办〔2008〕68号
8	双水塔	广东省人民政府	2008年11月18日第五批公布广东省文物保护单位	粤府办〔2008〕68号
9	工农革命独立第四团部旧址	广东省人民政府	2019年4月19日第九批公布广东省文物保护单位	粤府函〔2019〕96号
10	灵溪大石围	广东省人民政府	2019年4月19日第九批公布广东省文物保护单位	粤府函〔2019〕96号
11	细美寨	广东省人民政府	2019年4月19日第九批公布广东省文物保护单位	粤府函〔2019〕96号
12	雪岩寺与石乳泉	广东省人民政府	2019年4月19日第九批公布广东省文物保护单位	粤府函〔2019〕96号
13	安岗思诒堂	韶关市人民政府	2020年9月3日第七批市级文物保护单位	韶府〔2020〕14号
14	恩村古祠堂群	韶关市人民政府	2020年9月3日第七批市级文物保护单位	韶府〔2020〕14号
15	张屋古村张氏宗祠及门楼	韶关市人民政府	2020年9月3日第七批市级文物保护单位	韶府〔2020〕14号
16	古秦城	仁化县人民政府	1982年3月27日第一批	仁府〔1982〕第009号
17	仁化县暴动纪念碑	仁化县人民政府	1989年6月第二批	仁府布字〔1989〕4号
18	石塘大革命烈士纪念碑	仁化县人民政府	1989年6月第二批	仁府布字〔1989〕4号
19	红山红军长征革命烈士纪念碑	仁化县人民政府	1989年6月第二批	仁府布字〔1989〕4号
20	长江革命烈士纪念碑	仁化县人民政府	1989年6月第二批	仁府布字〔1989〕4号

续表38

序号	名　称	公布或批准机关	公布或批准时间、批次	批准文号
21	董塘大革命烈士纪念碑	仁化县人民政府	1989年6月第二批	仁府布字〔1989〕4号
22	覆船岭遗址	仁化县人民政府	1989年6月第二批	仁府布字〔1989〕4号
23	康溪走马坪遗址	仁化县人民政府	1989年6月第二批	仁府布字〔1989〕4号
24	腾凤塔	仁化县人民政府	1989年6月第二批	仁府布字〔1989〕4号
25	历林水口塔	仁化县人民政府	1989年6月第二批	仁府布字〔1989〕4号
26	文明峰塔	仁化县人民政府	1989年6月第二批	仁府布字〔1989〕4号
27	华表峰塔	仁化县人民政府	1989年6月第二批	仁府布字〔1989〕4号
28	张子胄墓	仁化县人民政府	2015年1月6日第四批重新公布	仁府通〔2015〕1号
29	东庄门楼	仁化县人民政府	2015年1月6日第四批重新公布	仁府通〔2015〕1号
30	老街万年桥	仁化县人民政府	2015年1月6日第四批重新公布	仁府通〔2015〕1号
31	水南村梁氏宗祠	仁化县人民政府	2011年4月21日第三批	仁府〔2011〕10号
32	夏富村李氏宗祠	仁化县人民政府	2011年4月21日第三批	仁府〔2011〕10号
33	古竹石拱桥	仁化县人民政府	2011年4月21日第三批	仁府〔2011〕10号
34	春坑古竹石拱桥	仁化县人民政府	2011年4月21日第三批	仁府〔2011〕10号
35	下徐村黎氏宗祠	仁化县人民政府	2011年4月21日第三批	仁府〔2011〕10号
36	左龙村石拱桥	仁化县人民政府	2011年4月21日第三批	仁府〔2011〕10号
37	石塘镇贻德堂	仁化县人民政府	2011年4月21日第三批	仁府〔2011〕10号
38	李仲生故居	仁化县人民政府	2011年4月21日第三批	仁府〔2011〕10号
39	旱禾田民居	仁化县人民政府	2011年4月21日第三批	仁府〔2011〕10号
40	石塘镇门楼	仁化县人民政府	2011年4月21日第三批	仁府〔2011〕10号
41	石塘镇杂货铺	仁化县人民政府	2011年4月21日第三批	仁府〔2011〕10号
42	长江镇广州会馆	仁化县人民政府	2011年4月21日第三批	仁府〔2011〕10号
43	长江镇刘氏宗祠	仁化县人民政府	2011年4月21日第三批	仁府〔2011〕10号
44	船背坳石拱桥	仁化县人民政府	2011年4月21日第三批	仁府〔2011〕10号
45	长江镇陈氏宗祠	仁化县人民政府	2011年4月21日第三批	仁府〔2011〕10号
46	城口镇红军烈士纪念碑	仁化县人民政府	2011年4月21日第三批	仁府〔2011〕10号
47	谭甫仁将军故居	仁化县人民政府	2011年4月21日第三批	仁府〔2011〕10号
48	红军石拱桥	仁化县人民政府	2011年4月21日第三批	仁府〔2011〕10号
49	黄溪水石拱桥	仁化县人民政府	2011年4月21日第三批	仁府〔2011〕10号
50	宝珠峰塔墓	仁化县人民政府	2011年4月21日第三批	仁府〔2011〕10号

续表38

序号	名　称	公布或批准机关	公布或批准时间、批次	批准文号
51	佛日峰塔墓	仁化县人民政府	2011年4月21日第三批	仁府〔2011〕10号
52	断石村吴氏祠堂	仁化县人民政府	2011年4月21日第三批	仁府〔2011〕10号
53	狮子岩庙遗址	仁化县人民政府	2011年4月21日第三批	仁府〔2011〕10号
54	燕岩禅寺	仁化县人民政府	2011年4月21日第三批	仁府〔2011〕10号
55	锦江岩画	仁化县人民政府	2011年4月21日第三批	仁府〔2011〕10号
56	澹归塔墓遗址	仁化县人民政府	1989年6月3日第二批	仁府布字〔1989〕4号
57	丹霞普同塔	仁化县人民政府	1989年6月4日第二批	仁府布字〔1989〕4号
58	螺顶浮屠遗址	仁化县人民政府	1989年6月5日第二批	仁府布字〔1989〕4号
59	金龟岩庙遗址	仁化县人民政府	2015年1月6日第四批重新公布	仁府通〔2015〕1号
60	涌泉岩庙遗址	仁化县人民政府	2015年1月6日第四批重新公布	仁府通〔2015〕1号
61	打锣岩庙古道遗址	仁化县人民政府	2015年1月6日第四批重新公布	仁府通〔2015〕1号
62	穿窿岩庙遗址	仁化县人民政府	2015年1月6日第四批重新公布	仁府通〔2015〕1号
63	古夏司马第祠堂	仁化县人民政府	2015年1月6日第四批	仁府通〔2015〕1号
64	下徐仇氏宗祠	仁化县人民政府	2015年1月6日第四批	仁府通〔2015〕1号
65	白竹何屋村何氏宗祠	仁化县人民政府	2015年1月6日第四批	仁府通〔2015〕1号
66	白竹刘屋村刘氏宗祠	仁化县人民政府	2015年1月6日第四批	仁府通〔2015〕1号
67	抗日阵亡将士纪念碑	仁化县人民政府	2015年1月6日第四批	仁府通〔2015〕1号
68	高岗庙遗址	仁化县人民政府	2015年1月6日第四批	仁府通〔2015〕1号

说明：该表由仁化县文化广电旅游体育局、县博物馆提供

【非物质文化遗产保护】 非遗项目与群众文化同台活动。2021年，6月12日，在县文化馆非遗展厅开展仁化县2021年“文化和自然遗产日”非遗展示活动，活动邀请“仁化石塘堆花米酒酿造技艺”等6个项目传承人现场宣传销售，现场吸引100余名群众参观。9月22日，选送非遗项目“杨泰和米饼制作技艺”“仁化白毛茶制作技艺”参加第十七届中国（深圳）国际文化产业博览交易会。10月1日，“仁化土法造纸技艺”等4个项目在韶关中山公园参加韶关市迎国庆非遗展示活动。组织非遗项目“石塘月姐歌”“丹霞红豆饰品制作”“仁化竹篾编织技艺”“仁化土法造纸技艺”进校园活动8场次，参与师生1500余人。

非遗申报保护工作。2021年3月，非遗项目“仁化白毛茶制作技艺”“仁化艾糍制作技艺”列入韶关市第八批市级非物质文化遗产代表性项目名录。8月，报送“仁化白毛茶制作技艺”参加申报广东省第八批省级非物质文化遗产代表性项目。全县有19个项目列入县级以上非遗名录。

2021年仁化县非物质文化遗产保护项目一览表

表39

序号	保护项目名称	项目属性	保护级别	公布或批准时间	批准文号
1	石塘月姐歌	传统音乐	广东省第三批省级非物质文化遗产保护项目名录	2009年	粤府〔2009〕112号
2	仁化土法造纸技艺	传统技艺	广东省第三批省级非物质文化遗产保护项目名录	2009年	粤府〔2009〕112号
3	石塘堆花米酒酿造技艺	传统技艺	广东省第四批省级非物质文化遗产保护项目名录	2012年	粤府〔2012〕20号
4	梅花龙	民俗	韶关市第二批市级非遗物质文化遗产保护项目名录	2009年	韶府〔2009〕2号
5	闹春牛	民俗	韶关市第二批市级非遗物质文化遗产保护项目名录	2009年	韶府〔2009〕2号
6	仁化八音	传统音乐	韶关市第三批市级非遗物质文化遗产保护项目名录	2011年	韶府〔2011〕13号
7	走马灯	传统技艺	韶关市第五批市级非遗物质文化遗产保护项目名录	2015年	韶府〔2015〕24号
8	装故事	民俗	韶关市第五批市级非遗物质文化遗产保护项目名录	2015年	韶府〔2015〕24号
9	丹霞红豆饰品制作	传统技艺	韶关市第五批市级非遗物质文化遗产保护项目名录	2015年	韶府〔2015〕24号
10	杨泰和米饼制作技艺	传统技艺	韶关市第七批市级非遗物质文化遗产保护项目名录	2018年	韶府〔2018〕44号
11	仁化竹篾编织技艺	传统技艺	韶关市第七批市级非遗物质文化遗产保护项目名录	2018年	韶府〔2018〕44号
12	仁化白毛茶制作技艺	传统技艺	韶关市第八批市级非遗物质文化遗产保护项目名录	2021年	韶府〔2021〕5号
13	仁化艾糍制作技艺	传统技艺	韶关市第八批市级非遗物质文化遗产保护项目名录	2021年	韶府〔2021〕5号
14	丹霞仙草制作技艺	传统技艺	仁化县第六批县级非遗物质文化遗产保护项目名录	2019年	仁府〔2019〕38号
15	禾斋节	民俗	仁化县第六批县级非遗物质文化遗产保护项目名录	2019年	仁府〔2019〕38号
16	恩村香火龙	民俗	仁化县第六批县级非遗物质文化遗产保护项目名录	2019年	仁府〔2019〕38号

（谢　磊　何俊华　钟　燕）

电影

【概况】　仁化县丹影文化传播有限公司属国有企业，设办公室、下乡放映队和电影院（金逸数字影院）。其中，下乡放映队负责农村公益电影、学校电影及社区电影放映工作，电影院负责城市院线电影放映。2021年12月，仁化县丹影文化传播有限公司入选第九届全国服务农民、服务基层文化建设先进集体名单。

【公益电影】　2021年，仁化县结合党史学习教育、疫情防控、森林防火等工作，开展庆祝中国共产党成立100周年优秀影片展映暨“看电影　学党史”主题活动和送电影进农村、进社区、进校园活动，组织公益放映电影1567场，其中下乡放映队公益放映进农村1022场、进企业65场、进社区227场、进校园91场，金逸数字影院播放党史题材电影162场。

【营业电影】　2021年，仁化县金逸数字影院完善运营体系、岗位责任制度和人员培训体系，利用网络，与猫眼电影、淘票票等网络平台合作，支持网上购票、选座，增设疫情防控验票闸机2台、人脸识别测温仪1台，放映经营性影片5100余场次，接待观众3万余人次，收入110万余元。

（叶　瑞）

融媒体事业

【县级融媒体改革】 2021年，仁化县融媒体中心将经营性业务剥离，组建仁化县融兴网络文化传媒有限公司，通过市场化运营增强有线数字电视、网络、广告宣传等经营性业务竞争力。12月23日，仁化县融兴网络文化传媒有限公司注册成立，为县属国有企业，县公共资产管理中心为融兴公司出资人，县融媒体中心为融兴公司为业务指导单位，原仁化县广播电视台经营性有线电视、宽带网络、广告宣传等业务进入企业化经营。

【宣传报道】 2021年，仁化县融媒体中心播出电视新闻2012条，播出应急广播节目480多个小时，发布微信信息5591条、客户端信息6000余条，在中央、省、市主流新闻媒体发布新闻580多条，在“学习强国”平台发布新闻1100多条，各网络平台总阅读量200多万次。制作《智者乐水（中国共产党成立100周年献礼片）》《百年征程　红色仁化》系列短视频及《没有共产党就没有新中国》快闪视频。新闻《春耕生产忙　水稻种植忙》《千亩花菜喜迎收　蔬菜基地采收忙》等新闻被中央电视台、新华网采用。新闻作品在省市新闻评比中获一等奖2个、二等奖4个、三等奖6个。

2021年仁化县融媒体中心新闻作品获奖情况表

表40

作品名称	奖项名称及等次	获奖时间
小庭院，大民生	广东省县（市、区）广播电视新闻评析广播长消息一等奖	1月11日
【创森】投票！Pick出你心中的仁化“最美村道”！	广东省县（市、区）广播电视新闻评析创意互动作品二等奖	1月11日
电信诈骗真实案例 就发生在我们身边	客家地区广播电视播音主持作品评选三等奖	1月18日
这一刻，仁化	韶关市广播电视节目奖新媒体短视频一等奖	1月27日
电信诈骗真实案例 就发生在我们身边	韶关市广播电视节目奖电视播音二等奖	1月27日
仁化粤菜师傅之仁厨出道	韶关市广播电视节目奖电视系列报道二等奖	1月27日
仁化：从文明城市到城市文明	韶关市广播电视节目奖广播新闻评论二等奖	1月27日
仁化做强丹霞贡柑产业　助力乡村振兴发展	韶关市广播电视节目奖电视长消息三等奖	1月27日
致敬仁化最美逆行者	韶关市广播电视节目奖电视专题三等奖	1月27日
这一刻，仁化	韶关市广播电视节目奖新媒体融合三等奖	1月27日
严格遵守野外用火有关规定 切勿以身试法	韶关市广播电视节目奖公益广告作品三等奖	1月27日
【创森】投票！Pick出你心中的仁化“最美村道”！	韶关市广播电视节目奖创意互动作品三等奖	1月27日

【有线电视网络发展】 2021年，县融媒体中心拓展新兴网络数据业务产业，促进有线电视、数据网络业务稳步发展。完成丹霞新城阳光里、碧桂园二期新建光缆工程，扶溪林场、古夏、狮角湾、广东铝厂、老坪岗、黄子塘光纤改造工程，城口光缆下地二期工程。实行网格化维护管理，做到“接报即修”，提升服务品质和服务质量。全年有数据专线1228条，有线数字电视用户14274户，网络宽带用户1945户，经营性业务营收991.48万元。

【乡村振兴工作】 2021年，县融媒体中心落实乡村振兴驻镇扶村工作，挂点帮扶董塘镇安岗村。通过开展“一线双联”“民情夜访”等活动，及时收集群众意见建议，帮助群众解决生产生活困难。

（谭作明 卢剑锋）

医疗卫生行业管理

【概况】 2021年，仁化县有医疗卫生机构150家，其中，公立医院、厂矿医院、民营医院、妇幼保健院、疾控中心、慢性病站、卫生监督所、社区卫生服务中心各1家，社区卫生服务站2家，乡镇卫生院10家，村卫生站116家，诊所、医务室14家；卫生技术人员1209人，其中，县级医疗卫生机构卫生技术人员465人，专业公共卫生机构卫生技术人员163人，基层医疗机构卫生技术人员581人；医疗机构实有床位877张，其中，县级519张，乡镇284张，专业公共卫生机构74张。

【疫情防控】 2021年，仁化县卫生健康局（简称县卫健局）抓好常态化疫情防控工作，按照“外防输入、内防反弹”工作原则，落实预检分诊、发热门诊管理制度和社区“三人小组”工作机制，做好中高风险地区来仁返仁人员落地排查、落实健康管理措施。累计排查中高风险重点地区来（返）仁化人员3625人，大数据推送2510人。做好境外来（返）仁化入境隔离及核酸检测后续跟踪管理，全年无本土确诊病例发生。缜密科学有序推进疫苗接种工作，全县接种疫苗308547剂，142385人完成全程接种，全人群全程接种覆盖率76.55%。举办全县性大规模本地疫情全流程全要素综合演练4次。

【卫生重点项目建设】 2021年，仁化县完成县人民医院新门诊综合大楼项目、县妇幼保健院搬迁项目、县“120”医疗急救体系标准化项目建设并投入使用；完成县妇幼保健院、凡口矿医院核酸实验室建设，全县日均最大核酸检测量1500人份；完成10家基层医疗机构医疗污水处理系统建设；推进县人民医院发热门诊及感染科防治楼建设。

【医药卫生体制改革】 2021年，仁化县稳步推进“紧密型”县域医共体建设，成立仁化县医院管理委员会，印发《仁化县医院管理委员会工作制度》。建成仁化县区域心电诊断中心，建立医院间远程心电会诊平台，实现基层卫生院与县人民医院实时远程心电诊断，县域各医疗机构心电数据实现共享。全域推进公立医院改革，加快公立医院绩效考核和人事薪酬制度改革。稳步推进分级诊疗工作，各医疗机构向上级转诊389人次，其中县内转诊66人次、县外转诊323人次。

【医疗服务】 2021年，仁化县医疗服务水平提升。借助东莞市人民医院“组团式”紧密型帮扶契机，县人民医院全面加强人才、技术、重点专科、医院管理等核心能力建设，提升医院综合实力和医疗服务水平，“对口帮扶”成效显著。预防接种规范化建设全面完成，县人民医院、县妇幼保健院以及各镇（街）卫生院等接种门诊承接全县新冠疫苗接种任务，在常态化疫情防控中发挥重要作用。妇幼保健服务落实，超额完成年度免费“两癌”筛查任务。

【基本公共卫生服务】 2021年，仁化县国家基本公共卫生项目获2020年度韶关市公共卫生绩效考核第一名。全县居民电子健康档案建档率93.35%，高血压患者规范管理率85.82%，糖尿病患者规范管理率87.67%。

【人才招聘】 2021年，仁化县贯彻落实《韶关市人民政府办公室关于印发韶关市基层医疗卫生人才引进计划实施方案的通知》，实行医疗卫生人才县招县管镇用。通过“丹霞英才”和事业单位医疗卫生专业人才招聘，聘用医疗卫生专业技术人才20人。

（杨舒明）

医疗保障

【城乡居民基本医疗保险】 2020年，医疗保障医保局（简称县医保局）做好城乡居民医疗保险扩面工作，通过广播、电视、网络、走访入户等多形式宣传，发放宣传资料10万余份，悬挂横幅158条，强化多部门协作联动，解决医保征缴问题。全年，全县城乡居民基本医疗保险成功参保163225人次，参保缴费完成市任务数163997人的99.53%。

【医疗保障基金管理】 2021年，县医保局健全完善基金监管体制机制，加强医保宣传和综合检查，开展打击欺诈骗保专项治理，实施联合惩戒，形成基金监管高压态势，及时有效防控和化解基金运行风险，医保基金正常运作、合理使用。利用基金监管宣传月暨义诊送健康实践活动派发宣传资料1.05万份，张贴宣传海报900份，播放宣传短片600次，参与宣传电子滚动LED显示屏217个。通过专项检查、联合检查，全县定点医药机构检查覆盖率100%。建立联席会议研判制度，全面加强医保基金监管，约谈定点医疗机构8家，联合社保中心发放整改通知书22份，对存在问题定点医药机构列入重点监督对象并要求立即整改。

【医疗救助】 2021年，仁化县制定医疗救助申请流程，全额资助特殊群体参加基本医疗保险，做好新增对象中途参保工作，并纳入重特大疾病救助范围。医疗救助手工发放总人次441人，救助总金额2473527.62元，救助面100%。

【药品和医用耗材采购】 2021年，县医保局推进医药采购改革，监督指导各定点医药机构药品、医用耗材按规定线上集中带量采购，降低药品、耗材采购费，减轻群众负担。各公立定点医疗机构均按要求在线上平台采购药品和医用耗材，线上采购率99.2%，采购金额4776.51万元。

（谭文军）

社区卫生

【概况】 2021年，仁化县丹霞街道社区卫生服务中心（简称丹霞社区卫生服务中心）是广东省示范社区卫生服务中心，服务人口为街道辖内17个村（居）委69355人，管理辖内18个村（林场）卫生站，有卫生技术人员76人，实际开放病床数23张。总收入2364.68万元，同比增长8%，其中，医药收入898.43万元，同比增长11.53%，药品收入758.57万元，同比增长8.58%。

【门诊诊疗与住院治疗】 2021年，丹霞社区卫生服务中心服务门诊诊疗48343人次（含核酸采样愿检尽检人次2214人），同比增长56.42%。接受住院425人次，同比增长6.52%。

【疫情防控】 2021年，丹霞社区卫生服务中心建立健全传染病疫情监测快速反应服务体系，按相关规定常态化做好新冠肺炎疫情防控工作。发挥发热病人监控“哨点”作用，健全预检分诊制度，设立预检分诊台，建立发热登记、预检登记制度。配合县疾控部门完成适龄人群新冠肺炎疫苗接种5.67万针次。

疾病预防与控制

【免疫规划】 2021年，仁化县疾病预防控制中心（简称县疾控中心）免疫规划疫苗接种率达标，疑似预防接种异常反应34例；麻疹风疹监测6例，5例排除，1例为风疹；完成AFP监测1例；开展乙肝抗-HBcIgM 1∶1000检测8例；完成免疫水平监测任务60份。预防接种证查验率100%，补种率98.86%。举办业务培训班4次。

【传染病防治】 2021年，仁化县报告法定传染病1409例，传染病死亡数3例。报告突发公共卫生事件6起、聚集性疫情23起、传染病自动预警109起，调查各医疗机构传染病报告质量3次。常态化防控新冠肺炎疫情，监测重点场所样本8626份，检测结果均为阴性；协查追踪管理密接、次密接、涉疫重点人员24起38人；新冠疫苗全程接种人口覆盖率76.51%；组织及协助新冠肺炎疫情应急演练5次。落实学校卫生工作，指导督导学校、幼儿园传染病防控18次，开展青少年健康监测，监测青少年近视等常见病2198人；完成20间机构“双随机”抽检工作。艾滋病防治工作落实，艾滋病病人及感染者52人，CD4检测率96%，抗病毒治疗率92.3%，配偶检测率94.12%。HIV（艾滋病病毒）检测38664人次。

【卫生监测】 2021年，县疾控中心受委托开展公共场所监测2户，“双随机”监督性抽检24户。监测城市饮用水60份、农村集中供水153份。监测医疗单位消毒效果23家。监测食源性疾病，报告病例304例，发生聚集性食源性疾病事件5起。开展农村环境卫生监测，调查农村环境卫生家庭100户、学校10所。开展登革热蚊媒密度专项监测，登革热布雷图指数BI（Breteau Index）2.91，MOI（诱蚊诱卵指数）1.42。病媒生物监测，平均蚊密度3.71只/盏，平均鼠密度1.43%，平均蝇密度9.71只/笼，蟑螂平均密度0.78，侵害率3.75%。地方病碘缺乏病监测居民户盐样300份、尿样300份，均达到碘缺乏病达标评估标准。按省、市要求完成食品风险监测采样工作。

【慢性非传染性疾病报告管理】 2021年，县疾控中心管理高血压患者9752名，规范管理率85.82%；血压控制率73.68%。管理糖尿病患者3631名，规范管理率86.92%，管理人群血糖控制率54.86%。老年人健康管理率73.09%。健康档案建档率93.35%。开展死因监测报告1566例，伤害监测报告卡14972例。开展“2016—2020年儿童伤害预防项目”终线调查4021份。开展发放宣传资料、健康支持工具等生活方式健康活动19次。新建支持性环境建设健康社区3所、健康单位40所、健康学校15所、健康主题公园2个、健康步道2个。

【寄生虫病防治】 2021年，县疾控中心开展血吸虫病防治调查及健康教育宣传工作，国家监测点及省常规查螺61730平方米，流调人口血检201人。开展疟疾防治知识宣传，完成疟疾防治血片镜检518例。

卫生监督

【重点场所疫情防控监督】 2021年，仁化县卫生监督所开展医疗机构、公共场所、学校、集中隔离场所等重点场所疫情防控监督工作，督促各单位落实疫情防控措施，监督检查各类场所512间，其中医疗机构149间、集中隔离场所1间、公共场所296间、中小学校25所、幼儿园41所。

【国家随机监督抽查】 2021年，县卫生监督所制定《2021年国家随机监督抽查计划实施方案》，依托卫生健康监督信息系统，完善执法检查对象名录库和执法检查人员名录库。完成随机抽查任务74家，其中公共场所卫生36家（含关闭6家）、学校卫生6家、生活饮用水3家、传染病防治卫生8家、医疗卫生8家、放射卫生3家、职业卫生10家，完结率100%。随机抽查中被处罚单位6家，其中警告5宗，罚款1宗，共计罚金500元。按要求对2020年国家随机监督抽查被行政处罚的单位开展“回头看”9家，均已落实整改。抽查结果及时录入市卫生监督信息网，分批次在县政府网进行信息公开。

【“放管服”改革】 2021年，县卫生监督所办理各类卫生行政许可678件，即办件170件，按时办结508件，办结率100%，服务窗口群众零投诉，在广东省行政执法信息公示平台、全国信用信息共享平台实行行政执法公示。

【公共场所卫生监督执法】 2021年，县卫生监督所开展美容美发、住宿场所、游泳场所等公共卫生经营单位监督检查和量化分级管理，公共场所应监督户数299家，量化分级管理80%。开展公共场所通风卫生专项监督检查，抽查美容美发场所5家、住宿场所2家、娱乐场所2家、购物场所2家、沐浴场所1家，对监督检查中所发现问题下达卫生监督意见书，跟踪整改落实情况。实施卫生行政处罚19家。

【学校卫生监督】 2021年，县卫生监督所开展中小学校（25所）、幼儿园（41所）日常卫生监督检查，监督覆盖率100%；“双随机”抽检幼儿园5所、学校6所，均符合国家卫生标准；抽检校外培训机构4所，对检查所发现问题及时提出整改意见，指导督促整改。对县疾控中心《仁化县2021年医疗、托幼机构消毒质量监测工作报告》所反馈消毒效果监测不合格幼儿园（3所）开展监督检查，现场下达监督意见书并督促整改。实施卫生行政处罚4家。

【生活饮用水卫生监督】 2021年，县卫生监督开展集中式供水单位和二次供水单位卫生监督。监督持有集中式供水卫生许可证单位3家、镇小型集中供水单位7家、二次供水单位6家，监督覆盖率100%；随机抽查农村小型集中式供水单位6家、二次供水单位6家，完成率100%。巡查农村小型集中供水点卫生协管安全110个。

【医疗机构卫生监督】 2021年，县卫生监督所监督医疗卫生机构涉依法执业、医疗废物管理、处方书写规范、母婴保健技术服务等方面147家，监督覆盖率100%；监督传染病防治机构147家，监督覆盖率100%；监督妇幼健康机构6家。对6家医疗卫生机构进行不良执业行为记分。开展医疗卫生机构医用织物清洗消毒卫生监督专项工作，检查设床位医疗机构医用织物清洗消毒开展情况14家，对发现的洗衣房设置布局、运送储存、清洁织物卫生质量和质量管理等方面所存在问题下达卫生监督意见书，责令限期整改。查处违法违规行为，实施卫生行政处罚25宗。

【放射卫生监督】 2021年，县卫生监督所对全县放射诊疗单位15家开展经常性卫生监督检查，监督覆盖率100%，实施行政处罚1宗。新建改建放射诊疗项目3个，完成“控评”审核和竣工验收3个。

【职业卫生监督】 2021年，县卫生监督所开展各项职业卫生监督执法工作，检查企业40家，下达卫生监督意见书66份，卫生行政处罚3宗。开展防暑降温和职业性化学中毒防范监督用人单位27家，对存在中暑和职业性化学中毒风险用人单位下达卫生监督意见书，督促落实主体责任，防范事故发生。

【“以案促管”工作】 2021年，县卫生监督所结合打击非法行医专项行动、医疗乱象专项整治、住宿场所卫生整治等监督执法，开展“以案促管”工作，办理案件53宗，其中处罚医疗机构23宗、公共场所19宗、放射诊疗1宗、职业卫生3宗、学校卫生4宗，打击非法行医3宗，共计罚金51600元，没收违法所得60640元及药品、器械2批。受理投诉举报案件17宗，其中立案调查处理3宗，给予行政处罚2宗，投诉举报案件反馈率100%。依法依规开展案卷评查工作，评查行政处罚案卷39宗。

【卫生监督协管】 2021年，县卫生监督所每季度督导检查11个基层医疗机构卫生计生监督协管工作情况，指导、督促医疗机构整改所存在问题，开展监督协管比例100%。上报案件（线索）17件，卫生计生监督协管信息报告率100%。

健康教育

【健康教育】 2021年，仁化县健康教育所开展健康教育督导4次、知识讲座20场、咨询活动21次，发放宣传资料，更新宣传栏120版。

【健康素养促进行动】 2021年，仁化县成功创建健康促进机关40个、学校15间、医院14家、企业2家、社区（村）40个、健康主题公园2个、健康步道2条。完成健康素养监测工作，全县居民健康素养水平23.56%。

【控烟】 2021年，县健康教育所完成烟草流行监测工作，成功创建无烟单位90家，申请创建无烟单位12家。

妇幼保健

【仁化县妇幼保健院新院启用】 2021年4月，按照国家二甲医院标准建设的仁化县妇幼保健院新院启用，占地面积1.57公顷，总建筑建筑面积1.25万平方米，开放床位100张，新增设发热门诊、重症新生儿科、儿童保健康复科、儿童和成人疫苗接种门诊以及盆底康复科等临床科室，率先韶关市配备LDRP一体化产病房（集待产、分娩、产后康复于一体的家庭化产房）。

【妇女保健】 2021年，仁化县活产儿数1457人，孕产妇系统管理1368人，住院分娩1457人，系统管理率93.89%，住院分娩率100%。开展分娩镇痛、一对一导乐分娩、孕妇学校、孕妇瑜伽等特色项目。

【儿童保健】 2021年，仁化县7岁以下儿童数13847人，参加保健服务12931人，7岁以下儿童健康管理率93.38%；3岁以下儿童6345人，系统管理5506人，系统管理率86.78%。5岁以下儿童死亡率2.75‰，婴儿死亡率1.37‰，新生儿死亡率为0。新生儿访视率98.63%。开展儿童营养评价10598人，0—6岁儿童眼保健和视力检查12931名。

【基本和重大公共卫生服务项目】 2021年，仁化县实施出生缺陷防控，孕前优生健康检查任务数1000对，完成检查1159对，完成率115.9%。地贫筛查1424例，其中地贫电泳检测355例，地贫基因检测135例，产前诊断3例，筛查出重症地贫3例。加强预防艾滋病母婴传播宣传咨询，采取有效干预措施预防艾滋病母婴传播，按月收集监测资料汇总，做好婚姻登记男女青年艾滋病免费自愿检测、孕产妇艾滋病筛查工作。“两癌”检查任务数2937人，完成宫颈癌检查4810人，筛查出HPV阳性者576例（其中16、18型阳性81例），活检确诊癌前病变43例、确诊宫颈癌4例；完成乳腺癌检查4873人，筛查超声异常34例，确诊乳腺不典型增生3例、乳腺原位癌1例、乳腺浸润癌1例。县妇幼保健院完成新冠疫苗接种3万人次。

爱国卫生

【国家卫生县城巩固工作】 2005年，仁化县被全国爱卫会授予“国家卫生县城”称号，2009年、2013年、2016年、2019年仁化县均通过全国爱卫办“国家卫生县城”复审。2021年，仁化县常态化做好国家卫生县城巩固各项工作。

【病媒生物防制】 2021年，仁化县根据《关于在县城区内全面落实除“四害”有偿服务工作意见的通知》文件精神，组织县消杀队与县城区机关、企事业单位、学校、各大型宾馆、酒楼签订有偿服务合同，确保县城区内公共场所和特殊行业定期进行药物消杀，有效控制“四害”密度。全年，县城区鼠、蝇、蚊和蟑螂密度均控制在国家标准范围内。

【卫生镇村创建】 截至2021年12月底，仁化县成功创建“广东省卫生镇”董塘、石塘、长江、周田、城口、黄坑镇6个，“广东省卫生村”（行政村）南湖村等21个，“韶关市卫生镇”闻韶、红山、扶溪、大桥镇4个，“韶关市卫生村”（行政村）塘洞村等81个。

【无偿献血】 2021年，仁化县参加无偿献血1441人，献血量448022毫升，献血任务完成率103%。

（杨舒明）

体育

【大型全民健身赛事活动】 2021年3月28日，仁化县举办环广东2021年序幕战仁化丹霞山站赛事；8—10月，举办周末篮球联赛；10月2日，举办仁化县“庆国庆”全民健身活动之砂板乒乓球赛；10月22日，在城口镇举办“重走长征路　奋进再出发”纪念红军长征胜利85周年徒步活动；12月11日，举办仁化县“乒协杯”乒乓球等级赛。配合上级做好“善美韶关　红色之旅”自驾游定向赛（3月）、“农行杯”第十四届徒步穿越丹霞山赛（11月）、“农行杯”环丹自行车赛（12月）等赛事工作。

【体育场地设施建设】 2021年，仁化县加快体育场地设施建设，推进城乡公共体育场地设施一体化。向上级争取体育健身器材一批，为长江镇浒松等7个村添置室外体育器材设施7套，全部体育设施安装完毕并投入使用。

2021年仁化县体育场地一览表

表41

项目			单位	数量
标准体育场			个	3
足球场	其中	105米×70米标准草地场	个	3
		105米×70米合格土场	个	17
		70米×50米中型场	个	0
		小型场	个	3
	合计		个	23

续表41

项目			单位	数量
篮球场	其中	灯光球场	个	50
		水泥场	个	272
		土场	个	2
	合计		个	324
排球场			个	18
羽毛球场	其中：室内		个	20
	合计		个	80
台球场			个	100
乒乓球室			间	60
网球场	其中：室外		个	2
	合计		个	3
门球场			个	2
手球场			个	0
游泳场	其中：标准场		个	2
	合计		个	2
田径场	其中	400米跑道	条	8
		200米跑道	条	17
	合计		条	25
全民健身路径			条	109
综合训练房			间	1
健身室			间	2
保龄球室			间	0
棋牌室			间	56
摔跤柔道房			间	1

【体育组织网络管理】 2021年，仁化县建立健全体育组织网络，推进城乡公共体育组织服务一体化。完成体育协会年检工作10个。借助举办健身舞培训，发展三级社会体育指导员70名。

【竞技体育】 2021年，仁化籍运动员参加各级运动会取得成绩，其中，参加韶关市第十六届青少年运动会获金牌52枚、银牌48枚、铜牌56枚，获团体第四名。

2021年仁化籍运动员参加国家级比赛获奖情况表

表42

姓名	性别	竞赛项目	名次	时间	地点
黄梦怡	女	中华人民共和国第十四届全国运动会赛艇双人双桨	第七名	9月	陕西省西安市

2021年仁化籍运动员参加省级比赛获奖情况表

表43

单位	竞赛项目	名次	时间	地点
仁化中学	高中组团体	第二名	5月	佛山顺德
仁化一中	2021年广东省中学生武术套路锦标赛高中组团体	第三名	5月	佛山顺德
仁化一中	2021年广东省中学生武术套路锦标赛初中组团体	二等奖	5月	佛山顺德
仁化一中	2021年广东省中学生田径锦标赛初中组团体	二等奖	10月	佛山南海
仁化中学	2021年广东省中学生武术套路锦标赛高中组团体	二等奖	10月	佛山南海

2021年仁化县运动员参加市级比赛获奖情况表

表44

时间	运动会名称	团体总分	各项目团体名称	名次
8月	韶关市第十六届运动会	第四名	乒乓球	第五名
			武术	第一名
			举重	第七名
			赛艇	第四名
			跆拳道	第九名
			足球	第三名
			射击	第八名
			田径	第一名
			皮划艇	第五名
			摔跤	第四名
			羽毛球	第四名

【学校体育和业余训练】 2021年，仁化县文广旅体局按照体教结合思路，实施“全员互动”，与县教育局联合开展“阳光体育”活动。实行奖励补偿机制，引进民营项目（跆拳道）办学，拓宽业余体育训练思路，形成体育部门和教育部门资源互补。做好2021年省运会82名运动员注册工作，向市体校输送优秀运动员23人，省队1人。全年，考入体育院校及大专院校体育系学生70人，其中本科48人、专科22人。

【体育产业管理】 2021年，仁化县文广旅体局专题调研体育场馆经营情况和健身市场，探索适合仁化体育产业经营发展思路，繁荣健身休闲、体育用品、体育彩票等体育市场，体育彩票销量630万元。实行游泳场等高危体育项目有效监管，实行救生员凭证上岗，规范游泳救生员资格管理，组织救生员参加市组织技能培训3名。

（徐志勇）

社会生活

人事·人才

【事业单位人事管理】 2021年，仁化县人力资源和社会保障局（简称县人社局）按相关程序审核并予以核准聘用岗位变动、岗位晋升或新聘用人员拟聘岗位582人，要求聘用单位与被聘用人员签订“事业单位聘用合同”或“聘用合同变更书”，做好聘用后管理工作。根据事业单位提交人员核减报告单，及时在事业单位人事管理信息系统做好人员退休、死亡、辞职或调出等变动管理。做好全县事业人员动态管理，要求事业单位做好聘用合同解聘、终止工作，核减201人。

【事业单位人力资源和社会保障统计】 2021年，仁化县事业单位从业总人数4179人，其中，年龄35岁及以下1090人，占26.08%；36岁—40岁653人，占15.63%；41岁—45岁819人，占19.6%；46岁—50岁657人，占15.72%；51岁—54岁653人，占15.63%；55岁以上307人，占7.35%。文化程度研究生以上29人，占0.69%；本科2676人，占64.03%；大专1143人，占27.35%；中专219人，占5.24%；高中及以下112人，占2.68%。专业技术人员总人数是3374人，其中高级以上职称514人。

【专业技术职务资格申报评审和认定】 2021年，仁化县涉及生产应用、经营管理、烹饪、家政服务等专业乡村工匠职称评审通过128人。其余专业职称评定延迟到2022年开展。

【专业技术职务聘任管理】 2021年，仁化县完成林业、工程、教育、卫生等行业不同级别专业技术职务聘任370人。技术工人新晋技术等级和办理聘用手续7人。

【事业单位工作人员上年度考核工作】 2021年，县人社局完成2020年度全县事业单位工作人员年度考核工作，参加年度考核4291人，评选优秀542人，占参加考核人数12.63%。

【政府特殊津贴享受人才工作】 2021年，县人社局做好享受县人民政府特殊津贴人才选拔工作，根据《仁化县人民政府关于印发仁化县享受县政府特殊津贴人才选拔管理实施意见的通知》规定，完成第二期享受县政府特殊津贴人才17人第一年每人1万元津贴发放工作。

【各类公开招聘组织工作】 2021年，县人社局按照《广东省事业单位公开招聘人员办法》《事业单位人事管理条例》规定，做好全县事业单位人才招聘引进工作。根据《关于印发〈丹霞英才计划〉的通知》，配合县委组织部及相关招聘单位，招聘引进党政储备类、教育教学类和医疗卫生类“丹霞英才”37名。根据省人社厅工作部署，经公开招聘，聘用高校应届毕业生2名。招聘引进基层医疗卫生专业技术人才18名。招聘幼儿园教师15名，公开选聘教师14名。做好仁化县2021年事业单位公开招聘工作，聘用岗位人员15名。

【“三支一扶”人员管理】 2021年，仁化县按照省、市派遣名单，“三支一扶”大学生到岗14人，分别安排在各镇人民政府（街道办事处）工作。通过建立“仁化县三支一扶人员微信群”，加强“三支一扶”人员沟通联系，帮助“三支一扶”人员解决工作、生活问题。截至6月底，全县2019届“三支一扶”大学生服务期满7人，全部完成期满考核，均获得“高校毕业生‘三支一扶’服务证书”。

【人才档案管理和高校毕业生报到、登记工作】 2021年，县人社局接收应、往届普通高校毕业生档案及其他零散档案1100余份，办理高校毕业生档案调出手续300余人次。及时办理档案接收或调出整理和登记入库、出库工作，实行档案电子化管理。

【工资福利日常管理】 2021年，县人社局审核调入调出、新招聘、在职工作人员岗位晋升相关工资确定和变动共427人。审核抚恤金30人，审批符合条件享受遗属生活困难补助补贴遗属12名。做好全县卫生防疫工作者在新冠肺炎疫情防控期间符合享受临时性工作补助备案、2021年事业单位住房改革补贴计发基数、乡镇事业单位和县直派驻乡镇工作人员乡镇工作补贴标准变动审批工作。

【调整兑现事业单位工作人员待遇】 2021年，仁化县做好2021年事业单位工作人员和机关工勤人员按年度考核结果正常晋升增加薪级（一档）工资审核工作，其中，事业单位工作人员4036人，人均增资89元/月。

【事业单位绩效工资管理】 2021年，县人社局与县委组织部、县财政局联合制定2020年机关绩效考核奖励金发放办法，统筹事业单位核增绩效工资总量。核定县公立医院绩效工资总量。联合县教育局出台仁化县义务教育教师工资待遇落实保障长效机制。

【“未上线”退休人员补差待遇调整】 2021年，根据省人社、财政部门关于调整退休人员基本养老金相关文件精神，经县人民政府同意，县人社局与县财政局印发《关于调整机关事业单位“未上线”退休人员基本养老金的通知》，对暂未纳入机关事业单位基本养老保险改革范围仍由原渠道发放退休待遇退休人员（“未上线”退休人员）调整退休待遇。审核“未上线”退休人员2021年预调养老金和2021年补差待遇调整增资。

【政府工作人员任免】 2021年，经县人民政府批准，县人社局办理县人民政府工作人员任免71人次。

【机关工勤、事业工人退休办理】 2021年，县人社局办理机关工勤、事业工人退休28人。

【人力资源服务机构管理与服务】 2021年，县人社局完成全省人力资源服务业发展情况普查，指导全县人力资源服务机构上线广东省人力资源管理服务信息系统登记基础信息，完成2021年度年检工作。

劳动·就业

【就业目标完成】 2021年，仁化县实现城镇新增就业1319人，完成市下达任务的101.46%；城镇失业人员再就业806人，完成任务的100.75%；就业困难人员实现再就业160人，完成任务的103.23%；促进创业143人，完成任务的102.14%；城镇登记失业率2.57%，控制在年度目标3.5%以内。

【“丹霞杯”返乡人员创业创新大赛】 2021年，县人社局根据韶关市“丹霞杯”大赛方案总体部署和要求，做好“善美之城”2021年韶关“丹霞杯”返乡人员创业创新大赛宣传动员工作，动员符合条件人员和企业报名参赛。向市推荐2021年度吸纳返乡人员就业优秀企业4家。扶持创业人数14人，创业带动就业246人。

【企业用工专场招聘会】 2021年，县人社局组织举办网络招聘会10场，参会企业276家次，提供就业岗位7787个，现场达成就业意向315人。举办现场招聘会5场，参会企业124家次，提供就业岗位3376个，现场达成就业意向96人。

【就业信息宣传】 2021年，县人社局加大韶关市3.0版“促进就业十条”政策宣传落实力度，及时更新就业创业政策宣传栏84个，印制就业创业补贴申请办事指南等宣传资料3.6万份。拓宽宣传渠道，丰富宣传载体，建立电视、手机短信、微信公众号、微信群、乡村大喇叭、宣讲活动、宣传栏、宣传单、流动宣传车等线上线下相结合政策宣传体系，形成政策宣传“进农村、进小区”新格局，营造就业创业氛围。在县人民政府网、县电视台、“仁化就业”小程序、微信公众号、11个镇（街）125个村（居）人社平台发布企业招聘信息13期14081条，通过电信平台发送补贴政策宣传和政策申领进度手机短信56402条。

【企业用工保障服务】 2021年，县人社局组织召开“暖企行动”暨加强援企稳岗和重点企业用工保障工作调研座谈会，开展南粤春暖“稳岗留工”专项行动，保障企业用工平稳。加强校企合作，帮助企业解决用工难题，协调县中等职业学校到丹霞丰源温泉酒店、鸿伟木业（仁化）有限公司、博世铝业有限公司等重点用工企业开展校企合作、用工对接活动。开展就业失业动态监测，全年列入用工定点监测企业18家，失业动态监测企业8家，行政村农村劳动力转移就业监测18个。

【“粤菜师傅”培训】 2021年，仁化县“粤菜师傅”培训工作与乡村人才振兴发展相结合，通过技能实践培训，提升学员技能，储备餐饮行业技能人才。开展各类“粤菜师傅”培训832人次。其中，“仁化风味”粤菜师傅培训班5期209人次、仁化县“客家风味”粤菜师傅培训班（非获证）15期534人次、仁化县“锦江杯”粤菜师傅技能工匠竞赛1期35人、自主培训54人次。

【“粤菜师傅”技能工匠竞赛】 2021年，县人社局组织开展2021年仁化县“锦江杯”粤菜师傅技能工匠竞赛，参赛选手35人，有29名选手通过理论和实操考核，获得高级中式烹调师职业资格证书。

【企业新型学徒制】 2021年，仁化县创新技能人才培养模式，推行“招工即招生、入企即入校、企校双师联合培养”企业新型学徒制。县人社局与深圳市中金岭南有色金属股份有限公司丹霞冶炼厂（简称丹冶）、中国电信股份有限公司韶关分公司（简称韶关电信）签订企业新型学徒培训协议，培训备案人数126人，其中，丹冶培训中级钳工35人、中级电工39人，韶关电信培训中级信息通信网络运行管理员23人、中级信息通信业务员29人。

【“南粤家政”培训】 2021年，县人社局开展“南粤家政”母婴服务、居家服务、养老服务、医护服务四大项目培训953人次，获证723人次。

【职业技能鉴定】 2021年，县人社局举办：创业培训2期60人，合格47人；举办“南粤家政”机构培训21期829人次；“客家风味”粤菜师傅培训班5期209人次；乡村建筑工匠、网商运营培训班6期297人次，获证199人。仁化县中等职业学校和锦江电力集团通过市技能中心技能等级机构备案。

【劳动保障】 2021年，县人社局加大欠薪案件处理力度，做好农民工维权工作。县劳动保障监察综合执法大队受理投诉及信访案件164宗，追发518名劳动者工资等待遇785.457万元，其中，来访投诉登记13宗、网络问政109宗、信访9宗、“根治欠薪线索”33宗。通过调解方式结案145宗，通过立案调查并结案4宗。举报投诉案件比上年增加74.7%。

【劳动监察执法专项检查】 2021年11月，仁化县部署开展根治欠薪冬季专项行动，深入检查在建工程项目工资发放及相关制度建设情况。县人社局联合住建、水务、交通等部门开展根治欠薪执法专项行动，检查企业、劳务派遣企业及在建工程项目等用人单位39家，对所发现问题施工企业要求及时整改，保证工资无拖欠；联合县市场监督管理局开展跨部门“双随机、一公开”联合抽查监察，随机抽查企业5家，未发现违反劳动法规情况。

【劳动关系工作】 2021年，县人社局规范劳务派遣用工管理，引导仁化县劳务派遣企业上线劳务派遣管理信息系统，完成2020年劳务派遣用工情况上报。实施劳动合同制度，推进集体协商和集体合同制度建设。开展劳动关系领域风险排查，加大劳资纠纷调解力度督促企业与劳动者签订劳动合同，2021年劳动合同签订率98.85%（市标准98.5%）。做好仁化县“双减”政策下劳动关系稳定相关工作，走访、检查仁化县5家注册校外培训机构。健全完善劳动关系三方协调机制。

【劳动争议调解仲裁】 2021年，仁化县劳动人事争议调解仲裁工作坚持以人为本原则，以劳资关系和社会和谐稳定作为调解仲裁工作根本点，公平、公正处理劳资纠纷。处理案件113宗，其中立案处理49宗。案件处理涉及劳动者276人，涉案金额895万元。仲裁结案率100%，调解成功率83.33%，终局裁决率61.11%。

【工伤保险宣传】 2021年4月，广东开始实施《关于单位从业的超过法定退休年龄劳动者等特定人员参加工伤保险的办法（试行）》。仁化县有12家企业为本单位属于“特定人员”[超过法定退休年龄人员、1—4级工伤伤残津贴或病残津贴人员、实习学生、见习人员、村（社区）两委人员、家政服务机构从业家政服务人员、新业态、志愿者]职工参加专项工伤保险，受理认定案件4宗。

【工伤认定】 2021年，仁化县结合国家和省《工伤保险条例》《工伤认定办法》规定程序，依法受理工伤认定申请，做好调查取证、认定、送达等，规范操作环节，实行工伤发生单位24小时内电话报告制度，做好现场调查取证认定工作，受理工伤认定申请160宗，工伤认定159宗；协助工伤职工调处4宗，涉及金额30余万元。

【就业帮扶】 2021年，县人社局加快乡村公益性岗位开发，安置就业困难人员和脱贫人口就业、助推乡村振兴，完成第一批乡村公益性岗位开发工作15个。完成2021年春季建档立卡贫困家庭就读技校学生生活费补助发放，补助发放72人10.8万元。举办仁化县“客家风味”粤菜师傅培训班15期，参加培训人员534人次，其中脱贫学员92人次。

（李　岚　岑武秀）

社会保障

【社会保险扩面征缴】 2021年，仁化县社会保险基金管理中心（简称县社保中心）配合县人社、税务等部门做好社会保险扩面征缴工作。全年，全县城乡养老保险参保人数83433人，征收收入801.5万元（税务征收收入口径，下同）。企业职工养老保险参保人数20499人，征收收入18805万元。失业保险参保人数15116人，基金征收收入489.5万元。工伤保险参保人数23199人，基金征收收入730万元。

【社会保险待遇发放】 2021年，仁化县企业养老待遇发放8488人/月，每月支付1974.76万元；失业保险110人/月，每月支付16万元；城乡居民基本养老保险待遇28700人/月，每月支付539.52万元。定点医疗机构住院结算（城乡居民）6213人次，支付金额3580.8万元；返回结算1407人次，发放待遇585.4万元；定点医疗机构普通门诊、门诊特定病种、门诊慢性病种、核酸检测结算264419人次，支付金额1205万元。工伤保险待遇发放153人次，支付金额940万元；职工生育保险待遇发放475人次，支付生育津贴及生育医疗费用744.万元。婚检725人次，支付金额8.3万元。

【社会保险信息变更、核实、建立、证明】 2021年，县社保中心做好参保单位和参保人资料信息变更，变更单位信息25个，变更个人信息67人。查询无历年缴费记录档案514人，做实个人账户补记录；建立视同缴费账户5人；根据参保人需要，开具参保证明1052份。

【社会保障卡工作】 2021年，县社保中心协调银行做好二代社会保障卡换代工作。社会保障卡挂失与解挂616人，补换社保卡460人，办理临时社保卡1人，临时卡注销96人，一人一卡清理318人，社会保障卡密码修改与重置2173人，社会保障卡启用（含社会保障卡银行账户激活）904人，社会保障卡申领178人，社会保障卡信息变更24人，社保卡注销122人。

【社会保险关系转移工作】 2021年度，全县办理省内养老保险转出23人，省内医疗保险转出29人，省内失业保险转出13人，跨省养老保险转出79人，跨省医疗保险转出15人。办理社会保险关系转入315人。办理企业养老保险转出机关401人。为77人发放社会保险参保缴费凭证，待办理转出手续。

【社会保险补缴】 2021年，县社保中心审核符合政策规定办理各类补缴人员资料147人，其中，企业未参保人员补缴12人，应参未参人员养老保险补缴33人，一次性趸缴办理17人，早期离开国有集体企业人员补缴1人，离开机关事业单位人员一次性补缴2人，医疗保险补缴3人。

【社会保险代缴工作】 2021年，县社保中心根据县民政局、县残联、县乡村振兴局、县退役军人事务局提供特殊人群名单，完成特殊人群参加政府资助城乡居民基本医疗保险11487人。落实城乡居民基本养老保险政府代缴保费政策，按照最低缴费档次为参加城乡居民基本养老保险低保对象、特困人员、返贫致贫人员、重度残疾人和精神智力残疾人等缴费困难群体代缴全部保费，参保代缴7122人85.5万元。

（欧剑彬）

【城乡养老保险代缴工作】 2021年，仁化县兜牢民生底线，实现城乡养老保险全覆盖。以2021年12月31日作为年龄判断标准，全县符合参加城乡居民基本养老保险困难群体（包括原建档立卡贫困人口、重残和精神智力残疾、低保、特困人员）总人数9648人，实际落实代缴6893人，到龄领取城乡待遇2755人，落实率100%。到龄未缴够费用贫困人员继续给予代缴。

（李　岚　岑武秀）

【养老保险待遇调整】 2021年6月，根据《广东省人力资源和社会保障厅　广东省财政厅关于2021年调整退休人员基本养老金的通知》，仁化县调整机关事业单位退休人员基本养老金2877人，调标金额338.28万元，其中1—6月高龄补贴24.76万元，人均调标195.97元（含高龄补贴）；调整企业职工养老保险待遇8058人，发放金额610.6万元，人均增资126.30元，做好2021年1—6月补发工作。

【机关事业单位养老保险制度改革】 2021年，仁化县按时完成机关事业单位养老保险基金和职业年金正常征收工作。全县168个单位，征收机关养老保险基金在职人员6256人，基金累计收缴12209.69万元，职业年金累计收缴6101.79万元；发放待遇2950人，累计发放养老金17406.82万元。推进退休“中人”新办法待遇计发工作，完成机关事业单位养老保险转移188人，视同缴费年限数据采集 1004人，完成1211人退休“中人”职业年金利息450.78万元补缴工作，做好新办法待遇计发资金准备。2017年12月前退休“中人”按新办法计发人数505人，完成率83.61%。

【社会保险基金风险防控】 2021年，县社保中心做好内控管理工作，自查、整改问题和风险点6个。强化基金收支情况动态监控，执行各项待遇支出三级审批制度，统筹推进社会保险基金风险防控“清数”和“筑墙”行动，下载各险种及联网疑点数据18015条，核实15375条，其中属实数据8403条，不属实数据6972条，完成整改5129条。

【社会保险稽核和内控】 2021年，县社保中心协助县医保局做好定点医药机构监督核查工作，规范定点医院诊疗行为，打击欺诈冒领行为。对经采取各种措施未能追回的，按程序报人社等部门继续追缴。查处违规领取待遇71人，涉及违规金额14.95万元，追回13.66万元；查处医疗违规报销3人，涉及金额2.13万元，已全额追回。针对疑点问题实地稽核医疗机构、零售药店数25家，查处15家定点医疗机构违规使用医保基金，涉及金额24.5万元，已全额追回。

（欧剑彬）

民政

【城乡低保】 2021年1月起，仁化县城市居民最低生活保障标准从772元/月提高到800元/月，全县农村居民最低生活保障标准从532元/月提高到580元/月。累计发放城镇低保5765人次、农村低保51160人次2565.91万元。

【城乡特困人员供养管理】 2021年，仁化县城镇特困人员供养标准从1236元/月提高到1280元/月，农村特困人员供养标准从928元/月提高到961元/月。累计发放特困人员特困供养金及照料护理费7447人次880.59万元。

【基层自治】 2021年，仁化县20户以上自然村成立村民理事会936个。

【服务机构管理】 2021年疫情防控期间，全县11所敬老院及流浪乞讨人员救助安置中心全部落实封闭式管理，每日测温2次，中心人员每天巡查路面情况2次，集中供养特困人员140人和工作人员35人均无人感染新冠肺炎病毒。

【慈善救助】 2021年6月30日，仁化县举行“广东扶贫济困日”捐款仪式，筹集资金397.37万元，所募集资金全部用于“6·30”扶贫项目。

【民间组织管理】 2021年，县民政局规范流程，做好民政组织登记、社会组织登记和年检工作。截至是年底，全县有社会组织113个，其中社会团体74个、民办非企业39个。

2021年仁化县社会团体一览表

表45

序号	单位名称	序号	单位名称	序号	单位名称
1	仁化县体育总会	15	仁化县董塘镇高莲村沼气协会	29	仁化县旅游协会
2	仁化县足球协会	16	仁化县慈善会	30	仁化县红山镇小楣水村扶贫互助社
3	仁化县老年人体育协会	17	仁化县仁化中学教育学会	31	仁化县罗汉果协会
4	仁化县棋类协会	18	仁化县有机产品种植专业技术协会	32	仁化县妇女健身协会
5	仁化县羽毛球协会	19	仁化县摄影家协会	33	仁化县董塘镇塘联村扶贫互助社
6	仁化县篮球协会	20	仁化县民间企业家协会	34	仁化县梅州客家文化促进会
7	仁化县建筑工程协会	21	仁化县扶溪镇左龙村毛竹抚育技术协会	35	仁化县金融协会
8	仁化县个体劳动者协会	22	仁化丹霞旭日青少年体育俱乐部	36	仁化县小水电行业协会
9	仁化县林业学会	23	仁化县丹霞山断石乡村旅游协会	37	仁化县董塘镇农民用水协会
10	仁化县水利学会	24	仁化县茶业协会	38	仁化县丹霞街道办事处农民用水协会
11	仁化县乒乓球协会	25	仁化县书画家协会	39	仁化县兴宁客家文化促进会
12	仁化县老区建设促进会	26	仁化县扶溪镇左龙村扶贫互助社协会	40	仁化县护理学会
13	仁化县私营企业协会	27	仁化县青年摄影学会	41	仁化县河源移民传统文化促进会
14	仁化县红山镇烟竹村白毛茶种植技术协会	28	仁化县周田镇瑶溪村扶贫互助社	42	广东省仁化县音乐协会

续表45

序号	单位名称	序号	单位名称	序号	单位名称
43	仁化县志愿者联合会	54	仁化县户外运动协会	65	仁化县山楂产业协会
44	仁化县丹霞义工会	55	仁化县公益志愿者协会	66	仁化县餐旅烹饪协会
45	仁化县观赏石协会	56	仁化县长江镇浒松村腊鸭专业技术协会	67	仁化县汽车摩托车运动协会
46	仁化县南水移民传统文化促进会	57	仁化县武术协会	68	仁化县禁毒协会
47	仁化县非公林业产业协会	58	仁化县跆拳道协会	69	仁化县生猪养殖协会
48	仁化县丹霞仁家协会	59	仁化县董塘镇社会工作与志愿服务协会	70	仁化县盆景协会
49	仁化县石塘堆花米酒生产技术协会	60	仁化县红山镇社会工作与志愿服务协会	71	仁化县柑橘产业协会
50	仁化县文化艺术交流协会	61	仁化县客栈民宿协会	72	仁化县作家协会
51	仁化县电子商务行业协会	62	仁化县网络文化协会	73	仁化县登山协会
52	仁化县董塘镇岩头村扶贫互助社	63	仁化县旗袍协会	74	仁化县城口镇商会
53	仁化县爱国拥军促进会	64	仁化县丹霞健身气功协会	—	—

2021年仁化县民办非企业单位一览表

表46

序号	单位名称	序号	单位名称	序号	单位名称
1	仁化县董塘开心宝幼儿园	14	岭田青草地幼儿园	27	仁化县扶溪镇童乐幼儿园
2	仁化县蓓蕾幼儿园	15	仁化县董塘坪岗凯利幼儿园	28	仁化县龙星青少年足球俱乐部
3	仁化县丹霞山性文化博物馆	16	仁化县水南中英文幼儿园	29	仁化县精武道青少年体育俱乐部
4	仁化县董塘镇天诚幼儿园	17	仁化县凡口新世纪幼儿园	30	仁化县长江镇明星幼儿园
5	仁化县培正幼儿园	18	仁化县长江镇小天使幼儿园	31	仁化县周田镇智慧岛幼儿园
6	韶关岭南职业培训学校	19	仁化县华英幼儿园	32	仁化县爱儿思一品城幼儿园
7	仁化县海丽达幼儿园	20	仁化县董塘镇博雅幼儿园	33	仁化县凡口博艺幼儿园
8	仁化县小太阳幼儿园	21	麻塘村幼儿园	34	仁化县童之梦幼儿园
9	仁化县锦江中心幼儿园	22	仁化县金太阳幼儿园	35	仁化县读成教育培训中心
10	仁化县希望之星培训中心	23	仁化县丹霞金果果幼儿园	36	仁化县长江镇朝阳幼儿园
11	仁化县黄坑镇阳光幼儿园	24	仁化县蓝天幼儿园	37	仁化县新学大教育培训中心
12	仁化县明珠幼儿园	25	仁化县快乐之星幼儿园	38	仁化县菁华职业培训学校
13	仁化县月岭中英文实验幼儿园	26	仁化县新起点幼儿园	39	仁化县卓优培训中心

【殡葬改革】 2021年清明节、重阳节期间，县民政局利用发放宣传单、播放LED电子显示屏等方式，倡导宣传绿色殡葬。疫情防控期间，实行县公墓、殡仪馆拜祭管控，殡仪馆暂不安排追悼会，封闭式管理公墓。县殡仪馆火化遗体713具，办理异地火化费用减免42次。

【婚姻登记】 2021年，仁化县开展婚姻登记“跨省通办”工作。办理婚姻登记1820对，其中，结婚登记848对、离婚登记291对、申请离婚483对、补发结婚证166宗、补发离婚证32宗，登记合格率100%。

【儿童福利工作】 2021年，仁化县有孤儿22人，发放孤儿基本生活补贴35.0922万元；事实无人抚养儿童73人，发放生活补贴86.1464万元。

【老龄工作】 2021年，仁化县累计发放80岁以上老年人老龄津贴5495人144.793万元。

（叶莉华）

老区建设

【老区宣传】 2021年，仁化县老区建设促进会（简称县老促会）创新思路开展老区宣传工作，组织拍摄的电视专题片《智者乐水——革命老区仁化县水利水电建设回眸》在仁化综合频道，微信公众号“仁化发布”“仁化广电”“仁爱仁化”，仁爱广场LED屏幕以及韶关电视台等平台播放；与县史志办联合编纂《仁化红色故事（第一辑）》出版发行；做好《信仰之光——广东各地老区首个农村党组织》组稿工作。向红军长征粤北纪念馆赠送小册子《幸福格言》2300册，向仁化县田家炳小学、仁化县城北小学、仁化县实验学校赠送《孔子与论语100问》3000册。组织订阅《中国老区建设》180份、《源流》140份，分发至各有关单位和个人。组织特约通讯员投稿，被上级媒体采用35篇。出版宣传栏4期。县老促会获中国老区建设促进会宣传工作三等奖，仁化县革命老区发展史编纂工作获韶关市老促会优秀组织奖，刘向群被广东省老促会评为革命老区发展史编纂工作先进个人。

【老区调研】 2021年，县老促会根据省市老促会工作部署，按照抓好“积极促进老区苏区振兴发展政策法规的落实”要求，对全县有关工作开展调研，形成书面调研报告呈报县委县政府及市老促会。8月28日，中共广东省委、广东省人民政府印发《关于新时代支持革命老区和原中央苏区振兴发展的实施意见》，明确将老区苏区补助标准提高。仁化县从2021年起享受2000万元老区优惠政策，仁化县革命老区被列入省政府老区建设重点投资项目资料库。

【服务老区】 2021年，县老促会争取老区专项资金30万元，补贴7个老区村委会的民生工程建设。

【革命烈士后裔助学金发放】 2021年，仁化县有革命烈士后裔在校学生38人，其中，大专以上在校生36人、中专在校学生2人；按大专以上学生每人每年6000元、中专生每人每年4000元标准发放烈士后裔在校学生助学金22.4万元。

（刘向群）

民族宗教事务

【少数民族地区发展】 2021年，仁化县民族宗教事务局（简称县民宗局）推进民族事务治理体系和治理能力现代化，依法推进少数民族流动人口规范化管理，做好涉民族因素矛盾纠纷排查化解工作。协调有关部门整合资源，解决少数民族聚集区基础设施建设和产业发展难题，申报“少数民族特色村寨”“民族村基础设施”等建设项目。争取省市财政部门少数民族发展项目资金30万元，促进少数民族村基础设施建设和民生改善。完成14个散居少数民族村基层综合性文化服务中心改造和4个散居少数民族村文体广场建设。落实少数民族考生高考优惠政策，审核符合条件少数民族高考生民族成分2人，审核散居少数民族聚居区符合助学资金申请条件发放大学生21人。

【民族团结进步宣传工作】 2021年，县民宗局结合党史学习教育，开展民族团结进步宣传“六进”（进机关、进企业、进社区、进乡村、进学校、进宗教场所）活动，在少数民族聚集村开展民族歌舞、才艺表演等文体活动，协助县中小学举办“心连心，共筑梦”主题仁乐活动艺术周暨元旦文艺会演等系列活动，促进各民族交往交流交融。民族团结进步创建活动纳入“全国县级文明城镇测评体系”，将少数民族流动人口服务管理纳入社会治安综合治理考核内容。

【宗教界政治引领】 2021年，县民宗局联合县司法局等部门在宗教场所组织开展“宗教政策法规学习月”“法律进场所”等主题活动4场，发放宣传资料150余册，增强宗教界法治意识，在全县宗教界营造办事依法、遇事找法、解决矛盾靠法氛围。组织宗教界人士参加全省、市、县民族宗教工作负责人培训班。每季度召开全县统战民族宗教工作联席会议，共同促进全县统战民族宗教工作。

【坚持中国宗教中国化方向】 2021年，县民宗局加强宗教活动场所建设，提升宗教活动场所规范化、制度化管理水平。加强宗教执法力量建设，全员考取宗教执法证书完成率100%。落实宗教领域常态化开展疫情防控措施，建立工作台账。抓好抵渗打非治乱专项工作。加大重点场所消防安全生产风险隐患排查治理力度。全县宗教领域安全稳定，未发生重特大事故。

（叶永华）

人口

【户籍人口总数】 截至2021年年末，仁化县户籍总人口75157户242673人，比2020年243995人下降0.54%；出生入户人口2116人，出生入户率0.87%，比2020年出生入户人口2790人下降24.15%。

【人口性别构成】 截至2021年年末，全县户籍人口性别比例（女性=100）105.7，比2020年上升0.3个百分点；男性人口124726人，占总人口比重51.4%；女性人口117947人，占总人口比重48.6%。

【城乡人口构成】 截至2021年年末，全县户籍总人口242673人，其中乡村人口155097人，占总人口比重63.91%；城镇人口87576人，占总人口比重36.09%。流动人口5124人。

（邓红莲）

2021年仁化县各镇（街道）人口性别比情况表

表47

镇（街）	总人口（人）			性别比（女=100）
	合计	男	女	
丹霞街道	63203	32079	31124	103.1
董塘镇	41982	21612	20370	106.1
石塘镇	13553	7045	6508	108.3
长江镇	27397	14055	13342	105.3
扶溪镇	13782	7076	6706	105.5
闻韶镇	5815	3071	2744	111.9
城口镇	10879	5636	5243	107.5
红山镇	11088	5933	5155	115.1
周田镇	28706	14690	14016	104.8
黄坑镇	15327	7939	7388	107.5
大桥镇	10941	5590	5351	104.5

说明：该表资料来自仁化县公安局统计年报

【人口迁移】 截至2021年年末，仁化县迁入人口1283人，其中省内迁入1085人，占84.6%；省外迁入198人，占15.4%。迁出人口3164人，其中迁往省内2832人，占89.5%；迁往省外332人，占10.5%。

（罗淑芹）

计划生育服务

【概况】 2021年，仁化县户籍总人口242673人，总和生育率1.2，其中当年出生人口2116人，出生率8.72‰，死亡1493人，死亡率6.15‰，自然增长623人，自然增长率2.57‰。

【妇幼健康计划生育服务】 2021年，仁化县开展出生缺陷干预项目，采取各种方式广泛宣传。婚前医学检查1060人，检出疾病154人次，疾病检出率14.53%，对检出疾病人员进行婚前健康指导。免费孕前优生检查任务数500对，检查579.5对，目标人群覆盖率115.9%。各助产机构为孕妇和计划怀孕孕龄妇女地中海贫血常规初筛1833人，孕产妇唐氏筛查1349人，结构畸形超声筛查1503人。新生儿疾病筛查1690人，听力筛查1693人。

【计划生育综合治理】 2021年，仁化县全面落实三孩生育政策，适应人口形势新变化和推动高质量发展，促进人口均衡发展。贯彻执行《韶关市促进3岁以下婴幼儿照护服务发展实施方案》，鼓励社会力量兴办托育机构。10月，仁化县第一家托育机构贝安斯国际早教托育中心开园，提供托位45个。推进母婴设施建设，6家医疗机构设置母婴设施，人流量较多的2个商业中心、2个重点旅游景区、1个汽车客运站均配置母婴室。加强部门之间协调联动，公安、民政、疾控等部门落实信息通报制度，每月定期向当地计生部门通报有关人口“四项”（出生入户、死亡注销、户籍迁入、户籍迁出）变动、婚姻变动、死亡等信息。落实工作和计生政策相结合，制定出台优惠政策，民政、教育、农业农村等部门在实施惠民普惠政策时，优先照顾符合条件计划生育家庭。

（杨舒明）

婚姻·家庭

【妇女儿童合法权益维护】 2021年，仁化县畅通“12338”热线电话，利用“三八”国际劳动妇女节、母亲节、宪法日、国际反家暴日等节点，开展宪法、民法典、反家庭暴力法、妇女权益保障法、未成年人保护法等线上线下法律宣传活动，开展禁毒反艾、反诈防骗、防拐防侵害、安全教育等宣传教育活动30场，受益人数3000人。配合有关部门严厉打击侵害妇女儿童权益违法犯罪行为，开展“关爱女童 护苗成长”女童保护课程和户外宣传12场。接待妇女群众来信来访85宗，结案率100%，法律援助1宗。

【家庭教育】 2021年，仁化县妇联与县教育局联合组建家庭教育志愿队，创建家庭教育基地，推进家庭教育工作。举办线上各类主题家庭教育活动多场，开展亲子阅读活动48场、家庭教育主题活动55场。开展妇女儿童心理疏导工作，普及心理健康知识，推进家庭教育工作向纵深发展。8月，省妇联韶关市仁化站“舒心驿站”项目挂牌成立。

【优秀家庭选树】 2021年，仁化县妇联发挥妇联组织正确引导家庭作用，开展“最美家庭”“文明家庭”“书香家庭”“绿色家庭”等一系列优秀家庭典型选树活动，被评为省百户“最美家庭”1户，被评为韶关市文明家庭4户，被评为韶关市“绿色家庭”3户，被评为韶关市“十大优秀书香之家”“优秀书香家庭”“最美家庭”各1户。

2021年仁化县获市级以上荣誉家庭一览表

表48

家庭名称	家庭所在单位	荣誉称号	授予时间	授予单位
宁声珍家庭	董塘镇新龙村	2021年广东百户“最美家庭”	2021年5月	中共广东省委宣传部、广东省精神文明建设委员会办公室、广东省妇女联合会
黄康明家庭	丹霞街道岭田村	2018—2020年度韶关市文明家庭	2021年1月	中共韶关市委、韶关市人民政府
黄银凤家庭	丹霞街道丹霞社区	2018—2020年度韶关市文明家庭	2021年1月	中共韶关市委、韶关市人民政府
刘萍家庭	丹霞街道水南村	2018—2020年度韶关市文明家庭	2021年1月	中共韶关市委、韶关市人民政府
唐立红家庭	丹霞街道丹霞新城	2018—2020年度韶关市文明家庭	2021年1月	中共韶关市委、韶关市人民政府
李汉球、邓华香家庭	扶溪镇	2021年韶关市“十大优秀书香之家”	2021年8月	韶关市妇女联合会
周彰源、李美林家庭	仁化县教育局	2021年韶关市“优秀书香之家”	2021年8月	韶关市妇女联合会
华鹏程家庭	周田镇龙坑村	2021年韶关市“最美家庭”	2021年10月	韶关市妇女联合会
陈思彤家庭	仁化县国家税务局	2021年韶关市“绿色家庭”	2021年12月	韶关市妇女联合会
张慧莲家庭	城口镇	2021年韶关市“绿色家庭”	2021年12月	韶关市妇女联合会
黄桂兰家庭	仁化县教育局	2021年韶关市“绿色家庭”	2021年12月	韶关市妇女联合会

【家庭普惠活动】 2021年，仁化县举办家庭教育讲座82场，受益家长、学生4000余人次；母亲节期间邀请30余户单亲母亲开展“情暖母亲节·关爱困境母亲”暨培育好家风好家训活动；为3户单亲特困母亲争取到“母亲安居房”援建款16.2万元，15名学生获得爱心助学共1.7万元；组织高水平的文艺志愿者为新龙村儿童合唱团、广场舞队提供长期免费辅导；协助县卫健局开展妇女“两癌”免费筛查工作，并联合中国人寿保险股份有限公司仁化支公司为全县2.4万名城镇低收入、生活困难妇女赠送关爱女性安康保险；组织全县社会组织、群团组织开展关爱留守老人妇女儿童活动，关爱留守老人妇女儿童260人次，赠送慰问品260份；开展春节慰问活动，慰问困难家庭25户，发放慰问金近8000元，赠送御寒衣物一批价值3万元，派发防疫口罩5000个。

（宁家红）

城镇、农村居民人均可支配收入

【城镇居民人均可支配收入】 2021年，仁化县城镇居民人均可支配收入33351元，比上年增长7.9%，以2019年为基期，两年平均增长6.3%。

【农村居民人均可支配收入】 2021年，仁化县农村居民人均可支配收入21216元，比上年增长9.3%，以2019年为基期，两年平均增长6.9%。

（江丽萍）

中央、省、市驻仁化单位

深圳市中金岭南有色金属股份有限公司凡口铅锌矿

【生产经营】 2021年，深圳市中金岭南有色金属股份有限公司凡口铅锌矿（简称凡口铅锌矿）创造采矿技术经济行业领先指标，采矿贫化率12.49%，损失率1.39%。选矿综合回收率91.55%，比设计指标高1.65%，创造单一产品流程历史最好指标。全年完成生产任务的102.5%，完成销售任务的103.4%，缴纳税金3.06亿元。

【疫情防控】 2021年6月，凡口铅锌矿矿山职业卫生防治中心派遣四名医护人员组成支援队伍驰援广州疫情防控工作。全年，全矿完成疫苗接种9938人次，实现新冠肺炎病毒感染“零感染”目标。

【安全生产】 2021年，凡口铅锌矿员工千人负伤率在4‰以下，粉尘合格率90%以上，实现“六无”安全职业卫生工作目标，连续4年实现安全事故为零。开展安全职业卫生教育培训135次，累计参与培训8562人次；开展各类专项检查68次，迎接各级政府部门和公司检查36次，发现并完成隐患闭环123项；开展应急演练6次，参演650人次。加强全员“周考核、月考核”工作绩效考核制度，考核1.4万人次，考核金额87.8万元。开展“安全生产清单制管理年”活动，排查隐患2105条，整改率100%；推行“安全环保隐患报告奖励制度”，接到基层员工安全隐患举报144起，发放隐患报告奖金3.4万元。

【环境保护】 2021年，凡口铅锌矿各排放口污染物达标率100%，污染物排放总量符合国家和地方减排要求，按时足额缴纳环保税，无环境污染事故发生。6月，完成5000吨新选厂排污许可证申领；8月，完成5000吨新选厂验收监测及验收报告编制工作。9月，尾矿库生态恢复二期工程完工并通过环保验收，全面实现2#库区24.67公顷干滩生态恢复。11月，完成尾矿资源综合回收及环境治理开发项目原矿预先抛废子工程环保竣工验收工作，项目合法合规投产。完成尾矿管更换工程并通过验收。排查整改环境风险隐患100余项，通过国家、广东省、韶关市、仁化县环保督查60余次。是年，凡口铅锌矿通过第二轮中央环保督察，连续5年获评为广东省环保诚信绿牌企业，《矿区空间生态修复关键技术与应用》获2021年度广东省环境保护科学技术一等奖；参与编制《有色金属采选业绿色工厂评价导则》和《铅锌选矿废水处理与回用规范》，评价导则获全国有色金属标委会技术标准二等奖；绿色矿业发展先进经验被新华社、广东省生态环境厅、广东省自然资源厅、金属矿山、韶关发布等媒体刊登或部门推介。

【人才评价】 2021年11月，凡口铅锌矿开展人才评价工作，对20个矿山技术工种岗位技能进行评审，参评111人，历时5个月，认定技师资格30人。

【科研创新】 2021年，凡口铅锌矿申报国家专利112项，获专利授权22项，其中发明专利1项，实用新型专利21项。申报技术创新项目39项，评选出一等奖2项、二等奖6项、三等奖8项。凡口铅锌矿被认定为“广东省级企业技术中心”“广东省工程技术研究中心”。启动井下智能供油项目，减少下井作业人员18人。开展井下650米中段至710米中段实施智能铲矿、运输项目，实现部分无人化作业。11月，完成硫精矿绿色高附加值深加工产品工艺技术研究项目试验设备安装、运转性能测试、气密性测试和物料冷调测试。

【重点项目】 2021年，凡口铅锌矿5000吨/天新选厂调试实现一周达产、一个月全面超过设计技术经济指标成绩，创造SABC流程调试达标达产时间最短纪录。尾矿资源综合回收及环境治理开发项目完成部分车间主体工程建设。采掘废石全资源化利用技术改造项目完成整个项目土建施工、设备安装等工作。

【环境绿化管理】 2021年，凡口铅锌矿围绕“厂区变园区、产区变城区”、凡口矿区绿色矿业发展示范区建设等重点工作，修订《凡口铅锌矿环境卫生和绿化养护作业标准》《环卫绿化作业考核细则》，完成矿区人民路人行道修缮和文体中心前绿化带提质、环老凡口次干道白改黑、新建45个分类垃圾亭，新建成绿化带、草坪4.2万平方米，种植各类苗木400余棵。

【和谐矿山建设】 2021年，凡口铅锌矿收集代表提案6条，选举13名职工代表参加中金岭南公司四届一次职工代表大会；首次采用主会场与分会场视频连接方式召开十一届三次职代会暨十四届三次工代会矿山年度会议；举办庆祝中国共产党成立百年“追寻红色记忆·砥砺奋进前行”第四届员工徒步健身活动，“4·23”世界读书日“学‘党史’，跟党走——‘阅’来越好”职工主题阅读活动启动仪式暨“声临其境·音你出彩”红色电影配音大赛。配合中金岭南公司完成庆祝中国共产党成立100周年暨企业文化共享晚会录制工作。矿工会组织拍摄的《最“折腾”班组》视频作品获全国“最班组”短视频大赛三等奖，矿工会连续13年获评为韶关市工会工作先进单位。帮扶救助和看望慰问困难职工876人次，发放各层级困难职工专项帮扶资金127.0486万元，发放金秋助学金14.3万元。春节期间，为就地过年外地职工1013人次送上新春和防疫健康大礼包；走访慰问就地过年职工288人，发放慰问金4.41万元；开展“暖心汤圆敬工友 齐心聚力保平安”活动。

（郭会友）

深圳市中金岭南有色金属股份有限公司丹霞冶炼厂

【生产经营】 2021年，深圳市中金岭南有色金属股份有限公司丹霞冶炼厂（简称丹霞冶炼厂）生产锌锭14.8万吨，同比上年提高2.59%。电解锌交流电单耗、锌锭0#品级率、电解电流效率优于预算，其中电解电流效率为历史最优水平。营业收入34.4亿元，产值32.54亿元，累计纳税3204万元。

【技术创新】 2021年，凡口铅锌矿工厂“氧压湿法炼锌工艺中稀贵金属高效清洁回收关键技术及产业化”获广东省科技进步奖二等奖，“镓锗铟稀散金属置换渣料高效综合回收技术研究及产业化”获中国有色金属工业协会二等奖，“锌湿法冶炼系统除杂工艺的研究与应用”项目获全国机械冶金建材行业职工技术创新成果三等奖。

【项目建设】 2021年，凡口铅锌矿重点项目按计划推进韶关市第二批“厂区变园区、产区变城区”改革试点项目丹霞冶炼厂炼锌渣绿色化升级改造项目，6月26日，主体厂房封顶。新增技改项目全力推进。推进新建职工公寓、洗浴中心、食堂改造等项目。智能工厂建设项目智慧中心大楼建设、仁化县乡道574线凡口矿至丹霞冶炼厂道路提升改造项目接近尾声。

【安全环保】 2021年，凡口铅锌矿践行“没有事故不叫安全，没有隐患才叫安全”理念，通过落实安全生产主体责任、深入执行“一线三排”工作机制、升级重点风险源挂牌监管、“三委”督导筑牢红色安全堡垒等手段，完成各项安全环保目标指标，入选工业和信息化部第一批“铅锌行业规范条件”企业名单，获“2018—2020年度广东省安全生产工作先进集体”称号。

（王新刚）

中核韶关锦原铀业有限公司

【质量管理】 2021年，中核韶关锦原铀业有限公司（简称锦原铀业）注册开展QC活动小组4个，达到提高-200米南主巷巷道质量合格率、减低吸附原液浊度等目的。完成破碎车间振动筛安装风管等合理化建议5项，小改小革项目10项。

【生产管理】 2021年，锦原铀业突破传统模式，矿井无轨机械化全流程生产作业，实现-200米中段全流程无轨开采。新增运矿卡车2台、移动破碎机1台、铲运机1台、挖掘机1台。

【安全环保】 2021年，锦原铀业完成中国铀业“十大安全环保”重点工作，1人获得中国铀业安全环保先进个人称号，1个班组获得中国铀业安全环保先进班组称号，安全环保实现连续3年“零工亡”。

【科技创新研发】 2021年，锦原铀业1个项目实现国内同行业首次成功应用，完成破碎矿体回采试验采准工程、智能化采冶关键技术研究与示范实施方案编制。成功申报实用性专利申请4项，获专利授权数6个。

【劳资管理】 2021年，锦原铀业建立管理人员、技术人员和技能人员岗位工资、技能工资、绩效工资标准，实行全员绩效基数与公司生产任务完成情况直接挂钩；将绩效工资按照安全环保、部门工作完成情况、党建、保卫等指标按一定权重进行考核。

【信息化建设】 2021年，锦原铀业投入200余万元率先建成安全应急管理智慧云平台，实现重点风险点视频监控现场全覆盖和远程可视化监管。完成中核集团商旅平台接入，实现公司差旅线上申请、审批、报销。完成涉密计算机替代安装和使用，以及OA系统评审定级（二级）。

【绿色矿山建设】 2021年，锦原铀业以国家级绿色矿山试点单位、广东省首批绿色矿山、国家高新技术企业为基础，深化推进“6S”管理，整治生产办公和生活环境，规范现场管理，员工素质和公司面貌得到提升。5月，锦原铀业被中国铀业授予金牌突击队称号，获得江西省人民政府所授科学技术进步奖（一等奖）。

（蒋淑娟）

韶关市丹霞山管理委员会

【概况】 2021年，丹霞山景区接待游客130.26万人次，同比增长35%；门票收入2052.76万元，同比增长10%；旅游收入2690.96万元，同比增长21%。

【疫情防控】 2021年，韶关市丹霞山管理委员会（简称丹霞山管委会）按照“限量、预约、错峰”要求，实行实名购票制度，提档升级景区疫情防控，落实查验健康码、行程卡、测温等措施，规范员工查验作业程序。落实疫情防控宣传氛围、环境、公共场所消杀等措施。全年，景区实现新冠肺炎疫情零发生的目标。

【科普研学】 2021年，丹霞山管委会科普宣教工作取得新进展并形成品牌效应。7月，案例《丹霞山：“五位一体世界遗产教育模式赋能地方可持续发展”》在福州举办世界遗产大会上入选“全球世界遗产教育创新案例”，丹霞山科普志愿者参与国际展示与交流案例在遗产大会上展示。丹霞山在粤港澳自然教育嘉年华活动入选“广东省优秀自然教育基地”，《奇美天成丹霞山——知其美更知其所以美》课程被评为“2021年广东优秀自然教育课程”丹霞山科普研学基地品牌持续推广，入选广州市中小学生研学实践教育基地，通过韶关市科普教育基地和广东省环境教育基地复评。组织开展科普志愿者训练营、自然观察大赛、科普抖音大赛等各类科普活动355场（次），线上线下参与人数8.8万余人次；到景区开展实习实践和科普研学师生6万余人。

【资产资源价值化】 2021年，丹霞山管委会开展丹霞山文物保护与修复项目（第一期）丹霞山文物考古调查项目，建设拥有红外相机100套和黑光智能球机2套自动监测设备的丹霞山野生动物红外相机与视频智能监测系统，对保护区内野生动物实施全天候监测，加强生物多样性研究监测，摸清丹霞山资产资源本底。

【丹霞山国家公园创建论证】2021年8月，广东省林业局启动丹霞山国家公园创建论证工作。《丹霞山风景名胜区详细规划》提交省林业局组织评审。《广东丹霞山国家级自然保护区总体规划（2021—2030年）》通过省林业局审核，12月上报国家林业和草原局审批。

【自然保护区林相改造】2021年7月1日，丹霞山管委会委托岭南综合勘查设计院编制《广东丹霞山国家级自然保护区人工林改造提升方案（2021—2026）》，12月，报韶关市人民政府政府审批。

【中国丹霞世界自然遗产地第三轮定期报告】2021年7月，丹霞山管委会完成中国丹霞世界自然遗产地第三轮定期报告汇编、翻译和填报工作，7月31日通过国家林草局审查并上报世界遗产中心。

【电子沙盘三维模型及正射图】2021年，丹霞山管委会布置292平方千米范围像控点400个，利用无人机对全域进行倾斜摄影数据采集并制作电子沙盘三维模型及正射图，在实景三维数字模型基础上叠加国土空间规划。丹霞山国土空间规划、旅游规划管理、自然资源调查、监测、修复等工作均实现数字化，自然资源管理水平得到提升。

【“世界地球日”活动】2021年4月22—28日，丹霞山管委会联合山东泰山、浙江雁荡山、江西庐山、湖南张家界等19家国内世界地质公园举办“2021年世界地球日第二届亚太地质公园周暨‘友好姊妹公园互展互动’活动”。通过线上线下摄影图片展、地质科普知识有奖竞答赢取公园门票、跟随地质学家游公园等方式，向公众普及地球科学知识和地质公园价值，提高公众爱护保护自然环境意识。

【2021年环丹霞山自行车赛】2021年5月15日，2021年环丹霞山自行车赛在韶关丹霞山和阅丹公路鸣笛开赛，4000名越野爱好者参与活动。该赛事由广东省体育总会指导，韶关市人民政府主办，韶关市文化广电旅游体育局、浈江区人民政府、仁化县人民政府、韶关市丹霞山管理委员会承办。赛事设100千米大师组、50千米精英组、30千米挑战组、15千米体验组4个项目。赛道设置在“阅丹公路”，串联景点水上丹霞、韶阳石等，途经古村落夏富、古竹坪等村落。经角逐，决出100千米大师组、50千米精英组男子、女子冠亚季军各1名共14人。

【第十四届“农行杯”穿越丹霞山50千米徒步赛】2021年10月23日，第十四届“农行杯”穿越丹霞山50千米徒步赛在阅丹公路开赛。该赛事由广东省体育局指导，韶关市人民政府主办，韶关市丹霞山管理委员会协办，设42千米穿越组、17千米欢乐组和10千米亲子组3个项目，徒步线路途经罗卜岭村、父子坝村、瑶塘村等多个新农村和观音山、韶石山等多个网红打卡点。经角逐，黄小珍、骆丽华、曾晓星获得穿越组女子组冠亚季军，梁文学、谭增利、田棚获得穿越组男子组冠亚季军。

【“农行杯”2021环丹霞山自行车赛】2021年12月12日，“农行杯”2021环丹霞山自行车赛在丹

2021年12月12日，“农行杯”2021环丹霞山自行车赛儿童平衡车赛场
（丹霞山管委会　供）

霞山南门开赛，约2000名运动员和骑行爱好者参加比赛。该赛事由韶关市人民政府主办，韶关市文化广电旅游体育局、韶关市丹霞山管理委员会、浈江区人民政府、仁化县人民政府联合承办，赛事设男子中年组（38千米）、男子本地组（38千米）、女子公开组（38千米）、男子公开组（68千米）、骑游挑战组（38千米）、骑游体验组（20千米）6个项目。赛道穿越丹霞山核心景区，串联水上丹霞、阳元山等众多景点，途经夏富古村、古竹坪村等多个村落。经角逐，决出68千米男子公开组、38千米女子公开组、38千米男子本地组、38千米男子中年组冠亚季军各1名共12人。

【门票优惠措施】 2021年，丹霞山管委会出台一系列门票优惠措施，促进丹霞山旅游复苏。全国医护工作者、部队官兵、公安民警免除景区门票，随行直系家属实行景区门票五折优惠；结合东莞对口帮扶韶关，给予东莞市民免除景区门票。联合市文广旅体局、仁化县人民政府、浈江区人民政府，在丹霞山举办丹霞山自行车赛、环丹霞山自行车赛、50千米徒步赛等系列大型文化旅游体育特色活动，为活动、参赛选手执行免费入园政策。

（刘　桦）

韶关市国有仁化林场

【造林】 2021年，韶关市国有仁化林场（简称国有仁化林场）完成年度造林与生态修复任务，高质量水源林造林57.33公顷，封山育林72.33公顷，社会造林173.33公顷。水源林采用“珍贵树种+乡土阔叶树”模式，珍贵树种选择红锥、楠木、樟树，乡土树种选择木荷、枫香等树种，造林总体成活率95%以上。

【森林抚育】 2021年，国有仁化林场完成森林抚育1500公顷，其中高质量水源林建设抚育219.2公顷，地方财政森林抚育468.8公顷，中央财政森林抚育465.3公顷、社会森林抚育346.7公顷。

【木材采伐】 2021年，上级下达国有仁化林场木材采伐指标15257立方米，其中主伐13240立方米、抚育采伐1850立方米、低产林改造167立方米。开具木材采伐证9632立方米，完成指标任务63.1%，其中主伐8134立方米，完成指标任务61.44%；抚育采伐1498立方米，完成指标任务80.97%。

【林业有害生物防治】 2021年，国有仁化林场做好松材线虫病防治工作，组织人员全面人工伐除枯死松木并做套网消毒处理，根除潜在隐患。完成挂设诱捕器100套，完成地面防治松褐天牛200公顷、地面人工喷药133.3公顷、飞机施药666.7公顷、打孔注药200株，清理枯死松树4689株。

【经营性资产移交】 2021年，国有仁化林场完成经营性资产移交15宗，全部完成物业资产移交工作。

【林区公路管理】 2021年，国有仁化林场开展林区公路日常养护，完成新建排水沟445米，安装安全防护栏100米、公路安全警示牌11块，完成塌方清理4处、吹倒木清理13棵。

【自然保护地工作】 2021年，国有仁化林场完成广东仁化森林公园桫椤科植物资源调查项目。经调查，园内有桫椤952棵，其中粗齿桫椤205棵。

【森林防火】 2021年，国有仁化林场建立锦江管护站，实行24小时值班制度，对各个监控点进行监测。宣传护林防火知识，播放防火条例，出动宣传车辆517次，宣传工作人员1017人次。在交通主干道显眼处悬挂森林防火标语85幅，竖立防火宣传牌80块，发放防火宣传资料1500份。在主要林区入口建立护林防火安全门3个，增设固定防火宣传牌，设立太阳能语音防火警示牌6个。

【安全生产】 2021年，国有仁化林场开展安全生产大排查，对出租物业进行全面安全隐患排除，拆除整改危房；整改所排查出安全隐患用电线路；架设林区公路锦欧线临水库危险路段路肩安全护栏100米。全年未发生安全生产事故。

（张其亿）

镇（街道）概况

丹霞街道

【基本情况】 位于仁化县中南部，是中共仁化县委、县人民政府驻地，全县政治、经济、文化、金融、信息和科技中心。东连黄坑、闻韶镇，南接周田、大桥镇，西与董塘镇为邻，北与城口、扶溪镇交界。街道办事处驻仁化县城。国道106线、省道246线、武深高速公路贯穿全境，锦江河流自北向南穿过，交通便利。辖区面积288.13平方千米。林地面积10364.15公顷，森林覆盖率63.31%。下辖13个村委会、4个社区居委会、2个农场。2021年年末户籍总人数22238户63203人，其中农村人口27066人。

丹霞街道自然资源和人文景观丰富。域内有世界自然遗产、世界地质公园、国家AAAAA级旅游景区、世界“丹霞地貌”命名地丹霞山，瑶前晒谷岭古人类遗址，丹霞源国家水利风景区、省级文物保护单位明代文峰塔，全国乡村旅游重点村瑶塘新村，“广东省古村落”“广东旅游名村”夏富村，阅丹旅游公路以及全国重点文物保护单位丹霞山摩崖石刻，省级文物保护单位细美寨、雪岩寺与石乳泉等。

2021年，丹霞街道被省农业农村厅、省文化和旅游厅、省乡村振兴局评为“广东省乡村民宿示范镇”；黄屋村获评为2021年中国美丽休闲乡村，夏富村被中国地质学会评为全国首批地质文化村，夏富村被省农业农村厅评为省级“一村一品、一镇一业”专业村（丹霞铁皮石斛）。

【经济发展概况】 2021年，丹霞街道完成地区生产总值（GDP）36.4亿元，同比增长5.5%。企业生产总值15599.3万元，同比增长27.8%。其中，第一产业产值286万元，增长5.57%；第二产业产值7737万元，增长5.7%；第三产业产值7576.3万元，增长33.3%。农村居民人均可支配收入22350元，同比增长5.49%。

【粮食种植】 2021年，丹霞街道农业生产保持稳定发展。全年完成粮食播种面积2120.59公顷，超额完成县下达的2060公顷粮食播种任务，完成率102.9%，其中水稻播种1967.36公顷、其他粮食作物种植153.23公顷。

【重点项目建设】 2021年，丹霞街道落实征拆工作机制，推进重点项目建设进度，完成老城片区排水排污改造项目房屋征收、拆迁5户325.87平方米，武深高速项目新安坝房屋拆迁1户152.63平方米，丹霞新城综合建设项目房屋拆迁1户约500平方米；解决武深高速项目历史遗留问题30宗，涉及资金165.68万元。

【城镇建设】 2021年，丹霞街道配合做好5个老旧小区改造项目实施工作，做好农业转移人口市民化工作，促进人口和产业向县城区集聚，推进县城品质提升。盘活低效资源，推动资源资产价值化，成功引进仁化县仓储物流中心建设项目，项目计划总投资1000万元。

【社会治安综合治理】 2021年，丹霞街道摸排矛盾纠纷67宗，化解62宗，矛盾纠纷化解率92.54%。核查处理扫黑除恶信访举报线索1条。开展重点行业领域安全隐患摸排、“两违”、“六乱”巡查整治、防范电信网络诈骗宣传工作，组织开展治安、疫情防控、巩固文明城市巡逻巡查工作，优化行业发展环境。年内，丹霞街道办事处获韶关市扫黑除恶专项斗争先进集体称号。

【脱贫攻坚成果巩固】 2021年，丹霞街道有脱贫人口308户735名，其中，纳入防贫监测3户14人，均为脱贫不稳定户。各村及水南社区严格落实县预警监测机制和省防贫监测帮扶工作机制，履行动态监测三人小组工作职责。对发现的23名公益性岗位脱贫家庭、8户收入低于9600元脱贫家庭、64名有劳动力未参与就业脱贫人口等风险问题，及时召开动态监测三人小组研究解决。

【乡村振兴】 2021年，丹霞街道巩固脱贫攻坚成果，落实新一轮驻镇帮扶工作，做好脱贫攻坚成果同乡村振兴有效衔接工作。街道党工委成立乡村振兴领导小组，明确工作职责，严格落实县“4+2+2”（4个兜底文件、2个发展方案、1个预警机制和1个明白卡制度）预警监测机制和省防贫监测帮扶工作机制，履行动态监测三人小组工作职责。统筹推进南岭国家公园环丹霞山片区生态环境系统保护修复工程——仁化县锦江流域水环境综合整治（丹霞街道办）项目。该项目投资金额为2784.14万元，主要实施雨污分流管网和污水终端处理设施等。开展村庄清洁行动、“四小园”建设、推进“厕所革命”工作，保持村庄长效清洁。

【安全生产】 2021年，丹霞街道强化安全整治，落实监管责任，对域内非煤矿山、危险化学品、职业卫生、民爆物品、道路交通、消防、建筑施工、工矿、燃气经营等行业领域隐患开展检查排查，检查企业376家次，发现一般隐患121条，完成整改。开展老城社区和黄屋村瑶塘新村火灾高风险区域整治，对重点场所登记造册，老城社区重点场所总台账为220家，其中，“三合一”场所28家、“三小”场所192家；瑶塘新村总台账37家，其中民宿34家、“三小”场所3家，均无发现安全隐患。

【环境保护】 2021年，丹霞街道高标准严要求开展“保卫蓝天、碧水、净土”系列整治行动。开展国省道沿线环境及扬尘整治，将“秸秆禁烧”纳入网格化管理要求，做好森林防火工作，落实“河长制”“湖长制”“路长制”“林长制”并定期开展专项整治行动，做好巡逻巡查工作，突出抓好土壤污染防治工作和固体废弃物污染环境防治工作，打击非法倾倒固废、危废行为。开展沿江岸线整治百日攻坚行动，投入资金1273844元，动员保洁员、街道村干部、村民3734人次，出动车辆1086辆次、船646艘次、割草机165台次、挖掘机9个台班，清理河道323.58千米、漂浮物约2486.9吨。

【农业生产】 “一村一品、一镇一业”专业村镇申报。2021年，丹霞街道做好夏富村丹霞铁皮石斛种植产业申报省级“一村一品、一镇一业”专业村工作，并于9月成功申报为省级“一村一品、一镇一业”专业村。

新型农业经营主体培育。2021年，丹霞街道申报县级新型农业经营主体界江家庭农场、丹霞农夫（广东）生态农业有限公司、广东省大山里电子商务有限公司、仁化县好德农发展有限公司4家。

抓好科技兴农工作。2021年，丹霞街道通过播种良种水稻，应用“三控”技术、测土配方施肥、秸秆还田，合理田亩施肥科学配比，实现增产增收。落实农作物病、虫、害防治工作，发放病虫害防治通知8期、宣传资料1680份。抓好农业机械购置补贴宣传，提高农业机械化水平。

做好撂荒地整治工作。2021年，丹霞街道宣传县级撂荒地复垦、失管果园复垦奖补政策，引导村民复垦撂荒地、失管果园。通过土地流转等方式，完成撂荒地复耕36.12公顷（省卫片1公顷以上疑似撂荒地整治复耕粮食作物22.41公顷、自查撂荒地复耕粮食作物13.71公顷）、失管果园复垦19.51公顷。

【民生保障】 2021年，丹霞街道落实困难群众参加基本医疗保险帮扶政策，完善街道党群服务中心功能定位，加强困难群众兜底保障措施，推动全民参保计划实施，建立健全敬老院集成设施改造提升，推进县级三星级敬老院建设工程。有低保389户731人、特困120户、临时救助26户、低收入家庭71户179人，均通过以低保救助、特困供养、医疗救助、临时救助、残疾人救助及与扶贫、人社、住房、教育等专项救助制度相衔接保障体系，落实兜底政策。

【人居环境综合整治】 2021年，丹霞街道有序推进农村人居环境综合整治。开展村庄清洁行动春季战役、夏季战役、“四小园”建设，推进“厕所革命”工作，保持村庄长效清洁。统筹推进南岭国家公园环丹霞山片区生态环境系统保护修复工程——仁化县锦江流域水环境综合整治（丹霞街道办）项目、丹霞街道城中村和城乡接合部农村污水处理项目第一期工程、仁化县丹霞街道办城南村委会周边农村生态环境治理工程。做好农村基础设施日常管护工作。辖内13个村委会已制定农村基础设施长效管护方案，其中，建有污水管网和处理设施的7个村建立村级管护队伍，共有69人，做好污水处理管网、厌氧池和人工湿地日常管护，每周对农村生活污水处理设施运行状况至少登记1次。

2021年丹霞街道村委会、社区基本情况表

表49

村（居）名称	村小组（个）	自然村（个）	村（居）委会集体纯收入（万元）	现有集体经济收入来源	特产	村（居）委会负责人（村支书）
胡坑村委会	14	14	20.68	山塘水库租金、锦电总公司生产扶持金、小（2）型水电站发电、锦电入股分红金	西瓜、花生、优质水稻、红花油茶	罗仁松
官口村委会	10	10	11.9	林地、电站租金，石场出租、锦电入股分红	英德麻竹、水稻、花生	刘卫明
康溪村委会	11	8	27.48	光伏发电、商铺出租、果场租金、林场租金	贡柑、花生、香芋、葡萄	黄细金
城南村委会	9	6	19	物业收租	无	陈宝华
新东村委会	6	6	2.6	无	水稻、花生	林贵田
岭田村委会	11	7	16	光伏发电站、商铺出租、鱼塘出租	贡柑	黄康明
狮井村委会	12	10	11.3	锦电入股分红、土地租赁费、协调费	贡柑、香芋	谭细祥
麻塘村委会	4	1	15.25	锦电入股分红	水稻、贡柑、鱼	谭文良
中心村委会	8	8	41	固定资产出租	四大家鱼	欧培娣
黄屋村委会	11	11	38	霞金酒店租金、黄屋电站电费补偿、中金岭南芳香植物精油提取项目入股分红	水稻、橘子、花生、香芋、草莓	刘德能
车湾村委会	12	12	13.24	锦电入股分红、商铺出租	贡柑、砂糖橘、蒿竹、沃柑	李小明
夏富村委会	12	8	14	锦电入股分红、果园出租、商铺出租	沙田柚、柑橘、蒿竹、淮山	李小良

续表49

村（居）名称	村小组（个）	自然村（个）	村（居）委会集体纯收入（万元）	现有集体经济收入来源	特产	村（居）委会负责人（村支书）
高联村委会	3	3	16.2	无	花生、橘子、香芋	刘刚山
水南社区	4	—	—	—	—	梁明福
新城社区	8	—	—	—	—	谢海燕
老城社区	12	—	—	—	—	刘长坤
高坪社区	11	—	—	—	—	肖卫青

（赖桥生）

董塘镇

【基本情况】 董塘镇位于仁化县城西南部，东邻丹霞街道办，北接红山镇，西毗石塘镇和乐昌市，南连浈江区。镇政府驻董塘社区，距县城12千米。省道246线贯穿墟镇，1小时内可到武广高铁韶关站，国道535线可达乐昌市，省道517线可达红山镇，京广铁路黄岗支线从镇区北面经过，董塘河与锦江河相接，交通便利。辖区总面积243.34平方千米，其中耕地2203.37公顷。辖村委会17个、社区居委会3个，有村民小组198个。2021年年末户籍人口13194户41982人，其中农业人口29138人。是第一批省级中心城镇，省教育强镇。

董塘镇地处粤北山区，属中亚热带季风气候，整体地势南北高，中部低，地形主要以丘陵、山地为主，中部是小盆地，墟镇处于盆地中央。镇域旅游资源丰富，有景点巴寨、燕岩、大石山、飞花水瀑布，属丹霞山风景名胜区；古塔有国家级文物保护单位、广东省现存最早唐代砖塔云龙寺塔，省级文物保护单位唐末宋初澌溪寺塔，明万历腾风塔；革命遗址有省级文物保护单位工农革命独立第四团团部旧址董劝书院，韶关市文物保护单位思诒堂，以及华阳寨、大革命烈士纪念碑等。矿产资源丰富，有铅锌矿、铁矿、石灰石等。工业发达，有知名企业中金岭南凡口铅锌矿、中金岭南丹霞冶炼厂、华粤煤矸石电力有限公司等。土地肥沃，农业发展以种植业和养殖业为主，农作物主要有水稻、花生、柑橘、玉米和优质蔬菜等。养殖业以养猪、养羊和养鱼为主。

2021年8月，董塘镇新龙村被广东省林业局授予2020年“广东省森林乡村”称号。9月，董塘镇新龙村被中央农村工作领导小组办公室、农业农村部、中共中央宣传部、民政部、司法部、国家乡村振兴局认定为第二批全国乡村治理示范村；董塘镇安岗村（花卉）、董联村（蔬菜）被认定为第二批省级“一村一品、一镇一业”专业村，董塘镇被认定为第三批省级“一村一品、一镇一业”专业镇；董塘镇新龙村被中共广东省委全面依法治省委员会办公室、中共广东省委农村工作办公室、广东省司法厅、广东省民政厅认定为2021年广东省“民主法治示范村（社区）”创建单位。10月，安岗村档案工作服务农村基层社会治理省级试点通过省验收组验收。11月，董塘镇中心卫生院被广东省卫生健康委员会确定为2020年度广东省社区医院，并上报中华人民共和国卫生健康委员会备案。

【经济发展概况】 2021年，董塘镇财政收入6918.27万元，同比减少18.16%；农业产值5.97亿元，增长6.2%。城镇居民可支配收入33351元，增长7.9%；农村居民可支配收入21216元，增长9.3%。

【农业发展】 2021年，董塘镇农业产值5.97亿元，增长6.2%。粮食种植总面积1622.93公顷，产量1.13万吨，其中水稻种植面积1473.33公顷，产量1.05万吨。坪岗、新莲等8个村733.33公顷高标准农田建设项目开工。建立健全各村组高标准农田建设项目建后管护队伍，清理沟渠淤泥杂草72千米，管护小型灌溉陂头5宗，修复水毁水利设施6处。开展撂荒耕地、失管果园清理整治，复耕撂荒耕地37.71公顷，清理失管果园种植水稻29.64公顷。巩固拓展河富村、江头村粤港澳大湾区"菜篮子"基地，丹霞女、新农人等新型农业主体农产品贸易平台有序运作，年度贸易额500万元。

【产业发展】 2021年，董塘镇创盛农业奶羊养殖场、江头村肉牛养殖场、丹霞女蔬菜基地等项目成功申报省级牛羊产业园项目，推动镇农业产业取得新发展。推进董塘凡口绿色工业园区"厂区变园区、产区变城区"试点工作，谋划支撑项目22个，总投资55.1亿元，动工建设14个。丹霞冶炼厂炼锌渣绿色化升级改造项目完成主体建设，中金环保年产10万吨石灰和2万吨二氧化碳项目一期建成试产。11月15日，仁化县有色金属产学研合作中心揭牌启用。

【乡村振兴】 2021年8月，由18个单位选派16人组成的乡村振兴驻镇帮镇扶村工作队进驻董塘镇，联系17个村委会开展驻村帮扶工作。健全防止返贫动态监测和帮扶机制，加强扶贫项目资产监督管理，促进脱贫人口稳定就业，巩固拓展脱贫攻坚成果同乡村振兴有效衔接。推行农村污水处理设施与农村公厕市场化运维管护，健全长效管护机制，全镇138座农村生活污水处理设施正常运行，新建无害化卫生户厕97户、公厕5座，修缮改造公厕2座。常态化落实农村人居环境整治，提升村容村貌。结合"环丹"地缘优势，打造"美丽庭院"41户，建设美丽宜居村17个，其中3个行政村创建成特色精品村。9月，新龙村被认定为第二批全国乡村治理示范村。12月，新龙村共同缔造建设模式获"2021年亚洲都市景观奖"。

【城镇建设】 2021年，董塘镇重新启动董塘新城建设项目，完成董塘新城储备用地排水渠改道建设工程，董塘镇综合农贸市场开工建设。完成凡口706至丹冶西门道路提升工程并投入使用。建成董塘镇风度书房，完成董塘镇党群服务中心迁移整合提升。

【文明创建】 2021年，董塘镇新时代文明实践所及安岗村、南湖村新时代文明实践站被列为省级示范点，共开展实践活动150多场次。开展选树先进典型工作，1户获评"广东省最美家庭"，2人获评"仁化县第五届道德模范"，董联村、南湖村获评"韶关市文明村镇"，董塘社区、凡口社区、广东铝厂社区获评"韶关市文明社区"，安岗村被认定为韶关市首批"忠诚立家风"实践示范基地。

【全域旅游】 2021年，河富大井"爱树·丹霞山苑"民宿投入运营，获评2021年度韶关市四星级乡村旅游民宿，示范带动碧道沿线及"环丹"村庄盘活闲置房屋、校舍、土地资源，共同谋划打造民宿产业群。全镇有民宿、客栈、旅馆15家，农庄18家，餐饮、住宿等配套服务完善，旅游产业链条延伸，乡村旅游与休闲农业新经济增长点逐步形成。4月13日，董塘镇获评仁化县创建全域旅游示范区先进单位。

【卫生健康】 2021年，董塘镇成立疾病预防控制中心，开展大规模核酸检测应急演练1次，新冠肺炎聚集性疫情应急演练3次。11月，董塘镇中心卫生院被广东省卫生健康委员会确定为2020年度广东省社区医院，并上报国家卫生健康委备案。村级卫生站规范化建设加快，配齐基本医疗设备，规范人员和行业管理。配合县开展健康促进县创建工作，11月，董塘镇政府被授予仁化县健康促进机关称号，安岗村获仁化县"健康村"称号。

【社会治理】 2021年10月13日，董塘镇安岗村档案工作服务农村基层社会治理省级试点通过省验收组验收，安岗村实现档案保管、统计、查阅利用等日常工作信息化管理。推进农村综合改革，完成227个经济组织登记赋码、换届选举、成员信息录入和17个经济联合社股份制改革工作。推进农村宅基地和设施农用地联审联批工作，完成宅基地审批47宗计0.54公顷、设施农业用地审批11宗31.8公顷、集体建设用地审批6宗3.64公顷。接待处理信访案件12宗，化解10宗；排查调处各类矛盾纠纷109件次，化解90宗，调解率83%。开展严重精神障碍患者救治救助服务管理工作，对登记在册精神障碍人员293名落实监护措施，送治发病人员43人次。开展社区禁毒、戒毒（康复）以及社区劳释人员矫正帮教工作，接收社区戒毒5人，社区康复9人，社区戒毒（康复）执行率100%；10月，董塘镇获评韶关市禁毒示范镇。

【生态环境保护】 2021年，董塘镇优化健全生态环境保护网格化管理制度，科学划分网格区域，明确部门和村（居）职责，责任压实到人，部门联动，定期联合巡查执法，实现全领域环保监管全覆盖。结合广东省森林小镇创建工作，推进林长制，实行镇干部包村、村干部包山头制度及护林员网格化管理制度，抓好森林防火工作。推广秸秆粉碎还田、秸秆回收综合利用。建立健全镇、村、组三级“河长制”组织体系，开展河口排污巡查、畜禽整治、农业面源污染防控工作，水环境改善。常态化开展畜禽养殖巡查整治工作，累计拆除养殖场32家、去功能化28家、办证14家；完成镇污水处理厂整治提升，进水口安装在线自动监测联网设备。落实固体废物清查和环境隐患专项排查，处置固体废物倾倒问题2宗。开展“散乱污”企业（场所）专项治理，关停2家，限期整改1家。开展中央环保督察反馈问题整改工作，处理涉环保舆情问题8宗，闭环8宗，清理拆除并生态复绿丹霞山自然保护区遥感监测点位7处。推进山水林田湖草生态保护修复试点工作，完成五一村、高宅村农村生活污水处理工程。

2021年董塘镇村（居）委会（社区）基本情况表

表50

村、社区名称	村小组（个）	自然村（个）	村委会、社区集体纯收入（万元）	现有集体经济收入来源	特产	村委会、社区负责人
安岗村委会	14	6	8.72	商铺租金、锦电分红	花卉、莲藕	叶全泉
白莲村委会	10	5	7.13	水电站、生态林管理费	厚鳞柯	彭仕有
董联村委会	13	7	10.30	门店租金、光伏收益	蔬菜	刘东海
董中村委会	18	10	23.87	门店租金	粽子、艾糍、蕉叶糍	余永前
高莲村委会	10	4	2.62	鱼塘租金	无	钟荣才
高宅村委会	11	5	10.38	土地租金	无	叶永福
河富村委会	12	6	13.71	商铺、山林租金	吴茱萸、羊奶	吴新水
红星村委会	9	5	20.76	厂房租金、锦电分红	河源移民菜	肖国瑞
江头村委会	10	5	38.07	商铺、厂房、山林租金、丹霞女分红	甜玉米、青瓜、蔬菜	龙汉云
南湖村委会	17	13	5.27	厂房租金、锦电分红	移民月饼、萝卜糍	刘伟全
坪岗村委会	17	10	39.95	碳汇林项目、厂房租金	酸萝卜	陈冬明
塘联村委会	3	2	7.83	水电管理费、锦电分红	南瓜糍、糖糍、甜扣肉、笋干	谢熙崧
五一村委会	26	12	10.58	厂房租金、工程管理费	无	潘细明
新莲村委会	8	6	9.69	农场租金、锦电分红	无	吴敏坚

续表50

村、社区名称	村小组（个）	自然村（个）	村委会、社区集体纯收入（万元）	现有集体经济收入来源	特产	村委会、社区负责人
新龙村委会	7	7	7.37	农场、鱼塘租金，锦电分红	油茶、灰水糍、竹筒饼	宁声珍
岩头村委会	6	4	15.52	山林租金、生态林管理费	无	张贻德
瑶族村委会	7	6	4.50	锦电分红	竹笋	李学强
董塘社区	—	3	—	—	—	何志衡
广东铝厂社区	—	—	—	—	—	陈书强
凡口社区	—	—	—	—	—	饶小明

（罗志平）

石塘镇

【基本情况】 石塘镇位于县境西部，东连董塘镇，南接浈江区花坪镇，西与乐昌市廊田镇为邻，北与红山镇交界。镇政府驻石塘镇，距县城19千米。国道535线贯穿全境，石塘河与董塘河相接，交通便利。辖区面积77.92平方千米。辖6个村委会和1个社区。2021年年末户籍人口4274户13553人，其中，农业人口8654人。

石塘镇历史悠久，南北朝时期就有先民卜居该地。镇内的中国历史文化名村、中国传统村落、国家AAA级旅游景区石塘村，地方语言独特，李氏祠堂和明清时期古建筑群众多。旅游资源有国家重点文物保护单位、广东省中共党史教育基地、广东省爱国主义教育基地石塘双峰寨，古建筑群景点、土法酿酒景点、娘娘庙景点和李仲生故居等。有流传悠久民间艺术、省级非物质文化遗产“石塘月姐歌”，以清、香、醇著称广东省非物质文化遗产“堆花酒酿造技艺”仁化石塘堆花米酒和各个时节用大米加工而成的各式各样糍粑。

石塘镇具有得天独厚农业资源优势，形成以优质稻、花生、蔬菜、马蹄、西瓜、甜笋竹六大传统项目为主的农业产业结构，建立优质稻、花生、马蹄、甜笋竹基地，形成“一村一品”发展格局。石塘土地肥沃，旱涝保收，粮油充裕，是县内吨谷镇。2021年，全镇种植水稻1001.33公顷、柑橘（贡柑、砂糖橘）805.53公顷、花生382.93公顷。有石塘堆花酒坊38间。

2021年1月，京群村、光明村、上中坌村被中共韶关市委、韶关市人民政府评为韶关市文明村。3月，京群村被中共韶关市委政法委员会、韶关市妇女联合会评为韶关市“平安家庭”创建活动先进示范村。4月，双峰寨被列入全国重点文物保护单位革命文物名录。8月，上中坌村被广东省林业局评为2020年广东省森林乡村。9月，双峰寨被广东省社会科学界联合会评为广东省人文社会科学普及基地。12月，石塘镇被韶关市第七次全国人口普查领导小组评为韶关市第七次全国人口普查先进集体。

【镇域经济概况】 2021年，石塘镇企业生产总值252.2万元，同比增长311.9%。农林牧渔业产值27900万元，同比增长6.0%。镇财政收入2050.98万元，比上年增长25.82%。规上工业产值6087.8万元。

【农业产业发展】 2021年，石塘镇粮食播种面积1060.27公顷，粮食产量7500吨。发展家庭农场38家，拥有市级农业龙头企业1家，省级示范家庭农场1家，农民专业合作社17家。完成京群村高标准农田666.67公顷建设。9月11日，蚂蚁公社文旅项目在石塘开工建设。9月18日，注册成立仁化县兴实投资有限公司（石塘），统筹辖区农产品生产、销售，引导辖区内农业合作社、农家乐、餐饮业个体户等个转企。

【新农村建设】　2021年，石塘镇以“三清三拆三整治一改”为重点，结合疫情防控工作开展村庄清洁行动春季战役、夏季战役及秋季大扫除，巩固人居环境整治成果。开展破旧房屋拆后平整清理，针对地类性质引导村民合理利用土地，鼓励农户利用破旧泥砖房拆后平整土地开展“四小园”建设。发出“两违”、未批先建现象停工通知书7份，限期拆除通知书2份，拆除违法建筑5处，恢复耕地0.178公顷。加强镇域环境整治，无害化卫生户厕普及率100%，公厕13座，其中，旅游公厕5座，农村公厕8座。

【宣传、文明创建工作】　2021年，石塘镇围绕深入学习贯彻习近平总书记系列重要讲话精神，开展集中学习研讨16次。创建市级文明村3个，市级“平安家庭”先进示范村1个。收集“我为群众办实事”线索256条，解决问题256件，完成镇级民生实事8件。6月25日，“七一”建党日前，为老党员29人颁发“光荣在党50年”纪念章，走访慰问69人。利用本土红色资源强化党性教育和红色教育，3月22日，“仁化暴动”文物展陈开展仪式在双峰寨举行；接待游客8万多人参观学习，开展百姓宣讲和“小蜜蜂”宣讲191场次。

【全域旅游】　2021年，石塘镇立足中共仁化县委提出的第一批新型城镇化试点镇和旅游节点镇发展定位，通过盘活辖区闲置用地和土地流转，引进蚂蚁公社文旅项目。该项目占地17.33公顷，计划投资5000万元，结合双峰寨爱国主义教育基地、古村、非遗等景点资源，集研学、体验、探索、休闲于一体，打造辐射周边“家庭一站式轻度假目的地”“乡村农业旅游综合体”“中小学生研学实践教育基地”。

【乡村振兴】　2021年7月，启动“仁化石塘堆花米酒”国家地理标志证明商标注册工作。8月6日，驻镇帮镇扶村工作队入驻石塘镇，重点了解产业发展、基础设施等情况，补充调整各村乡村振兴项目库36项，分析资源优势和短板弱项，突出“产业兴旺”重点，探索建立质量兴农、绿色兴农、科技兴农的现代农业产业体系。经工作队牵线搭桥，引进慈善机构帮扶困难家庭，意向帮扶困难家庭19户28人，合计每年帮扶资金10万元。村级监测预警干预困难群众8户33人，镇级监测预警干预困难群众15户31，经及时启动干预措施，全部解除预警风险。

【林业工作】　2021年，石塘镇发放禁火令、“致全县人民的一封信”、森林防火宣传小册子等宣传资料3500余份，在主要进山路口悬挂森林防火横幅100多条。在进山路口设置火源防控临时检查站6个。组建应急救援队伍50人，定期开展应急演练。严厉打击非法猎捕、养殖、经营、运输野生动物行为，出动129人次检查经营场所，无发现辖区内野生动物异常和违法经营行为。全民义务植树24367株，尽责率98%。重点巡查公路沿线及供电、通信、电视信号塔等附近林区，清理松材线虫病林地14.13公顷，疫木878立方米。

【社会治安综合治理】　2021年，石塘镇镇级直接接访27批33人次，村委会一级受理矛盾纠纷45宗，解决44宗，矛盾纠纷调处率97.8%；保障全国“两会”期间及县党代会、人民代表大会等重点时期社会大局和谐稳定，实现上访人员零进京、零上省。开展“打击治理电信网络新型违法犯罪”行动，发放宣传手册9300余份，组织镇、村干部职工进村入户为村民安装“国家反诈中心”App，安装率38.5%。

【安全生产】　2021年，石塘镇开展辖区内经营商铺、托管中心等日常执法监管，检查发现问题隐患10处，下发执法文书39份，其中限期整改通知书6份，整改完成率100%。全年全镇重特大安全生产事故为零。

【社会民生】　2021年，石塘镇参加医疗保险人数10812人，覆盖面97.44%。8月15日，残疾人托养服务石塘社区康园中心办园。10月，石塘镇社会工作服务站揭牌。实施南岭国家公园环丹霞山片区生态环境系统保护修复工程——仁化县锦江流域水环境综合整治（石塘镇）项目，涉及光明村委会4个自然村，主要对光明村开展农村生活污水收集和处理，包括新建污水处理站，配套建设污水收集主管、次支管、接户管、检查井等，至年底完成所有管网敷设。

【党风廉政建设】 2021年，石塘镇开展党员干部违纪违法线索摸排84次，查办问题线索10条（含1条自办件），未办结2件，立案5人，立案审查阶段2人，给予党纪处分3人。

2021年石塘镇村（居）委会基本情况表

表51

村、社区名称	村小组（个）	自然村（个）	村委会、社区集体纯收入（万元）	现有集体经济收入来源	特产	村委会、社区负责人
上中坌村委会	11	11	8.50	锦电入股、芦头水电站资源管理费	甜竹笋、马蹄、灵芝、贡柑	刘永松
下中坌村委会	4	4	8.40	锦电入股、山林租金	马蹄	邱耀军
石塘村委会	8	1	11.25	锦电入股、山林租金、门店出租、果场租金、林场管理费	仁化石塘堆花米酒、优质米、花生油、甜竹笋、贡柑	李朝用
光明村委会	4	5	7	锦电入股、山林租金	优质米、贡柑	许梅深
水历村委会	7	7	7.3	锦电入股、山林租金、鱼塘、小学出租	优质米	刘贵新
京群村委会	11	8	10.1	锦电入股、果园租金、鱼塘、乌猪嘴租田管理费	花生油、优质米	周培全
石塘社区	1	1	4.26	农科所场地租金、市场租金	—	李金清

（罗昌云）

长江镇

【基本情况】 长江镇位于仁化县东北部，距仁化县城49千米。地处粤、湘、赣三省五县交界处，东与江西省内良乡、河洞乡接壤，东南与南雄市百顺镇相接，西南与扶溪镇、城口镇毗邻，西北与湖南省汝城县三江口镇、热水镇相依，北与江西省崇义县聂都乡、乐洞乡相连，属省级中心镇。辖区面积300.64平方千米，辖村委会16个和社区居委会1个。2021年年末户籍人口8369户27397人，其中，农业人口22613人。耕地面积1988.92公顷，林业用地24293.63公顷，森林覆盖率84.4%。全镇有初级中学1所、小学9所（其中，中心小学1所，完全小学3所，教学点5个）、幼儿园4所（其中公办1所）；有文化站1个，广播站1个。

镇内交通便利，经省道246线与县城接连，距武深高速路扶溪出入口38千米，经省道517线至城口镇与国道106线相连。镇内有6条省道、县乡道通往江西、南雄。

自然资源丰富。山林面积、木材蓄积量均居全县首位，活立木蓄积量125.5047万立方米，毛竹种植面积8713.33公顷，为全县最大毛竹基地，是“中国毛竹之乡”。水电资源丰富，有小水电站74座。矿产资源丰富，有铀、钨、铜、硅石、钾长石、辉绿石、花岗石等，是中国铀矿最早开采地之一。

旅游资源丰富。域内有“脚踏三省”“鸡鸣三省闻”之称的省第三高峰万时山（海拔1559米），有万亩竹海、石梯田风光等自然景观。人文景观有古塔，红色遗迹、遗址有中共五岭地委、中山公园、广州会馆、红军桥、红军路等。红军曾于1929年、1931年、1932年、1934年4次到长江宣传革命思想，播下革命火种。特产有玉扣纸、浒松腊鸭、长江冬笋、春笋、长江米饼、米粉、香菇等。2021年，长江镇被评为广东省第七次全国人口普查先进集体、2018—2020年度韶关市文明村镇，镇退役军人事务站被评为广东省五星级退役军人服务站，凌溪村、塘洞村被评定为广东省森林乡村，芭蕉垅村被评为2018—2020年度韶关市文明村镇。

【镇域经济概况】 2021年，长江镇地区生产总值66491.3万元，同比增长7.5%；农业总产值39200万元，同比增长6%；工业产值1606.5万元；财政收入208.4万元，同比减少39.6%；财政支出3151.1万元，同比减少64.5%。镇属企业长江镇水电管理所，管理水电站16座，总装机容量为10225千瓦，全年发电量2694万千瓦时，总收入1334万元。

【城镇提升】 2021年，长江镇完成陈欧村饮用水源地规范化建设项目，安装保护标志牌及宣传牌13块，隔离防护网308米，视频在线监控3套，水质检测设备1套，化验室1项，编制专项应急预案1项，完成地坪及应急道路硬底、水源地保护区大门建设，坝头上游退耕还林土地流转1.496公顷。提升长江镇十里碧道建设，包括生态停车场——沙坪桥绿道路段道路硬底化、绿化、亮化，修建观景平台。投资80万元打造以竹元素为主题的百竹园，完成电影院右侧至镇政府后侧体育广场周边排水、文化景墙、绿化提升等工程。完成陈欧、凌溪、浒松37个村小组人居环境基础设施建设项目，包括农村生活污水处理、雨水沟渠、村巷道硬底化、垃圾收集点、文化室等，投资2787.04万元，惠及1280户4581人。镇区新建停车场1处、旅游公厕2个、标准化羽毛球场1个、乒乓球场2个。

【乡村振兴】 2021年，长江镇乡村振兴办挂牌运行，开展驻镇帮镇扶村联支部工作，推进脱贫攻坚成果同乡村振兴有效衔接，健全“4+2+2”防止返贫动态监测和帮扶机制，干预风险户47户158人。加强扶贫项目和扶贫资产运行管理，完成178项产权确权和规范将扶贫资产收益124万元用于村级基础设施建设等公益事业发展。完成16个行政村新安装（维修）路灯770盏，路面改造2.78千米；完成农村厕所无害化改造15户；整治家禽散养，落实门前“三包”，常态化做好村庄基础设施管理。在全县乡村振兴“比学赶超、赛龙夺锦”活动中，长江镇连续两季度获第一名。

【农业产业】 2021年，长江镇落实粮食生产安全责任制。超额完成粮食生产面积任务1031.46公顷，100%完成撂荒耕地整治，复耕1公顷以上连片可复耕撂荒耕地18.514公顷，自查撂荒地整治8.558公顷。投入184万余元，修缮灌溉坝头、水渠等设施。发展农业特色产业，种植山楂233.33公顷、香芋133.33公顷、果蔬20公顷。推进浒松腊鸭地理标志认证工作，9月与嘉权专利商标事务所达成合作意向，11月与嘉权签订商标申报委托合作书，10—12月准备申报资料、提交给嘉权代理申报事项。实施“菜篮子”工程，成立长成农业科技有限公司，带动5家农业经营主体运营，打造果蔬种植基地，种植面积20公顷，带动周边农业产业和本地群众劳务输出，促进农民增收。

【毛竹特色产业】 2021年，长江镇与仁化县奥达胶合板有限公司合作，成为该公司原材料主要供应基地，有3家竹企业为该公司提供半成品，解决毛竹销售难和价格偏低问题。该公司在长江镇注资成立一家年产值2000万元以上规上绿色工业企业，用工解决就业100余人。4月，与省林科院签订《农村科技特派员定点帮扶长效合作机制》等合作协议，开展技术服务和试种小叶龙竹，丰富竹产品种类。冬笋产值突破4000万元，创历史新高。

【生态环境保护】 2021年，长江镇全面落实河长制，聘请中金岭南环保公司市场化运营，常态化保洁河道环境。落实常态化巡查机制，严厉打击河道非法采砂，查处非法采砂运砂人员4人次。严格畜禽养殖禁养区管理，关停违规养猪场9家，境内河流断面水质达标率100%。森林覆盖率84.4%。8月，塘洞村、凌溪村被评为“广东省森林乡村”。

【污染防治】 2021年，长江镇持续推进镇级饮用水水源地“划、立、治”工作，投入175万元建设甘溪岭省级水源地保护地。推进生态环境执法工作，关停不符合环评标准竹加工业企业

2家，空气质量常年优良。开展人居环境综合整治工作，常态化巡查农业面源、非法盗采稀土、盗采河砂、野外用火、路面扬尘、非法倾倒固废等，辖区内垃圾清运运行质量优良。12月，仁化县普通公路路长制工作领导小组办公室考核评定长江镇为“136”路长制行动非环丹镇优秀等次。

【资源资产】 2021年，长江镇清理闲置资产21处3.87公顷，出租给果蔬、香菇等种植大户、毛竹加工企业、个体工商户，支持产业发展，实现经济创收。个体工商户从559家增长到709家，增长17.4%。闲置土地资产出租收益和门店租金收入95万元，比上年增长30万元。

2021年长江镇村（居）委会（社区）基本情况表

表52

村、社区名称	村小组（个）	自然村（个）	村委会、社区集体纯收入（万元）	现有集体经济收入来源	特　产	村委会、社区负责人
里周村委会	10	10	22	电站、林场	香菇、香芋、陈皮、番薯干、腊鸭	刘永清
木溪村委会	9	13	13.8	暂无	腊鸭、香芋	饶昌胜
塘洞村委会	15	15	14	种植蔬菜	龙须茶、蜂蜜、佛手瓜、小南瓜	钟彩云
河田村委会	12	15	40	水电站	米粉、番薯干、葛根、香菇、笋干、贡柑	夏后松
高洞村委会	12	12	16	毛竹、农产品种植、水利资源管理	香菇、冬笋、香芋	莫　敏
冷饭坑村委会	8	8	26	水力发电站	灵芝、冬笋	曾凡华
沙坪村委会	10	16	18	无	灵芝、毛竹	黄美英
浒松村委会	12	16	9.8	腊鸭厂发包	毛竹、腊鸭、冬笋	郑华胜
莲河村委会	8	8	19.6	电站、林场	柑橘、花生	马雪发
芭蕉垅村委会	7	5	12	山楂	山楂、笋干、冬菇干	梁绘芹
锦江村委会	11	11	16.8	土地出租、林场、商铺租金、电站分红、锦电分红	白糖饼、长江米粉、柑橘	邓建福
学堂坳村委会	7	10	29.3	学堂坳村光伏发电站；长江镇锦绣豪庭⑨⑩号商铺；芳香植物种植与精油提取项目	毛竹、冬笋、灵芝	邓家顺
凌溪村委会	9	9	8	无	毛竹、三华李、玉扣纸、中药材	黄金发
石崀村委会	12	14	16.3	商铺	大米、番薯	张根香

续表52

村、社区名称	村小组（个）	自然村（个）	村委会、社区集体纯收入（万元）	现有集体经济收入来源	特　产	村委会、社区负责人
陈欧村委会	16	16	48	小水电站	毛竹、柑橘、山楂	刘大贤
油洞村委会	9	11	20	无	白兰花、灵芝、冬笋干	曾庆田
社区	9	1	0	0	白糖饼	王丽琼

（李淑娟）

扶溪镇

【基本情况】　扶溪镇位于仁化县境东北部，东连南雄百顺镇，南接闻韶镇，西与丹霞街道、县城为邻，北与长江镇交界，属山区镇。辖村委会9个和居委会1个。2021年年末户籍人数3347户13782人，其中，农业人口12703人。镇政府驻紫岭村委会，距县城37千米。省道342线贯穿全境，锦江河与扶溪河相接，交通便利。主要经济来源有粮食种植、水力发电、竹木加工、柑橘种植等。辖区面积187.9平方千米，林业用地15049.86公顷，森林覆盖率84.37%。全镇有初级中学1所、小学1所（其中，中心小学1所，完全小学1所，教学点2个）、幼儿园2所（其中，公办1所），在校学生1246人；有文化站1个，广播站1个。

扶溪镇是典型盆地山区镇，物产资源丰富，矿产资源主要有铀、铁、钨、硅石、花岗石等，土特产主要有优质稻米、板鸭、砂糖橘、贡柑、冬笋、香菇等。境内水资源丰富，年均降水量1690毫米，水能蕴藏量1万千瓦。

人文历史悠久，存有石拱桥、石坎路、古亭、寺庙、宝塔、碉楼、明清古建筑群体和土法造纸遗址，部分保存完好。主要景点有省文物保护单位明代水口白塔（又名水口塔、双水塔）、中国传统村落古夏村、唐代南台庙（龙母庙）、明代石亭、“广东最美梯田”扶溪梯田等。民俗文化有市级非物质文化遗产八音、走马灯、土法造纸，花灯、火狮、火龙、禾斋、板凳舞等。是广东省休闲农业与乡村旅游示范镇。

扶溪镇是革命老区。1929年，彭德怀先后率红五军游击仁化时，在扶溪筹集大量钱财和物资；1931年，邓斌（邓小平）、李明瑞率红七军经扶溪转战至长江、赣南，完成“7000里远征”；1932年4—5月，彭德怀率红三军团转战至扶溪一周多；红军长征时期、解放战争时期，扶溪先后成为南方三年游击活动范围和中共五岭地委游击范围。

2021年1月8日，扶溪镇退役军人服务站被命名为“广东省五星级退役军人服务中心（站）”；是月，“扶溪大米”获评为全国名特优新农产品。4月23日，扶溪镇社区被评为第九批广东省“儿童友好示范社区”。9月3日，紫岭村（扶溪大米）被认定为第二批省级“一村一品、一镇一业”专业村。

【农业产业发展】　2021年，全镇生产总值35009.7万元，比上年增长6.7%。镇财政收入1448万元，比上年增长6.5%。固定资产投资2973万元。农业产值23078万元，比上年增长5.8%。农民人均可支配收入21216元。耕地面积830.85公顷。粮食播种面积791.4公顷，粮食产量4957.4吨。种植优质稻546.67公顷、鸭稻23.33公顷，获央视等新闻媒体宣传报道。3月3日，韶关市春耕春播现场会在扶溪镇召开。“扶溪大米”获得无公害农产品产地认定证书，入选全国名特优新产品，申报全国地理标志保护

2021年3月3日，全市春耕春播现场会在扶溪镇召开

（扶溪镇 供）

产品通过国家知识产权局商标总局初审。林业用地15049.86公顷，森林覆盖率84.37%，森林蓄积量107万立方米。发展林下经济，发挥新型经营主体和种植大户示范引领作用，推进土地流转34公顷，推广种植草珊瑚等林下经济80公顷。

【镇村建设】 2021年，扶溪镇农村人居环境整治建设生态宜居美丽乡村项目涉及扶中、水口、蛇离、古夏4个村委会31个自然村，财审金额2400万元，完成砼硬底4万平方米、雨污管4.4万米、厌氧池34个、人工湿地12个。建设扶中村新屋场、水口村村口、蛇离村苟头、古夏村南山下4个村小组级文化室，各自然村主体工程90%完工，实现雨污分流。加强农房风貌管控等工程建设，治理削坡建房20户，清理超线经营140宗、乱堆放120宗、私搭乱建雨棚3处、“牛皮癣”300余处。

【生态环境保护】 2021年，扶溪镇开展镇级河长巡河1284次、村级河长巡河1476次，巡河发现问题82起，全部落实整改，清理水面漂浮物374吨，与第三方公司签订《仁化县河道管护市场化委托运营协议》，由第三方公司负责水面清理和河道河堤管护，引导村民养成良好卫生习惯。强化饮用水水源地保护，引导农民合理施肥，节水灌溉。常态化开展土壤污染和大气防治宣传教育，开展固体废物污染防治。

【乡村振兴】 2021年，扶溪镇推进巩固拓展脱贫攻坚与乡村振兴有效衔接工作，开展动态监测兜底保障工作，及时采取干预措施干预存在返贫风险脱贫户6户，纳入低保兜底，全部解除预警风险。分散供养特困人员42人。开展产业扶贫，牵线脱贫户100多户与专业合作社等新型经营主体签订产供销协议，实现消费扶贫金额111万元。组织农民参加高素质农民培育，水稻、柑橘种植技术培训，“粤菜师傅”“广东技工”“南粤家政”等各类培训1000多人次，其中，获省乡村建筑工匠证书19人，获省粤菜师傅糕点师证书25人，获网商运营专项职业证书1人。

【文化事业发展】 2021年，扶溪镇建设村小组级文化室4个，重点打造社区、古夏村广东省新时代文明实践示范站2个。开展社会主义核心价值观宣传活动16场、各类志愿服务活动100余场、各类新时代文明实践活动273场。以省教育强镇创强第二次复评工作为契机，加强学校教室、操场、教学设施等基础性建设，改善学习和办公条件，提高学校教育教学质量；5月14日，通过省教育强镇创强复评验收。

【社会稳定】 2021年，扶溪镇完善矛盾纠纷排查化解机制，坚持执行月例会研判制度，结合“一线双联”“民情夜访”，推进基层矛盾纠纷排查及化解工作，排查矛盾纠纷119宗，化解118宗，化解率99.2%，没有发生到市级以上上访现象，连续三年“平安仁化”考核第一。坚持扫黑除恶治乱并进，开展打击“两违”、非法采砂采矿、吸毒贩毒等专项整治行动。推动依法行政，提高政府工作人员执法水平，10名公务员通过行政人员综合法律知识考试。安全生产态势平稳，全年全镇没有发生安全生产事故。

2021年扶溪镇村委会、社区基本情况表

表53

村、社区名称	村小组（个）	自然村（个）	村委会、社区集体纯收入（万元）	现有集体经济收入来源	特产	村委会、社区负责人
社区	3	0	5.5	南雄坝电站分红、市场管理费收入	无	黄丽珠
紫岭村委会	9	5	17.47	南雄坝电站分红、村电站承包租金、丹霞新城店铺租金	优质稻米	谭艳梅
扶中村委会	14	10	6	小水电站分红、鱼塘、砖厂租金	优质稻米	罗胜奇
水口村委会	4	4	6.89	小水电站分红、电管所股金分红	柑橘	谭雪意
古夏村委会	13	10	6.64	小水电站分红	腊鸭、优质稻米、谷花糍	李幸峰
厚塘村委会	10	7	19	小水电站分红、丹霞新城商铺租金	鸭、优质稻米	邓润旗
长坑村委会	9	9	6	小水电站分红	冬笋	罗润昌
斜周村委会	8	8	17.5	小水电站资源费、股金分红、商铺租金、果园承包金	柑橘	肖善文
蛇离村委会	8	8	6.24	小水电站分红	冬笋	谭金华
左龙村委会	6	6	6.9	小水电站分红	竹笋、香菇	阙传旺

（姜悦悦）

闻韶镇

【基本情况】 仁化县闻韶镇位于仁化县东部，东西最大横距13千米，南北最大纵距11千米，距县城32千米，距世界自然遗产丹霞山约35千米，东连南雄，南接黄坑镇，西与丹霞街道为邻，北与扶溪镇毗邻。辖区总面积85.78平方千米，辖村委会5个和闻韶居委会1个。2021年年末户籍总人口1640户5815人。全镇有初级中学1所、小学2所（其中，中心小学1所，教学点1个）、幼儿园1所（其中，公办1所），在校学生413人；有文化站1个，广播站1个。镇内旅游资源丰富，有人文景观省级文物保护单位华林寺塔和古村、石拱桥、庙宇及自然景观笔架山、风车巷、“天然氧吧”暖水温泉等。省道342线、244线贯穿全镇，交通便利。水资源丰富，4条河流与浈江相连。工业以电力工业为主，有水电站10座，总装机容量5300千瓦，是全镇支柱产业之一。矿产资源主要有金、银、铜和磁、稀土、翡翠岩、黄蜡石、温泉等。有竹制加工厂3家，农特产主要有冬笋、香菇、番薯、优质米、黄豆、花生、贡柑等。

2021年，华塘村（柑橘）被认定为省第二批“一村一品、一镇一业”专业村。

【镇域经济概况】 2021年，闻韶镇地区生产总值20554.3万元，同比增长6.5%；镇财政收入1486.98万元，比上年增长4.5%；农民人均可支配收入18380元，比上年增长9.3%；一般公共预算收入925.46万元。加快推进唐人神生猪产业园项目，成立广东莞仁农旅产业发展有限公司，投入资金68万元技术改造运行多年小水电，实现小水电收入400万元。

【农村发展】 2021年，闻韶镇粮食播种面积415.8公顷，粮食产量2681.8吨。打造“一镇一品”新品牌特色产业，种植贡柑106公顷，年产量230吨；9月，华塘村柑橘产业被认定为广东省“一村一品、一镇一业”柑橘专业村。落实政策性水稻保险和农村住房保险，发放各类补贴87.12万元。实行农村综合改革，完成全镇经联社5个、经济社40个股份制改革工作，完成率100%。

【乡村振兴】 2021年，闻韶镇75户226名贫困户人口均实现稳定脱贫，镇乡村振兴办挂牌运行，推进脱贫攻坚成果同乡村振兴有效衔接，对脱贫户、边缘户或临时性困难户进行动态预警监测，及时干预动态预警监测发现问题。加大环境污染治理力度，常态化开展人居环境整治，按计划开展白竹、下徐、华塘、江南4个村委会污水管网项目工程建设，推进镇自来水提升以及墟镇提升、农贸市场改扩建工程，各村均建立公共场所、实现全域饮水工程提升、道路硬底化、路灯建设、垃圾集中收集处理，完成5个村小组雨污分流建设。严守生态保护红线、永久基本农田和城镇开发边界。推进粮食生产，实施新型职业农民培育工程，推广先进农业技术，支持“领头雁”农村青年创业致富带头人培育工作，开展农民种植技术技能培训。引进在东莞发展仁化乡贤投资闻韶优质水稻种植项目，第一期在白竹村和塘源村开展水稻种植26.67公顷，第一期优质水稻种植产业15年田租为闻韶镇村民增加收入180万元，年产粮食250吨。跟踪服务好唐人神生猪产业园民生菜篮子工程建设，推进产业融合发展。利用“广东党建云平台”建立闻韶镇党校，加强10个党支部308名党员教育培训和管理力度。推进基层公共文化服务阵地和乡风文明建设，修订完善村规民约，开展好邻居、好媳妇评选及最美家庭、文明家庭创建活动。加强未成年人思想道德教育，多形式开展“扣好人生第一粒扣子”活动。加强红色文化遗产保护。

【生态环境建设】 2021年，闻韶镇落实农村“禁烧秸秆”工作，遏制和杜绝露天焚烧行为；开展扬尘整治，日常巡查主要道路、建设场地，督促“北控”环卫公司加大路面洒水力度；引导商户使用清洁能源代替煤球、木材等燃料，减轻生活废气排放；调整水源保护地规范化建设，在水源地边界设立明确警示标志，对镇区集中式饮用水水源地保护区水源每年至少监测1次，落实饮水水质全过程监测。加强涉水“散乱污”工作场所清理整治，强化节水宣传；开展畜禽养殖污染治理，加强禽畜粪污资源化利用。推进村镇污水处理设施建设与提升工程，强化村镇黑臭水体防治，推进生活垃圾无害化处置；落实“河长制”，每日安排管护人员3名巡河并清理水面漂浮物，开展河道水面垃圾漂浮物专项清理行动2次，出动980人次，清理漂浮物550吨，投入3万余元清理百顺河江南段河道两旁杂物、杂草。

【安全生产】 2021年，闻韶镇推广安装联网式无线火灾报警器30个，安装“三合一”场所防火门21家；处置化解道路交通安全隐患24宗；开展安全生产培训63场1724人次；推动企业职工安全隐患举报47宗奖励9950元；聘请第三方机构开展隐患排查10次，排查企业21家次；开展年度监督检查（铁拳执法）993家次，发现安全隐患69项，整改69项。全年未发生安全生产事故。

【人大工作】 2021年10月，闻韶镇第十七届人大一次会议召开，依法选举产生人大主席1名、副主席1名、镇长1名、副镇长5名。开展学习、议事、走访、接访、视察等代表活动6次，走访选民42人，接待选民13人，收集社情民意10条。

【党风廉政建设】 2021年，闻韶镇严抓中央八项规定执行情况，规范领导干部公务外出、公务接待、公务用车加油卡等工作。镇纪委从严查办各类违纪违法案件，收到党员违法违纪线索5宗，了结5宗，转立案4宗，结案4宗。

【综治维稳】 2021年，闻韶镇落实镇、村包案责任制，完善“中心+网格化+信息化”综合平台建设，接访51批60人次，排查矛盾纠纷23宗，化解23宗，化解率100%。上级转办信访案件13宗，办结13宗，办结率100%。

开展“扫黑除恶”“打击和防范电信诈骗、非法集资”“禁毒”“扫黄打非”“反邪教”等工作，做好精神病患者、刑满释放人员、吸毒人员以及重点场所安全管理。

【社会保障工作】 2021年，闻韶镇“双百工程”[广东兜底民生服务社会工作“双百工程”，该工程提出用两年时间实现乡镇（街道）社会工作服务站100%覆盖、困难群众和特殊群体社会工作服务100%覆盖]社会工作服务站挂牌运作。动态监测民政保障对象，临时救助17人2.5万元。做好敬老院工作，集中供养人员10人。做好低保户、事实无人抚养儿童、分散“五保”等特殊群体慰问工作，慰问发放防寒棉被46张、毛毯12张、保暖内衣9套、大衣9件。城乡居民医疗保险参保4031人，参保率96%，其中稳定脱贫户115人全部参保。城乡居民基本养老保险参保1172人。化解欠薪矛盾隐患，落实保障农民工工资支付各项制度。

【文教卫生工作】 2021年，闻韶镇推进文教卫生事业，开展新春游园活动、春联进万家及新时代文明实践活动等一系列文体活动。11月，成功创建县健康促进机关示范单位，镇泰学校和中心幼儿园通过无烟单位考核，塘源村和下徐村成功创建健康促进村（社区）单位。闻韶镇通过市级卫生镇复审。推进卫生院污水处理系统建设。12月，县卫健局等单位投入15万余元建设卫生院医疗废弃物无害化处置和污水管网工程。完成“两癌”筛查36人、婚前孕前健康检查16对。

【武装和“双拥”工作】 2021年，闻韶镇组织民兵参训，完善民兵应急专用救援物资器材。开展“双拥”拥军优抚活动，春节、“八一”建军节期间慰问优抚对象，发放慰问金。镇、村召开军属、退伍军人座谈会12次。

【“两违”整治】 2021年，闻韶镇引导农民合法有序建房，受理村民报建备案14宗，合法报建备案7宗。组织召开“两违”专题会议4次，开展专题宣传活动11次，发送停工、违建整改通知书17份，发放“两违”宣传资料946份，组织安排道路、建设场地巡查240余次；多次组织专人巡查全镇主要道路、建设场地，未发现非法采矿和违法建房行为。

2021年闻韶镇村（居）委会基本情况表

表54

村（居）委会名称	村小组（个）	自然村（个）	村（居）委会集体纯收入（万元）	特产	村（居）委会负责人
闻韶居委会	—	—	2.58	—	谭志雄
下徐村委会	10	7	4.35	冬笋、花生、贡柑	邓有为
江南村委会	6	6	7.56	优质米、贡柑	马绍兰
塘源村委会	6	6	9.16	冬菇、贡柑	温天成
华塘村委会	10	8	14.44	冬笋、黄豆、贡柑	朱德群
白竹村委会	8	3	11.08	番薯、优质米、贡柑	何松华

（熊家慧）

城口镇

【基本情况】 城口镇位于县境北部，东连长江镇和扶溪镇，南接丹霞街道，西与红山镇为邻，北与湖南省汝城县三江口镇交界，属山区镇。镇政府位于城口镇城群村委会辖区（墟镇内），距县城38千米。国道106线、武深高速（仁化段）贯穿全境，城口东河河流与城口西河相接，交通便利。辖区面积266.89平方千米。辖村委会7个和城口镇社区居民委员会1个。2021年年末户籍人口3171户10879人，其中，农业人口9324人。粮食播种面积

754.35公顷，粮食产量5031吨。林业用地21183.51公顷，森林覆盖率88.98%。主要经济来源有“红色+温泉+古村”旅游、农业生产、水力发电、畜牧养殖、矿产资源等。全镇有九年一贯制学校1所、小学教学点3个、幼儿园1所（其中公办1所），在校学生782人；有文化站1个，广播站1个。全镇参加医疗保险人数8468人。主产优质稻谷、柑橘、辣椒和茶叶，土特产有冬笋、香菇、木耳等，其中以“古秦城板鸭”闻名。域内自然资源有水利、林木和矿产，工业以萤石矿开采、小型水电站为主，有企业水电管理所、仁化县城口镇城兴加油站等24家。旅游景点主要有红军长征粤北纪念馆、红军街、丹霞丰源温泉酒店、恩村古村落、上寨美丽乡村等。

2021年2月22日，城口镇被广东省文化和旅游厅评为“广东省文化和旅游融合发展示范区”。5月12日，仁化城口历史文化小镇被纳入广东省特色小镇清单管理名单。9月24日，城口红色革命遗址群被广东省社会科学界联合会评为广东省人文社会科学普及基地。

【镇域经济概况】 2021年，城口镇生产总值41742.8万元，比上年增长7.1%；农业总产值22387.28万元，比上年增长6.2%；固定资产投资1343万元，镇财政收入2554.2万元。城镇居民人均可支配收入33351元，比上年增长7.9%；农村居民人均可支配收入21216元，比上年增长9.3%。

【现代农业发展】 2021年，城口镇加快推进“一镇一业、一村一品”、休闲农业与乡村旅游，扩大柑橘和毛竹种植及山苍子和油茶基地建设。种植柑橘453.33公顷（其中贡柑268.33公顷、砂糖橘148.33公顷、其他品种柑橘36.67公顷）、蔬菜36公顷、油茶59.13公顷、山楂22.8公顷、山苍子200公顷、毛竹2666.67公顷，建设油茶基地20公顷。粮食生产任务746.67公顷，完成粮食种植754.35公顷，其中，种植早、中稻469.64公顷，种植晚稻203.48公顷，种植玉米、番薯等杂粮81.23公顷。畜禽养殖场25家，年出栏量4.5万头，年产值0.9亿元。

【全域旅游】 2021年，城口镇入选广东省特色小镇清单管理名单、被列入韶关市第一批特色小镇示范点、入选仁化县“环丹十大景点”。完成城口红色小镇一、二、三期建设项目及红军街环道外立面提升项目，完成胜一理发店（地下交通站）、广兴栈、谭甫仁旧居等革命旧址修缮改造。年内，城口镇被仁化县旅游发展委员会评为“仁化县创建全域旅游示范区先进单位”。

【生态环境整治】 2021年，城口镇落实“河长制”，成立河道巡查专班，每日检查、监督河道保洁，发现问题及时解决，完成辖区锦江流域养殖基数摸排及河湖“四乱”问题核查工作，打击非法采砂行为。加强畜禽养殖治理，完善畜禽养殖场25家用地和环保手续。开展固定污染源排污许可清理整顿及“散乱污”工业企业（场所）综合整治。完成城口红色森林公园、恩村恩溪古树公园建设，提升改造国道106线沿线、广场、村道、河道等周边生态景观、绿化。

【基础设施建设】 2021年，城口镇完成盐街、新街、高码头和乌石下路口等道路硬化和盐街、新街外立面改造，修缮七星桥护栏，设置红军街摩托车停车点，在镇区安装太阳能路灯126盏。

【脱贫攻坚成果巩固】 截至2021年12月31日，城口镇脱贫户185户547人中，有劳动能力脱贫户人均可支配收入平均19618元。超出同期全省农村居民人均可支配收入104%。开展防止返贫动态监测，监测“八有”现状和收入情况，未发现返贫户。对有劳动力家庭采取“以工代赈”就业，对符合低保条件的采取兜底和村集体收益倾斜帮扶等方式确保收入。做好扶贫资产后续管理工作。截至12月13日，全镇有确权扶贫资产134个，其中公益性扶贫资产125个（投入资金899.5103万元），经营性扶贫资产9个（投入资金679.8825万元）。经营性扶贫资产主要为（商铺）壮大集体经济资产、种植基地两大类，合计收益122.3814万元。提供300万元产业扶持贷款推动仁化县蓝森生态农业园有限公司山苍子种植项目发展。

【乡村振兴产业发展】 2021年，城口镇推进农村集体产权制度改革工作，完成7个经济联合社和各个经济合作社换届选举工作，指导各村做好农村集体产权制度改革和赋码登记资料规整。成立春鑫农业有限公司，年销售收入26.4万元，带动当地农户141户。立足镇域红色资源及旅游资源，规划1条以“红色+温泉+古村+生态”为特色的城口红色小镇乡村振兴先行示范带，主打红色旅游产业，拉动片区常住农业人口经济。打好春耕基础，完成冬种任务100公顷。

【人居环境综合整治】 2021年，城口镇加快实施第三批乡镇整治“139”行动，开展镇区垃圾、污水、“六乱”整治和“五美”专项行动，突出抓好农村“两违”建筑、破旧泥砖房、田间窝棚整治，常态化落实村庄清洁行动。清理房前屋后和巷道、河道、沟渠、农田等杂物垃圾4268处1023.4吨；拆除危旧破旧泥砖房、废旧猪牛栏及露天厕所茅房2878余间，拆除乱搭乱建、违章建筑、非法违规商业广告、招牌87处，整治村巷道及生产工具、建筑材料364处，整治污水规范排放306处、“三线”（电力线、电视线、通信线）108处。改造问题户厕23户、问题公厕1座。

【社会保障】 2021年，城口镇发放城乡低保资金124.95万元。开展“寒冬送温暖，夏日送清凉”专项行动，救助流浪乞讨人员8人次，发放矿泉水20支、桶面16个、面包饼干1.5千克，购买车票2次，送回家4人次。完成城口镇残疾人康园中心建设。通过调解化解欠薪矛盾隐患，落实保障农民工工资支付各项制度。做好退役士兵社保接续工作，做好烈士纪念设施维护、整修工作。

【风险防范体系建设】 2021年，城口镇开展安全生产和燃气安全领域风险点、危险源排查，制定管控清单，明确监管措施和责任人。强化抢险救援队伍备勤备战，落实各项防汛防旱防风防冰冻和森林防灭火工作。开展安全生产、森林防火、消防安全和道路安全各项检查386家次。辖区内社会安全稳定，未发生安全生产事故。

2021年城口镇村委会、社区居委会基本情况表

表55

村、社区名称	村小组（个）	自然村（个）	村委会、社区居委会集体纯收入（万元）	现有集体经济收入来源	特　产	村委会、社区居委会负责人
东罗村委会	8	8	22	毛竹合作社	竹笋	蒙万贱
东坑村委会	8	14	8	小型水电站、毛竹	竹笋、腊味	苏东明
城群村委会	18	16	22.8	萤石矿、石板材、石碑石、硅铁矿	香菇、“古秦城”腊味	黄守忠
上寨村委会	11	14	21	小型水电站、温氏养猪	柑橘	黄仁润
东光村委会	5	7	26	优质稻谷、绿色茄子基地、小型水电站、毛竹	优质稻谷、柑橘	李福春
恩村村委会	8	11	21.5	温氏养猪、辣椒合作社、香黏米、毛竹	辣椒、砂糖橘	邓攸发
厚坑村委会	9	8	13.5	水电站	花生、番薯、茶叶、贡柑	曹良平
社区居委会	0	0	0	无	无	朱洪光

（罗昭谦）

红山镇

【基本情况】 红山镇位于仁化县城西北，粤湘两省交界处，是仁化县革命老区及林业生态镇。东邻城口镇，南接董塘镇、石塘镇，西连乐昌市五山镇，北与湖南汝城县大坪镇接壤。镇政府驻红山社区，距县城52千米，距国道106线30千米，省道517线贯穿全镇，西有公路经前洞村通往乐昌市，交通便利。辖区总面积169.64平方千米。辖村委会8个和红山社区居委会1个。2021年年末户籍人口3065户11088人。耕地面积643.83公顷，粮食产量2236.6吨。林业用地15230公顷，森林覆盖率90.9%；全镇有初级中学1所、小学4所（其中公办1所），在校学生808人，有文化站1个，广播站1个。

红山镇地处粤北山区，地形主要以山地为主，山高陡峭，山多田少，森林覆盖率高，林木、水利资源丰富，生态环境优越，是“广东十大茶乡”。域内有高坪省级自然保护区，是仁化县居民食水源头地。旅游资源主要有茶园、黄岭嶂、红军长征革命烈士纪念碑等，特产主要有茶叶、冬笋、香菇、番薯等。

【镇域经济概况】 2021年，红山镇地区生产总值2.75亿元，增长率0.68%。财政收入3639.25万元。农业产值12772万元，比上年增长4%。农民人均可支配收入19235元。主要经济来源有种植业和水电等。

【农业产业发展】 2021年，红山镇完成水稻种植面积273.33公顷，杂粮种植面积85.90公顷，总粮食作物完成率101.5%。重点发展茶叶产业，扩容茶叶种植面积，总种植926.67公顷，产茶叶600吨，年销售额5500万元，举办茶叶采摘直播活动3次。9月3日，红山镇烟竹村被认定为省级“一镇一业、一村一品”特色专业村。推动特色产业发展，鼓励特色经济作物种植，出产猕猴桃、佛手瓜等特色经济作物，拓宽销售市场，融合销售渠道，成立镇属农业企业1家。12月22日，仁化县红山镇富农茶叶专业合作社等10家专业合作社被农业农村部农产品质量安全中心列入2021年第三批全国名优特新农产品名录。

【镇村建设】 2021年，红山镇印发《红山镇农村基础设施运行管护工作实施细则》，深化农村基础设施长效管护。完成农村无害化卫厕改造288户，“四小园”建设615个，查处危旧房19间。开展“三清三拆三整治”村庄人居环境整治工作，清理各村（居）房前屋后和巷道柴草杂物、积存垃圾88.32吨，清理河岸垃圾、公路沿线散落垃圾10.44吨，整治污水不规范排放85处。

【生态环境保护】 2021年，红山镇完成中央环保督察整改任务，通过农村生活污水治理、农业面污染源整治、设置生产生活区隔离措施，全面保护县城饮用水水源地保护区，地表水质检测合格率100%。开展河湖“五清”“清四乱”专项治理，镇、村两级河长巡查1806人次，未发现违法采砂等违法犯罪活动；投入资金4.48万元，出动人员113人次，集中开展河道水面垃圾漂浮物清理专项行动2次，清理垃圾21吨。统筹推进山水林田湖草生态保护修复工程，严厉打击非法采稀土、高岭土矿等违法犯罪活动。开展扬尘专项整治，严格管制焚烧污染，加强烟花爆竹管控。严防森林火灾，清明节、“五一”国际劳动节、中秋节、国庆节等重点节日，每天出动护林员到各处山场巡查，每天出动无人机飞行巡查2架次，排除隐患10余处。

【乡村振兴】 2021年，红山镇完善“4+4+2”动态监测预警帮扶及兜底保障等长效机制，组建乡村振兴临时党总支和9个村级临时党支部，制定《红山镇乡村振兴五年工作规划》《红山镇2021年乡村振兴年度工作计划》，科学规划乡村振兴项目库建设工作，纳入建设项目344个。12月，完成敬老院规范化建设。新建村级卫生站4间。义务教育入学率100%。

【社会稳定】 2021年，红山镇建立健全防范化解工作机制，加强政治、经济、生态环境、金融等领域风险防范化解，加大网络诈骗防范宣传。落实信访积案包案制，深化矛盾纠纷大调解，排查矛盾纠纷43件，调解成功43件，调解成功率100%。推进“平安红山”建设，开展“无毒社区”创建和扫黑除恶专项斗争行动。落实应急值守工作，严厉打击违法违规野外用火行为。加强公共安全体系建设，完善应急机制，开展安全生产检查，全年没有发生安全生产事故，安全生产形势持续稳定。

【民生实事完成】 2021年，红山镇完成民生实事8项：完成烟竹、鱼皇、中山、前洞、青迳、社区、小梠水7个分散村污水处理项目；完成猪屎夹桥（宕坪桥）危桥整改；利用新媒体、新渠道推广红山茶叶，持续打造茶叶品牌；完成镇区电动汽车充电桩建设，新建充电桩2个；启动新白红色村建设；完成新白村新田组河堤工程建设；完成老红山市场街巷硬底化工程；实施村庄人居环境整治工程。

2021年红山镇村委会、社区居委会基本情况表

表56

村、社区名称	村小组（个）	自然村（个）	村委会、社区居委会集体纯收入（万元）	现有集体经济收入来源	特产	村委会、社区居委会负责人
青迳村委会	15	19	7.8	林木	萝卜	连双田
新白村委会	10	12	10.2	小水电站	冬笋	李余清
新山村委会	10	12	11.9	小水电站	冬笋	丘路生
中山村委会	10	12	8.1	小水电站	猕猴桃	梁顺游
前洞村委会	10	10	3.4	小水电站	冬笋	叶流玉
鱼皇村委会	7	11	80.2	小水电站	茶叶	袁远清
烟竹村委会	9	14	37	小水电站	茶叶	张道双
小梠水村委会	3	8	36	锦江电站分红	茶叶	张玉林
社区居委会	3	4	0.4	小水电站	茶叶	谭芬芬

（张　浵）

周田镇

【基本情况】 周田镇位于仁化县境南部，东连始兴县，南接曲江区，西与大桥镇、丹霞街道办为邻，北与黄坑镇交界，辖区面积296.12平方千米，属省级中心镇。镇中心距仁化县城17千米，国道106、323线和韶赣铁路、韶赣高速公路及武深高速（仁化段）贯穿全境，设有丹霞山火车站和韶赣高速公路丹霞出口。浈江河与北江相接，水陆交通便利。辖15个行政村和周田社区1个居委会，全镇年末户籍人口8262户28706人，耕地面积922.23公顷，粮食播种面积927.33公顷，粮食产量6731.2吨，林业用地22052.59公顷，森林覆盖率79.8%。主要经济来源有种植业、养殖业、外出务工等。全镇有初级中学1所、小学2所（其中，中心小学1所，完全小学1所，教学点2个）、幼儿园3所（其中公办1所、私立2所），在校学生2620人。主产优质谷、柑橘、西瓜、油茶、蒿竹，土特产有灵溪冬菇、平甫黄金柰李、鸡龙萝卜、贡柑（皇帝柑）等，其中以平甫黄金柰李闻名。域内资源有铅锌矿、河砂等。工业以仁化县产业转移工业园为主，有广东志成冠军电气器材科技有限公司等“四上”企业（规模以上工业企业、资质等级建筑业企业、限额以上批零住餐企业、限额以上服务业企业）和房地产业企业21家（其中规模以上工业企业13家、重点服务业企业2家、限额以上贸易企业2家、房地产业企业4家）。有水力发电站12宗。旅游景点主要有灵溪河森林旅游度假公园、韶石山景区、广东省古村落灵溪大围古村、周田风度（张屋）古村等。

2021年9月，周田镇被评为广

东省“一镇一业、一村一品”水果专业镇，平甫村（柰李）被评为省级“一村一品”专业村，平甫柰李获评全国名特优新农产品。

【镇域经济概况】 2021年，周田镇财政收入6645万元，比上年减少19.8%。农业总产值5.16亿元，比上年增长6%，农村居民人均可支配收入21216元，比上年增长9.3%。规上工业总产值12.33亿元，增速55.57%。

【新型城镇化建设】 2021年，周田镇发挥省级中心镇优势，立足打造县域副中心目标，推进新型城镇化和新型工业化，引导一、二、三产业深度融合，打造产城融合发展示范镇，加快镇域经济提升和发展。发挥环丹霞山、火车站和高速出口等地域优势，完善旅游公共服务配套设施建设，发展生态游、乡村游、研学游等新业态。推进资源资产价值化，挖掘和盘活镇村各领域资源资产，将资源资产优势转化为经济发展优势。坚持大招商促新发展，以项目支撑带动产业发展。完成县产业转移工业园征地工作，7月，完成凯捷项目范围内76户房屋征收及拆除工作。

【水果与粮食种植】 2021年，周田镇推动农业专业镇、专业村发展，培育种植贡柑800公顷、柰李40公顷。7月，完成新庄村省级“一村一品”柰李专业村建设；雷坑村省级“一村一品”吴茱萸建设项目通过评审。重新核定地力补贴数据，完成申报地力补贴涉及4678户998.1公顷。为农户购买水稻保险并做好理赔工作，保障农民种粮基本收益，种植粮食927.3公顷，超额完成本年度水稻种植任务；完成失管果园和撂荒地清理退出并复种粮食作物面积75.6公顷；完成较坑村垦造水田项目扩种水稻98.87公顷；麻洋村垦园地垦造水田33.33公顷进入扫尾阶段。

【农村人居环境整治】 2021年，周田镇完成15个行政村人居环境整治建设生态宜居美丽乡村规划，实行“村收集、镇转运、县处理”城乡一体化垃圾清运和保洁体系，引导村民开展“四小园”创建。开展赣韶铁路沿线5个村委会16个村小组美丽村庄建设，截至年底完成80%，完成污水管道敷设14784米、检查井砌筑840座、雨水砖砌沟1456米、恢复路面及路面硬底化1.13万平方米。推进河湖“清四乱”常态化，清理河流长度约74千米水面漂浮物及两岸固体漂浮垃圾800余吨，周田镇在2021年度仁化县河长制考核中被评为“优秀”。

【新型农业经营主体培育】 2021年，周田镇发展特色种养殖业，培育平甫现代农业“五位一体”项目、平甫甲鱼基地、较坑稻蛙共生产业园、麻洋鱼稻共生产业园、谭屋村林下经济示范点等种养殖产业基地。培育新型经营主体234家，新增县级示范家庭农场2家、市级示范家庭农场2家、省级示范家庭农场2家、县级农业龙头企业1家，培育和新增数量全县排名第一。

【新型农民培育】 2021年，周田镇委党校和16个村级分教点举办新一届村、居两委干部培训班73期，培训基层党员、干部、群众2700余人次。开展新型职业农民教育培训，开展果树栽培管理、水产养殖、农作物田间管理、农机操作、家政服务、粤菜师傅、月嫂等各类培训班28期。

【群众文化活动】 2021年，周田镇利用风度书房、乡村复兴少年宫、综合性文化服务中心等阵地开展读“四史”“书香仁化”“红色经典、百年献礼”阅读等活动，结合中华民族传统节日组织开展“我们的节日”等各类文体活动26场次，送戏送电影送科技下乡32场次。

【民生福祉】 2021年，周田镇开展城镇提升项目建设。完成“四好农村路”较坑至韶石山段7.881千米路面铺沥青提升改造、瑶溪至下洞段2.1千米单车道改双车道工程。启动国道106线至灵溪河森林旅游度假公园旅游公路扩建改造工程。赣韶铁路沿线5个村委会16个村小组美丽村庄建设完成进度80%。新增村委会集中供水点一体化净水设备灵溪（300吨/天）、雷坑（2000吨/天）、平甫（3000吨/天）共3套。完成灵溪河水源地“划、立、治”水源地保护规划设计。病险山塘除险加固工程2宗进入收尾阶段。提升15个村级卫生站服务能力；城乡医保参保20353人；开展医疗救助18人26次，总救助金额234379.6元；将符合条件19户39人生活困难群众纳入低保。落实小学生专线大巴接送，保障学生安全。平甫古树公园、风度村园林式公园成为乡村旅游新打卡点。

【社会综治】 2021年，周田镇建立33个综合网格区，实现编码固定，网格划分情况置入“粤政图”，新增录入网格事件2009件，办结2005件，办结率99.8%；推进以建设为重点的社会治安防控体系建设，在主干道、人流密集处、交通要道安装“雪亮工程”摄像头。开展常态化“扫黑除恶”，协助核查线索1条。打击涉毒违法犯罪、社康人员帮教管控，开展禁毒宣传活动22场，参与1.56万人次。派出所处置各类警情及公民求助等926宗，比上年同期下降2%。排查镇村两级矛盾纠纷77宗，成功调处65宗；来信来访办结率100%。开展平安建设宣传活动3次，发放调查问卷2000余份。开展安全生产、法治、“禁毒+反诈”等培训30次、宣传活动17次；安装“国家反诈中心”App7538人，安装率39.13%；结合复产复工、节假日检查、安全生产专项整治三年行动等各类专项行动，检查生产经营单位263家次，发现隐患92项，整改完成86项；开展“扫黄打非”联合检查12次。加强镇村建房指导审批工作，落实“两违”“六乱”整治；落实河长制、路长制、林长制，推广河长制工作启用移动端微信App动态巡河，镇、村级河长及河长办人员入驻使用“广东智慧河长”系统，上线率100%；运用森林火灾风险隐患采集系统App，指导全体村干部及护林员24名现场排查并上报各村重点区域火灾风险隐患，设立永久性防火宣传牌20块，开展森林防火宣传演练活动4次，发放宣传资料6000余份；抓好“三防”各项工作。

2021年周田镇村委会、社区基本情况表

表57

村、社区名称	村小组（个）	自然村（个）	村、社区集体纯收入（万元）	现有集体经济收入来源	特产	村、社区负责人
较坑村委会	18	14	9.41	山林、租金	蒿竹、贡柑、花生	李平强（党总支书记、村委主任，任至8月） 刘朝兵（党总支书记，11月任）
平甫村委会	20	17	35.59	租金、电站资源管理费、果园、商铺	柰李、西瓜	罗朋文
周田村委会	24	6	77.8	山林、租金	优质谷、西瓜	雷小强
龙坑村委会	5	5	10.85	山林、房屋租金	优质谷、贡柑	华鹏程
上道村委会	10	9	4.2	山林、房屋租金、山塘租金	优质谷、蒿竹	李振春
鸡龙村委会	6	3	5.08	锦江电站分红、山塘租金	萝卜、贡柑、蒿竹、花生	熊占华
台滩村委会	15	15	9.3	山林、锦江电站分红、水库租金、房屋租金	优质谷、花生、贡柑	龚厘团
新庄村委会	10	1	1.3	锦江电站分红、山林、租金	贡柑、花生	朱伟全
谭屋村委会	10	10	2.7	锦江电站分红、新庄电站分红、光伏发电地租、田租	优质谷、花生、蒿竹、贡柑	张清华

续表57

村、社区名称	村小组（个）	自然村（个）	村、社区集体纯收入（万元）	现有集体经济收入来源	特产	村、社区负责人
上坪村委会	7	6	7.7	锦江电站分红、租金、生态公益林	优质谷、贡柑、蒿竹	龚燕林
雷坑村委会	7	7	10.92	租金、电站协调费、光伏发电、商铺	甜笋、蒿竹、贡柑	彭长明
麻洋村委会	6	2	9	房屋租金、新庄电站分红	水稻、蒿竹	黄新华
灵溪村委会	15	12	14.14	电站资源管理费、生态公益林、租金、光伏发电、丹霞新城商铺	冬菇、冬笋、贡柑	高荣星
下洞村委会	10	7	15	灵溪河森林公园及电站协调费、山林、租金、丹霞新城商铺、光伏发电	冬菇、冬笋、贡柑	幸　军
瑶溪村委会	5	5	5.15	锦江电站分红、电站、租金、山林	冬菇、木耳、蜂蜜	邵万明
社区村委会	—	—	—	—	—	—

（黄福成）

黄坑镇

【基本情况】　黄坑镇位于县境东南部，东连南雄、始兴县，南接周田镇，西与世界地质公园丹霞山为邻，北与闻韶镇交界，属平原镇。镇政府驻黄坑墟，距县城15千米，距丹霞火车站18千米。武深高速（仁化段）、国道106线公路穿境而过，交通便利。辖区面积164.94平方千米。辖村委会7个和社区居委会1个。2021年年末户籍人口4167户15327人，其中，农业人口10818人。2021年，镇财政收入186.16万元；农业产值2.51亿元，比上年增长5.9%。耕地面积217.1公顷，粮食播种面积594.2公顷，粮食产量4065.8吨。林业用地13803.37公顷，森林覆盖率78.53%，活立木蓄积量99.2万立方米。主要经济来源有种植业、服务业、旅游业、养殖业等。全镇有初级中学1所、小学1所（其中中心小学1所）、幼儿园2所（其中公办1所），在校学生1429人；有文化站1个，广播站1个。全镇参加医疗保险人数11246人。主产竹木、水稻、柑橘、茶叶和花生，土特产有竹木、柑橘、茶叶等，其中以贡柑闻名。域内森林资源主要有竹木，矿产资源以硅石、稀土矿等为主，工业以小型水电站、加工业为主，有企业上坑水电站、中寨水电站、辉祥果业打蜡厂等65家。旅游景点主要有南庄生态名园、东庄门楼、冯屋文明公祠等。

2021年1月6日，黄坑镇退役军人服务站被评为“广东省五星级示范退役军人服务站”；1月21日，黄坑镇被广东省爱国卫生运动委员会授予“广东省卫生镇”称号。12月20日，黄坑镇等贡柑“三品一标”基地入选首批全国种植业“三品一标”基地。

【乡村振兴】　2021年，黄坑镇落实教育政策，义务教育阶段适龄儿童无因贫失学辍学现象。建立和完善扶贫资产监督管理制度，完成扶贫资产产权确权50项，其中经营性扶贫资产41项，公益性扶贫资产9项。加强就业帮扶，有劳动能力脱贫户务工人数214人，比上年增加3人，其中安排乡村公益性岗位12人。引导鼓励机关、企事业单位、社会力量开展消费帮扶，开展产销对接活动，消费帮扶脱贫户65

户149.93万元。开展乡村振兴项目库工作，入库18大项，总金额38416.7万元。

【新冠病毒疫苗接种】 2021年，黄坑镇抓好疫情防控常态化工作，新冠疫苗接种15168人次，其中，第一针7327人次，第二针6896人次，第三针945人次。新冠肺炎感染人数为零。

【人居环境综合整治】 2021年，黄坑镇省定贫困村20户以上自然村30个，均开展人居环境综合整治项目建设，敷设雨水管网41147米、污水管网41309米，建设厌氧池及人工湿地44座。完成沿线村高塘村20户以上自然村12个村内污水管网建设，完成10个自然村污水处理设施建设，敷设污水管网8912.2米、雨水管网5526.96米，建设厌氧池及人工湿地11座、检查井249座。蓝田、小溪、古竹3个行政村24个自然村开展美丽乡村提升建设工程。加大卫生整治力度，落实门前“三包”责任制。清理国道106线环丹霞山段及周边、县道320线沿线非法户外广告牌，整治不规范广告牌、占道经营、乱堆乱放等行为，清除“牛皮癣”广告一批。

【社会综治维稳】 2021年，黄坑镇每月定期召开党委会议、扫黑除恶联席会议和线索研判会议，对扫黑除恶工作进行研判、安排、部署，开展重点行业、重点领域治理工作。结合“一线双联”“民情夜访”和普遍直接联系群众活动，领导接访70人次，接访群众19批40人，排查调处各类矛盾纠纷31宗，调处成功28宗，化解率90.3%。办理韶关市信访系统信访案件17宗，信访案件及时办结率100%。到县级以上部门信访案件17宗，同比上年下降37%。做好重要节点时期维稳工作，排查出4宗突出矛盾，均落实领导包案化解。在各村（居）组建“红袖章”志愿队伍，营造全民联防联控氛围。

【打造“文化+旅游聚散中心”】 2021年，黄坑镇结合镇域生态、文化、旅游资源，打造“大丹霞文化+旅游集散中心”，开发罗家塘茶花园、林茂林场乡村旅游休闲点和丹霞贡柑品控中心等项目。其中，罗家塘村茶花园占地面积46.67公顷，投入2000万元，种植鹰嘴桃、樱花、银杏树、稀少珍贵物种和贡柑、砂糖橘、蜜柚、沙田柚等果树，打造成休闲观光、旅游采摘乡村旅游度假地。林茂林场打造成柑橘旅游休闲体验园。

2021年黄坑镇村（居）委会基本情况表

表58

村（居）名称	村小组（个）	自然村（个）	村（居）委会集体纯收入（万元）	现有集体经济收入来源	特产	村（居）委会负责人
黄坑居委会	—	—	—	—	—	莫尚中
黄坑村委会	13	13	9.74	—	—	黄果平
高塘村委会	16	16	0.48	—	—	冯立雄
下营村委会	13	13	9.68	光伏发电、电站股份、酷乐农场租金	—	简河清
小溪村委会	7	7	11.4	无	贡柑、香菇、木耳、白毛尖（茶）	李光前
蓝田村委会	5	5	2.42	无	贡柑、沃柑	张　微
日庄村委会	11	11	4.82	光伏、水村莆田电站	贡柑	江金昌
古竹村委会	12	12	13.85	无	毛竹、贡柑、冬笋	欧秋生

（肖芳香）

大桥镇

【基本情况】 大桥镇位于仁化县境南部，东连周田灵溪、枫湾镇，南接大塘镇、新韶镇，湾头黄浪，西与犁市镇黄竹为邻，北与周田镇较坑、平甫接壤。镇政府驻大桥镇墟，距仁化县城24千米。国道106线、323线贯穿全境，浈江河从北至南、锦江水从西至东流经辖区，水陆交通便利。辖区面积132.8平方千米。辖村委会大桥、古洋、长坝、亲联、共和、水江6个和社区居委会1个，2021年年末户籍人口2986户10941人，农业人口8349人。镇域资源有林木和丹霞地貌，森林覆盖率81.63%，旅游景点主要有金喆园、五马寨生态园、仁爱老街、五马归槽、韶石山、青云古寺等。

主产沙田柚、贡柑、水稻、花生和桑葚，土特产有沙田柚、贡柑、桑葚等，其中以沙田柚闻名。2021年，全镇有初级中学1所、小学3所（中心小学1所、教学点2个，其中，长坝教学点于2021年9月停学）、幼儿园1所（公办1所），在校学生927人；有文化站1个，广播站1个。有企业韶关市农科所、金喆园、金果园、五马寨生态园、旭日葡萄生态园、韶关市宇鑫机械零件制造厂、小海豚加油站等7家。

【镇域经济概况】 2021年，大桥镇财政预算收入2894万元。农林牧渔业产值27900万元，同比增长5.9%。国内生产总值39297.6万元，同比增长7%。完成固定资产投资14500万元，同比增长147.4%。

【招商引资】 2021年，大桥镇完成招商引资项目3个，分别为韶关五马霞酒庄项目、广东运讯仓储物流果蔬生鲜冷链项目、仁化县农业观光体育运动项目，累计计划投资6.7亿元。其中，韶关五马霞酒庄项目为重点项目，计划投资2亿元。

【特色产业种植】 2021年，大桥镇通过申报广东金柚特色优势产业集群项目，提升沙田柚产业智慧化、科技化、现代化基础设施配套水平。申报企业、合作社7家，沙田柚种植面积1666.67公顷，年产量2.6万吨，产值4.3亿元；长坝村入选2021年全国乡村特色产业亿元村。推进镇域资产资源价值化，成立仁化县柚旅投资有限公司，清理整合镇内土地、林业、渔业资源，加强征收暂未建设土地使用，发挥闲置土地经济效益。

【粮食种植】 2021年，大桥镇扩大水稻种植面积，种植粮食678.37公顷，其中水稻491.51公顷、杂粮186.86公顷。落实“田长制”工作，排查并复耕撂荒地45.33公顷（其中自查撂荒耕地23.26公顷）。

【新型农民培育】 2021年，大桥镇开展职业技能培训，培育高素质农民10人，开展技术指导提供服务56次、农村实用人才技术培训8次。组织群众参加“粤菜师傅”“广东技工”“南粤家政”“韶关保姆”“乡村工匠”培训，通过培训拿证45人。

【生态环境整治】 2021年，大桥镇开展水污染防治攻坚工作，完成大桥、水江、共和、亲联、上古洋片区、长坝6个村小组农村生活污水治理，农村生活污水治理率84.38%。巩固畜禽养殖整治效果，引导镇内3个养殖场完成改建，其中新扩建粪污处理设施2个，改建现代化智能养殖场1个。开展河湖“清四乱”“五清”等专项行动，镇、村两级河长累计巡河1618人次，巡查发现问题42个，及时整改办结率100%。严厉打击非法采砂行为，重点打击“蚂蚁搬家”式等违法盗采河砂行为，河势稳定。

【依法维稳】 2021年，大桥镇建立健全执法部门日常法治宣传制度、集中宣传制度、执法办案与普法宣传结合制度、属地管理与上下联动制度，制定完善相关制度4个。开展行政执法人员培训2次，参与人数18人。宣传贯彻法治理念，实施“八五”普法，推动《中华人民共和国民法典》施行，营造良好营商环境，开展法治讲座、街头宣传等多种形式法治宣传活动26次。常态化开展扫黑除恶专项斗争和全民禁毒工程，做好反邪教、打击传销、非法集资等工作。完善社会治安网络监控信息平台，安装“平安乡村”视频监控58个。镇、村两级调解矛盾纠纷92

件，调解达成协议92件，涉及金额35.7万元。未发生重大信访事件。加强安全生产检查排查，全年无安全生产事故发生。

【民政工作】 2021年，大桥镇组织驻镇帮镇扶村工作队、村（居）委干部、驻村工作人员对辖区内特殊群体（含分散供养特困人员、孤儿、事实无人抚养儿童、残障儿童、重残低保对象等）开展全覆盖入户排查，取消不符合低保家庭7户9人，新增2户6人。发放因病因灾困难群众临时救助金8800元。完善村委干部分片包干分散人员巡查制度，督促分散特困人员护理人做好护理工作，改善分散供养特困人员、低保户生活状况。

【村（社区）“两委”换届】 2021年，大桥镇选举产生新一届村（社区）“两委”成员39名，其中，妇女干部15名；平均年龄40岁；本科及以上3名，大专16名，高中（含中专、中职）10名。村（社区）“两委”交叉任职比例高，党支部书记、主任“一肩挑”村（社区）6个，占村（社区）总数85.71%；村“两委”成员实现交叉任职27名，交叉任职比例69.23%。全镇选民平均参选率93.4%，大部分村（社区）参选率90%以上。

【群众文化活动】 2021年，大桥镇完成“村村通”大喇叭项目建设，建成新时代文明实践广场12个、文化室15个，群众自发成立广场舞队伍多支。3月7日，举办长坝村开社节；7月28、29日，分别在镇政府和亲联村文体广场举办“戏曲进乡村”文艺会演；11月30日，在镇政府广场举办“繁荣乡村文化、助力乡村振兴”文艺会演。每月组织“小蜜蜂”宣讲志愿服务队开展进农村、进社区、进学校宣讲志愿服务活动。申报创建各类文明创建评选活动，多种形式宣传先进典型。

2021年大桥镇村委会、社区基本情况表

表59

村、社区名称	村小组（个）	自然村（个）	村委会、社区集体纯收入（万元）	现有集体经济收入来源	特产	村委会、社区负责人
长坝村委会	10	10	11.19	—	沙田柚	邱志兰
古洋村委会	21	21	17.86	—	无	张联东
大桥村委会	12	12	21.73	商铺租金、山林租金	无	何远球
共和村委会	8	8	1.9	—	无	张　吉
亲联村委会	10	10	22.42	—	无	邱文辉
水江村委会	9	9	18.08	商铺出租	贡柑	余祥军
社区	—	—	—	—	无	钟善庭

（郭慧玲）

人　物

全国优秀河（湖）长

【万志明】　广东五华人，中共党员，2016年5月至2021年5月任董塘镇党委书记，现任仁化县人民政府党组成员、丹霞开发区党组书记、主任。在担任董塘镇第一总河长期间，全面推行河长制，深入贯彻落实河长制各项工作，营造生态宜居环境。建立镇、村、组三级河长管理巡查体系，明确各级河长负责区域和职责，实现辖区河流管理全覆盖。带头落实河长日常巡查，实现镇级河长每月巡查3次以上，村、组级河长每周巡查1次以上。推动董塘镇持续开展河湖“五清”专项行动，投入443人次，车辆197车次，清理河道40多千米，清理转运垃圾96吨。通过开展畜禽养殖整治和村庄人居环境整治工作，清理农村生活垃圾和禽畜养殖粪污等农业生产废弃物1155处1732吨，清理塘内塘沟淤泥、阻挡物710吨，整治生活垃圾、生活污水、水体污染宗数197宗，有效控制水体污染。通过开展河长制工作，董塘镇各河流水质得到持续改善。2021年5月，被水利部授予“全国优秀河（湖）长”称号。

（董塘镇）

广东省优秀党务工作者

【宁声珍】　女，广东乳源人，中共党员，仁化县董塘镇新龙村党支部书记、村委会主任。发挥党员先锋模范和基层党组织战斗堡垒作用，团结带领村党员干部，扎实开展农村人居环境综合整治和新冠肺炎疫情防控等工作，得到党员群众高度认可。推行村级“三个在先”决策运行机制，发动村党支部、党小组走访村民，了解民情，形成符合新龙村村情的人居环境整治方案。通过实施一系列人居环境整治提升项目，重点打造的新源村小组在2019年成为“网红村”，吸引大批游客打卡。在2020年突如其来的新冠肺炎疫情防控中，始终坚守在疫情防控一线，将群众利益放在首位，表现出党员干部应有的风范。2020年10月，被省委、省政府被评为广东省抗击新冠肺炎“先进个人”。2021年6月，被中共广东省委授予广东省优秀党务工作者称号。

（董塘镇）

全省党委办公厅（室）系统信息工作先进个人

【肖惠姬】　女，广东仁化人，中共党员，中共仁化县委办公室室务会成员、信息股股长。从事党委信息工作以来，始终坚持原则，保持正确方向，从政治上观察和发现问题，捕捉和报送党委信息。坚持提高站位服务大局，加强对习近平总书记系列重要讲话，中央、省委、市委重大工作部署和领导重要讲话材料的研习，自觉把地方工作放到全省大局中去思考、定位、摆布。围绕疫情防控、脱贫攻坚、乡村振兴、筑牢粤北生态屏障等事关全省大局工作反映情况、报送信息。特别注重钻研业务精益求精，创新实行信息一周一小结制，每周固化学习省委信息刊物，总结信息完成情况并明确下周计划；采取一稿双校核制，确保上报信息质量。善于加强沟通提升质效，建立信息通讯员队伍并将信息工作纳入绩效考核，及时收集基层贯彻落实省委决策部署情况和干部群众关注的热点焦点问题；主动钻研信息归纳综合、分析研判等方法，提升信息工作质效。2020年，共向省市报送信息163篇，信息报送工作质量系数160分，排名全市第一。2021年1月，被中共广东省委办公厅评为2020年度全省党委办公厅（室）系统信息工作先进个人。

（县委办）

广东省五一劳动奖章

【李良生】　丹霞冶炼厂专职党委副书记、工会主席。重视城市困难职工解困脱困工作，在城市困难职工解困脱困工作中作出重要贡献。定期组织召开工会主席会议，专门研究部署城镇困难职工解困脱困工作，认真解读上级政策，吃透会议精神，明确工作任务，层层压实责任。通过开展困难职工档案年审工作，全面落实“一对一”结对帮扶制度。组织各级工会发动广大干部职工、工会干事，加大宣传力度。精准识别深入调查方面。组织二级单位工会组成调查小组，多次入户与困难职工及其他家庭成员交流，准确掌握困难职工基本情况。最终实现“一个总体目标”——到2020年9月，现有建档困难职工全部实现解困脱困，同步迈入小康社会。带领丹霞冶炼厂坚持和加强党的全面领导，坚持新发展理念，踔厉奋发、勠力同心，全面完成各年度目标任务，朝着“绿色丹冶、奋斗丹冶、共享丹冶”的奋斗目标勇毅前行。2021年获“广东省城市困难职工解困脱困工作中作出重要贡献个人”称号，并被授予“广东省五一劳动奖章”。

【吴　涛】　中金岭南丹霞冶炼厂党委书记、厂长。带领丹霞冶炼厂坚持和加强党的全面领导，坚持新发展理念，全面完成各年度目标任务，为中国锌冶炼行业绿色发展作出积极贡献。聚焦生产经营重难点问题，创新开展“点题式”党建活动，牵头开展的“高酸低锌运行模式”，每年可降低生产运行成本2000万元。强化精细管理，提出“科学思维、系统逻辑、趋势管控”“十二字”生产管理方针，使均衡稳定高质量生产运行成为新常态，并经过环境后评价，锌锭实际产能提高至设计产能的148%。强化技术创新，发挥“研产合一”优势，使工厂获得多项发明专利，广东省科技进步二等奖1项、发明专利银奖1项。强化管理创严，严控“三项费用”费用支出和成本管控，实现在原料综合加工费大幅较预算减少的不利情况下，2019年、2020年、2021年连续实现稳定盈利。强化安全生产，工厂获评“2018—2020年度广东省安全生产工作先进集体”。强化生态环保，工厂成功入选《铅锌行业规范条件（2020年）》企业名单（第一批）。强化智能发展，全面启动智能化工厂建设，全力打造集清洁环保、优质低耗、安全高效于一体的现代化智能冶炼工厂。强化项目推进，炼锌渣绿色化升级改造项目建成生产，有力提高广东省危废处置能力。2021年获“广东省五一劳动奖章”。

（中金岭南丹霞冶炼厂）

广东省优秀共青团员

【施　震】　共青团员，采矿工程助理工程师，中金岭南凡口铅锌矿采矿车间通风工区区长。积极参与矿团委“青春心向党·建功新时代”主题系列活动。主管中金岭南凡口矿井下500米往下盘区通风系统，改良深部盘区通风系统，全年减少跑风、漏风约65立方米，改良了井下作业环境。主要负责的“采场除尘水雾风机在井下的应用”岗位创新项目，改善井下铲矿作业环境，减少扬尘，改良铲矿视野，降低出矿采场温度，优化铲运机工作业环境，降低职业病（矽肺病）发生概率，有效解决难控溜井返尘问题，创新项目获中金岭南公司岗位创新三等奖。先后获凡口铅锌矿“十佳优秀团员”、广晟集团“优秀共青团员”、凡口铅锌矿“十佳科技工作者”称号，2021年获“广东省优秀共青团员”称号。

（中金岭南凡口铅锌矿）

广东省三八红旗手

【符小密】 女，广东湛江人，广东丹霞印象客栈民宿管理有限公司总经理。2010年，丹霞山景区内开了丹霞印象首间集住宿、音乐吧、书吧为一体的特色民宿——丹霞印象·阳元山店；2013年，投资400万元建设丹霞印象连锁客栈总店；2015年，以艺术为主题的艺术家店和以禅文化为主题的禅意店营业；2017年，结合政府鼓励政策在丹霞山瑶塘村开启“民宿+文创农创+美丽乡村生活圈”发展模式，迈出参与推动乡村振兴第一步；2018年，以图书馆阅读文化为主题的丹霞印象连锁客栈营业；2019年，以亲子为主题的丹霞印象连锁客栈营业。所在企业先后获评全国优胜创客、创业创富赛企业组金奖、韶关市首批五星级民宿、广东最美民宿、2019年度放心消费承诺单位、首批广东省客栈民宿服务标准化试点创建单位、全国首批乙级旅游民宿（艺术家客栈），连续5年获得广东省守合同重信用企业。曾获韶关市优秀民营企业家、2019年度韶关市“三八红旗手”、全国乡村文化和旅游能人、全国先进个体工商户等称号，2021年3月被评为广东省三八红旗手。

（县妇联）

新冠肺炎疫情防控先进个人

【马　丁】 本科学历，中共党员，仁化县公安局网络警察大队警务技术四级主管，借调刑事侦查大队工作。认真严谨、吃苦耐劳，先后参与侦查尤某等人跨县区盗窃摩托车系列案、罗某等人跨省盗窃系列案以及景某诈骗案、2019年“11·15”套路贷专案。2020年春节前夕，面对武深高速公路省际入口城口检疫检查站处在广东抗疫最前线，马丁在局疫情防控检查站点群得知消息后，当即主动请战：“我是一名党员，那个点危险，让我上，保证完成组织交付的一切任务！”在武深高速城口联合检疫检查站执勤，马丁冒着重严寒，冒着被病毒感染的风险，一丝不苟地做好车辆查控和涉疫区车辆的劝返工作，为疫情防控作出贡献。先后立三等功、受嘉奖各1次。2021年被评为韶关市优秀共产党员、韶关市抗击新冠肺炎疫情先进个人。

（县公安局）

【林伟浩】 广东仁化人，中共党员，仁化县交通运输局党组书记、局长、一级主任科员。突如其来的新冠肺炎疫情发生后，坚持“人民至上”原则，扛牢交通运输疫情防控专班主体责任，坚决贯彻执行上级防控指令，落实联防联控、运力保障、常态检查、宣传助力工作机制，坚决把好交通防疫关口。压实客运企业主体责任，严格落实场站和公共交通工具消毒、通风、临时留观区设置等措施，严格落实3个100%等措施。坚决贯彻落实习近平总书记“让党旗在防控疫情斗争第一线高高飘扬”的重要指示精神，根据部署组建疫情防控党员先锋队到国省道和高速路防疫卡口对来仁返仁车辆和人员进行检测。冲锋在前，带头到高速路出口值守，认真执行防疫指令，坚决把好交通防疫关口，守好广东疫情防控北大门，给大湾区疫情防控工作提供有效保障。2021年被评为韶关市抗击新冠肺炎疫情先进个人。

（县交通局）

【邬立雄】 中共党员，仁化县卫生健康局党组书记、工委书记、局长。2020年突如其来的新冠肺炎疫情发生后，积极投身新冠肺炎疫情防控，用实际行动践行初心使命和担当，全力抓好疫情防控及医疗救治各项工作，全面落实人员排查、预检分诊、重点人群及重点场所管理、疫情防控宣传与培训、环境消杀、院感防控、应急物资保障、心理疏导干预工作与心理健康保障、复工复学、疫情防控指导及监督检查、应急演练、流调采样、疫苗接种等系列防控措施，确保全县无疫情传播、扩散，用爱和责任守护人民群众生命健康。2018获仁化县人民政府嘉奖，2019年、2021年获中共仁化县委嘉奖，是2021年“仁化县优秀党务工作者”。2021年被授予“韶关市抗击新冠肺炎疫情先进个人”称号。

【邓　敏】 江西省抚州人，中国民主促进会仁化县支部会员，仁化县人民医院感染科副主任。2020年1月，突如其来的新型冠状病毒感染性肺炎令武汉的疫情形势严峻。仁化县人民医院迅速作出应对方案，并发出动员令召集医护人员，一边做好本地疫情防控，一边动员医护人员驰援武汉。邓敏第一时间响应上级号召，向医院递交带手印的请战书，率先报名申请去支援湖北援助武汉，遗憾未能成行。随后，紧急参与新型冠状病毒感染性肺炎的相关知识培训。1月24日除夕夜，邓敏接到县域有一名武汉返乡人员高度疑似新冠肺炎感染症状的电话通知后，迅速到位。患者入县院后，即开始进行流行学调查，问病史，监测生命体征，建立微信群与之沟通，进行心理疏导。凌晨1时许，县院再收治一例疑似患者，按照上程序操作，确定治疗方案，开出中药，中西医合治，并进行送餐、消毒等工作，直到市疾控中心初步核酸检测报告两例均阳性，随后由专车将两例病人转送市定点医院救治。县院隔离区先后收治20余例发热患者。在隔离区期间，邓敏作为小组负责人，以身作则，身兼数职，每天穿着防护服进入，对患者进行查房，治诊，送餐，并对隔离区进行消杀，用电话、微信或间隔安全距离对他们进行病情告知、宣传相关知识，安抚他们恐惧害怕心理，让他们在医院安心治疗。2月1日，按上级通知需开展咽拭子核酸采集工作，邓敏在接受相关培训后再次与队友们主动接下此项高风险工作，在短时间内高效率地完成全县各乡镇核酸采集任务。在县院隔离区病患者清零后，于2月11日调整至发热门诊上班，和同事们一起承担全县发热病人的诊治及核酸采集，以及住院患者及防护人员的核酸采集，开展新冠肺炎的各项学习及预演，始终站在一线，从未退怯。2021年被授予“韶关市抗击新冠肺炎疫情先进个人”称号。

（县卫健局）

钉螺疫情处置和环境综合治理先进个人

【黄涌超】　中共党员，仁化县疾病预防控制中心寄防科主任，主要负责血吸虫病防治和疟疾防治相关工作。2019年4月中旬，广东省原血吸虫病流行区突发钉螺疫情。韶关市卫健委、市疾控中心成立应急处置技术指导小组，黄涌超踊跃参与支援，持续在疫区开展现场监测工作，完成钉螺孳生分布现场调查、环境面积建档、绘图，指导村民现场查螺等。同时，兼顾指导本县各项工作任务。4月下旬，省成立钉螺突发疫情处置技术指导组，接连两个多月，黄涌超克服现场高温，继续参加现场指导和评估，负责查、灭螺效果监测，钉螺孳生地分布现场调查，有螺环境抽样调查，钉螺密度调查，查螺资料和建档资料核查。2017年、2018年仁化县接受省级血吸虫病监测工作督导，两年督导评价总分排名第一。2018年11月，中华预防医学会授予黄涌超“全国血防卫士”称号。2021年2月，被广东省防治重大疾病工作联席会议（广东省卫生健康委员会）评为钉螺疫情处置和环境综合治理表现突出先进个人。

（县卫健局）

脱贫攻坚先进个人

【黄志军】　广东兴宁人，中共党员，2019年3月任仁化县周田镇党委副书记，担任精准扶贫（临时）党支部书记。将省直、东莞虎门以及市县派驻的21名帮扶干部凝聚在一起，每周召开党支部（扩大）会议，聚焦全镇贫困户与存在致贫风险的对象，及时听取各村近期工作情况，研究当前遇到的问题，制定解决措施，部署下一步工作。结合“一线双联”“网格治理”工作，组织镇村干部及驻村帮扶工作队深入农户，翔实核实农户基础信息、致贫原因、脱贫短板、发展需求，开展脱贫措施和帮扶措施。周田镇连续3年接受省、市扶贫考核，全镇5个省定贫困村、472户贫困户全部实现脱贫出列。2019年度考核优秀，2020年度考核优秀。2021年6月，被授予广东省脱贫攻坚先进个人称号。

（周田镇）

【黄　强】　广东仁化人，中共党员，仁化县纪委监委驻闻韶镇江南村扶贫联络员。江南村主要产业为贡柑种植。为帮助贫困户销售贡柑，积极联系仁化县闻韶镇同兴盛果品专业合作社及电商销售平台，开拓贡柑销售渠道，2020年通过电商平台、收购商采购方式销售江南村贫困户贡柑37.5

吨，销售额10.73万元，帮助解决江南村贫困户贡柑销售难问题，获得贫困户一致好评。针对每户贫困户具体情况进行精准施策，通过就业帮扶、产业帮扶等多项措施，江南村贫困户18户45人全部如期顺利脱贫。截至2020年年底，江南村贫困户人均可支配收入22034.22元，超过当年脱贫标准。2019年以来，配合县纪委监委为帮扶村江南村筹集各类资金55万元，开展实施修村道铺设涵管、种植桂花树苗、修缮贫困户房屋、添置贫困户家具家电、修建农田灌溉水渠、安装偏远村庄太阳能路灯等项目，积极参与镇、村组织的人居环境整治工作，为江南村美丽乡村建设出谋划策。2021年6月，被中共广东省委农村工作领导小组评为2019—2020年广东省脱贫攻坚突出贡献个人。

（闻韶镇）

【梁俊轩】 2019年5月至2021年7月任中共广东省委统战部驻韶关市仁化县周田镇平甫村第一书记兼扶贫工作队队长，始终把党建引领贯穿于脱贫攻坚事业，坚持以人民为中心开展驻村扶贫工作，探索运用统战资源优势实施平甫村脱贫攻坚“1+4+3”工作思路，实现以基层党建引领乡村治理，成功为平甫村构建“商铺出租、光伏发电、平甫柰李、大棚蔬菜”产业帮扶体系，深入实施产业帮扶、就业帮扶、教育帮扶三大帮扶工程，以产业振兴推动村集体经济翻倍跃升、以开拓就业实现扶贫扶志相结合，以建立“平甫·民建同心超市”引领乡风文明不断提升，与贫困户和基层干部结下深厚感情。其先进事迹于2020年被《南方》杂志以《最美第一书记梁俊轩：坚持以“绣花功夫”引领平甫村走向标杆村》为题报道。曾获中共广东省委统战部三等功、仁化好人。2021年6月，工作队被中共广东省委、广东省人民政府授予“广东省脱贫攻坚先进集体”称号；梁俊轩被中共广东省委授予“广东省优秀党务工作者”称号，被中共广东省委农村工作领导小组评为2019—2020年广东省脱贫攻坚突出贡献个人。

【李 锐】 广东仁化人，中共党员，仁化县周田镇人民政府扶贫办常务副主任。工作积极进取，每周召开党支部（扩大）会议，与镇、村扶贫干部共同钻研学习扶贫有关文件精神，了解各村扶贫工作动态，研究解决当前遇到的问题，形成“学习—交流—解决问题”工作方式。脱贫攻坚期间，周田镇多次代表市、县接受省、市扶贫开发工作成效考核，为仁化县在全省、全市扶贫开发工作成效考核中名列前茅做出“周田贡献”。截至2020年年底，全镇5个省定贫困村、472户贫困户稳定达到村、户退出标准，实现全面脱贫。2021年6月，被中共广东省委农村工作领导小组评为2019—2020年广东省脱贫攻坚突出贡献个人。

（周田镇）

广东好人

【欧阳仕元】 中共党员，中金岭南公司特聘高级专家兼凡口铅锌矿技术中心主任，教授级高级工程师。自入职凡口铅锌矿起，从事矿山采掘生产、地质勘查找矿、地质灾害防治、资源综合利用和科研技术管理工作35年。带领技术团队长期在贵湖、长坝岭、狮岭东、铁石岭等矿区奔忙，勘查找矿，2019年完成探矿钻孔近百个，新增铅锌金属资源量数十万吨。组织厘清的“凡口式推覆构造成矿”理论指导外围找矿，探获铅锌金属资源量百万余吨；提出的帷幕注浆阻隔地下水治污防塌技术方法并组织实施，实现年减排矿坑水700万吨；创新制定施行《凡口铅锌矿科研项目管理实施细则》《凡口铅锌矿专家库管理办法》，组织申报成功省级企业创新技术中心和省级工程技术中心等技术平台，实现科研攻关、智慧矿山、地质勘查、资源开发利用、数据信息等管理制度化、规范化和程序化。组织实施技术研发项目百余项，精细管控重大科研和探矿工程项目，成果转化取得明显实效。主攻完成的矿山生态修复成果成为“广东省国土空间生态修复十大范例”之一。为凡口铅锌矿持续创新、高质量绿色发展作出突出贡献。参与完成国家级和省级项目9项、企业重大专项10余项，参与主（修）编行业技术标准5项，获省部级奖励10项、市级奖励6项、国家发明专利授权2项、新型专利授权20余项，发表技术论文20余篇。2021年2月，获2020年广东省第三季度“广东好人”称号。

（中金岭南凡口铅锌矿）

附　录

组织机构在职领导班子成员名单

中国共产党仁化县委员会

书　记：林国华（任至11月）
副书记：周小明（任至7月）
陈夏广（7月任职）
邱志坚（任至8月）
刘海旺（8月任职）
常　委：林　静（女）
丘光强（任至9月）
邹永祥（任至9月）
潘文辉（9月任职）
李伟杰
张　军（任至10月）
连辉标
许细桥（8月任职）
刘拥军
龚　翔（9月任职）
苏　斌（任至9月）
毛建中（10月任职）
谢庆伟（挂职）
陈浩华（挂职）

仁化县人民代表大会常务委员会

主　任：邱志坚（11月任职）
副主任：黄付养
邓田庭
夏德文
李建平（任至11月）
马小荣（女）
廖兰英（女，任至9月）
周任康（11月任职）
何旺财（11月任职）

仁化县人民政府

县　长：周小明（任至7月）
陈夏广（8—11月代理县长，11月任县长）
副县长：邹永祥（任至9月）
沈建图（任至9月）
钟卫苏（任至9月）
包伟红（女，任至11月）
梁钰清（任至4月）
张伙胜（1月任职）
陈浩华（挂职）
刘拥军（11月任职）
叶剑斌（11月任职）
邹汉明（11月任职）
黄恒超（11月任职）
江艳芬（女，11月任职）

中国人民政治协商会议仁化县委员会

主　席：邱志坚（任至11月）
谢林茂（11月任职）
副主席：张标兵（任至11月）
陈喜年（任至11月）
李志贞（女）
赖东北
邹汉明（任至11月）
李建平（11月任职）
包伟红（女，11月任职）
刘普新（11月任职）
李汉辉（11月任职）
秘书长：林志平

中国共产党仁化县纪律检查委员会

书　记：苏　斌（任至9月）
许细桥（9月任职）
副书记：黎　明（任至9月）
陈少忠
罗金宝（11月任职）
常　委：苏　斌（任至9月）
许细桥（9月任职）
黎　明（任至9月）
陈少忠
罗金宝（10月任职）
李润平（任至10月）
张建珍（女，任至10月）

谭德永
胡　伟（任至9月）
林国华（10月任职）
邱文灵（10月任职）
余香莲（女，10月任职）

仁化县监察委员会

主　任： 苏　斌（1—2月代理主任，2月任职，任至9月）
许细桥（9—11月代理主任，11月任职）
副主任： 黎　明（任至9月）
陈少忠
委　员： 张建珍（女，任至11月）
胡　伟（任至10月）
兰长福
邱文灵

中共仁化县委巡察工作领导小组

组　长： 苏　斌（任至12月）
许细桥（12月任职）
副组长： 李伟杰
组　员： 陈少忠（任至12月）
罗金宝（12月任职）
李家明（任至12月）
欧钊黎（12月任职）
李润平（任至12月）
林国华（12月任职）

中共仁化县委巡察工作领导小组办公室

主　任： 李润平（任至10月）
林国华（10月任职）
副主任： 张秀群（女）
何衍盛

县纪委监委各室、派驻组，巡察组

办公室主任： 赖剑和
干部管理监督室主任：
胡素敏（女）
宣教调研室主任： 邱少芸（女）
党风政风监督室主任：
邓堂忠（任至10月）
徐友朋（10月任职）
信访室主任： 罗建芳
案件监督管理室主任： 曾凡文
第一监督检查和审查调查室主任：
江智高
第二监督检查和审查调查室主任：
黄　德
第三监督检查和审查调查室主任：
曾德有
第四监督检查和审查调查室主任：
冯玉俊（1月任职）
第五监督检查和审查调查室主任：
徐德宏
第六监督检查和审查调查室主任：
徐于传
案件审理室主任： 黄远飞
派驻第一纪检监察组组长：
叶文华
派驻第二纪检监察组组长：
李兆用
派驻第三纪检监察组组长：
凌延盛
派驻第四纪检监察组组长：
叶燕红（女）
派驻第五纪检监察组组长：
何庆林
派驻第六纪检监察组组长：
陈著光
第一巡察组组长：
罗海红（任至9月）
蒙书发（9月任职）
第二巡察组组长： 黄本奎
第三巡察组组长： 丘贯中
第四巡察组组长：
李英云（任至7月）
张晓飞（7月任职）

中共仁化县委办公室

主　任： 丘光强（县委常委兼，任至9月）
龚　翔（县委常委兼，9月任职）
常务副主任：
肖春波（任至8月）
卢明春（8月任职）
副主任： 卢明春（任至8月）
谢曾增
李智华（8月任职）
室务委员： 吴卫红（女）
保密局局长： 陈展辉

中共仁化县委组织部

部　长： 李伟杰
常务副部长：
周任康（任至10月）
欧钊黎（10月任职）
副部长： 李家明（任至10月）
欧钊黎（任至10月）
钟　福（10月任职）
易永恒（兼职）
部务委员： 严华明
何伟平

中共仁化县委宣传部

部　长： 林　静（女）
常务副部长：
李子初（任至7月）
江美成（8月任职）
副部长： 邹雪玲（女，任至7月）
谢翊辉
肖武荣（7月任职）

中共仁化县委讲师团

团　长： 李子初（任至7月）
副团长： 邓贵胜

中共仁化县委统一战线工作部

部　长： 林　静（女，任至3月）
丘光强（3月任职，任至9月）

潘文辉（9月任职）

副部长：梁 炜

梁家宁

刘润芳

黄 磊（7月挂职，任至11月）

仁化县台港澳事务局局长：

梁 炜

中共仁化县委政法委员会

书 记：刘拥军（任至9月）

连辉标（9月任职）

常务副书记：

罗金宝（任至9月）

罗海红（9月任职）

副书记：徐友生

谭群辉

中共仁化县委机构编制委员会办公室

主 任：罗有发

副主任：冯金才

朱德新

陈旭虹（女）

中共仁化县直属机关工作委员会

书 记：王记有

副书记：唐 华

纪工委书记：何光华

工委委员：朱有明

何海生（7月任职）

中共仁化县委老干部局

局 长：易永恒

副局长：赖东海

邓盛明

局务会成员：杨日生

仁化县史志办公室

主 任：潘小明

副主任：涂丽玲（女，任至7月）

麦海桃（女，7月任职）

仁化县档案馆

馆 长：施旭臻

副馆长：潘立军

顾仁福（任至7月）

刘茗瑞（女，7月任职）

中共仁化县委党校、仁化开放大学

党校校长：李伟杰（任至9月）

刘海旺（9月任职）

党校常务副校长、开放大学校长：

曾韶基（任至10月）

李家明（11月任职）

党校副校长：黄玉文

开放大学副校长：邱云辉

欧阳剑蔚

中共仁化县委农村工作办公室

主 任：梁伟军

常务副主任：李文华

副主任：梁 峰

仁化县人大常委会办公室、各工作委员会

办公室主任：

李伟强（任至10月）

许关平（10月任职）

副主任：叶桥忠（任至10月）

谢耀华

邱璟宜（女，10月任职）

城乡建设环境与资源保护工作委员会主任：

谭家福（任至10月）

李伟强（10月任职）

副主任：周恩善

教育科学文化卫生工作委员会主任：

邱建华（任至10月）

肖移珍（女，10月任职）

副主任：张展辉（任至10月）

叶桥忠（10月任职）

法制工作委员会主任：

刘永保（任至10月）

胡 伟（10月任职）

副主任：肖 玲（女）

财政经济工作委员会主任：

李庆明

副主任：刘伟雄

选举联络人事任免工作委员会主任：

徐仁辉（任至7月）

邹雪玲（女，7月任职）

副主任：陈佳楣（女）

仁化县人民政府办公室

主 任：刘炳鸿

副主任：刘建新

陈伟平

仇旭君

党组成员：罗运全

曾韶基（10月任职）

邹文秀（女）

仁化县外事局局长：刘炳鸿

仁化县信访局局长：刘炳鸿

仁化县发展和改革局（仁化县粮食和物资储备局）

局 长：邓诗常（任至10月）

肖润华（10月任职）

副局长：张水甜

余 俭（女）

周海军（任至4月）

顾智波（4月任职）

仁化县教育局

局 长：肖振东（任至7月）

李子初（7月任职）

副局长：肖移珍（女，任至10月）

陈 健

邓伟强

仁化县工业和信息化局

局 长：何述华（任至6月）

赵丹宁（6月任职）

副局长： 李勇明

庞国雄

麦海燕（女，任至7月）

何梅娣（7月任职）

仁化县科技局局长：

何述华（任至6月）

赵丹宁（6月任职）

仁化县科技局分管领导：

庞国雄（任至9月）

李勇明（9月任职）

仁化县公安局

局　长： 苏　斌（任至1月）

张伙胜（1月任职）

政　委： 张伙胜（任至1月）

赖海文（1月任职）

副局长： 钟　彬

李飞龙

江建辉（任至8月）

陈志云（2月任职）

纪委书记： 何建明

政工办主任： 陈志云（任至1月）

李伟平（1月任职）

仁化县民政局

党组书记、局长： 谭卫东

党组成员、副局长： 詹碧清

范　灵（女）

李远扬

党组成员、社会组织党工委书记：

罗伟雄（7月任职）

仁化县司法局

局　长： 黎　东

副局长： 肖作顺（任至9月）

李　健（9月任职）

廖国钰（女）

罗福贤

仁化县财政局

局　长： 温天才

副局长： 朱少媚（女）

邱岳铭

范智慧

党组成员： 徐于动

李　珍（女）

仁化县人力资源和社会保障局

党组书记： 何为君（任至7月）

江艳芬（女，7月任职）

局　长： 何为君

副局长： 谢东生（任至7月）

何　艾（女）

樊　欣

肖文荣（7月任职）

党组成员： 谢东生

梁京伟

李华源

彭仕育（任至7月）

仁化县自然资源局

局　长： 刘世标

副局长： 邓晓薇（女，任至3月）

沈胜庭（任至8月）

谢文桥（8月任职）

刘锦云

赖海文（8月任职）

张　阳（挂职）

党组成员： 黄玉华

仁化县住房和城乡规划建设局

党组书记、局长： 章　俊

党组成员、副局长： 关东升

连光才

谢高文（任至7月）

邹建红（9月任职）

党组成员： 陈华民

仁化县交通运输局

党组书记、局长： 林伟浩

党组成员、副局长： 邵应康

黄雪辉

杨　智（任至9月）

李远文（9月任职）

党组成员： 谭东财

仁化县水务局

局　长： 刘　强

副局长： 张明福

杨永新（任至8月）

江美成（任至8月）

沈胜庭（8月任职）

朱泓波（9月任职）

仁化县农业农村局

党组书记、县委农办主任、局长、县乡村振兴局局长：

梁伟军（9月任乡村振兴局局长）

党组副书记、县委农办常务副主任、县乡村振兴局常务副局长：

李文华（女，9月任乡村振兴局常务副局长）

党组成员、系统党委书记：

成晋荣

党组成员： 罗展华

党组成员、副局长：

谭定权

刘克慧（女）

潘志斌

党组成员、县委农办专职副主任、县乡村振兴局副局长：

梁　峰（9月任乡村振兴局副局长）

仁化县文化广电旅游体育局

局　长： 许关平（任至11月）

副局长： 沈家富

赖　力

刘　东

黄芳芳（女）

黄　樱（女）
许美花（女，挂职至7月）

仁化县卫生健康局

党组书记、局长：邹立雄
副局长：陈胜辉
卜卫群（女）
马爱军

仁化县退役军人事务局

局　长：彭国强
副局长：曾凡军（任至7月）
赵仕雄
麦海燕（女，7月任职）
党组成员：刘志勇

仁化县应急管理局

局　长：肖润华（任至10月）
何述华（11月任职）
副局长：吴春球
黄文胜
李志平
周祁常

仁化县审计局

局　长：何旺财
副局长：林国华（任至10月）
梁红标
朱秋兰（女）
总审计师：卜筱瑜（女）

仁化县市场监督管理局

局　长：邓志立
副局长：陈治平（任至8月）
苏学州
黄家磊
陈　彬
钟立强（任至3月）
黄仁烽

仁化县统计局

局　长：梁海钧
副局长：刘卫国
袁　虹（女）

仁化县医疗保障局

局　长：谭卫财（任至10月）
肖春波（10月任职）
副局长：卢华英（女，4月任职）
黄正亿
赖东北（任至4月）

仁化县政务服务数据管理局

局　长：谢树富（任至7月）
罗　耿（7月任职）
副局长：刘晓霞（女）
潘　峻

仁化县林业局

局　长：廖永香（女）
副局长：谢文桥（任至8月）
刘韶山（任至9月）
徐于冠
杨永新（8月任职）
沈家盛（9月任职）

政协仁化县委员会各科（室）

办公室主任：
林志平（县政协秘书长兼）
副主任：蒙万胜（任至7月）
张小兰（女，任至7月）
钟文君（女，7月任职）
曾志坚（7月任职）
组织联络科科长：钟文辉
副科长：叶汉明（任至7月）
张小兰（女，7月任职）
宣传科科长：温永清
副科长：曾凡清

仁化县人民法院

院　长：蓝韶东（任至10月）
刘　伟（10月代理院长，11月当选院长）
副院长：张仁潮
王　宁
赖慈辉（4月任命）

仁化县人民检察院

检察长：钟全芳（任至9月）
龚春辉（9月代理检察长，12月任命检察长）
副检察长：谢　健
罗红波
刘冬梅（女，1月任职）

仁化县总工会

主　席：马小荣（女，县人大常委会副主任兼）
常务副主席：刘志宏
副主席：罗培槐
挂职副主席：梁欢欢（女）
兼职副主席：郭卫东熊平

共青团仁化县委员会

书　记：李书文（任至8月）
郑玉江（8月任职）
副书记：余香莲（女）
何淑勤（女）
冯子超（挂职，任至7月）
陈　珊（女，兼职）
唐立红（女，兼职）

仁化县妇女联合会

主　席：肖　莲（女）
副主席：陈　欣（女）
奚铭敏（女，4月任职）
黄银凤（女，10月挂职）
刘丽娟（女，兼职）
申丽萍（女，兼职）

仁化县科学技术协会

党组书记：叶志琴（女）
主　席：马　良
党组成员：谭菊兰（女）

仁化县文学艺术界联合会

主　席：谢翊辉（县委宣传部副部长兼）
副主席：李子春（女，任至8月）
谭玉玲（女，8月任职）

仁化县社会科学学会联合会

主　席：邹雪玲（女，任至7月）
肖武荣（县委宣传部副部长兼，11月兼）
副主席：唐　军

仁化县归国华侨联合会

主　席：刘映芳（女，任至11月）
涂丽玲（女，11月任职）
副主席兼秘书长：罗楚红
常　委：陈伟平（兼职）
王文国（兼职）
幸凯斌（兼职）

仁化县残疾人联合会

理事长：梁德明
副理事长：邹小华

仁化县红十字会

会　长：包伟红（女，副县长兼，任至9月）
叶剑斌（副县长兼，9月任职）
常务副会长：肖世强

仁化县老区建设促进会

会　长：彭良武
副会长：刘向群（兼秘书长）
蒙丽萍（女）

仁化县工商业联合会

党组书记、主席：
梁家宁（县委统战部副部长兼）
专职副主席兼秘书长：叶华青
兼职副主席：
吴飞宇
杨文根
黄建国
熊　平
姜志远
刘丽娟（女）
周伟炎
李　华
何施妍（女）
丘素华（女）
张美祥
黄新发
陈景标
邹　奇
郑选民

仁化县畜牧兽医水产局

局　长：罗展华
副局长：谢增纲
涂新红
蓝长旺
总畜牧兽医师：申广秋

仁化县行政服务中心

主　任：苏　恬（女，8月任职）
副主任：苏　恬（女，任至8月）
潘秀红（女）
吴江海
彭　鑫（8月任职）

仁化县农业机械事务中心

主　任：李　艳（女，任至7月）
曾凡军（7月任职）
副主任：李集发
赖东北（任至4月）

仁化县融媒体中心

主　任：郭继周
副主任：陈贤坤
欧健明
谭作明（9月任职）

仁化县供销合作社联合社

主　任：刘宝明
副主任：郭宝华
何丽红（女）
王金焕（女）

仁化县国家现代农业示范区管理委员会

主　任：何世平
副主任：叶爱华
李子强

仁化县机关事务管理中心

主　任：赵丹宁（任至5月）
冯　鹄（6月任职）
副主任：何有财
李智华（任至9月）
邹家毅（9月任职）
唐　慧（女）

仁化县社会保险基金管理中心

主　任：李华源
副主任：蒙才斌
何　旭
陈应权（任至9月）
刘　斯（女，9月任职）

仁化县丹霞旅游经济开发试验区管理委员会

主　任：（空缺至5月）
万志明（5月任职）
副主任：刘小飞（任至7月）
邹明华
肖焱林（7月任职）

仁化县产业转移工业园服务中心

主　任：李春华
副主任：谭玉娟（女）

中国民主促进会仁化县支部

主　委：邓田庭
副主委：罗兆祥
　　　　赖丽恒（女）
　　　　朱家强

仁化县烟草专卖局（分公司）

局长（经理）：赖育新
副局长：王奇赞
副经理：欧鹏飞

国家税务总局仁化县税务局

党委书记、局长：邓粤雄
党委委员、副局长(正科长级)：
　　　　刘文健（任至5月）
党委委员、副局长：
　　　　罗　群
　　　　徐峥峥（女）
党委委员、纪检组组长：
　　　　陈春华（女）
党委委员、副局长：
　　　　彭长毅（8月任职）

仁化县气象局

党组书记、局长：欧冠华
副局长：李胜利
纪检组组长：刘美莲（女）
党组成员、县南岭生态气象中心主任：邓志明

韶关市生态环境局仁化分局

局　长：温宇军（任至9月）
　　　　林桥远（9月任职）
副局长：郭永古
　　　　刘华荣（9月任职）

仁化县消防救援大队

大队长：杨　鑫
教导员：梁志勇
副大队长：王朝雨（1月任职）
防火参谋：鞠洪波
　　　　符海波（1月任职）
新东大街消防救援站站长：
　　　　张玉凯（1月任职）
指导员：叶　谦
副站长：王　凯
　　　　朱健钧（3月任职）

韶关市仁化公路事务中心

主　任：梁颂文（任至3月）
　　　　廖玲军（8月任职）
副主任：张述堂
　　　　郭海珠
　　　　刘日发

韶关市住房公积金管理中心仁化办事处

主　任：周丽娟（女）
副主任：刘春玲（女）

韶关水文分局

局　长：周　艏
副局长：王步杰
总工程师：韩学军

韶关市丹霞山管理委员会

党委书记、主任（兼）：
　　　　林国华（任至10月）
党委副书记（兼）：
　　　　周小明（任至8月）
党委副书记、副主任，丹霞山国家级自然保护区管理局局长：
　　　　谢庆伟
党委副书记（兼）：
　　　　陈夏广（8月任职）
纪委书记：廖宏峰
副主任：侯荣丰
副主任、丹霞山国家级自然保护区管理局副局长：陈　昉
副主任（兼）、丹霞山国家级自然保护区管理局副局长（兼）：
　　　　沈建图（任至9月）
副主任（兼）、丹霞山国家级自然保护区管理局副局长（兼）：
　　　　梁钰清（任至4月）
副主任（兼）、丹霞山国家级自然保护区管理局副局长（兼）：
　　　　刘子龙（任至5月）

深圳市中金岭南有色金属股份有限公司丹霞冶炼厂

党委书记、厂长：吴　涛
党委副书记、工会主席、纪委书记：
　　　　李良生
副厂长：张登凯
　　　　杨　平
　　　　廖云军
　　　　秦启春
　　　　罗　振

中核韶关锦原铀业有限公司

执行董事、总经理、党总支书记：
　　　　罗春梧
党总支副书记纪委委员：匡正平
副总经理：刘海洋
副总经理：刘再道
总会计师：罗　刚（7月任职）
总会计师：闫凤霞（女，任至5月）

韶关市国有仁化林场

党总支委书记、场长：蓝叶胜
党总支委委员、副场长：
　　　　官秀思
　　　　潘　超
　　　　姚为锋
党总支委委员、会计师：孟光辉

红军长征粤北纪念馆

馆　长：（空缺至2月）
刘工溥（2月任职）
副馆长：侯文斌
曾神福

中国人民银行仁化县支行

党组副书记、副行长（主持全面工作）：郑洁红（5月任职）
党组成员、纪检组长、副行长：
赖建新
党组成员、副行长：
梁俊华（12月任职）

广东仁化农村商业银行股份有限公司

党委书记、董事长：何宗志
行　长：喻　白
监事长：伍时伟
副行长：赖海斌　刘志增

中国邮政储蓄银行仁化县支行

行　长：邓德锋
副行长：梁文斌

中国建设银行股份有限公司仁化支行

行　长：黄俊文
副行长：黄晓健

中国农业银行仁化县支行

行　长：伍国富
副行长：高勤聪
行长助理：尹君珺（11月任职）
纪委书记：池治山（任至12月）

中国工商银行股份有限公司仁化支行

行　长：祝小兵（任至1月）
杨　佳（7月任职）
副行长：杨　佳（1月任职，代履行长职务，任至7月）
张　鸿
钟建雄

中国银行股份有限公司韶关仁化支行

行　长：沈　利
副行长：刘红涛（女，任至3月）
陈卫优（女，3月任职，任至12月）
林龙田
杜香平（3月任职）

中国人寿保险股份有限公司仁化县支公司

经　理：肖　梦（任至12月）
吴阳雯（12月任职）

中国人民财产保险股份有限公司仁化支公司

经　理：曾海祥
副经理：曾　凯

广东电网韶关仁化供电局

党委书记：刘建光
工会主席：李伟强
党委委员、副总经理：
李伟强
刘阿刚
王　娴（任至12月）
党委委员、纪委书记：
董　鹏（6月任职）

中国移动通信集团广东有限公司仁化分公司

总经理：（空缺）
副总经理：房勇明

中国邮政集团公司广东省仁化县分公司

总经理：廖翼民（任至10月）
谢名亮（10月任职）
副总经理：江志敏
吴清华（6月起援疆）
陈日红（7月任职）

中国电信股份有限公司仁化分公司

总经理：程伟韬
副总经理：李瑞升（8月任职）
杨志生
廖山华

中国联合网络通信有限公司仁化县分公司

仁化政要营销服务公司经理：
何琳燕
仁化综合营销服务公司经理：
李凌捷

锦江电力开发总公司

党委书记、董事长：曾军干
党委副书记、总经理：吴联成
党委委员、副总经理：
郑荣权
禹叔伶（女，9月任职）
总工程师：雷自力
党委专职副书记：吴宗红
纪委书记：郭卫东
党委委员：谢玉梅（女）
邓田养

丹霞街道

党工委书记：
连辉标（任至5月）
王剑斌（5月任职）
党工委副书记：
侯政春
曾威荣（任至7月）
邹家平（7月任职）
刘学民
人大工委主任：梁美娥（女）
党工委委员：丘文超

冯锐成（任至7月）
熊　婵（女）
曹培镇（任至7月）
袁小红（7月任职）
谭　浩（任至6月）
卢小溢（9月任职）
赖贵平（任至7月）
张功庭（7月任职）
张石龙（任至7月）

办事处主任：侯政春

办事处副主任：

冯锐成（任至7月）
张功庭（7月任职）
赖道友（任至7月）
赖海文（任至7月）
张石龙（9月任职）
卓桂英（女，7月任职）
吴宏斌（7月任职）
朱　梁（9月任职）
肖梦迪（女，7月挂职）

董塘镇

党委书记：万志明（任至5月）
刘志坚（5月任职）

党委副书记：

刘志坚（任至5月）
肖志文（任至7月）
郑　戈（任至7月）
黄志军（7月任职）
郭　粤（7月任职）
唐　源（7月任职）

党委委员：肖文荣（任至7月）
郭　粤（任至7月）
张静怡（女）
唐　源（任至7月）
曾祥勤（任至7月）
邓炜斌
谢金云（任至7月）
刘大旺（7月任职）

人大主席：刘剑勇（任至10月）
肖志文（10月任职）

镇　长：刘志坚（任至10月）
黄志军（10月任职）

副镇长：谢金云（任至7月）
刘大旺
曾　聪
沈明添（10月任职）
张　维（10月任职）
何志衡（10月任职）

石塘镇

党委书记：

江艳芬（女，任至7月）
徐　泳（7月任职）

党委副书记：

徐　泳（任至7月）
邓　飞（7月任职）
罗伟雄（任至7月）
罗福胜
冯海年（7月任职）

人大主席：李培林

纪委书记：张　明（任至7月）
宋书华（7月任职）

党委委员：

刘祖松（2021年7月止）
何梅娣（女，任至7月）
冯海年（任至7月）
刘新其（任至7月）
叶展飞
朱帆杰
张　明
刘艳凤（女，7月任职）

镇　长：徐　泳（任至7月）
邓　飞（10月任职）

副镇长：刘祖松（任至7月）
麦海桃（女，任至7月）
张　明（10月任职）
阳　凡
刘生群（10月任职）
郑玉珍（女，10月任职）
李玉玲（女，10月任职）

长江镇

党委书记：邹汉明（任至5月）
李杏兰（女，5月任职）

党委副书记：

李杏兰（女，任至5月）
张细友
邹家平（任至7月）
刘　敏（女，7月任职）
刘家雄（7月任职）

党委委员：沈家志（任至7月）
曾　阳（7月任职）
朱德九
张九香（女，7月任职）
钟文君（女，任至7月）
刘　敏（女，任至7月）
周凤林（任至7月）
邹孟宏（任至7月）
邱全有
刘厚明（7月任职）

人大主席：熊世伟

镇　长：李杏兰（女，任至5月）
张细友（6月任职）

副镇长：刘　敏（女，任至7月）
刘厚明（7月任职）
刘大红
马　杰（10月任职）
周　礼（10月任职）
彭　杰（10月任职）

扶溪镇

党委书记：祝向恩

党委副书记：

邓文光
罗　耿（任至7月）
蒙书发（任至7月）
郑玉江（7月任职，任至8月）
王启贵（任至7月）

党委委员、纪委书记：

郑玉江（任至7月）
沈家志（7月任职）

党委委员：李少锋
刘建光
邓作华
蒙　彪
黎郁文（任至7月）
吴志勤（女，任至7月）
人大主席：骆宝生
镇　长：邓文光
副镇长：邓作华
李凤昌（任至7月）
温石头
陈剑峰（10月任职）
范　琦（女，10月任职）
谭建福（10月任职）

闻韶镇

党委书记：刘普新
党委副书记：
肖武荣（任至7月）
邓永林（7月任职）
朱建辉
谭志强（任至7月）
赖茹辛（7月任职）
党委委员：邓树根（任至7月）
张国辉（7月任职）
李芬萍（女，任至9月）
谭柳明（9月任职）
刘茗瑞（女，任至7月）
黎郁文（7月任职）
赖贵平（7月任职）
赖　翔（10月任职）
张功庭（任至7月）
刘厚明（任至7月）
朱志勇（任至7月）
温志清（任至7月）
人大主席：黎名全（任至7月）
郑　戈（7月任职）
镇　长：肖武荣（任至7月）
邓永林（7月任职）
副镇长：刘厚明（任至7月）
欧江锋（任至10月）
曾志坚（任至10月）
赖　翔（10月任职）
朱志勇（10月任职）
邓胜华（10月任职）
朱翠雯（女，10月任职）
邓有为（10月任职）

城口镇

党委书记：李汉辉
党委副书记：
张增清（任至5月）
刘剑勇（7月任职）
钟韶荣
张　能（7月任职）
党委委员：刘　明（任至7月）
林　敏（女，任至7月）
顾智波（任至3月）
李东成
钟锦添
蓝　琳（女）
张　能（任至7月）
龚元凡（任至7月）
罗钦文
马　靖
人大主席：郭胜洪（任至5月）
李培云（7月任职）
镇　长：张增清（任至5月）
刘剑勇（7月任职）
副镇长：顾智波（任至3月）
吴书友（任至7月）
蓝　琳（女，10月任职）
刘　明（10月任职）
赖香松
邓卫华（10月任职）
谢　君（10月任职）

红山镇

党委书记：
王剑斌（任至5月）
张增清（5月任职）
党委副书记：
何海生（任至7月）
叶琪望（7月任职）
党委副书记：
刘家雄（任至7月）
王启贵（任至7月）
顾志坚（7月任职）
邱冬福（7月任职）
党委委员：
赖茹辛（任至7月）
廖志平（7月任职）
顾志坚（任至7月）
张祖强（7月任职）
张海斌（任至7月）
张　帆
邱冬福（任至7月）
曾祥勤（7月任职）
张本焱
人大主席：李培云（任至7月）
谢高文（10月任职）
镇　长：何海生（任至7月）
副镇长：冯紫娟（女，任至7月）
曾祥勤（7月任职）
张相群
朱　宁（10月任职）
邱冬福（任至10月）
代火霞（女，10月任职）
袁　超（10月任职）

周田镇

党委书记：冯奋德
党委副书记：
冯　鹄（任至4月）
郭胜洪（6月任职）
黄志军（任至7月）
袁济军（任至7月）
龚元凡（7月任职）
许兴远（7月任职）
高　峰（省商务厅驻镇扶村工作队队长）
党委委员：温　健
杨秀芬（女）
许雪峰（任至7月）

吴志勤（女，7月任职）
廖苑威（任至7月）
饶长田（任至7月）
谢世安
丘兆洪（任至7月）
叶柏龄（7月任职）
人大主席：邓　飞（任至7月）
袁济军（10月任职）
镇　长：冯　鹊（任至4月）
郭胜洪（6月任职）
副镇长：许雪峰（任至7月）
吴志勤（女，10月任职）
许兴远（任至7月）
丘兆洪（10月任职）
马发平
刘庆华（10月任职）
张　振（10月任职）
谭　蓉（女，10月任职，市科技局下派挂职1年）

黄坑镇

党委书记：谭家琪（任至9月）
谭卫财（9月任职）
党委副书记：
邓永林（任至7月）
沈　刚（任至7月）
刁祥军（任至7月）
李书文（7月任职）
温志清（7月任职）
谭志强（7月任职）
党委委员：江谷林（任至5月）
曾华昌（5月任职）
张晓飞（任至7月）
连穗霞（女，任至7月）
罗海莲（女）
李启豪
罗永军
刘华亮（4月任职）
人大主席：许俊华（任至10月）
刁祥军（10月任职）
镇　长：邓永林（任至10月）
李书文（10月任职）
副镇长：卢华英（女，任至3月）
刘华亮（10月任职）
连穗霞（女，任至7月）
汤福亮
刘丽萍（女，10月任职）
朱　桦（10月任职）
周祥林（10月任职）

大桥镇

党委书记：黄银泰（任至7月）
蒙升龙（7月任职）
党委副书记：
蒙升龙（任至7月）
张　文
谢卫锋（任至7月）
曾威荣（7月任职）
沈　刚（7月任职）
党委委员、纪委书记：
刘群珍（女）
党委委员：张保卫（任至7月）
钟祥坚（任至7月）
张晓彬（任至7月）
邵　强
黄晓梅（女）
李　聪
人大主席：钱世全（任至10月）
镇　长：蒙升龙（任至10月）
张　文（10月任职）
副镇长：张晓彬（任至7月）
肖炎林（任至7月）
卓桂英（女，任至7月）
黄晓梅（女，10月任职）
刘新其（10月任职）
冯子超（10月任职）
黄　强（10月任职）
袁乐章（10月任职）

在县委十三届十三次全会上的报告（节录）

（2021年2月3日）

林国华

一、2020年仁化各项工作取得新进展

2020年是新中国历史上极不平凡的一年。面对突如其来的新冠肺炎疫情和错综复杂的国内外环境，在以习近平同志为核心的党中央和省委、市委的坚强领导下，县委常委会坚持以习近平新时代中国特色社会主义思想为指导，全面贯彻党的十九大和十九届二中、三中、四中、五中全会精神，深入贯彻落实习近平总书记出席深圳经济特区建立40周年庆祝大会和视察广东重要讲话、重要指示精神，认真贯彻落实省委十二届十次、十一次、十二次、十三次全会和市委十二届十二次、十三次、十四次全会精神，紧紧围绕省委“1+1+9”工作部署和高质量加快构建“一核一带一区”区域发展格局要求，立足北部生态发展区定位，充分发挥县委总揽全局、协调各方的核心作用，领导团结带领全县各级党组织和广大党员干部群众，积极融入和服务“双区”建设，统筹推进常态化疫情防控和经济社会发展，扎实做好“六稳”工作，全面落实“六保”任务，深入推进“一线两带两区”建设，党的领导和党的建设全面加强，经济社会各项事业发展取得新进步。一是学习贯彻习近平新时代中国特色社会主义思想更加深入。坚持把学习贯彻习近平新时代中国特色社会主义思想作为首要政治任务，严格落实第一议题学习制度，抓好《习近平谈治国理政》的学习，组织开展2轮“大学习、深调研、真落实”，进一步优化完善提升县委“一三九”发展战略，形成推进现代化建设的具体行动方案和施工图。二是“双统筹”工作扎实有效。实现唯一1例新冠肺炎输入型确诊病例“零扩散”“零死亡”，有力守好广东“北大门”。复工复产复学精准有序，减税降费1.23亿元，完成粮食种植面积14.7万亩，超额完成市下达的粮食生产任务，“六稳”“六保”工作扎实推进，主要经济指标稳步回升，常态化疫情防控持续稳定向好。三是生态环境质量持续改善。国家重点生态功能区县域生态环境质量考核全省排名第二，森林覆盖率达80.51%、空气优良率达98.9%，水环境质量等多项生态核心指标稳中有升且居全市前列。高质量完成第二次全国污染源普查工作，凡口铅锌矿被列入全国绿色矿山名录。四是生态经济持续向好。成功创建国家全域旅游示范区，被列为广东省率先实现农业农村现代化试点县，国家金柚产业集群项目成功落户我县，丹霞贡柑、扶溪大米被列入全国名特优新农产品名录，新型工业化步伐加快，形成“一区四园”格局，全年招商签约22个项目，合同总投资额达54.6亿元，工业投资增速全市排名第二。五是活力城乡成效显著。在全市率先完成县域生活污水处理厂及污水管网升级改造工程，完成城口、周田、董塘、长江、石塘等五镇“139”整治提升工程，乡镇污水处理覆盖率达100%。农村人居环境全域提升，连线连片打造岭南特色乡村风貌示范带，城乡面貌显著改善。全县省级“菜篮子”生产基地达到3个，新增省级“一村一品、一镇一业”专业镇村14个，全市排名第一，大桥镇长坝村入围2020年全国乡村特色产业亿元村名单。荣获“四好农村路”省级示范县称号，全市城乡人居环境整治、镇（街）“139”提升等现场推进会在我县召开。六是幸福民生持续改善。如期高质量完成脱贫攻坚目标任务，全县33个省定贫困村、3174户9115名贫困人口全部脱贫出列。全省精准扶贫档案工作现场会在我县召开，脱贫攻坚工作做法被省扶贫办作为典型经验刊载推广。全县财政民生支出占一般公共预算支出比重达80.84%，教育、医疗、卫生、体育、文化事业发展加快，八件民生实事圆满完成。高度重视防范化解重大风险和安全生产工作，全年未发生重大安全生产事故。打好打赢扫黑除恶专项斗争收官战，社会大局持续和谐稳定，获评全国信访“三无”县、连续六届蝉联广东省“双拥模范县”。七是精神文明建设成效卓越。成功打造崇仁博爱、生态活力、幸福宜居的“仁爱之城”,成为全省珠三角以外成功创建的首个全国文明城市，实现县级及以上文明镇、文明校园全覆盖，109个村全部达到文明村创建标准。八是党的领导和党的建设全面加强。“不忘初心、牢记使命”主题教育成果持续巩固深化，党员干部“四个意识”明显增强，“四个自信”更加坚定，践行“两个维护”更加自觉。圆满完成加强党的基层组织建设三年行动计划，配合完成省委第六巡视组巡视仁化县工作，全面完成村级党组织巡察任务。牢牢守住意识形态阵地安全，代表市接受省保密检查并获肯定。全县纪检监察机关立案103宗、处分118人，风清气正的政治生态进一步形成。深化“一线双联”“民情夜访”工作，解决一大批群众操心事烦心事揪心事，干群关系更加密切，“民情夜访”工作在全市推广。

这一年，我们坚定不移发展社会主义民主政治，加强和改善党委对人大、政协工作的领导，积极支持人大、政协依法依章程履职，持续巩固和加强爱国统一战线，扎实做好民族宗教工作，工会、共青团、妇联等人民团体作用进一步发挥，党管武装、全民国防教育取得新成效。

这一年，我们实现“十三五”规划圆满收官，全面建成小康社会胜利在望，为开启全面建设社会主义现代化新征程奠定坚实基础。全年完成地区生产总值103.51亿元，增长2.9%；地方一般公共预算收入5.94亿元、固定资产投资完成54.07亿元。我们集中民智、科学谋划仁化“十四五”发展，通过了县委“十四五”规划和2035年远景目标建议，明确了三个阶段性奋斗目标的思路举措，在全县上下凝聚起打造北部生态发展区绿色发展仁化样板的强大共识，广大党员干部群众的思想更加统一、行动更加坚定。

这一年，既惊心动魄又波澜壮阔，既艰苦卓绝又成绩斐然。好局面来之不易，是党中央和省委、市委坚强领导的结果，也是全县各级党组织和广大党员干部群众团结奋斗、不懈努力的结果。在此，我代表县委常委会，向全县广大工人、农民、知识分子、干部、驻仁部队和公安民警，向各民主党派、各人民团体和关心支持仁化发展的社会各界朋友，表示衷心的感谢！

在肯定成绩的同时，我们也要清醒地看到存在的问题和短板：统筹疫情防控和经济社会发展任务艰巨；生态环境保护和治理存在短板，城乡环保基础设施建设不够完善；经济总量小、产业结构不优，传统产业占比大，新经济新产业发展缓慢；城乡二元结构问题突出，农村发展水平不够高；民生领域欠账较多，教育、医疗、养老等民生工作任重道远；基层党组织战斗力仍需提升，干部整体能力素质与新形势新任务新要求还有差距，等等。我们必须采取有力措施，认真加以解决。

二、深入学习贯彻习近平总书记重要讲话和重要指示批示精神，科学把握新发展阶段形势任务，沿着总书记指引的方向谋划和推动改革发展各项工作

（一）认真贯彻落实习近平总书记重要讲话、省委十二届十三次全会和市委十二届十四次全会精神，准确把握新发展阶段任务目标。近段时间，习近平总书记在党的十九届五中全会、中央经济工作会议、中央农村工作会议、省部级主要领导干部专题研讨班等重要会议上发表一系列重要讲话，系统总结2020年和“十三五”时期的非凡成就、宝贵经验，深刻分析国内国际形势，全面部署2021年和“十四五”时期工作，为我们提供了强大思想武器和科学行动指南。同时，习近平总书记深刻把握国内国际发展大势，作出我国进入新发展阶段的重大战略判断，为我们确定目标任务、制定政策方针、部署重大工作提供了根本依据。省委十二届十三次全会，系统客观指出当前发展中面临的问题，科学研判立足新发展阶段、贯彻新发展理念、打造新发展格局战略支点中面临的新形势新挑战新要求，进一步深化“1+1+9”工作部署，对2021年各项工作作出了重要部署。市委十二届十四次全会把2021年定为“全面深化改革年”，明确要以改革促发展、以改革促建设、以改革盘活资源、以改革提升活力。我们要深入学习领会，准确把握新发展阶段的深刻依据和目标要求，正确认识仁化所处的历史方位和发展阶段，保持定力、坚定信心，切实以习近平总书记重要讲话、重要指示批示精神武装头脑、指导实践、推动工作，坚决按照中央和省委、市委工作部署要求，全力做好改革发展稳定各项工作，推动“十四五”开好局、起好步。

（二）全面贯彻新发展理念，在落实新发展格局中加快高质量发展。新发展理念是习近平新时代中国特色社会主义思想的重要组成部分，仁化是国家重点生态功能区和粤北重要生态屏障支撑，面临的资源要素约束紧，贯彻新发展理念、落实新发展格局是努力实现更高质量、更有效率、更可持续、更为安全的发展的根本出路。习近平总书记指出，构建新发展格局是“把握未来发展主动权的战略性布局和‘先手棋’，是新发展阶段要着力推动完成的重大历史任务，也是贯彻新发展理念的重大举措”。我们必须坚持完整、准确、全面贯彻新发展理念，正确处理保护生态和经济发展的关系，坚决贯彻落实省委“1+1+9”工作部署和高质量加快构建“一核一带一区”区域发展格局要求，立足北部生态发展区定位，把生态产业作为推进生态优先、绿色发展的根本动力，主动适应新经济、大力拥抱新产业、积极培育新动能，努力打造仁化发展新优势。同时，我们要坚持系统观念，对全县新发展阶段工作作出前瞻性思考、全局性谋划、战略性布局、整体性推进，科学把握各项任务的内在关联，注重政策配套和工作衔接，坚持综合施策与精准施策并举、重点突破和整体推进并重，用市场化思维、法治化思维处理问题，大力推动仁化各项工作实现新突破。

（三）认真贯彻落实习近平法治思想，以全面依法治县保障改革发展各项工作。习近平总书记强调，坚持中国特色社会主义法治道路，要着眼长远，促进各方面制度更加成熟更加定型，为党和国家事业发展提供长期性的制度保障。近年来，我们大力实施“一三九”发展战略，全面夯实了基层党建、经济发展、民生事业、风险防控等工作的基础，党的建设和经济社会发展取得了长足进步。但从长远发展看，仍然存在不少短板弱项，比如省委巡视反馈了四个方面主要问题，出现这些问题的一个重要原因在于我们有的领导干部法治理念不牢、法治思维能力不高和法治责任意识淡薄，以及在管理和制度建设上缺失或执行不到位等。无论从补短板、强弱项、固优势、利长远上的现实要求，还是从巡视整改的政治要求来看，都需要我们通过法治思维、法治建设、制度完善来巩固保障改革发展的成果和巡视整改成果。因此，我们要把全面依法治县摆在更加突出的位置，加强党对全面依法治县的领导，统筹推进法治政府、法治社会建设，并以法治建设不断强化经济社会发展的法治化制度化水平，切实把制度优势转化为改革发展和社会治理效能，为全面推进社会主义现代化提供坚强的法治保障。同时，我们要以抓好省委巡视反馈问题整改为契机，把法治理念贯穿到巡视整改全过程，从源头上找原因，把源头治理与制度机制建设结合起来，深入查找制度、机制、流程方面存在的漏洞和薄弱环节，不断完善依规治党、依法行政、科学决策等方面制度机制，堵塞制度漏洞，真正做到以制度规范依法行政,以流程保障科学决策，以法治促进巡视整改，推动和保障“十四五”时期经济社会发展目标任务顺利实现。

三、以法治之规矩、以改革之魄力，推动和保障仁化“十四五”开好局、起好步

2021年是我们党成立100周年，是实施“十四五”规划、开启全面建设社会主义现代化国家新征程的第一年。今年全县工作的总体要求是：以习近平新时代中国特色社会主义思想为指导，全面贯彻党的十九大和十九届二中、三中、四中、五中全会及中央经济工作会议精神，深入贯彻落实习近平总书记对广东系列重要讲话和重要指示批示精神，认真落实省委十二届十二次、十三次全会和市委十二届十三次、十四次全会部署要求，坚持稳中求进工作总基调，立足新发展阶段，贯彻新发展理念，落实新发展格局，以推动高质量发展为主题，以深化供给侧结构性改革为主线，以改革创新为根本动力，以全面依法治县为根本保障，坚持系统观念，巩固拓展疫情防控和经济社会发展成果，更好统筹发展和安全，坚决落实省委“1+1+9”工作部署和高质量加快构建“一核一带一区”区域发展格局要求，主动融入和服务粤港澳大湾区以及支持深圳先行示范区建设，持续推进“一线两带两区”建设，扎实做好“六稳”工作、全面落实“六保”任务，加快建设更高水平“生态、活力、幸福”新仁化，奋力打造北部生态发展区绿色发展仁化样板，确保“十四五”开好局、起好步，以优异成绩庆祝建党100周年。

按照“新发展阶段、新发展理念、新发展格局”要求，县委考虑，今年经济增长预期目标为5%，实际执行时努力争取更好结果，地方一般公共预算收入增长6%。提出这个目标，主要是从我县实际出发，并与我县“十四五”和2035年远景目标相衔接，引导各方面把精力集中到推动高质量发展上来。小明同志一会儿将对今年经济工作作具体安排。这里，我围绕推动和保障“十四五”开好局、起好步，重点强调几方面工作。

（一）坚持全面深化改革，激发高质量发展新活力。市委把今年定为“全面深化改革年”，就是要用足用好改革“关键一招”，在突破制约上破局，在体制机制上创新，不断畅通内外双循环，盘活资源、激发活力，为高质量发展赋能。

一是以改革盘活资源，推进资源资产价值化。市委十二届十四次全会指出，推动资源资产价值化，是生态发展区实现“绿水青山就是金山银山”的重大举措。仁化是北部生态发展区，自然资源是最大的家底、最大的竞争力，要坚定不移推进资源资产价值化，探索多元化生态产品价值实现路径。结合第三次全国国土调查，稳步推进重要生态空间和全要素自然资源资产调查、登记工作，摸清资源资产家底、明晰产权。探索拓展资源资产价值化实现模式，按照上级生态产品价值核算标准和方法，对自然资源进行评估核算，让绿水青山有价可依。积极探索开展生态资源指标及产权交易，提升生态产品的供给能力和整体价值，推动重点领域资源资产价值化，将“绿水青山”蕴含的资源价值转化为现实环境生产力。持续深化农村土地制度、集体产权制度等改革，积极盘活土地资源，让闲置、低效的土地发挥效益，通过消化存量来争取用地增量，扩大划拨用地有偿使用范围，促进空间合理开发利用。

二是以改革优化营商环境，提升招商引资质效。营商环境改革是畅通经济循环和吸引高端要素资源的关键所在。围绕打造市场化法治化营商环境，全面提升政务服务效能，加快“数字政府”建设，深化商事制度改革，优化审批流程，实行全程电子化网办、全流程“证照联办”，不断提高办事效率。全面清理涉市场准入经营合同中的不合理条款，防止出现垄断经营现象，健全守信激励和失信惩戒机制，有效降低制度性交易成本。招商引资是产业发展的生命线，要坚持大招商、招大商、招好商，完善招商引资体制机制，加快构建党政齐抓、上下联动、部门协同、全员参与、奖惩严明的大招商工作格局。创新招商引资方式，实施招商引资“一把手”工程，大力开展领导招商、活动招商、园区招商、产业链招商等。突出招商引资重点，积极开展“双区”产业对接，集中优质资源，千方百计引进技术含量高、发展前景好、示范带动强的项目，加快形成新的经济增长点、支撑点。

三是以改革促进制度创新，着力破解发展难题。坚持用改革的思路解决问题、用改革的办法破解难题，把深化改革同制度建设结合起来，加强制度创新，提升改革综合效能。加强土地、劳动力、资本等要素领域改革，不断优化完善资源配置体制机制，充分激发各类市场主体积极性。加快重点领域改革，积极争取和推进一批重大改革试点落户仁化，下大力气破除深层次体制机制障碍，着力提高发展质量和效益。完善干部考核激励机制，建立县领导、县有关单位绩效考核、年度评先评优与重点项目、招商引资等重点工作挂钩机制，建立健全容错免责机制，为改革者撑腰鼓劲，进一步激励广大干部新时代新担当新作为，凝聚合力破解发展难题，推动既定目标任务落实。

（二）坚持新发展理念，建设现代化生态经济体系。坚持生态优先，绿色发展，大力发展以生态农业、全域旅游、绿色工业为主体的生态产业体系，全面提升产业绿色低碳循环发展水平。

一是以生态农业为重点，推动农业农村现代化建设。坚持科技兴农、质量兴农、品牌兴农，深化农业供给侧结构性改革，加快推进武深高速农业经济带建设，打造“双区”优质农产品供应基地。坚决稳住粮食安全基本盘，抓住种子和耕地两个要害，确保粮食播种面积和产量只增不减，落实最严格的耕地保护制度，坚决遏制耕地“非农化”、防止“非粮化”。以被列为广东省率先实现农业农村现代化试点县为契机，突出特色和优势，狠抓国家金柚产业集群项目建设，全产业链发展富民兴村的沙田柚、贡柑、茶叶等特色优势产业，高水平打造“一县多园、一镇一业、一村一品”现代农业产业体系。加快实施数字农业农村发展行动，抓好黄坑镇省级数字乡村试点镇建设，推广数字农业技术在农业各领域中的应用与创新，发展农业大数据、农业物联网，推进“5G+智慧农业”体系建设，推进农田建设管理智能化。积极谋划建设涵盖农产品精深加工、包装交易、保鲜冷库、冷链物流、管理服务等的大型农产品综合交易市场，统筹做好镇级冷库和冷链配送设施建设，扶持打造农村电商示范点，不断提高特色农产品流通效率。加强特色农业品牌打造和营销，积极打造“三品一标”、粤字号农业品牌、“菜篮子”基地、社会化服务示范点。用市场化手段对特色农业进行优化整合，集中发力打造消费平台公司，提升绿色、有机农产品覆盖面和产品附加值，培育和扩大消费市场，实现优势优质、优质优价。

二是以全域旅游为牵引，推动旅游消费节点县建设。聚焦文化旅游消费的巨大潜力，着眼“后疫情时代”，顺应消费升级趋势，围绕打造“双区”的“后花园”“康养地”“体验场”，以红色文化旅游经济带建设为抓手，依托丹霞山和国家全域旅游示范区品牌效应，着力打造旅游消费城市。加快推进城口红色小镇二期项目、长征国家文化公园粤北段（仁化段）、南粤古驿道修复和活化利用，以及红色遗址群保护修缮建设工作。加大科普工作力度，推进科普基地建设，积极创建全国科普示范县。因地制宜发展红色文化旅游、森林康养旅游、科普研学旅游、乡村休闲旅游等，充分利用丰收节、文化旅游节等活动，促进农文旅融合发展。大力发展以需求为导向的文旅产业，加快大丹霞和环丹霞山片区建设，积极引进大型文旅集团，打造集展示、体验、游乐、培训为一体的文旅综合项目。健全完善旅游产业链条，大力发展旅游手信产业、网红打卡点等特色项目，在丹霞山、城口镇、石塘镇因地制宜打造涵盖电商、物流、农产品销售点的特色街，打造旅游综合消费平台，推动线上线下消费有机融合，探索建立消费集聚区。提升旅游配套服务能力，完善全域旅游公共信息服务体系建设,推进智慧旅游二期和完善旅游集散中心建设，开发建设精品度假酒店、特色民宿，发展文化演艺项目，优化与5A级景区相配套的餐饮、住宿等服务，不断丰富旅游内涵。

三是以绿色工业为发展方向，推进产业链现代化建设。坚持把园区作为工业发展的重大平台，按照“厂区变园区、产区变城区”的转型发展思路，推动以产兴城、以城促产、产城融合。着力推进董塘凡口绿色工业园区建设，依托现有产业基础，推进有色金属等传统行业转型升级，做优做精做强有色金属核心支柱产业。围绕延伸凡口铅锌矿、丹霞冶炼厂上下游产业链，谋划推进一批项目，重点加快凡口铅锌矿采掘废石资源化利用技术项目、丹霞冶炼厂炼锌渣绿色化升级改造等重大项目建设，构建覆盖全省的固体废物资源化和无害化处理体系，带动工业产业绿色低碳循环发展。加快推进省产业转移工业园区建设，探索“政府+企业+民间资本”等多方投入途径，升级园区配套设施，盘活园区工业用地，建设标准厂房，不断拓展园区空间，增强园区承载能力。深化虎门仁化产业共建，主动对接“双区”产业布局，构建以原材料为基础、精深加工产业为主导的产业体系，提升产业链供应链现代化水平，打造新材料及储能电池产业特色集聚区。开展新一轮企业技术改造助推产业创新，重点在有色金属、动力电池及其组成材料等领域，通过建链、补链、延链、强链促进传统产业绿色化升级改造。

（三）坚持统筹城乡协调发展，着力打造活力城乡。坚持以新型城镇化破解城乡二元结构，提升城市功能品质，提高农村发展水平，以更有力举措、汇聚更强大力量全面推进乡村振兴，建设生态优良、协调发展、共同繁荣的活力城乡。

一是全域推进生态环境保护。坚定践行“绿水青山就是金山银山”理念，落实碳达峰、碳中和重大决策部署，坚持保护与发展并重，持续改善环境质量。深入打好污染防治攻坚战，抓住城乡污水、大气臭氧、中小河流、危险废物等重点，拿出硬措施开展整治，确保环境空气质量优良天数比例达到97%以上，县级以上集中式饮用水源地水质100%达标。加强生态系统保护和修复，积极推进南岭国家公园丹霞山片区建设和自然保护地整合优化，统筹推进山水林田湖草生态保护修复工程试点项目和绿色矿山建设。强化森林资源培育和管护，实施锦江两岸生态公益林示范区和红城林场森林生态示范园（广东省森林康养基地）建设项目，力争成功创建国家森林城市。推进“两山”理论实践创新基地创建。严格实施“三线一单”生态环境管控体系，调整优化生态保护红线。统筹落实河长制、湖长制、路长制、林长制，构建更加协同高效的生态环境保护体系，推动绿色生态屏障体系持续优化。

二是全面推进新型城镇化。落实中央交通强国部署以及省实施交通强国建设试点十大工程要求，加强交通路网建设，扎实做好雄乐高速（仁化段）前期工作。大力实施城市更新行动，持续推进县城品质提升，完善基础设施和公共服务设施。加快推进北环线建设，打通县城“断头路”，实施城乡接合部、老旧小区和背街小巷改造提升工程，推动中心城区扩容提质，不断增强城市综合承载力和人口集聚能力。持续推进镇（街）“139”整治提升行动，加快墟镇风貌改造提升，着力补齐基础设施建设短板。启动县固体废弃物（建筑垃圾）消纳场项目建设，扎实推进生活垃圾分类试点工作，新建、提升一批垃圾中转站，提升城镇保洁水平。加快完成县国土空间规划编制工作，推进数字化城市管理信息系统平台建设和全县电子地图整合，加快“数字城管”改革建设，加强城市信息化管理。总结推广无物业小区封闭式管理和“党建引领+网格化管理”社区管理模式，以“绣花”功夫提升城市管理科学化精细化水平。建立健全城市管理维护机制，从更高水平、更深层面、更宽范围推动城市管理制度化长效化。

三是全力推进乡村振兴。大力实施乡村建设行动，抓好基础设施建设和提档升级，加快补齐农村供水、供电、道路、信息网络、农田水利等基础设施短板。全面推进农房管控和风貌提升，对全县乡村规划进行“回头看”，解决规划不落地、不符合“多规合一”要求等问题。落实“千村示范、万村整治”工程，持续抓好“四沿”区域美丽乡村示范带建设，全域推进“干净整洁村”“美丽宜居村”“特色精品村”创建工作。落实农村人居环境整治提升五年行动，持续推进“厕所革命”、生活垃圾处理和污水治理，建立健全长效管护机制，切实改善农村生产生活条件。依托省市县镇四级专家服务团队，创新开展“农村夜校”技能培训，积极培育壮大一批新型农业经营主体和新型职业农民。巩固拓展脱贫攻坚成果同乡村振兴有效衔接，强化扶贫项目资金资产管理和监督，落实新一轮帮扶乡村工作，建立组团式、造血式、共赢式帮扶新机制，加快从驻村帮扶向驻镇帮镇扶村、从帮扶脱贫向帮扶全面振兴、从实现全面小康迈向现代化转变。

（四）坚持以人民为中心，全力保障幸福民生。全力当好人民群众的服务员，以不断改善民生为发展的根本目的，提升人民生活品质，不断满足人民日益增长的美好生活需要，实现经济发展与改善民生良性循环。

一是持续提高人民生活品质。着力解决好群众关心的教育、医疗、就业、养老等实际问题，努力让群众看到变化、得到实惠。提升现代化教育水平，加快中等职业学校实训楼、实验学校综合楼建设，完成城北幼儿园和新城幼儿园建设。推进仁化中学恢复初中办学，加强与“双区”中小学结对帮扶，稳步推进全国义务教育优质均衡发展县创建。深化教师“县管校聘”综合管理改革，建立教师梯级培养机制。持续抓好卫生创强工作，提高医疗卫生水平，完成县人民医院新建发热门诊及感染科防治楼主体工程建设，推进乡镇卫生院标准化建设。完善公共应急和防控救治能力体系，加强核酸检测能力建设，提高突发疫情应急处置能力。深化医药卫生体制改革，优化整合区域医疗卫生资源，建设紧密型县域医共体。稳步推进省级健康促进县创建，切实提高居民健康素养水平。增强就业保障能力，把稳就业摆在突出位置，重点做好高校毕业生、异地务工人员、就业困难人员等重点群体就业服务工作。高质量推进“粤菜师傅”“南粤家政”“广东技工”三项工程，以技能提升促进稳定就业、带动收入增长。完善社会保障体系，全面落实困难群众参加基本医疗保险帮扶政策，加强困难群众兜底保障工作，强化流浪乞讨人员救助管理，保障弱势群体的合法权益。着力推进镇（街）敬老院基础设施改造提升，不断完善养老服务体系建设。

二是持续深化精神文明建设。聚焦庆祝中国共产党成立100周年，开展好重大主题宣传活动和具有仁化特色的新时代文明实践活动，推动理想信念教育常态化制度化。全域推进镇（村）文明实践所（站）规范化建设，广泛开展文明镇村、文明校园等创建活动。巩固拓展全国文明城市成果，持续加强创文网格化精细化管理力度，推动文明建设成果向更宽领域、更深层次、更高水平拓展。一体推进城乡公共文化服务体系建设，加快县图书馆新建、县博物馆修缮、县文化馆（站）扩建、县图书分馆提升工程建设，实现“风度书房”中心镇全覆盖，提升基层综合性文化服务中心功能，不断提升文化服务水平。持续擦亮“仁爱仁化”文化品牌，为群众提供更多喜闻乐见的文化产品和服务，不断丰富人民群众精神文化生活。

三是持续加强和创新社会治理。坚持不懈抓好常态化疫情防控，落细落实防控措施，完善“及时发现、快速处置、精准管控、有效救治”常态化防控机制，坚决守好人民群众生命安全和身体健康。树牢底线思维，把打好建党100周年安保维稳主动仗作为全年风险防控工作的主线，落细落小防风险、保安全、护稳定各项措施。加强经济安全风险预警、防控机制和能力建设，做好疫情防控、安全生产、食品安全、自然灾害等重点领域风险隐患排查化解，坚决守住不发生系统性风险底线。建立健全矛盾纠纷排查和分析研判机制，落实领导干部定期接访、下访和包案制度，及时就地解决群众合理诉求。时刻紧绷安全生产这根弦，严格落实安全生产责任制，坚决防范重特大安全事故发生。全力维护生态安全，重点解决损害群众健康的突出环境问题。常态化开展扫黑除恶工作，严厉打击“盗抢骗”“食药环”等突出违法犯罪和新型网络犯罪行为，深入开展全民禁毒和“扫黄打非”工作，推动社会治安持续向好。加快推进“雪亮工程”和智慧城市建设，持续推进公安派出所规范化建设，加强平安志愿者队伍建设，织密织牢公共安全防护网，营造平安和谐稳定的社会环境。

（五）坚持全面依法治县，强化高质量发展法治化制度化保障。更好发挥法治固根本、稳预期、利长远和制度机制管长远、管根本的重要作用，为高质量发展创造安全的政治环境、稳定的社会环境、公正的法治环境。

一是以法治政府建设为重点全面推进法治化进程。全面加强党对依法治县工作的领导，统筹推进党内法规制度建设，完善并用好县委县政府法律顾问制度，加强对规范性文件及重大行政决策的合法性审查。坚持依宪施政、依法行政，规范重大行政决策程序，落实重大决策终身责任追究制度，推动从“事后救火”向“事前预防”转变，全面提高依法行政能力。全面推进法治政府示范县建设，深化“放管服”改革和行政审批制度改革，不断提升行政效率和公信力。牢固树立法治是最好的营商环境理念，完善营商环境法治体系建设，努力构建亲清新型政商关系，着力打造办事方便、法治良好、成本竞争力强、生态宜居的营商环境。加快推进执法司法制约监督体系改革和建设，开展政法队伍教育整顿工作，全面营造行政依法、决策用法、严格执法、全民守法的浓厚氛围。加强社会公平正义法治保障，加大食品药品、环境保护、医疗卫生、安全生产、劳动保障等关系群众切身利益的重点领域执法力度，强化法治对改革发展稳定的引领、规范、保障作用，为持续巩固经济社会健康发展提供坚强有力法治保障。

二是以抓好巡视整改为契机推动制度化建设。把抓好巡视整改工作作为当前和今后一个时期的重要政治任务，高标准、高质量完成好各项整改工作任务。把巡视整改和深化标本兼治结合起来，主动认领问题，迅速研究制定“当下改”的举措，细化整改方案和任务分解，确保整改工作全面、彻底、到位。聚焦省委巡视反馈的四大方面主要问题，深刻反思，剖析问题根源，从源头构建长效机制。把巡视整改的过程变为发现问题、解决矛盾、补齐短板、消除隐患、改进工作的过程，完善制度、形成“长久立”的机制，推动发现解决问题长效化。认真抓好巡视整改“后半篇”文章，建立健全整改落实监督执纪问责机制，以制度约束保障整改成效。把抓好巡视整改与经济社会发展有机结合起来，做到“两手抓、两不误、两促进”，切实把整改成效体现在推动高质量发展上。

三是以加强民主法治建设为抓手凝聚发展合力。支持人大、政协依法依章程履职，发挥人大、政协在推动重点工作、重大项目中的重要作用，保障法检两院依法独立行使审判权和检察权。继续做好爱国统一战线工作，支持工青妇等群团组织发挥作用，构建大党建带大群团工作格局。加强党管武装工作，完善国防动员运行机制，加快推进国防教育训练基地建设，扎实做好全民国防教育，深入推进“双拥”工作。推进镇村公共法律服务工作站（室）规范化建设，深入推进法治镇（街）和“民主法治村”创建，提升城乡法治文明水平，建设法治仁化。加大法治宣传教育力度，全面启动实施“八五”普法，推动《民法典》

施行。

四、坚定不移加强党的领导和党的建设，为仁化“十四五”开好局、起好步提供坚强的政治保证和组织保证

越是形势复杂、任务艰巨，越是要加强党的全面领导。要认真贯彻落实新时代党的建设总要求，不断提升党的建设质量，把全县各级党组织锻造得更加坚强有力，更好团结带领广大党员干部群众共同奋斗。

（一）持续深入强化理论武装。坚持把学习贯彻习近平新时代中国特色社会主义思想作为头等大事和首要政治任务，全面落实第一议题等学习制度，领导干部带头常态化制度化开展理论学习，不断提高广大党员干部理论素养、政治素养。持续巩固深化“不忘初心、牢记使命”主题教育成果，围绕庆祝建党100周年，充分发挥红军长征粤北纪念馆等爱国主义教育基地和我县丰富的红色文化资源作用，用好新时代文明实践中心（所、站）、县镇党校、农村夜校等载体，深入开展理想信念教育、爱国主义教育和中共党史学习教育，引导广大党员干部进一步坚定理想信念、践行初心使命。持续深入开展“大学习、深调研、真落实”工作，切实把习近平总书记的重要讲话、重要指示精神转化为推动仁化高质量发展的具体行动和扎实成效。

（二）抓好党的政治建设。坚持把党的政治建设摆在首位，严格执行省委坚决落实“两个维护”十项制度机制，教育引导全县上下进一步增强“四个意识”、坚定“四个自信”、做到“两个维护”。深入实施一把手政治能力提升计划，不断加强政治忠诚教育和政治历练，严明党的政治纪律和政治规矩，推动党员干部不断提高政治判断力、政治领悟力、政治执行力，切实把党中央决策部署贯彻落实好。深入开展维护国家政治安全专项行动，坚决维护国家安全。严格做好保密和国家安全工作，有序推进安可替代工程。牢牢把握意识形态工作领导权、管理权，严格落实意识形态工作责任制，定期开展意识形态领域风险隐患排查化解，强化意识形态阵地建设和管理，落实每日舆情向党委汇报制度，加强网络信息管控，严防各类渗透破坏活动，筑牢意识形态安全防线。

（三）不断扩大党的组织覆盖和工作覆盖。牢固树立大抓基层的鲜明导向，落实新一轮加强党的基层组织建设三年行动计划，一体推进各领域党组织建设，不断扩大基层党的组织覆盖和工作覆盖。稳妥抓好村（社区）“两委”换届后续工作，确保平稳有序、风清气正。创新建立党支部“互评互学互促”工作机制，不断提高基层党组织建设制度化、规范化、科学化水平，切实强化党在基层工作中的领导核心作用。推进新白村“红色村”组织振兴示范点创建，示范带动基层党建阵地提升。拓展党群服务中心功能，以点带面推进村（居）民小组党群服务室建设。持续深入开展“一线双联”“民情夜访”活动，推动各级领导干部下沉一线当好人民群众的服务员。完善在职党员到社区报到、社区楼长制等做法，不断强化基层党组织在基层治理中的领导地位。坚持抓党建促重大任务落实，推动党建与“六稳”“六保”、疫情防控、乡村振兴、重大项目建设等重点中心工作深度融合，充分发挥基层党组织战斗堡垒作用和党员先锋模范作用。

（四）打造与现代化建设相适应的高素质专业化干部队伍。坚持党管干部原则，坚持新时期好干部标准，坚持把政治过硬摆在首位，建好建强各级领导干部队伍。以县镇领导班子换届为契机，着眼“十四五”时期发展要求，选优配强各级领导班子，优化班子结构，增强整体功能，确保绘出好蓝图、选出好干部、配出好班子、树立好导向、形成好气象。加强新时代干部教育培养，引导党员干部到基层一线和重点工作中强化思想淬炼、政治历练、实践锻炼、专业训练，不断提高把握新发展阶段、贯彻新发展理念、落实新发展格局的政治能力、战略眼光、专业水平。坚持激励和约束并重，改进推动高质量发展的政绩考核工作，完善干部实绩档案、考验性管理、重点工作年度优秀工作人员评选等制度，以正确选人用人导向引领干部干事创业。深入开展“六讲六比”作风建设活动，充分激发党员干部“闯”的精神、“创”的劲头、“干”的作风。持续实施“丹霞英才计划”，注重引进生态环保、教育医疗、文化旅游、乡村振兴等领域高素质专业化人才，优化人才服务环境，为仁化高质量发展提供有力人才支撑。

（五）持之以恒抓好党风廉政建设。全面从严治党永远在路上，必须把“严”的主基调长期坚持下去。坚持纠“四风”与树新风并举，锲而不舍落实中央八项规定精神，持续纠治形式主义、官僚主义问题。加强政治监督，不断强化对公权力运行的监督制约，强化对生态保护、乡村振兴等重点领域监督执纪问责。坚持有腐必反、有贪必肃，聚焦工程建设、自然资源等重点领域，紧盯“关键少数”，严惩不收敛不收手不知止的腐败行为。持续巩固拓展基层正风反腐三年行动成果，坚决查处群众身边的各种腐败和作风问题。严格落实“三个区分开来”要求，深化运用监督执纪“七个看”和问责“六字诀”，充分调动干部的积极性、主动性、创造性。严格落实党内谈话制度，加强廉洁文化和家风建设。深化以案治本，一体推进不敢腐、不能腐、不想腐，涵养良好的政治生态。

同志们，征途漫漫，惟有奋斗。让我们更加紧密地团结在以习近平同志为核心的党中央周围，不忘初心、牢记使命、接续奋斗，以一往无前的奋斗姿态、风雨无阻的精神状态，努力推动建设更高水平“生态、活力、幸福”新仁化，奋力打造北部生态发展区绿色发展仁化样板，为广东在全面建设社会主义现代化国家新征程中走在全国前列、创造新的辉煌和韶关争当北部生态发展区高质量发展排头兵作出更大贡献，以优异成绩庆祝建党100周年！

名词解释

1.“一核一带一区”：“一核”即珠三角地区，是引领全省发展的核心区和主引擎；“一带”即沿海经济带，是新时代全省发展的主战场；“一区”即北部生态发展区，是全省重要的生态屏障，包括韶关、梅州、清远、河源、云浮5市。

2.“一三九”发展战略：围绕建设“生态、活力、幸福”新仁化这一目标，主攻“生态经济、活力城乡、幸福民生”三大重点领域，大力推进“生态农业、全域旅游、绿色工业，生态屏障、新型城镇化、乡村振兴，基本公共服务均等化、精神文明、社会治理现代化”九大任务建设。

3.“一线两带两区”：即以实施“一三九”发展战略为工作主线，大力推进红色文化旅游经济带、武深高速农业经济带、董塘凡口绿色工业园区、省产业转移工业园区建设。

4.“六稳”“六保”：指稳就业、稳金融、稳外贸、稳外资、稳投资、稳预期；保居民就业、保基本民生、保市场主体、保粮食能源安全、保产业链供应链稳定、保基层运转。

5.“一区四园”：指广东仁化县产业转移工业园区，中金岭南有色金属绿色循环产业集聚区、仁化竹产业集聚区、仁化小企业创业集聚区、仁化产业转移工业园。

6.乡镇（镇街）提升“139”行动：“1”是镇街整治提升专项规划，“3”是垃圾、污水、“六乱”三项整治，“9”是九项基础工程。

7.“三品一标”：无公害农产品、绿色食品、有机农产品和农产品地理标志。

8.“三线一单”：生态保护红线、环境质量底线、资源利用上线、环境准入负面清单。

9.“四沿”:沿交通、沿省际廊道、沿景区、沿河道。

10.“四风”：形式主义、官僚主义、享乐主义、奢靡之风。

11.“三个区分开来”：把干部在推进改革中因缺乏经验、先行先试出现的失误和错误，同明知故犯的违纪违法行为区分开来；把上级尚无明确县直的探索性实验中的失误和错误，同上级明令禁止后依然我行我素的违纪违法行为区分开来；把为推动发展的无意过失，同为谋取私利的违纪违法行为区分开来。

12.监督执纪“七个看”：看违纪情节、看危害程度、看时间节点、看动机原因、看认错态度、看一贯表现、看群众口碑。

问责“六字诀”：“严、准、适、通、扩、用”，即态度要严、定性要准、处置要适度、思想要做通、教训要扩展、处理后表现好的该用要用。

政府工作报告（节录）

——2021年2月9日在仁化县第十五届人民代表大会第七次会议上

仁化县人民政府县长 周小明

“十三五”工作回顾

“十三五”时期，全县政府系统高举习近平新时代中国特色社会主义思想伟大旗帜，在县委的坚强领导下，在县人大及其常委会、县政协的监督支持下，全面贯彻落实中央、省、市和县委的决策部署，坚持稳中求进工作总基调，坚持新发展理念，坚持高质量发展，凝心聚力，砥砺奋进，大力实施“一三九”发展战略和“一线两带两区”建设，以生态优势融入“双区”建设，全面完成脱贫攻坚任务，决胜全面建成小康社会取得决定性成效，较好完成了“十三五”规划主要目标任务，仁化高质量发展之路越走越宽。

过去五年，我们坚持发展为要，经济运行稳中有进。

现代农业加速发展。按照“一县多园、一镇一业、一村一品”产业总体布局，统筹推进农业产业兴旺发展。大力推进国家现代农业示范区和省级柑橘现代农业产业园建设。围绕贡柑、沙田柚等优势特色农产品，重点推进绿色产业示范基地建设。大桥镇长坝村、黄坑镇黄坑村、红山镇鱼皇村获评“国家级专业村”。长江镇获评“中国毛竹之乡”。全县国家地理标志保护农产品3个,全国名特优新农产品4个，“三品认证”产品65个，省级名牌农产品29个，省级“菜篮子”基地3个,粤港澳大湾区“菜篮子”基地4个。荣获“全国数字农业农村发展先进县”。

工业经济量质并举。人均地区生产总值达4.7万元，年均增长3.6%。产业结构调整为22∶41.1∶36.9。新增规上工业企业26家，新建工业项目40个，其中超亿元项目17个。新增高新技术企业10家，新增省、市级工程技术研究中心18家。实施丹霞冶炼厂炼锌渣绿色化升级改造、凡口铅锌矿尾矿资源综合回收及环境治理开发等一批技改项目，完成工业技改投资12.4亿元。

园区平台提档升级。仁化产业转移工业园被确认为“省级产业转移工业园”。园区开发区域已实现“九通一平”建设，建成滨江东路、工业二路、新庄五路等路网11.53公里。完成排水排污管道7.9公里。建成投产企业25家，规模以上企业11家，产值超亿元企业4家，高新技术企业6家。园区已形成有色金属深加工产业、储能产业、新能源电池材料产业集聚发展格局。

全域旅游遍地开花。推进“大丹霞”旅游经济圈建设，配合市政府完成阅丹公路、大中门以及6个配套服务站点建设，打造丹霞山美景与田园风光串珠成链旅游景观路。成立仁化县客栈民宿协会，建成丹霞民宿客栈、农家乐500余家。瑶塘村被评为“首批全国乡村旅游重点村”。红军长征粤北纪念馆建成开放。修缮26处红色革命遗址，打造城口红色特色小镇。新改建县级旅游集散中心、镇级旅游咨询中心、旅游厕所、旅游指示标识一批，建成智慧旅游综合管理系统。五马寨、金喆园、凡口国家矿山公园成功创建AAA级旅游景区。成功举办徒步穿越丹霞、丹霞山马拉松、环丹自行车等系列大型品牌赛事。充分利用丹霞山自然学校、南岭生态气象中心等科普研学基地，发展研学科普教育旅游。成功创建“国家全域旅游示范区”。

过去五年，我们坚持生态优先，绿色发展行稳致远。

全面推进污染防治。全县单位生产总值能源消耗五年累计下降16.64%，森林覆盖率达80.51%，空气优良率达98.9%，县城区水源地水质和全县主要江河水质达标率均达100%，几项生态指标稳中有升且居全市前列。整治畜禽养殖场700余家。建成150兆瓦规模和农田治理一体化光伏电站。完成董塘镇五一村、高宅村重金属污染农田土壤治理修复。凡口铅锌矿矿山综合生态修复项目成功入选“广东省首届国土空间生态修复十大范例”。在全市环境保护责任考核、水污染防治攻坚战考核中连续多年排名第一。国家重点生态功能区生态环境质量考核连续多年排名全省前列。

持续增强绿色底蕴。坚持以“四大工程”为抓手，坚定不移推进林业生态建设。完成各类造林面积6.6万亩、封山育林8.1万亩、森林抚育25万亩。全县社会造林累计9.2万亩，义务植树281.6万株。完成城南省级森林公园和长江镇、城口镇等5个镇级森林公园景观改造提升。完成乡村绿化美化示范点建设77个，丹霞街道城南村等9个乡村被评为“国家森林乡村”，长江镇、周田镇被评为“广东省森林小镇”。丹霞街道麻塘村、董塘镇河富大井村入选广东省“十大魅力古树乡村”。完成省道S246线、大岭工业园至车湾等道路绿化和生态景观提升改造。

积极主动融入“双区”。大力发展“一镇一业、一村一品”，增强优质农产品供给，着力打造服务“双区”的“米袋子”“菜篮子”“果盘子”。产业共建引进项目80个，其中在建或已投产项目56个。完成虎仁产业共建园配套道路建设和一期土地平整。虎仁富仁商务中心已投入使用。2.7万平方米园区标准厂房项目已动工建设。按照“唱响红色主旋律打造绚美大丹霞”工作思路，建设城口丰源温泉、宝能文旅城等旅游项目一批，着力打造“双区”旅游休闲首选地。

过去五年，我们坚持城乡统筹，仁爱仁化更具魅力。

城市形象不断提升。完成北门片区路网、丹霞新城路网、锦江路、滨江路建设。完成老城社区、高坪路、莲塘村等背街小巷整治提升一批。实施县城“五小”惠民工程、文化广场改造、公共停车场建设一批。全面提升老旧公厕和新建公厕一批。完成县城建设路店招优化和外立面安全隐患整治。完成高坪社区改造试点建设、县城三板桥至大岭红绿灯路段升级改造。完善老旧小区和主干道基础设施。积极开展垃圾分类试点工作。整治提升环丹霞山国省道沿线房屋外立面一批，改造提升重要景观节点一批。不断改善市容市貌，实施城市精细化管理，成为全省珠三角以外成功创建的首个“全国文明城市”。

镇村环境不断改善。整体推进、连片打造环丹生态宜居美丽乡村，建成“丹霞彩虹”省级新农村示范片。大力实施“千村示范、万村整治”工程，完成“三清三拆三整治”和村道路面硬底化自然村984个，完成雨污分流管网建设自然村880个，完成污水处理设施自然村682个。稳妥推进农村破旧泥砖房清拆整治工作。村庄保洁覆盖率、生活垃圾无害化处理率、乡镇污水处理覆盖率均实现100%。

交通体系不断优化。完成高速公路建设61.4公里，国省道改造38公里。建成高标准农村公路达1272.5公里，公路管养率达100%，11个镇（街）109个行政村全部通客车。推广应用12台新能源公共汽车。荣获“四好农村路”省级示范县。全面铺开普通公路路长制“136”行动计划，深入推进公路建、管、养、运综合治理，积极打造“畅、安、舒、洁、绿、美”路域环境。形成了以县城为中心，以国省道为主轴、城乡相连、省市畅通、纵横交错、四通八达的交通网络体系。

过去五年，我们坚持共治共享，社会民生持续改善。

脱贫攻坚全面小康。围绕“两不愁三保障”标准，推动各项扶贫政策落地惠民。全面完成贫困户危房改造。贫困人口人均可支配收入由2015年的3515元增长到1.837万元。深入开展消费扶贫，销售蔬菜、水果等各类农副产品。全县建立产业基地68个，电商扶贫服务站44个。全县所有贫困人口均已达到脱贫标准、33个省定贫困村同步达到退出标准。全县扶贫开发工作连续四年在全市扶贫开发工作成效考核中获得优秀，连续两年代表韶关市接受省级扶贫开发成效考核并获得优秀。

公共事业加快发展。1387个政务服务事项实现“马上办”，548个行政许可事项实现网上办理。30个部门1328个政务服务事项实现“一窗办”。整合优化网络问政和县12345政府服务热线平台，实现政务平台和网络平台有机统一。建立党群服务中心137个。完成县人民医院综合楼和专家楼、县妇幼保健院异地新建、120急救体系标准化、7个乡镇卫生院标准化、11个基层医疗卫生单位中医馆、109间村卫生站规范化建设。推进紧密型县域医共体建设，促进基本公共卫生服务均等化。县档案馆荣获“全国档案系统先进集体”。第七次全国人口普查工作有序推进。

社会治理成效显著。稳步推进第三次全国土地调查和国土空间规划编制。全面完成卫片执法工作。积极开展地质灾害隐患点工程治理，治理矿山石场复绿面积20.6公顷。率先在全市完成垦造水田工作任务，新增水田面积1070.5亩。完成拆旧复垦指标任务631.3亩。完成电子沙盘建设初步采集。深入开展扫黑除恶专项行动。强化领导干部定期下基层接访制度，积极化解信访积案。深入推进“一村一法律顾问”。健全和完善村务公开和民主管理制度，营造共享、共治、共管的良好氛围。

人民生活持续改善。坚持教育优先发展，被授予“广东省推进教育现代化先进县”称号。全面推进教师“县管校聘”管理改革，落实“立德树人”根本任务。新建田家炳小学、城北小学、城北幼儿园、长江中学综合楼，改扩建丹霞街道中心幼儿园。新增公办学前教育学位800个、实现“5080”目标。完成文化馆总分馆和125个基层综合性文化服务中心建设，建成4家风度书房。持续加强城乡居民基本医疗保险参保缴费工作，实现基本医疗保障全覆盖。落实困难群众帮扶救助机制。建立健全困境儿童救助保护机制。稳步推进流浪乞讨救助工作。按时足额发放残疾人“两项”补贴。连续六届被评为“广东省双拥模范县”。是全国第二批新时代文明实践中心建设试点县。

过去五年，我们坚持依法行政，政府建设不断加强。

坚决落实县委部署，扎实开展“两学一做”学习教育和“不忘初心、牢记使命”主题教育，纵深推进“大学习、深调研、真落实”，创新开展“一线双联”“民情夜访”等活动。稳步推进法治政府建设，全面落实“谁执法谁普法”普法责任制，圆满完成“七五”普法工作。人大代表意见建议和政协委员提案办复率、满意率均达100%。严格按程序决策、按规矩办事，加强重大行政决策、规范性文件合法性审查。健全完善县政府“三重一大”事项集体决策、县政府法律顾问等制度。严明“五天四夜”规定，严格执行节假日领导干部带班值守制度。全面落实领导干部保密工作责任制。深化简政放权、“放管服”改革，全面推进“一门式一网式”政府服务。顺利完成政府部门机构改革、镇（街）行政体制改革。政府系统党风廉政建设和反腐败工作深入推进。

各位代表，2020年，一场新冠肺炎疫情突袭而来，严重威胁人民群众身体健康和生命安全。疫情就是命令，防控就是责任。面对疫情，全县上下在县委的坚强领导下，坚决贯彻党中央、省、市决策部署，众志成城、守望相助，医务人员白衣执甲、基层干部冲锋在前，战疫情、促发展，确保疫情防控和经济社会发展两手抓、两手硬，奋力夺取疫情防控和经济社会发展双胜利。

一年来，我们坚持慎终如始，疫情防控持续稳定。

建立健全防控机制。第一时间启动突发公共卫生事件应急响应机制，迅速组建疫情防控指挥部，建立“三个一”工作指挥闭环机制。坚持“三个在先”防控组织体系，形成“三套网格”机制。网格共建立420个临时党支部，发动党员干部构建群防群治体系，落实分区分级精准防疫措施。实现唯一1例新冠肺炎输入型确诊病例“零扩散”“零死亡”，有力守好广东“北大门”。

补齐医疗卫生短板。完成疫苗冷链配送和预防接种标准化建设。完成县人民医院和县疾控中心核酸检测实验室建设。改造县人民医院发热门诊、县妇幼保健院以及11家基层医疗单位发热诊室并投入使用。启动县人民医院新建发热门诊及感染科防治楼建设。组织新冠肺炎防控实操培训和应急演练，提高应急处置和医疗救治能力。

常态化抓疫情防控。毫不松懈筑牢“外防输入、内防反弹”严密防线，全面执行预检分诊制度，充分发挥发热门诊、诊所、药店等“哨点”监测作用。坚持网格化管理，发挥社区“三人小组”等一线防控力量作用。加强农贸市场、水产品加工经营企业及冷冻肉类产品常态化监测。严格执行健康监测、出入管理制度。

一年来，我们坚持稳中求进，经济发展持续向好。

加快企业复工达产。成立复工复产专班，建立县领导挂点企业15个工作网格，实施“大企帮小企”活动，出台系列暖企政策，从降低企业租金成本和社保成本、保障企业应急运输、协助企业购买防疫物资等方面加大惠企政策，确保企业全部顺利复工达产。县属国有企业减免物业租金达168.64万元。对8家企业授信7890万元，发放贷款2940万元。

两带两区协同发展。全力推进武深高速农业经济带建设，优质特色农产品供给能力显著提升。超额完成市下达我县2020年粮食生产任务。新增认定县级农业龙头企业6家、县级农民专业合作社示范社5家、县级示范家庭农场13家。全力推进红色文化旅游经济带建设，规划打造了5条红色旅游线路。丹霞红色文化旅游线路被认定为“省级乡村旅游精品线路”。全力推进董塘凡口绿色工业园区和省级产业转移工业园区建设。园区标准厂房、丹霞冶炼厂、凡口铅锌矿、升隆电源、广东源著等一批重大项目稳步实施。省级产业转移工业园区工业六路及新庄五路、韶关盈瑾等项目落地建成。新签约招商引资项目22个，其中超亿元项目12个，超额完成市下达任务。

六稳六保落实落地。全年完成地区生产总值103.51亿元，增长2.9%。完成固定资产投资54.07亿元。一般公共预算收入5.94亿元。全年新动工项目77个，总投资45.22亿元 。为企业减税降费1.23亿元。全县农林牧渔业产值增长4.3%。“粤菜师傅”“南粤家政”“广东技工”三大工程稳步推进，城镇新增就业1700人以上，城镇登记失业率控制在3.5%以内。在全市率先落实企业隐患排查奖励制度。全县安全生产形势持续稳定。

与此同时，民族宗教、外事、妇女儿童、应急管理、人民防空、审计、统计、金融、保密、消防、信访、通信等各项工作取得新成绩。

各位代表，历尽天华成此景，人间万事出艰辛。一直以来，市委市政府坚强领导、深切关怀，增添了仁化奋勇争先的强烈信心；县委统揽全局、科学决策，县人大、县政协全力支持、有效监督，汇聚了仁化奋勇前行的强大力量；全县干部群众同心协力、同舟共济，广大在外乡贤回报家乡、鼎力相助，谱写了仁化奋勇赶超的合奏乐章。在此，我代表县人民政府，向全县人民，向各位人大代表、政协委员，向各民主党派、工商联、各人民团体和各界人士，向中省驻仁单位、部队官兵，表示衷心的感谢并致以崇高的敬意！

在看到成绩的同时，我们更清醒认识到存在的困难和挑战。当前，全县经济基础仍然较为薄弱，产业缺乏大项目支撑，发展质效亟待提高；城市功能有待完善，乡村振兴任务繁重，城乡二元结构问题还未有效破解，发展不平衡不充分矛盾依然凸显；财政收支矛盾更加突出，“六稳”“六保”压力持续增加，民生领域还存在一些短板；巡视巡察、督查交办的工作需要健全机制、全面整改；干事氛围还不够浓烈，执行力需进一步提高。对此，我们要高度重视，保持清醒头脑，全力攻坚克难，确保取得实效。

“十四五”奋斗目标和主要任务

“十四五”时期是我国“两个一百年”奋斗目标的历史交汇期，也是全面开启建设社会主义现代化强国新征程的重要机遇期。机遇前所未有，挑战前所未有。

“十四五”时期政府工作指导思想是：以习近平新时代中国特色社会主义思想为指导，深入贯彻党的十九大和十九届历次全会精神，全面贯彻落实党的基本理论、基本路线、基本方略，深入贯彻落实习近平总书记对广东系列重要讲话和重要指示批示精神，坚持党的全面领导、坚持以人民为中心、坚持新发展理念、坚持深化改革开放，坚持系统观念，以推动高质量发展为主题，以满足人民日益增长的美好生活需要为根本目的，积极抢抓国内国际双循环重大机遇，按照省委“1+1+9”工作部署和“一核一带一区”区域发展格局，主动融入“双区”，深入推进

"一三九"发展战略和"一线两带两区"建设，推动建设更高水平"生态、活力、幸福"新仁化，奋力打造北部生态发展区绿色发展仁化样板。

"十四五"时期主要目标：锚定二〇三五年基本实现社会主义现代化远景目标，综合考虑内外部发展趋势和仁化发展条件，我县"十四五"时期经济社会发展要努力实现以下主要目标。

——让仁化生态环境持续改善。国土空间开发保护格局得到持续优化，生产生活方式绿色转型成效显著，资源能源配置更加合理、利用效率大幅提高，森林覆盖率、空气质量优良率等核心指标稳居全市前列，如期成功创建国家森林城市，粤北生态屏障更加牢固，城乡人居环境明显改善。

——让仁化经济发展持续提质。到二〇二五年，全县地区生产总值达到130亿元，人均地区生产总值达6万元以上。生态农业稳步发展，绿色工业快速崛起，生态旅游蓬勃发展，传统产业焕发新活力，新兴产业占比逐年提高。县域经济综合实力增强，基础设施更加完善，中心城区扩容提质成效显著，城镇化率达45%以上，城乡二元结构问题得到缓解。

——让仁化改革开放持续深化。重点领域和关键环节改革取得突破性进展，政府服务效能不断提升，与"双区"相衔接的市场体系基本建立，公平竞争制度更加健全，更高水平开放型经济新体制基本形成，市场主体更加充满活力。

——让仁化民生福祉持续增强。实现更加充分更高质量就业，城镇登记失业率控制在3.5%以内，城乡居民收入增长与经济增长基本同步，多层次社会保障体系更加健全，基本公共服务均等化水平明显提高，教育资源布局更加合理，卫生资源配置和医疗服务能力进一步提升，脱贫攻坚成果巩固拓展，乡村振兴战略全面推进。

——让仁化文明建设持续深入。社会主义核心价值观深入人心，人民思想道德素质、科学文化素质和身心健康素质明显提高，公共文化服务体系和文化产业体系更加健全，人民精神文化生活日益丰富，红色文化大力弘扬，"仁爱仁化"城市形象更加凸显，全国文明城市品牌更加响亮。

——让仁化治理效能持续优化。社会主义民主法治更加健全，社会公平正义进一步彰显，政府作用更好发挥，行政效率和公信力显著提升，社会治理水平明显提高，防范化解重大风险体制机制不断健全，突发公共事件应急能力显著增强，自然灾害防御水平明显提升，发展安全保障更加有力，社会大局保持和谐稳定，具有仁化特色的平安建设样板、基层治理示范区基本形成。

2021年工作安排

2021年是中国共产党成立100周年，也是"十四五"的开局之年，做好今年的工作至关重要。

今年政府工作的总体要求是：以习近平新时代中国特色社会主义思想为指导，全面贯彻党的十九大和十九届二中、三中、四中、五中全会及中央经济工作会议精神，深入贯彻落实习近平总书记对广东系列重要讲话和重要指示批示精神，认真落实省委、市委、县委全会部署要求，坚持稳中求进工作总基调，立足新发展阶段，贯彻新发展理念，积极参与构建新发展格局，以推动高质量发展为主题，以深化供给侧结构性改革为主线，以改革创新为根本动力，以全面依法治县为根本保障，坚持系统观念，巩固拓展疫情防控和经济社会发展成果，更好统筹发展和安全，更加注重生态优先、绿色发展，积极融入对接"双区"建设，深入推进"一线两带两区"建设，扎实做好"六稳"工作、全面落实"六保"任务，努力保持经济运行在合理区间，奋力打造北部生态发展区绿色发展仁化样板，确保"十四五"开好局、起好步，以优异成绩庆祝建党100周年。

今年经济社会发展的主要预期目标是：实现地区生产总值增长5%，固定资产投资增长3%，地方一般公共预算收入增长6%，社会消费品零售总额增长5%，工业增加值增长4.2%，城镇登记失业率控制在3.5%以内，居民人均可支配收入增长与经济增长基本同步，单位生产总值能耗完成省下达任务。

围绕以上目标任务，我们将重点抓好如下工作。

（一）坚定不移攻坚乡村振兴，夯实高质量发展压舱石

加快发展生态农业。县农业农村局牵头严守耕地红线，建设3000亩双季稻扩面增产区，打造300亩水稻绿色高质高效示范区，推动粮食生产稳定增收。对标服务和融入“双区”建设，围绕武深高速沿线农业特色优势，加快推进现代农业产业园建设，发展现代化智慧农业。加快实施数字农业农村发展行动。加快生态农业产业发展，推进绿色防控示范基地建设，打造生态农业示范点一批，高质量建设服务“双区”优质农产品供应地。完成高标准农田建设2万亩。县农业农村局、县工信局负责发展农产品精深加工、包装、物流、冷链等产业。县自然资源局负责大力开展农村乱占耕地建房整治，积极推进补充耕地整改工作。

*改善提升人居环境。*县农业农村局负责加快实施阌丹公路沿线、董塘河碧道沿线村庄及周田镇重点村庄示范点、省际廊道美丽乡村示范区等建设。持续开展“三清三拆三整治”行动，实现80%以上村庄达到干净整洁村标准，40%以上行政村达到美丽宜居村标准。深化实施“千村示范、万村整治”工程，扎实推进农房管控和风貌提升。稳步推进农村“厕所革命”。完成周田镇、石塘镇重点村“四小园”建设。完成3条街和民宿村打造。县住建管理局牵头持续开展乡镇（镇街）提升“139”行动计划，加快第三批乡镇整治提升。

*着力推进强村富民。*坚持以加强基层党建为统领，切实增强农村基层党组织自我保障、服务群众、推动发展能力。加快补齐农村基础设施和公共服务短板，县农业农村局负责加快推进农村安全饮用水保障工程，县交通运输局负责加快推动“四好农村路”提档升级，县自然资源局负责持续推进拆旧复垦工作，县水务局负责推进中小河流综合治理、碧道沿线休闲游憩设施建设。

*广泛培育文明乡风。*县文广旅体局负责以社会主义核心价值观为引领，加强农村题材文艺创作，深入挖掘仁化红色文化，讲好红色故事。各镇（街）牵头完善基层综合性文化服务中心功能提升，深入开展文明村镇达标创建，深化“仁爱仁化”主题活动，大力实施文化惠民工程。健全自治、法治、德治相结合的乡村治理体系，持续推进村（组）议事和公开制度，继续引导基层社会组织积极参与社会治理。

（二）坚定不移攻坚绿色工业，探索高质量发展新模式

*促进工业集聚发展。*加快推动园区“产区变城区”，升级改造园区配套设施。县工信局牵头促进董塘凡口绿色工业园区有色金属产业绿色升级，支持凡口铅锌矿尾矿资源综合回收及环境治理开发等项目推进，配合凡口铅锌矿开展采矿证扩证办理。丹霞开发区牵头推进省级产业转移工业园区建设，推动广东凯捷、广东威玛、广东源著、广东西力、深圳卓邦、深圳耀邦、韶关盈瑾等项目落地。加快健全产业链条，引导工业企业入园集约集群发展。办好中国电器工业协会铅酸蓄电池分会全国会员大会。

*提升园区承载能力。*丹霞开发区牵头实施“扩园提质”战略，持续优化完善园区水、电、气、油等供应配套设施建设。加快完成园区标准厂房、商业综合体、110千伏变电站项目建设。完善职工公寓楼、商业服务、物流配送等公共设施。探索“政府+企业+民间资本”等投入途径，促进优质企业、民间资本参与园区平台建设。虎仁指挥部牵头全面深化产业共建，加快虎仁产业共建园建设。市生态环境局仁化分局牵头争取扩大重金属铅限制性环境容量指标和电池生产容量，保障园区产业发展。

*精准突破招商引资。*县工信局牵头立足有色金属、新能源电池等主导产业优势，完善招商引资配套优惠政策。县工信局、丹霞开发区、县文广旅体局、县农业农村局牵头建立并落实“双区”产业转移承接清单。丹霞开发区牵头建立省级产业转移工业园区准入清单，着重引进一批大项目、好项目。县各招商责任单位负责重点引进有色金属、动力储能电池、生态文化旅游、现代农业等产业项目。严格执行招商引资、联审联批等制度，高质量完成招商任务。县政务服务数据管理局、县行政服务中心牵头加快“数字政府”建设，加大“粤系列”指尖办事小程序推广力度。

*强力保障要素供给。*丹霞开发区、县工信局、县自然资源局牵头做好省级产业转移工业园区和董塘凡口绿色工业园区用地谋划，完成园区可招商成熟土地500亩以上。稳妥推进广东铝厂旧车间厂房等闲置和低效工业用地盘活利用。中国人民银行仁化支行、县财政局、县税务局、县人社局牵头落实金融、财税、社

保等扶持政策。县发改局牵头争取专项债、特别国债、中央预算内投资支持我县项目建设。县自然资源局负责做好用地报批、闲置土地处置、垦造水田等工作。严格执行招拍挂制度，推进土地市场化管理。积极有效推进批而未供土地盘活工作。

（三）坚定不移攻坚生态优先，增强高质量发展支撑力

加快绿色发展步伐。县工信局牵头建立创新企业培育后备库，完善科技创新机制。丹霞开发区牵头启动省级产业转移工业园区创建省级高新区申报工作。落实制造业高质量发展综合评价机制，优化资源要素配置。县工信局、丹霞开发区负责支持凡口铅锌矿、丹霞冶炼厂、凯鸿纳米、广东威玛等大中企业加强技术改造和技术研发，引进以先进有色金属材料、新能源产品研发等为主导的科研机构或高新企业，促进传统产业绿色升级。县自然资源局负责全面落实国土空间规划、耕地保护要求，促进经济社会与生态文明建设协调发展。

推进全域旅游发展。县文广旅体局牵头积极推进红色文化旅游经济带建设，加快文旅体融合发展。抓好丹霞山文物保护与修复、入口廊道景观提升、入口社区提升等项目建设。加快长征国家文化公园（仁化段）建设，规划打造“浓缩”展现长征故事与场景的长征主题精品游环线，推动红色文化产业发展。健全完善旅游产业链，大力发展旅游手信产业和农家乐，谋划打造仁化特色美食街、网红打卡点。打造2条具有仁化特色文化精品绿色旅游线路。新改建一批旅游厕所。完善红色旅游景区（点）标识标牌，建设智慧旅游二期和仁化汽车站旅游集散中心。完善全域旅游公共信息服务体系建设。常态化开展徒步穿越丹霞、丹霞山马拉松、环丹自行车等系列大型品牌赛事，打造与大湾区世界级旅游目的地衔接呼应的生态旅游高地。

积极对接“双区”大市场。县工信局、丹霞开发区牵头积极开展“双区”产业对接，加强与驻仁中省企业、上市公司及在仁有生产基地的大型企业的合作，鼓励其将产业链的上下游项目布局仁化，不断拉长产业链条，打造产业集群。利用好虎仁对口帮扶平台，突出产业和民生两个重点，努力在产业共建、民生事业等方面取得更大实效。县交通运输局牵头围绕提升融入国内国际双循环重要通道支撑，积极完善对接“双区”、联动周边、拓展发展的通达条件、大力推进国省道、出省通道改造升级。虎仁指挥部牵头完成新签约亿元以上工业项目5个，新开工亿元以上项目3个，新开工3000万元以上项目3个。

切实筑牢生态屏障。县林业局牵头配合服务南岭国家公园丹霞山片区建设，推进现有自然保护地整合优化。扎实抓好“四大工程”，推进林业生态建设，实施周田镇平甫村绿美古树乡村、锦江两岸生态公益林示范区等建设。全面推行“林长制”，重点防治“一把火”“一把刀”“一条虫”。大力发展林下经济，完成低产油茶林改造1000亩。完成高质量水源林造林2000亩，力争成功创建国家森林城市。县自然资源局、市生态环境局仁化分局负责调整优化生态保护红线,实施“两山”理论实践创新基地创建。组织推进自然保护区人类活动遥感监测点位整改。严格实施“三线一单”生态环境管控体系，严厉惩处破坏生态环境行为。县自然资源局负责推进南粤古驿道修复及活化利用。县水务局、县自然资源局、县林业局、县公安局负责依法严厉打击非法盗采河砂、稀土、煤炭、森林资源等违法犯罪行为。

（四）坚定不移攻坚城镇提升，打造高质量发展助推器

优化城市空间布局。县自然资源局牵头以“四城同创”为目标，围绕县级国土空间规划和市委提出的县城品质提升“439”行动计划，不断优化城市发展空间布局。加快完成《仁化县国土空间规划（2020—2035年）》编制。继续做好“三旧”改造工作。县交通运输局负责落实中央交通强国部署以及省实施交通强国建设试点十大工程要求，扎实做好雄乐高速（仁化段）前期工作。县住建管理局负责推进北环线建设和联通县城“断头路”打通工作。加强城市信息化管理，制定完善全县电子地图。

完善城市功能配套。县交通运输局牵头加快新、老城间交通基础设施建设。继续推进“四好农村路”建设，完成乡道543线车湾至车头段、乡道575线六角亭至旱溪桥段、乡道637线上联至下洞段建设。完成省道244

龙皇坪至闻韶段路面改造。县住建管理局牵头加快完成丹霞新城甫仁路、幼儿园西侧道路等一批市政道路建设。稳妥推进规划二路、啸仙路等现有断头路征拆工作。积极开展雨污分流、道路改造、垃圾分类收集和消防设施改造。扎实推进锦霞大道、仁桥南路等主干道路面修复工程，加快推进一江两岸亮化提升工程。

提高城市治理水平。县交通运输局牵头推进“地方公路日常养护市场化”改革。县住建管理局牵头持续提升环丹霞山绿化景观及县城市政园林等设施的后期管护水平，常态化开展环境卫生整治，围绕城乡接合部和各镇（街）的背街小巷、老旧小区、农贸市场、公路沿线等重点区域，集中解决积存垃圾、卫生死角、沿路抛洒等突出问题。规范运营现有垃圾无害化处理设施，加快落实仁化县厨余垃圾处理中心选址和厂房建设。加快推进新型城镇化发展步伐和“数字城管”落地见效，不断完善城市管理和服务，推动城市管理精细化、智能化、数字化水平。

擦亮仁爱仁化品牌。县文明办牵头持之以恒建设“崇仁博爱、生态活力、幸福宜居”的“仁爱仁化”文明城市，确保顺利高分通过文明城市年度测评。建立高效运转的巩固提升文明城市建设常态化长效工作机制。巩固拓展全国文明城市成果，深化拓展新时代文明实践中心建设。对标建设或更新一批具有仁化特色的公益广告和景观小品。积极推行绿色低碳生活方式，促进适度消费、光盘行动、低碳出行，实施节能、节水、节地、节材行动，推动节约型社会建设。城口镇负责推进城口红色小镇二期项目建设。县文广旅体局负责打造一台以红色文化为主题的歌舞剧。

（五）坚定不移攻坚风险防范，筑牢高质量发展安全线

持续抓好疫情防控。县疫情指挥办牵头时刻绷紧疫情防控这根弦，健全“三个一”社区网格化疫情防控机制，织牢织密“外防输入、内防扩散”公共卫生防控体系。加强重点人群防控，对高风险岗位人群加强培训、监督、教育和管理。县卫健局、县教育局、县民政局牵头加强重点场所防控，聚焦疫情防控隔离点、医疗、学校、农村、养老、救助管理等场所。市场监管局牵头强化冷链食品等高风险品种全链条监管。县疫情指挥办牵头科学谋划、周密部署，加强网格化管理，完善好应急处置预案，强化生活物资保障供应，确保社会大局和谐稳定。

巩固脱贫攻坚成果。县农业农村局牵头推进巩固脱贫攻坚成果同乡村振兴有效衔接，完善产业、就业、消费、教育、医疗等扶贫长效机制，防止贫困人口返贫和新增致贫。推动各级机关、国有企事业单位和民营企业、社会团体、公民个人等积极参与消费扶贫，大力推动“广东消费扶贫”系列活动。统筹用好医保、养老、社会救助等综合社会保障政策。强化人才培养及提升，为扶贫和乡村振兴提供智力支撑。打造农村田园综合体和乡村振兴示范区，不断创新扶贫和乡村振兴持续发展新路径。

全力做好污染防治。县农业农村局、县林业局、县公安局和各镇（街）负责遏制和管控露天焚烧行为。县公安局牵头落实烟花爆竹禁燃禁放管控。县应急管理局牵头做好森林防火工作，改善空气质量，保卫好一片蓝天。县畜牧局牵头持续加强畜禽养殖整治，大力推广高效生态养殖技术模式。各镇（街）负责完成已建成镇级污水处理厂验收工作，加快配套管网建设，做好运营管护，落实老旧污水处理设施整改。县水务局牵头全面落实“河长制”“湖长制”，高质量推进锦江河、浈江（仁化段）及中小河流域综合治理和万里碧道建设。加强饮用水源地保护，健全水质监测预警体系，守护好一江碧水。县农业农村局牵头推进农药包装废弃物和废弃农膜回收利用，严控农业面源污染。县自然资源局负责强化矿山地质环境恢复治理、绿色矿山建设和非煤矿山管理，保护好一方净土。市生态环境局仁化分局负责以崭新姿态、全新面貌做好新一轮中央环保督查整改工作。统筹推进涉重金属污染治理项目建设，加强固体废物综合管理。全面加强丹霞山景区内排污整治。

防范化解重大风险。县公安局牵头全面维护社会治安稳定，建设“平安仁化”。严厉打击电信网络诈骗、传统盗抢骗、涉食药环和涉黄赌毒违法犯罪行为。全力推动派出所规范化建设，持续落实和完善基层派出所“八个一”勤务机制、红袖章治安联防组织“三个一”工作制度。县司法局牵头实施依法治县工作，推进镇（街）综合行政执法改革。建设覆盖城乡居民的公共法律服务体系，发挥法律援助惠民作用。县市场监管局牵头落实食品药品、特种设备、产品质量安全监管工作。县自然资源局牵头加强土地和地质灾害动态巡查，引导群众树立依法依规用地意识，按时保质完成地质灾害治理工程。县财政局负责强化地方政府债务管理，稳妥推进存量隐性债务化解。县应急管理局负责推进应急管理体系和能力现代化建设，深化重点行业领域各类专项整治行动，确保全县安全生产形势持续稳定。

（六）坚定不移攻坚民生保障，奏响高质量发展协奏曲

优先发展教育事业。县教育局负责全面提升各类基础教育办学条件，不断缩小城乡教育差距，提高教育现代化水平。积极创建全国义务教育优质均衡发展县。加快推动“学区化”管理办学，建立城乡互助共同体。推进仁化中学恢复初中办学。加快推进仁化中学三项优化工程建设。启动实验学校综合楼和红山镇中心幼儿园建设。加强学校安全风险防控体系建设。

加快建设健康仁化。县卫健局负责加强中医优势专科建设，提升基层医疗卫生单位中医馆服务能力。持续深化医药卫生体制改革，实施国家基本公共卫生服务项目，推进紧密型县域医共体建设。加大职业健康行政监督执法力度，积极推进职业健康检查机构和尘肺病康复点建设。县医保局负责成立县医保中心，完善各项规章制度。

托底保障民生工程。县文广旅体局牵头实施县图书馆新建、县博物馆修缮、县文化馆（站）扩建、县图书分馆建设提升工程。县医保局负责全面落实困难群众参加基本医疗保险帮扶政策，稳步推进医疗保障信息平台上线工作。县民政局负责深入推进养老服务体系建设，落实镇（街）敬老院基础设施改造提升。加强孤弃儿童保障工作,推进农村留守儿童、困境儿童和留守妇女建档立卡工作。推进“广东兜底民生服务社会双百工程”建设。县退役军人事务局负责继续做好“双拥”工作，巩固提升退役军人服务保障体系建设水平，加强烈士纪念设施维护和管理。县人社局负责持续推进“粤菜师傅”“南粤家政”“广东技工”三大工程。实现城镇新增就业1500人。县教育局、县人社局、县卫健局、县民政局、县住建管理局、县文广旅体局等部门牵头推进基本公共服务均等化。

抓好八件民生实事（由人大代表从以下十件中票决出八件）：

1.完成县人民医院发热门诊建设及感染科防治楼建设。

2.完成城镇老旧小区改造一批。

3.实施第一农贸市场升级改造工程。

4.完成新城幼儿园（暂命名）建设。

5.完成中等职业学校实训楼建设。

6.完成山水林田湖草生态保护修复试点工程。

7.落实新能源城市公交补贴。

8.推进垃圾分类试点工作。

9.完成10家基层医疗机构医疗污水处理系统建设。

10.实施摩托车驾驶证“送考下乡”。

（七）坚定不移攻坚自身建设，锻造高质量发展指挥棒

旗帜鲜明讲政治。增强“四个意识”、坚定“四个自信”、做到“两个维护”，始终同以习近平同志为核心的党中央保持高度一致。全面加强政府系统党建工作，严守政治纪律、政治规矩，确保中央和省、市、县委各项决策部署落到实处。严格落实意识形态工作责任制，坚决维护政府系统意识形态安全。

依法行政优决策。全面推进法治政府示范县建设。严格履行重大行政决策法定程序，落实行政执法三项制度，确保行政负责人出庭应诉率达100%，推进行政决策科学化、民主化、法治化。深入推进政务公开，自觉接受人大法律监督、政协民主监督和社会舆论监督，确保权力在阳光下运行。

担当作为提效能。转变工作作风，提升服务质量，当好“服务员”，以政府的“效率指数”提升经济社会的“发展指数”。深化拓展“精文减会”和基层减负工作。大力弘扬担当精神，推行目标任务化、任务项目化、项目清单化、清单责任化，为担当者担当、让履职者尽责。

清正廉洁树形象。把全面从严治党贯彻落实到政府工作各个方面，更大力度推进党风廉政建设和反腐败工作。持续巩固“不忘初心、牢记使命”主题教育成果。认真抓好巡视整改“后半篇”文章。严格落实中央八项规定及实施细则，严防“四风”问题反弹回潮。坚持过紧日子，严控“三公”经费。严肃整治侵害群众利益的不正之风和腐败问题。

各位代表，任重千钧，唯有担当。让我们更加紧密地团结在以习近平同志为核心的党中央周围，高举习近平新时代中国特色社会主义思想伟大旗帜，在县委的坚强领导下，不忘初心、牢记使命、接续奋斗，以一往无前的奋斗姿态、风雨无阻的精神状态，与全县人民一道，奋力打造北部生态发展区绿色发展仁化样板，努力争当韶关市生态文明和乡风文明建设排头兵，以优异成绩向中国共产党成立100周年献礼！

名词解释：

1.“三品认证”产品：指无公害农产品、绿色食品、有机农产品认证。

2.省级“菜篮子”基地：指以从事“菜篮子”产品(肉、菜、果、蛋、奶、水产品)的生产、加工、储备流通为主业,保证广东省“菜篮子”产品供应,经营规模和指标达到规定标准,并经过省“菜篮子”管理机构认定的基地。

3.“四大工程”：指植树造林和绿化、“森林进城，公园下乡”、乡村绿化美化、景观林带建设四大重点林业生态工程。

4.“五小”惠民工程：指小公园、小广场、小运动场、小停车场、小菜市场。

5.普通公路路长制“136”行动计划：“1”即“制定一个方案”，“3”即“组建三支队伍”，“6”即“开展六项重点工作。

6.“5080”目标：指公办幼儿园在园幼儿数占比达到50%以上,公办幼儿园和普惠性民办幼儿园占比达到80%以上。

7.“一门式一网式”政府服务：指依托各级实体办事大厅和网上办事大厅，整合部门分设的办事窗口和审批服务系统为政府综合服务窗口和网上统一申办受理平台，实现一个门、一张网办事，管住管好政府服务的进出两端。

8.“三个一”工作指挥闭环机制：疫情指挥部每天一部署工作、镇（街）党委每天一会商、网格支部每天一小会，形成三级党组织集中会商、研判、决策、部署和落实机制。

9.“三个在先”防控组织体系：领导在先、党员在先、干部在先。

10.“三套网格”机制：区域、行业、单位网格管理机制。

11.社区“三人小组”：村居干部、基层民警和医务人员组成三人小组的社区防控模式。

12.“四小园”建设：即小菜园、小果园、小花园、小游园。

13.乡镇(镇街)提升“139”行动计划：“1”是镇街整治提升专项规划，“3”是垃圾、污水、“六乱”三项整治，“9”是九大基础工程。

14.“粤系列”指尖办事小程序：指“粤省事”“粤商通”等系列政务服务小程序，便利群众办事。

15.“三线一单”：生态保护红线、环境质量底线、资源利用上线和生态环境准入清单。

16.县城品质提升“439”行动计划：“4”是全国文明城市、国家森林城市、国家卫生城市、国家园林城市“四城同创”，“3”是垃圾、污水、“六乱”三项整治，“9”是九项品质提升工程。

17.“八个一”勤务制度：每周一研判、每周一提示、每日一设卡、每周一走访、每月一检查、每村（居）一组织、每日一内查、每周一训练。

18.“三个一”工作制度：每村（居）一群组，每日一巡访，每周一调解。

2021年中国共产党仁化县委员会文件目录一览表

表60

序号	发文单位	文件名	发文号	发文时间
1	中共仁化县委 仁化县人民政府	中共仁化县委　仁化县人民政府关于调整部分县党政班子成员工作分工的通知	仁发〔2021〕1号	2月20日
2	中共仁化县委	中共仁化县委关于印发《中共仁化县委常委会2021年工作要点》的通知	仁发〔2021〕3号	3月23日
3	中共仁化县委 仁化县人民政府	中共仁化县委　仁化县人民政府关于调整部分县领导分工和挂点联系工作通知	仁发〔2021〕4号	6月15日
4	中共仁化县委 仁化县人民政府	中共仁化县委　仁化县人民政府关于调整县委、县政府领导班子成员工作分工及县四套班子领导挂点联系镇（街）的通知	仁发〔2021〕6号	9月15日
5	中共仁化县委 仁化县人民政府	中共仁化县委　仁化县人民政府关于调整部分县领导分工和挂点联系工作通知	仁发〔2021〕7号	10月23日
6	中共仁化县委 仁化县人民政府	中共仁化县委　仁化县人民政府关于调整县四套班子领导挂点联系镇（街）安排的通知	仁发〔2021〕8号	11月18日

2021年仁化县人民政府文件目录一览表

表61

序号	文件名	发文号	发文时间
1	关于研究凡口铅锌矿劳动服务公司改制工作的会议纪要	仁府纪要〔2021〕1号	1月9日
2	关于研究启动仁化县农村公路日常养护市场化工作会议纪要	仁府纪要〔2021〕2号	1月19日
3	关于研究拟设“广东省仁化县丹霞街道办深塘（北）矿区砖瓦用砂岩矿”采矿权的会议纪要	仁府纪要〔2021〕3号	1月19日
4	关于研究全县工程建设项目审批制度改革暨房屋市政工程安全生产管理、农村房屋安全隐患排查整治工作会议纪要	仁府纪要〔2021〕4号	1月21日
5	关于研究山水林田湖草生态保护修复试点项目实施和资金监管工作的会议纪要	仁府纪要〔2021〕5号	1月28日
6	关于研究2021年县财政预算工作的会议纪要	仁府纪要〔2021〕6号	1月28日
7	关于春运期间疫情防控、防冻、安全生产等工作会议纪要	仁府纪要〔2021〕7号	1月29日
8	关于研究教育工作专题的会议纪要	仁府纪要〔2021〕8号	2月8日
9	关于研究2021年春节前期工程项目资金安排工作会议纪要	仁府纪要〔2021〕9号	2月10日
10	关于研究全县森林防灭火工作视频会议纪要	仁府纪要〔2021〕10号	2月20日
11	关于研究推进仁化县工业经济发展专题会议纪要	仁府纪要〔2021〕11号	3月2日
12	关于研究进一步推进落实违规发放津补贴问题整改工作的会议纪要	仁府纪要〔2021〕12号	3月12日
13	关于研究丹霞山度假酒店项目调度会议纪要	仁府纪要〔2021〕13号	3月15日
14	关于研究审计巡视整改工作会议纪要	仁府纪要〔2021〕14号	3月15日
15	关于研究党风廉政建设（集体谈心谈话）会议纪要	仁府纪要〔2021〕15号	3月15日
16	关于研究全县2021年春耕生产工作会议纪要	仁府纪要〔2021〕16号	3月15日

续表61

序号	文件名	发文号	发文时间
17	关于研究3·11闻韶镇应急处置工作会议纪要	仁府纪要〔2021〕17号	3月17日
18	关于研究推进中科国发发泡陶瓷建材基地项目建设的会议纪要	仁府纪要〔2021〕18号	3月31日
19	关于研究2021年清明祭扫疫情防控及服务保障工作会议纪要	仁府纪要〔2021〕19号	4月2日
20	关于研究仁化中学综合楼建设项目现场协调会议纪要	仁府纪要〔2021〕20号	4月6日
21	关于集体约谈县委巡察及各项审计整改工作相关责任单位的会议纪要	仁府纪要〔2021〕21号	4月6日
22	关于研究交警大队办公楼及宿舍楼地块房屋征收补偿有关事项的专题会议纪要	仁府纪要〔2021〕22号	4月22日
23	关于研究丹霞冶炼厂扩建项目协调的会议纪要	仁府纪要〔2021〕23号	4月22日
24	关于研究一和丹霞山国际旅游度假项目专题调度会议纪要	仁府纪要〔2021〕24号	4月12日
25	关于研究锦江河流域生态环境综合治理工作的会议纪要	仁府纪要〔2021〕25号	4月25日
26	关于研究一季度经济工作和二季度经济工作计划会议纪要	仁府纪要〔2021〕26号	4月25日
27	关于研究落实省委第六巡视组巡视反馈意见整改工作推进会议纪要	仁府纪要〔2021〕27号	4月25日
28	关于研究政务网络安全工作会议纪要	仁府纪要〔2021〕28号	4月26日
29	密件存放	仁府纪要〔2021〕29号	—
30	密件存放	仁府纪要〔2021〕30号	—
31	关于研究仁化县2020—2021年度广东金柚优势特色产业集群项目评审及资金分配情况的专题会议纪要	仁府纪要〔2021〕31号	4月27日
32	关于约谈有关镇（街）发生非法倾倒固废现象的会议纪要	仁府纪要〔2021〕32号	4月28日
33	关于约谈有关镇（街）发生畜禽养殖整治复养现象的会议纪要	仁府纪要〔2021〕33号	4月28日
34	关于研究凡口矿原汽车队场地管理工作会议纪要	仁府纪要〔2021〕34号	4月29日
35	关于研究仁化县小水电站企业划拨安全生产管理补助资金工作会议纪要	仁府纪要〔2021〕35号	5月8日
36	关于研究仁化县锦江河城口镇段碧道建设项目设计方案审议会议纪要	仁府纪要〔2021〕36号	5月8日
37	关于研究仁化县系统防范化解道路交通安全风险工作会议纪要	仁府纪要〔2021〕37号	5月8日
38	关于加快推进仁化县柑橘产业园长坝沙田柚加工流通集聚中心项目建设的工作专题会议纪要	仁府纪要〔2021〕38号	5月10日
39	关于研究山水林田湖草项目推进工作会议纪要	仁府纪要〔2021〕39号	5月11日
40	关于研究大桥镇长坝村集体经济发展问题工作会议纪要	仁府纪要〔2021〕40号	5月13日
41	关于深入打好污染防治攻坚战工作的会议纪要	仁府纪要〔2021〕41号	5月13日
42	关于研究仁化县2021年一季度经济形势研判和二季度经济工作会议纪要	仁府纪要〔2021〕42号	5月13日
43	关于研究2021年仁化县基础教育高质量发展会议纪要	仁府纪要〔2021〕43号	5月14日
44	关于研究2021年仁化县教育督导工作会议纪要	仁府纪要〔2021〕44号	5月14日

续表61

序号	文件名	发文号	发文时间
45	关于约谈县产业转移园区污水处理厂有关问题的会议纪要	仁府纪要〔2021〕45号	5月14日
46	关于研究县政府廉政工作会议纪要	仁府纪要〔2021〕46号	5月14日
47	关于研究仁化县扫黑除恶常态化工作专题会议纪要	仁府纪要〔2021〕47号	5月14日
48	关于研究仁化县政法队伍整顿工作专题会议纪要	仁府纪要〔2021〕48号	5月14日
49	关于研究红山镇鱼皇村上为坑组地质灾害避险搬迁工作推进会议纪要	仁府纪要〔2021〕49号	5月14日
50	关于研究黄坑宝能征地信访问题、丹冶周边有色金属园区问题和事业单位绩效问题	仁府纪要〔2021〕50号	5月14日
51	关于研究仁化县镇级饮用水源地“划、立、治”相关工作会议纪要	仁府纪要〔2021〕51号	5月14日
52	关于研究仁化县打击电信诈骗工作专题会议纪要	仁府纪要〔2021〕52号	5月17日
53	关于研究董塘郑某事件处置工作会议纪要	仁府纪要〔2021〕53号	5月17日
54	关于研究污水处理有关事项专题会议纪要	仁府纪要〔2021〕54号	5月17日
55	关于研究项目包装工作的会议纪要	仁府纪要〔2021〕55号	5月19日
56	关于研究龙船坑水环境综合整治事宜的会议纪要	仁府纪要〔2021〕56号	5月20日
57	关于教育工作专题会议纪要	仁府纪要〔2021〕57号	5月24日
58	关于重点项目推进工作的会议纪要	仁府纪要〔2021〕58号	5月27日
59	关于加快推进中科国发生物质能源与发泡轻体建筑材料基地项目建设的会议纪要	仁府纪要〔2021〕59号	5月27日
60	关于研究明昊公司非法采砂案“回头看”工作专题会议纪要	仁府纪要〔2021〕60号	5月27日
61	关于研究黄坑镇小溪村滥伐林木案“回头看”工作专题会议纪要	仁府纪要〔2021〕61号	5月27日
62	关于研究推进丹霞山度假酒店项目建设专题会议纪要	仁府纪要〔2021〕62号	5月27日
63	关于研究推进困难群众风险隐患排查工作专题会议纪要	仁府纪要〔2021〕63号	5月28日
64	关于加快推进广东供销天业（仁化）冷链物流园项目建设工作专题会议纪要	仁府纪要〔2021〕64号	5月31日
65	关于研究校园安保工作专题会议纪要	仁府纪要〔2021〕65号	5月31日
66	关于研究锦江电厂现行自供区转由县网供电工作的会议纪要	仁府纪要〔2021〕66号	6月1日
67	关于研究山水林田湖草生态保护修复试点新一批项目推进工作的会议纪要	仁府纪要〔2021〕67号	6月8日
68	关于研究不实补充耕地整改工作专题会议纪要	仁府纪要〔2021〕68号	6月8日
69	于研究舆情处置专题工作会议纪要	仁府纪要〔2021〕69号	6月9日
70	关于研究高考备考专题工作会议纪要	仁府纪要〔2021〕70号	6月9日
71	关于研究黄坑页岩砖厂资产包处置相关事宜的会议纪要	仁府纪要〔2021〕71号	6月10日
72	关于研究项目包装前期经费分配工作的会议纪要	仁府纪要〔2021〕72号	6月11日

续表61

序号	文件名	发文号	发文时间
73	于研究涉农资金支付工作的会议纪要	仁府纪要〔2021〕73号	6月13日
74	关于学习自然资源政策报告的会议纪要	仁府纪要〔2021〕74号	6月13日
75	关于研究红军长征粤北纪念馆建设项目工程结算审计整改工作专题会议纪要	仁府纪要〔2021〕75号	6月19日
76	关于研究教育专题会议纪要	仁府纪要〔2021〕76号	6月22日
77	关于仁化县锦江河流域综合治理工作的会议纪要	仁府纪要〔2021〕77号	6月23日
78	关于研究仁化县2021年重点项目工作推进会议纪要	仁府纪要〔2021〕78号	6月23日
79	关于加快垦造水田项目信息补录和不实补充耕地整改工作会议纪要	仁府纪要〔2021〕79号	6月23日
80	关于安全生产工作专题会议纪要	仁府纪要〔2021〕80号	6月23日
81	关于仁化县禁毒工作专题会议纪要	仁府纪要〔2021〕81号	6月30日
82	关于教育工作专题会议纪要	仁府纪要〔2021〕82号	7月1日
83	关于迎接审计广东省2021年第二季度贯彻落实国家重大政策措施情况部署工作会议纪要	仁府纪要〔2021〕83号	7月2日
84	关于研究仁化县重点关注生态环境问题整治工作的会议纪要	仁府纪要〔2021〕84号	7月5日
85	关于研究仁化县天然气企业整合工作专题会议纪要	仁府纪要〔2021〕85号	7月5日
86	关于研究锦城公园入口至县人民医院后门道路改造建设协调会会议纪要	仁府纪要〔2021〕86号	7月6日
87	关于研究山水林田湖草项目推进工作会议纪要	仁府纪要〔2021〕87号	7月7日
88	关于研究全县促进农业转移人口市民化加快新型城镇化工作会议纪要	仁府纪要〔2021〕88号	7月8日
89	关于研究全县烈士纪念设施保护修缮工作专题会议纪要	仁府纪要〔2021〕89号	7月9日
90	关于研究仁化县重点关注生态环境问题整治工作第二次会议纪要	仁府纪要〔2021〕90号	7月12日
91	关于仁化县2021年严格管控类耕地管控工作专题会议纪要	仁府纪要〔2021〕91号	7月12日
92	关于研究教育有关工作会议纪要	仁府纪要〔2021〕92号	7月13日
93	关于研究信访工作的会议纪要	仁府纪要〔2021〕93号	7月13日
94	关于研究安全生产工作的会议纪要	仁府纪要〔2021〕94号	7月13日
95	关于研究河道采砂开采权出让前期工作会议纪要	仁府纪要〔2021〕95号	7月15日
96	关于研究周田镇较坑村垦造水田项目整改工作专题会议纪要	仁府纪要〔2021〕96号	7月16日
97	关于红山镇中心幼儿园项目现场会议纪要	仁府纪要〔2021〕97号	7月26日
98	关于研究县政府党组专题学习会议纪要	仁府纪要〔2021〕98号	7月27日
99	关于研究民生工作专项会议纪要	仁府纪要〔2021〕99号	7月27日
100	关于研究仁化县重点关注生态环境问题整治工作第三次会议纪要	仁府纪要〔2021〕100号	8月2日
101	关于研究仁化县生态环境问题（丹霞山新增斑点）整改工作专题会议纪要	仁府纪要〔2021〕101号	8月2日
102	关于违法用地情况审计调查工作会议纪要	仁府纪要〔2021〕102号	8月2日

续表61

序号	文件名	发文号	发文时间
103	关于研究董塘丹冶地块收益分成工作会议纪要	仁府纪要〔2021〕103号	8月5日
104	关于研究拆旧复垦遗留问题工作会议纪要	仁府纪要〔2021〕104号	8月6日
105	关于研究仁化县2021年涉农资金使用暨2022年项目遴选上报工作推进会议纪要	仁府纪要〔2021〕105号	8月9日
106	关于研究卓安智能科技发展（韶关）有限公司偷排废水案件处置工作会议纪要	仁府纪要〔2021〕106号	8月15日
107	关于研究仁化县经济运行和招商引资工作会议纪要	仁府纪要〔2021〕107号	8月16日
108	关于研究中央环保督察工作的会议纪要	仁府纪要〔2021〕108号	8月17日
109	关于研究调度重点项目（丹霞灵溪景区）的会议纪要	仁府纪要〔2021〕109号	8月18日
110	关于研究韶关丹霞大树精品民宿项目租赁丹霞电站宿舍楼事宜会议纪要	仁府纪要〔2021〕110号	8月23日
111	关于研究2021年仁化县教师工作联席会议纪要	仁府纪要〔2021〕111号	8月23日
112	关于研究县政府工作会议纪要	仁府纪要〔2021〕112号	8月24日
113	关于确定仁化县农村人居环境综合整治五大片区竣工结算主要建筑材料调整价差计算模式的专题会议纪要	仁府纪要〔2021〕113号	8月24日
114	关于研究县政府专项工作会议纪要	仁府纪要〔2021〕114号	8月24日
115	关于研究教育专项工作会议纪要	仁府纪要〔2021〕115号	8月26日
116	关于研究议事协调工作会议纪要	仁府纪要〔2021〕116号	8月30日
117	关于研究县政府专题工作会议纪要	仁府纪要〔2021〕117号	8月30日
118	关于调整县人民医院综合大楼工程建设项目立项工作协调会议纪要	仁府纪要〔2021〕118号	9月1日
119	关于中南大学、中金岭南公司来仁交流座谈会议纪要	仁府纪要〔2021〕119号	9月3日
120	关于成立县级农业发展公司协调会议纪要	仁府纪要〔2021〕120号	9月9日
121	关于研究县政府工作会议纪要	仁府纪要〔2021〕121号	9月14日
122	关于研究年产30万吨高科技生物饲料项目联审联批会议纪要	仁府纪要〔2021〕122号	9月16日
123	关于仁化县山水林田湖草生态保护修复试点新一批中央专项资金支持项目推进工作会议纪要	仁府纪要〔2021〕123号	9月16日
124	关于研究黄坑镇自来水问题整改工作会议纪要	仁府纪要〔2021〕124号	9月17日
125	关于研究富仁公司股东出资事宜的会议纪要	仁府纪要〔2021〕125号	9月24日
126	关于研究红山镇鱼皇村上为坑和小椙水麻竹下、雷公排地质灾害避险搬迁项目工作专题会议纪要	仁府纪要〔2021〕126号	9月27日
127	关于研究征地补偿铺面有关事宜会议纪要	仁府纪要〔2021〕127号	9月27日
128	关于2021年涉农资金使用及部分项目调整工作会议纪要	仁府纪要〔2021〕128号	9月28日
129	关于研究教育专项工作会议纪要	仁府纪要〔2021〕129号	9月30日
130	关于研究中央生态环境保护督察仁化协调联络组工作会议纪要	仁府纪要〔2021〕130号	10月9日

续表61

序号	文件名	发文号	发文时间
131	关于研究县政府工作会议纪要	仁府纪要〔2021〕131号	10月12日
132	关于研究县政府专题会议纪要	仁府纪要〔2021〕132号	10月14日
133	关于研究省级涉农资金支出工作会议纪要	仁府纪要〔2021〕133号	10月18日
134	关于研究仁化县中小学校园安全“百日攻坚”行动动员部署工作会议纪要	仁府纪要〔2021〕134号	10月20日
135	关于研究仁化县一体化政务服务能力第三方调查评估迎评工作会议纪要	仁府纪要〔2021〕135号	10月25日
136	关于研究土地出让及用地报批工作的会议纪要	仁府纪要〔2021〕136号	10月26日
137	关于研究土仁化县殡葬违规用地图斑整改协调工作会议纪要	仁府纪要〔2021〕137号	11月2日
138	关于研究服务农业贷款金融工作会议纪要	仁府纪要〔2021〕138号	11月5日
139	关于研究仁化县疫情防控工作会议纪要	仁府纪要〔2021〕139号	11月7日
140	关于研究石塘镇、城口镇、红山镇中心幼儿园建设推进会议纪要	仁府纪要〔2021〕140号	11月7日
141	关于研究新庄工业园园中园地块异地倾倒垃圾处置专题会议纪要	仁府纪要〔2021〕141号	11月12日
142	关于研究县政府专题工作会议纪要	仁府纪要〔2021〕142号	11月12日
143	关于涉粮工作专题会议纪要	仁府纪要〔2021〕143号	11月12日
144	关于研究保障2021年度国家公路网技术状况监测工作的会议纪要	仁府纪要〔2021〕144号	11月16日
145	关于研究仁化县财税工作会议纪要	仁府纪要〔2021〕145号	11月17日
146	关于研究大树精品民宿项目协调工作会议纪要	仁府纪要〔2021〕146号	11月23日
147	关于研究周田张屋村整治项目、铁路沿线美丽乡村建设工作专题会议纪要	仁府纪要〔2021〕147号	11月23日
148	关于研究省级柑橘产业园审计整改工作会议纪要	仁府纪要〔2021〕148号	11月23日
149	关于研究部署分管领域安全生产、疫情防控、绩效考核工作的会议纪要	仁府纪要〔2021〕149号	11月24日
150	关于研究全县燃气安全工作部署会议纪要	仁府纪要〔2021〕150号	11月24日
151	关于研究政府债券使用专题会议纪要	仁府纪要〔2021〕151号	11月26日
152	关于原林业站涉改人员工资问题协调会议纪要	仁府纪要〔2021〕152号	11月26日
153	关于研究部署道路交通安全系统防范工作会议纪要	仁府纪要〔2021〕153号	11月26日
154	关于原林业站涉改人员工资问题协调会议纪要	仁府纪要〔2021〕154号	11月26日
155	关于研究电力树障清理工作会议纪要	仁府纪要〔2021〕155号	11月29日
156	关于研究全县地下管线安全生产工作会议纪要	仁府纪要〔2021〕156号	11月29日
157	关于研究仁化县财税工作会议纪要	仁府纪要〔2021〕157号	11月30日
158	关于与市公路事务中心有关负责同志协调相关事项的会议纪要	仁府纪要〔2021〕158号	11月30日
159	关于研究仁化县水务系统安全生产专题工作会议纪要	仁府纪要〔2021〕159号	12月2日
160	关于研究困境儿童关爱保护和保障工作专题会议纪要	仁府纪要〔2021〕160号	12月3日

续表61

序号	文件名	发文号	发文时间
161	关于研究仁化县维稳安全防事故工作会议纪要	仁府纪要〔2021〕161号	12月6日
162	关于研究Y629线灵溪河大桥至新凉亭公路改建工程沿线管线迁移工作协调会议纪要	仁府纪要〔2021〕162号	12月6日
163	关于仁化县河道采砂开采权出让工作领导小组会议纪要	仁府纪要〔2021〕163号	12月8日
164	关于深入开展沿江岸线整治百日攻坚行动推进会暨百顺河流域环境综合治理部署工作会议纪要	仁府纪要〔2021〕164号	12月14日
165	关于研究仁化县小水电清理整改工作会议纪要	仁府纪要〔2021〕165号	12月15日
166	关于研究项目推进专题工作会议纪要	仁府纪要〔2021〕166号	12月19日
167	关于研究煤矸石取用与生物质耦合燃烧发电示范项目推进工作的会议纪要	仁府纪要〔2021〕167号	12月20日
168	关于研究部署分管领域岁末年初工作的会议纪要	仁府纪要〔2021〕168号	12月27日
169	关于固体废物非法转移倾倒违法行为处理处置和遏制专题工作部署会议纪要	仁府纪要〔2021〕169号	12月27日
170	关于研究银海固废整改工作专题会议纪要	仁府纪要〔2021〕170号	12月27日
171	关于研究仁化县2022年元旦假日旅游暨与丹霞山管委会联席会议纪要	仁府纪要〔2021〕171号	12月31日
172	关于仁化县集体建设用地不动产登记发证（第一批）的批复	仁府复〔2021〕1号	1月14日
173	关于同意仁化县自然资源局在中介超市采用直接选取方式确定2020年度全国国土变更调查工作技术服务机构的批复	仁府复〔2021〕2号	1月20日
174	关于同意使用集体建设用地建文化室的批复	仁府复〔2021〕3号	1月21日
175	关于同意多金属复杂渣料彻底资源化综合利用异地技术升级扩建项目社会稳定风险评估报告的批复	仁府复〔2021〕4号	1月22日
176	关于同意重大火灾隐患单位摘牌的批复	仁府复〔2021〕5号	2月1日
177	关于同意挂牌督办仁化县大诚华府消防车通道治理工作的批复	仁府复〔2021〕6号	3月4日
178	关于仁化县集体建设用地不动产登记发证（第一批）的批复	仁府复〔2021〕7号	3月3日
179	仁化县人民政府关于同意2021年度仁化县大中型水库移民后期扶持资金项目计划的批复	仁府复〔2021〕8号	3月24日
180	仁化县人民政府关于同意2020年度仁化县大中型水库移民后期扶持基金（项目资金）、后扶基金（资金）和省属水电厂移民补助资金（2018年税收返还部分）项目计划的批复	仁府复〔2021〕9号	3月24日
181	关于对仁化县城口镇水电管理所、刘玉泉土地确权的批复	仁府复〔2021〕10号	3月26日
182	关于同意撤销县董塘镇A～D等4个地块项目用地划拨手续的批复	仁府复〔2021〕11号	4月8日
183	关于同意撤销仁化县大桥镇古洋村A地块项目用地划拨手续的批复	仁府复〔2021〕12号	4月10日
184	关于同意撤销仁化县周田有色金属循环经济产业基地停车场地块项目用地划拨手续的批复	仁府复〔2021〕13号	4月15日
185	关于同意撤销县5宗公共服务设施用地划拨手续的批复	仁府复〔2021〕14号	4月15日
186	关于同意使用集体建设用地建文化室的批复	仁府复〔2021〕15号	4月22日

续表61

序号	文件名	发文号	发文时间
187	关于同意将仁化县城口丰源温泉项目西侧Ⅰ地块划拨给中共仁化县委党校使用的批复	仁府复〔2021〕16号	4月26日
188	关于批准并公布仁化县2021年度土地储备计划的批复	仁府复〔2021〕17号	4月26日
189	关于韶关市仁化县2021年度第一批次城镇建设用地项目社会稳定风险评估的批复	仁府复〔2021〕18号	4月30日
190	关于对仁化县扶溪镇人民政府土地确权的批复	仁府复〔2021〕19号	5月17日
191	关于同意仁化县原建筑公司Ⅲ号地块合宗的批复	仁府复〔2021〕20号	5月24日
192	关于同意仁化县2021年度国有建设用地供应计划的批复	仁府复〔2021〕21号	4月29日
193	关于同意仁化县董塘镇铁屎岭地块国有建设用地使用权出让方案的批复	仁府复〔2021〕22号	4月29日
194	关于同意仁化县大岭变电站北侧A地块国有建设用地使用权出让方案的批复	仁府复〔2021〕23号	4月29日
195	关于同意《关于提请实施仁化县省定贫困村部分供水工程需求增加净水设备项目的请示》的批复	仁府复〔2021〕24号	5月28日
196	关于同意《关于请求确认仁化县城自来水取水管道改迁建工程（二期）建设方案及推动工程建设的请示》的批复	仁府复〔2021〕25号	5月31日
197	关于批准实施《仁化县水资源保护规划（2020—2030年）》的批复	仁府复〔2021〕26号	6月8日
198	关于同意2021年度仁化县大中型水库库区移民资金和小型水库移民资金（涉农资金）项目计划的批复	仁府复〔2021〕27号	6月13日
199	仁化县人民政府关于同意挂牌督办重大火灾隐患单位（仁化县风格海马家具城和仁化县鸿泰家私城）的批复	仁府复〔2021〕28号	6月28日
200	关于同意无偿收回仁化县民政局（原殡仪馆）地块国有土地使用权的批复	仁府复〔2021〕29号	7月19日
201	关于《董塘镇100MW集中式光伏扶贫与土壤改良综合利用示范项目转股事宜》的批复	仁府复〔2021〕30号	7月23日
202	关于同意城口水电公司与周远岳进行土地置换的批复	仁府复〔2021〕31号	8月3日
203	仁化县人民政府关于同意挂牌督办重大火灾隐患单位（仁化县金悦商务酒店）的批复	仁府复〔2021〕32号	7月13日
204	关于同意红山镇上为坑村小组避险解困新村项目建设用地的批复	仁府复〔2021〕33号	8月10日
205	关于同意红山镇人民政府土地确权的批复	仁府复〔2021〕34号	8月10日
206	关于同意有偿收回中金岭南有色金属股份有限公司丹霞冶炼厂地块国有土地使用权的批复	仁府复〔2021〕35号	8月12日
207	关于批准实施《仁化县节水型社会建设规划（2020—2030年》的批复	仁府复〔2021〕36号	8月12日
208	关于同意将凡口铅锌矿区内的土地使用权划转给仁化伟达发展有限公司的批复	仁府复〔2021〕37号	8月13日
209	关于同意收储仁化县产业转移工业园XZE-4地块国有土地使用权的批复	仁府复〔2021〕38号	8月19日
210	关于同意收储黄屋村经济发展用地国有土地使用权的批复	仁府复〔2021〕39号	8月19日

续表61

序号	文件名	发文号	发文时间
211	关于同意仁化县扶溪镇土地确权的批复	仁府复〔2021〕40号	8月23日
212	关于同意收储仁化县石塘镇污水处理厂地块国有土地使用权的批复	仁府复〔2021〕41号	8月24日
213	关于同意2021年县级水利维修资金分配的批复	仁府复〔2021〕42号	8月24日
214	关于同意将纪念馆周边配套设施土地无偿划拨给城口镇的批复	仁府复〔2021〕43号	8月27日
215	关于同意优化调整2021年度仁化县大中型水库移民后期扶持资金项目计划的批复	仁府复〔2021〕44号	9月6日
216	关于同意仁化县 2021年省级“一村一品、一镇一业”建设项目的批复	仁府复〔2021〕45号	9月9日
217	关于同意参照韶关市自然资源局文件处理我县不动产登记历史遗留问题的批复	仁府复〔2021〕46号	9月9日
218	关于批准实施《仁化县2021—2025年河道采砂规划报告》的批复	仁府复〔2021〕47号	9月14日
219	关于同意仁化县2020年度第六批次城镇建设用地社会稳定风险评估报告的批复	仁府复〔2021〕48号	9月14日
220	关于同意收储新疆煤制气外输管道干线与西二线干线韶关联通工程项目（仁化段）用地国有土地使用权的批复	仁府复〔2021〕49号	9月29日
221	关于韶关市仁化县2020年度第六批次城镇建设用地项目占用耕地耕作层不实施剥离的批复	仁府复〔2021〕50号	9月29日
222	关于同意将国有建设用地使用权划拨给国家管网集团新疆煤制天然气外输管道有限责任公司的批复	仁府复〔2021〕51号	10月12日
223	关于韶关市仁化县2020年度第八批次城镇建设用地项目占用耕地耕作层不实施剥离的批复	仁府复〔2021〕52号	10月12日
224	关于同意申请注册“仁化石塘堆花米酒”地理标志证明商标的批复	仁府复〔2021〕53号	10月14日
225	关于同意申请注册“浒松腊鸭”地理标志证明商标的批复	仁府复〔2021〕54号	10月21日
226	关于同意将国有建设用地使用权划转给仁化县发展和改革局新建仓容规模3万吨骨干粮库的批复	仁府复〔2021〕55号	10月20日
227	关于对扶溪镇人民政府土地确权的批复	仁府复〔2021〕56号	10月28日
228	关于同意将仁化县民政局公墓用地划拨的批复	仁府复〔2021〕57号	11月1日
229	关于同意将仁化县南岭生态气象中心地块划拨的批复	仁府复〔2021〕58号	11月1日
230	关于同意将仁化县丹霞街道中大科研基地项目四宗地块划拨的批复	仁府复〔2021〕59号	11月1日
231	关于无偿收回仁化县原建筑公司部分国有土地使用权的批复	仁府复〔2021〕60号	11月5日
232	关于同意收储仁化县丹霞街道黄屋村老马屋（科研基地）地块国有土地使用权的批复	仁府复〔2021〕61号	11月5日
233	关于同意划转石塘镇供销社国有土地使用权的批复	仁府复〔2021〕62号	11月5日
234	关于同意办理董塘镇新龙村集体经济发展用地的批复	仁府复〔2021〕63号	11月5日
235	关于同意无偿收回广东省仁化县水泥厂地块国有土地使用权的批复	仁府复〔2021〕64号	11月5日
236	关于同意坪岗工业园原水泥厂地块纳入“三旧”改造项目的批复	仁府复〔2021〕65号	11月5日

续表61

序号	文件名	发文号	发文时间
237	关于同意办理董塘镇河富村下河二组集体土地办理公共服务用地的批复	仁府复〔2021〕66号	11月15日
238	关于同意将石塘供销社的土地使用权划转给县教育局的批复	仁府复〔2021〕67号	11月22日
239	关于同意将城口红军长征纪念馆AB地块划拨的批复	仁府复〔2021〕68号	11月22日
240	关于同意将城口农贸市场地块划拨的批复	仁府复〔2021〕69号	11月22日
241	关于同意将S246线至房管所道路划拨的批复	仁府复〔2021〕70号	11月22日
242	关于同意将县建筑垃圾消纳场划拨的批复	仁府复〔2021〕71号	11月22日
243	关于同意将建设路派出所西侧地块划拨的批复	仁府复〔2021〕72号	11月22日
244	关于同意重大火灾隐患单位摘牌销案的批复	仁府复〔2021〕73号	11月30日
245	关于同意将原县建委宿舍地块纳入“三旧”改造项目的批复	仁府复〔2021〕74号	11月22日
246	关于同意无偿收回原县建设委员会部分地块的批复	仁府复〔2021〕75号	11月22日
247	关于同意将周田镇政府地块划转给周田镇中心卫生院使用的批复	仁府复〔2021〕76号	11月30日
248	关于韶关市仁化县2021年度第七批次城镇建设用地社会稳定风险评估报告的批复	仁府复〔2021〕77号	12月2日
249	78关于同意对仁化县金悦商务酒店重大火灾隐患进行摘牌销案的批复	仁府复〔2021〕78号	12月6日
250	20212487领导批示件——关于中核韶关锦原铀业有限公司无证房产补办不动产权登记的请示	仁府复〔2021〕79号	12月8日
251	关于同意董塘镇坪岗村九组办理公共服务用地的批复	仁府复〔2021〕80号	12月15日
252	关于同意丹霞街道城南村下渡落组办理公共服务的批复	仁府复〔2021〕81号	12月15日
253	关于同意董塘镇安岗村杨二组办理经济发展用地的批复	仁府复〔2021〕82号	12月20日
254	关于同意将民政局原殡仪馆地块划转给仁化县消防救援大队使用的批复	仁府复〔2021〕83号	12月16日
255	仁化县人民政府关于为凡口派出所申报全市加强派出所建设先进集体的请示	仁府报〔2021〕1号	1月22日
256	仁化县人民政府关于为余月华同志申报全市加强派出所建设先进个人的请示	仁府报〔2021〕2号	1月22日
257	仁化县人民政府关于借用耕地指标的请示	仁府报〔2021〕3号	3月8日
258	仁化县人民政府关于请求解决国道G106线武深高速仁化出口至城口段道路反光标线翻新工程建设资金的请示	仁府报〔2021〕4号	3月16日
259	仁化县人民政府关于上报2021年广东省韶关市仁化县国家现代农业产业园申报材料的请示	仁府报〔2021〕5号	3月26日
260	仁化县人民政府关于请求支持广东保绿资环科技有限公司25万吨年危险废物综合利用项目的请示	仁府报〔2021〕6号	3月29日
261	仁化县人民政府关于申请市内平衡国土空间总体规划耕地保护任务与建设用地规模的请示	仁府报〔2021〕7号	3月30日
262	仁化县人民政府关于上报仁化县柑橘省级现代农业产业园绩效自评材料的请示	仁府报〔2021〕8号	4月14日

续表61

序号	文件名	发文号	发文时间
263	仁化县人民政府关于解决消防、应急和交通执法办公场所的请示	仁府报〔2021〕9号	4月20日
264	仁化县人民政府关于申报2021年省级家庭农场示范县创建的请示	仁府报〔2021〕10号	5月14日
265	仁化县人民政府关于上报备案《仁化县2020年度广东金柚优势特色产业集群项目建设实施方案》《仁化县2021年度广东金柚优势特色产业集群项目建设实施方案》的请示	仁府报〔2021〕11号	5月18日
266	仁化县人民政府关于协调解决长江镇高洞村黄莲洞组林地被国电电力大余天华山风场占用问题的请示	仁府报〔2021〕12号	5月19日
267	仁化县人民政府关于新办燃气经营许可证的请示	仁府报〔2021〕13号	6月8日
268	仁化县人民政府关于恳请支持韶关中弘金属实业有限公司办理《危险化学品安全生产许可证》的请示	仁府报〔2021〕14号	6月23日
269	仁化县人民政府关于举办韶关市第二批（凡口、丹冶）“厂区变园区、产区变城区”试点启动暨丹冶炼锌渣项目主体工程封顶仪式的请示	仁府报〔2021〕15号	6月23日
270	仁化县人民政府关于中金岭南公司丹霞冶炼厂、凡口铅锌矿举办大型群众性活动的请示	仁府报〔2021〕16号	6月23日
271	仁化县人民政府关于请求协调开展丹霞山自然保护区人类活动遥感监测线索实地核查和整改工作的请示	仁府报〔2021〕17号	7月13日
272	仁化县人民政府关于申请验收仁化县柑橘产业园建设项目的请示	仁府报〔2021〕18号	7月9日
273	仁化县人民政府关于请求解决广东供销天业（仁化）冷链物流园项目项目建设用地指标的请示	仁府报〔2021〕19号	8月17日
274	仁化县人民政府关于请求审批仁化县县道规划调整方案的请示（市政府未回复，与24号文有重复，故此号作废，以最新24号文为准）	仁府报〔2021〕20号	10月27日
275	仁化县人民政府关于申报2022年仁化县国家数字农业创新应用基地建设项目的请示	仁府报〔2021〕21号	8月27日
276	仁化县人民政府关于在我县大桥渔业队建设内陆小型避风渔港的请示	仁府报〔2021〕22号	9月1日
277	仁化县人民政府关于研判解决祥源丹霞旅游投资（广东）有限公司相关工作的请示	仁府报〔2021〕23号	9月27日
278	仁化县人民政府关于请求审批仁化县县道规划调整方案的请示	仁府报〔2021〕24号	10月9日
279	仁化县人民政府关于申报仁化县牛羊产业园的请示	仁府报〔2021〕25号	—
280	仁化县人民政府关于请求解决武深高速仁化段贡柑油茶产量补偿和种植面积误差资金的请示	仁府报〔2021〕26号	10月27日
281	仁化县人民政府关于举行仁化县有色金属产学研合作中心签约暨揭牌仪式的请示	仁府报〔2021〕27号	11月12日
282	仁化县人民政府关于请求划拨2020年度丹霞山风景区营业收入县级分成的请示	仁府报〔2021〕28号	12月24日

续表61

序号	文件名	发文号	发文时间
283	仁化县人民政府关于申请逐级上报韶关市仁化县2021年度土地征收成片开发方案的请示	仁府报〔2021〕29号	12月24日
284	仁化县人民政府关于授予程炳等17名同志“仁化县第二期享受县政府特殊津贴人才”称号的决定	仁府〔2021〕1号	1月28日
285	仁化县人民政府关于印发《2021年县政府工作报告重点任务责任分工》的通知	仁府〔2021〕2号	3月3日
286	仁化县人民政府关于调整县政府班子分工的通知	仁府〔2021〕3号	3月27日
287	仁化县人民政府关于印发仁化县县城饮用水安全工作实施方案的通知	仁府〔2021〕4号	4月1日
288	仁化县人民政府关于加强工程建设项目招标投标管理的意见（试行）》的通知	仁府〔2021〕5号	4月1日
289	仁化县人民政府关于印发仁化县地方公路桥梁安全运行十项制度实施细则的通知	仁府〔2021〕6号	4月3日
290	仁化县人民政府关于印发加强公共服务设施建设制度的通知	仁府〔2021〕7号	4月3日
291	仁化县人民政府关于印发仁化县加强基础设施建设制度的通知	仁府〔2021〕8号	4月3日
292	仁化县人民政府关于印发仁化县为民办实事制度的通知	仁府〔2021〕9号	4月5日
293	仁化县人民政府关于印发固体废物污染防治管理制度的通知	仁府〔2021〕10号	4月5日
294	仁化县人民政府关于建立打击非法开采矿产资源行为长效机制的实施意见的通知	仁府〔2021〕11号	4月7日
295	仁化县人民政府关于印发仁化重点行业领域打击非法开采工作方案的通知	仁府〔2021〕12号	4月8日
296	仁化县人民政府关于印发仁化县关于对省委巡视工作中要求整改的征收补偿安置事项未落实情况的整改方案的通知	仁府〔2021〕13号	4月28日
297	仁化县人民政府关于印发仁化县推进三大攻坚战制度的通知	仁府〔2021〕14号	4月28日
298	仁化县人民政府关于调整县政府班子（党组）成员分工的通知	仁府〔2021〕15号	5月13日
299	仁化县人民政府关于印发《仁化县国民经济和社会发展第十四个五年规划和二〇三五年远景目标纲要》的通知	仁府〔2021〕16号	7月13日
300	仁化县人民政府关于印发仁化县交警大队办公楼及宿舍楼地块“三旧”改造项目房屋征收与补偿方案的通知（住、自、财、拆领回）	仁府〔2021〕17号	7月23日
301	仁化县人民政府关于印发仁化县上级财政专项资金分配管理办法的通知	仁府〔2021〕18号	7月27日
302	仁化县人民政府关于印发仁化县绿水青山就是金山银山实践创新基地建设实施方案的通知	仁府〔2021〕19号	7月27日
303	仁化县人民政府关于印发仁化县2021年度受污染耕地安全利用工作方案的通知	仁府〔2021〕20号	8月17日
304	仁化县人民政府关于印发仁化县2021年县政府常务会议专题学法计划的通知	仁府〔2021〕21号	9月9日
305	仁化县人民政府关于印发仁化县畜禽养殖禁养区划定方案（2020年修订版）的通知	仁府〔2021〕22号	9月28日
306	仁化县人民政府关于印发仁化县深化“证照分离”改革实施方案的通知	仁府〔2021〕23号	10月21日

续表61

序号	文件名	发文号	发文时间
307	仁化县人民政府关于印发仁化县2021年度国家重点生态功能区县域生态环境质量考核工作实施方案的通知	仁府〔2021〕24号	12月10日
308	仁化县人民政府关于印发仁化县烈士纪念设施保护修缮方案的通知	仁府〔2021〕25号	12月14日
309	仁化县人民政府关于印发仁化县小水电清理整改工作实施方案的通知	仁府〔2021〕26号	12月15日
310	仁化县人民政府关于拨付红军长征粤北纪念馆建设项目建设管理费的函	仁府函〔2021〕1号	1月7日
311	仁化县人民政府办公室关于印发仁化县南岭国家公园韶关片区入口社区提升工程工作方案的通知	仁府函〔2021〕2号	3月11日
312	关于广东杜氏矿业有限公司有关历史遗留问题的函	仁府函〔2021〕3号	4月16日
313	关于广东杜氏矿业有限公司有关历史遗留问题的函	仁府函〔2021〕4号	3月25日
314	仁化县人民政府关于请求支持我县渔村渔港建设工作的函	仁府函〔2021〕5号	4月28日
315	仁化县人民政府关于推荐韶关丹霞大树精品民宿项目的函	仁府函〔2021〕6号	4月29日
316	仁化县人民政府关于再次征求协调丹霞山东南门项目解除原合作方合作关系资金事项意见的函	仁府函〔2021〕7号	6月23日
317	仁化县人民政府关于准许韶关市龙冠船舶修造有限公司维修粤韶关渡3033渡船的函	仁府函〔2021〕8号	6月29日
318	仁化县人民政府关于在仁化设立中金岭南营销有限公司的函	仁府函〔2021〕9号	6月29日
319	仁化县人民政府关于《仁化县兴达有色冶化有限公司遗留含铅物料应急处置方案》事项办理备案的函	仁府函〔2021〕10号	7月7日
320	仁化县人民政府关于开展丹霞山自然保护区人类活动遥感监测线索实地核查和整改工作的函	仁府函〔2021〕11号	7月8日
321	仁化县人民政府关于请求协助处置韶关市仁化县董塘镇茶场外来非法转移倾倒危险废物的函	仁府函〔2021〕12号	7月12日
322	仁化县人民政府关于再次征求协调丹霞山东南门项目解除原合作方合作关系资金事项意见的函	仁府函〔2021〕13号	7月23日
323	仁化县人民政府关于同意山水林田湖草生态保护修复试点工程项目中央奖补资金招标结算后结余资金统一调配使用的函（市林业局）	仁府函〔2021〕14号	8月24日
324	仁化县人民政府关于同意山水林田湖草生态保护修复试点工程项目中央奖补资金招标结算后结余资金统一调配使用的函（市生态环境局）	仁府函〔2021〕15号	8月24日
325	仁化县人民政府关于同意山水林田湖草生态保护修复试点工程项目中央奖补资金招标结算后结余资金统一调配使用的函（市农业农村局）	仁府函〔2021〕16号	8月24日
326	仁化县人民政府关于同意山水林田湖草生态保护修复试点工程项目中央奖补资金招标结算后结余资金统一调配使用的函（市自然资源局）	仁府函〔2021〕17号	8月24日
327	仁化县人民政府关于加快实施县城集中式饮用水源二期供水设施工程建设的函	仁府函〔2021〕18号	8月24日
328	仁化县人民政府关于申报《韶关市仁化县董塘镇全域土地综合整治省级试点项目》的函	仁府函〔2021〕19号	9月8日

续表61

序号	文件名	发文号	发文时间
329	仁化县人民政府关于推荐申报2022年先进制造业发展专项资金（普惠性制造业投资奖励）的函	仁府函〔2021〕20号	10月25日
330	仁化县人民政府关于推荐仁化县2021年申报市级农业龙头企业的函	仁府函〔2021〕21号	11月5日
331	仁化县人民政府关于对仁化县北江流域森林生态资源有害生物防治项目进行终验的函	仁府函〔2021〕22号	11月15日
332	仁化县人民政府关于申请对南岭国家公园南水片区生态环境系统保护修复工程——韶关市仁化县生物防火林带建设项目进行终验的函	仁府函〔2021〕23号	11月26日
333	仁化县人民政府关于配合开展周田镇丹霞火车站东侧地块区内供电设施迁移的函	仁府函〔2021〕24号	12月6日
334	仁化县人民政府关于加快实施县城集中式饮用水源二期供水设施工程建设的函	仁府函〔2021〕25号	12月9日

2021年中共仁化县委办公室文件目录一览表

表62

序号	发文单位	文件名	发文号	发文时间
1	中共仁化县委办公室 仁化县人民政府办公室	中共仁化县委办公室　仁化县人民政府办公室关于调整扶贫工作机构设置的通知	仁办发〔2021〕2号	6月4日
2	中共仁化县委办公室 仁化县人民政府办公室	中共仁化县委办公室　仁化县人民政府办公室关于成立仁化县社区矫正委员会的通知	仁委办〔2021〕3号	2月19日
3	中共仁化县委办公室 仁化县人民政府办公室	中共仁化县委办公室　仁化县人民政府办公室关于加强“一线两带两区”建设组织领导工作的通知	仁委办〔2021〕4号	2月22日
4	中共仁化县委办公室	中共仁化县委办公室关于调整部分议事协调机构领导成员的通知	仁委办〔2021〕6号	6月11日
5	中共仁化县委办公室	中共仁化县委办公室关于印发《2021年县委常委会会议重要议题预安排》的通知	仁委办〔2021〕7号	6月11日
6	中共仁化县委办公室	中共仁化县委办公室关于成立仁化县第十四次党代会筹备工作领导小组的通知	仁委办〔2021〕8号	7月8日
7	中共仁化县委办公室	中共仁化县委办公室关于成立县委工作报告筹备工作领导小组的通知	仁委办〔2021〕10号	7月27日
8	中共仁化县委办公室	中共仁化县委办公室关于印发《仁化县2021年纪律教育学习月活动实施方案》的通知	仁委办〔2021〕11号	8月6日
9	中共仁化县委办公室 仁化县人民政府办公室	中共仁化县委办公室　仁化县人民政府办公室关于调整部分县级议事协调机构领导成员的通知	仁委办〔2021〕12号	9月27日
10	中共仁化县委办公室	中共仁化县委关于调整仁化县第十四次党代会筹备工作领导小组的通知	仁委办〔2021〕14号	10月12日
11	中共仁化县委办公室	中共仁化县委办公室关于认真做好2022年度《中共中央办公厅通讯》《秘书工作》征订和学用工作的通知1	仁委办〔2021〕15号	11月12日

2021年仁化县人民政府办公室文件目录一览表

表63

序号	文件名	发文号	发文日期
1	仁化县人民政府办公室关于印发仁化县创建国家农产品质量安全县实施方案的通知	仁府办发函〔2021〕1号	1月9日
2	仁化县人民政府办公室关于印发仁化县南岭国家公园韶关片区入口社区提升工程工作方案的通知	仁府办发函〔2021〕2号	1月11日
3	仁化县人民政府办公室关于印发仁化县创建全国义务教育优质均衡发展县实施方案的通知	仁府办发函〔2021〕3号	1月13日
4	仁化县人民政府办公室关于印发仁化县桉树林改造工作指引（2020—2025年）的通知	仁府办发函〔2021〕4号	2月3日
5	仁化县人民政府办公室关于印发仁化县进一步做好农村生活污水处理工作方案的通知	仁府办发函〔2021〕5号	2月23日
6	仁化县人民政府办公室关于印发仁化县项目包装工作实施方案的通知	仁府办发函〔2021〕6号	2月25日
7	仁化县人民政府办公室关于印发仁化县2021年粮食生产工作方案的通知	仁府办发函〔2021〕7号	3月4日
8	仁化县人民政府办公室关于进一步规范政府系统“三重一大“事项的通知	仁府办发函〔2021〕8号	3月5日
9	仁化县人民政府办公室关于进一步规范县政府常务会议有关事项的通知	仁府办发函〔2021〕9号	3月5日
10	仁化县人民政府办公室关于进一步规范办文办会工作程序的通知	仁府办发函〔2021〕10号	3月5日
11	仁化县人民政府办公室关于印发仁化县绿色工业产业发展三年行动方案的通知	仁府办发函〔2021〕11号	3月8日
12	仁化县人民政府办公室关于印发仁化县招商引资项目管理制度（试行）的通知	仁府办发函〔2021〕12号	3月10日
13	仁化县人民政府办公室关于印发仁化县突发公共事件总体应急预案（修订版）的通知	仁府办发函〔2021〕13号	3月30日
14	仁化县人民政府办公室关于印发仁化县生产安全事故综合应急预案（修订版）的通知	仁府办发函〔2021〕14号	3月30日
15	仁化县人民政府办公室关于印发仁化县火灾高风险区域整治工作方案的通知	仁府办发函〔2021〕15号	4月8日
16	仁化县人民政府办公室关于印发仁化县配合开展2021“善美韶关　一路茶香”粤港澳大湾区自驾游系列活动工作方案的通知	仁府办发函〔2021〕16号	4月9日
17	仁化县人民政府办公室关于印发仁化县国有（集体）资产监管工作实施方案的通知	仁府办发函〔2021〕17号	4月12日
18	仁化县人民政府办公室关于印发仁化县应急值班值守工作制度的通知	仁府办发函〔2021〕18号	4月16日
19	仁化县人民政府办公室印发关于加快推进社会信用体系建设构建以信用为基础的新型监管机制实施方案的通知	仁府办发函〔2021〕19号	4月25日
20	仁化县人民政府办公室印发关于进一步加强打击非法开采矿产资源监管工作的实施意见的通知	仁府办发函〔2021〕20号	4月22日

续表63

序号	文件名	发文号	发文日期
21	仁化县人民政府办公室关于印发仁化县打击非法开采工作联席会议制度的通知	仁府办发函〔2021〕21号	4月28日
22	仁化县人民政府办公室关于印发仁化县殡葬管理工作联席会议制度的通知	仁府办发函〔2021〕22号	4月30日
23	仁化县人民政府办公室关于建立仁化县查处无证无照经营联席会议制度的通知	仁府办发函〔2021〕23号	5月8日
24	仁化县人民政府办公室关于印发2021年仁化县历史补充耕地项目整改工作方案的通知	仁府办发函〔2021〕24号	5月12日
25	仁化县人民政府办公室关于印发仁化县2021年固体废物污染环境防治工作计划的通知	仁府办发函〔2021〕25号	4月29日
26	仁化县人民政府办公室关于印发仁化县2021年土壤污染综合防治工作计划的通知	仁府办发函〔2021〕26号	4月29日
27	仁化县人民政府办公室关于印发仁化县2021年大气污染防治工作方案的通知	仁府办发函〔2021〕27号	5月12日
28	仁化县人民政府办公室关于印发仁化县2021年农业农村污染防治工作方案的通知	仁府办发函〔2021〕28号	5月12日
29	仁化县人民政府办公室关于印发仁化县2021年水污染防治工作方案的通知	仁府办发函〔2021〕29号	5月12日
30	仁化县人民政府办公室关于印发仁化县系统防范化解道路交通安全风险工作方案的通知	仁府办发函〔2021〕30号	5月13日
31	仁化县人民政府办公室关于印发2021年仁化县松材线虫病防控方案的通知	仁府办发函〔2021〕31号	5月17日
32	仁化县人民政府办公室关于印发仁化县2020年省级电子商务进农村综合示范工作资金管理细则的通知	仁府办发函〔2021〕32号	5月21日
33	仁化县人民政府办公室关于印发仁化县2020年省级电子商务进农村综合示范项目监督检查制度的通知	仁府办发函〔2021〕33号	5月21日
34	仁化县人民政府办公室关于印发仁化县城镇老旧小区改造工作方案的通知	仁府办发函〔2021〕34号	5月27日
35	仁化县人民政府办公室关于印发仁化县2021年度地质灾害防治方案的通知	仁府办发函〔2021〕35号	5月27日
36	仁化县人民政府办公室关于印发仁化县农村基础设施运行管护方案（试行）的通知	仁府办发函〔2021〕36号	5月27日
37	仁化县人民政府办公室关于印发仁化县农业农村现代化试点县建设工作方案的通知	仁府办发函〔2021〕37号	5月28日
38	仁化县人民政府办公室关于印发仁化县耕地复耕灭荒工作方案的通知	仁府办发函〔2021〕38号	6月3日
39	仁化县人民政府办公室关于印发仁化县扶持壮大村级集体经济（2021—2025年）工作方案的通知	仁府办发函〔2021〕39号	6月3日
40	仁化县人民政府办公室关于印发仁化县加快推进教育现代化工作落实方案（2021—2022年）的通知	仁府办发函〔2021〕40号	6月4日

续表63

序号	文件名	发文号	发文日期
41	仁化县人民政府办公室关于印发仁化县2021年农业生产社会化服务项目实施方案的通知	仁府办发函〔2021〕41号	6月10日
42	仁化县人民政府办公室关于印发仁化县董塘镇茶场固体废物非法倾倒预警应急处置工作方案的通知	仁府办发函〔2021〕42号	6月13日
43	仁化县人民政府办公室关于印发2021年仁化县撂荒地复耕激励方案的通知	仁府办发函〔2021〕43号	6月17日
44	仁化县人民政府办公室关于印发仁化县农村生活污水处理设施整改方案的通知	仁府办发函〔2021〕44号	6月24日
45	仁化县人民政府办公室关于印发仁化县国有资产监管工作实施方案的通知	仁府办发函〔2021〕45号	6月29日
46	仁化县人民政府办公室关于印发仁化县被征地农民养老保障留存资金分配工作方案的通知	仁府办发函〔2021〕46号	6月21日
47	仁化县人民政府办公室关于印发仁化县2021年度垦造水田项目地力培肥实施方案的通知	仁府办发函〔2021〕47号	7月5日
48	仁化县人民政府办公室关于印发仁化县建立落实特殊群体民生保障工作机制实施方案的通知	仁府办发函〔2021〕48号	7月9日
49	仁化县人民政府办公室关于印发仁化县域生活污水处理厂及污水管网升级改造工程PPP项目运营绩效考核管理机制的通知	仁府办发函〔2021〕49号	7月19日
50	仁化县人民政府办公室关于印发仁化县承办韶关市第十六届青少年运动会田径比赛的工作方案的通知	仁府办发函〔2021〕50号	7月23日
51	仁化县人民县政府办公室关于印发仁化县2021年度企业职工基本养老保险扩面征缴工作实施方案的通知	仁府办发函〔2021〕51号	7月26日
52	仁化县人民政府办公室关于印发仁化县贯彻落实国务院办公厅2021年政务公开工作要点分工实施方案的通知	仁府办发函〔2021〕52号	7月26日
53	仁化县人民政府办公室关于印发仁化县森林经营规划（2018—2050年）的通知	仁府办发函〔2021〕53号	7月27日
54	仁化县人民政府办公室关于印发仁化县生物防火林带建设工作方案的通知	仁府办发函〔2021〕54号	7月29日
55	仁化县人民政府办公室关于印发仁化县2013—2021年违法用地审计调查工作方案的通知	仁府办发函〔2021〕55号	8月5日
56	仁化县人民政府办公室关于印发仁化县2021年盘活闲置低效用地工作方案的通知	仁府办发函〔2021〕56号	8月18日
57	仁化县人民政府办公室关于印发县政府常务会议工作指引（试行）的通知	仁府办发函〔2021〕57号	8月19日
58	仁化县人民政府办公室关于印发仁化县非煤矿山安全生产打非治违专项执法检查工作实施方案的通知	仁府办发函〔2021〕58号	8月23日
59	仁化县人民政府办公室关于印发中央生态环境保护督察仁化协调联络组信访案件组工作方案的通知	仁府办发函〔2021〕59号	8月30日
60	仁化县人民政府办公室关于印发仁化县餐饮业油烟专项清理整治工作方案的通知	仁府办发函〔2021〕60号	9月2日

续表63

序号	文件名	发文号	发文日期
61	仁化县人民政府办公室关于印发仁化县2021年大宗农产品“12221”市场体系建设系列工作方案的通知	仁府办发函〔2021〕61号	9月3日
62	仁化县人民政府办公室关于印发仁化县2021年卫片执法工作方案的通知	仁府办发函〔2021〕62号	9月9日
63	仁化县人民政府办公室关于印发仁化县迎接2021年国家土地督察工作方案的通知	仁府办发函〔2021〕63号	9月16日
64	仁化县人民政府办公室关于印发仁化县庆祝2021年中国农民丰收节系列活动实施方案的通知	仁府办发函〔2021〕64号	9月18日
65	仁化县人民政府办公室关于建立仁化县消费者权益保护工作部门间联席会议制度的通知	仁府办发函〔2021〕65号	9月18日
66	仁化县人民政府办公室关于印发仁化县乡镇（街道）经济发展监测方案的通知	仁府办发函〔2021〕66号	9月18日
67	仁化县人民政府办公室关于印发仁化县防止耕地“非粮化”稳定粮食生产工作方案的通知	仁府办发函〔2021〕67号	9月20日
68	仁化县人民政府办公室关于进一步落实仁化县义务教育教师工资待遇落实保障长效机制的通知	仁府办发函〔2021〕68号	9月27日
69	仁化县人民政府办公室关于印发仁化县牛蛙养殖专项整治行动方案的通知	仁府办发函〔2021〕69号	9月30日
70	仁化县人民政府办公室关于印发仁化县推进古驿道保护利用建设项目工作方案的通知	仁府办发函〔2021〕70号	10月8日
71	仁化县人民政府办公室关于印发仁化县打击野生动植物非法贸易部门间联席会议制度的通知	仁府办发函〔2021〕71号	10月12日
72	仁化县人民政府办公室关于印发仁化县镇级人民政府耕地保护责任目标考核办法的通知	仁府办发函〔2021〕72号	10月14日
73	仁化县人民政府办公室关于印发仁化县2021年农业资源及生态保护补助专项—轮作休耕重点县项目工作方案的通知	仁府办发函〔2021〕73号	10月15日
74	仁化县人民政府办公室关于印发仁化县农作物秸秆综合利用重点县项目工作方案的通知	仁府办发函〔2021〕74号	10月18日
75	仁化县人民政府办公室关于印发仁化县2022年耕地地力补贴核查申报工作方案的通知	仁府办发函〔2021〕75号	10月20日
76	仁化县人民政府办公室关于印发仁化县2021年绿色种养循环农业试点项目实施方案的通知	仁府办发函〔2021〕76号	10月22日
77	仁化县人民政府办公室印发《仁化县松材线虫病防控工作制度》的通知	仁府办发函〔2021〕77号	10月25日
78	仁化县人民政府办公室关于印发仁化县中小学校园安全“百日攻坚”行动工方案的通知	仁府办发函〔2021〕78号	10月20日
79	仁化县人民政府办公室关于印发仁化县心理危机联席制度的通知	仁府办发函〔2021〕79号	10月13日
80	仁化县人民政府办公室关于建立中小学生欺凌预防工作联席会议制度的通知	仁府办发函〔2021〕80号	10月13日

续表63

序号	文件名	发文号	发文日期
81	仁化县人民政府办公室关于成立仁化县中小学学生欺凌预防和治理工作委员会的通知	仁府办发函〔2021〕81号	10月13日
82	仁化县人民政府办公室关于建立中小学生防溺水工作联席会议制度的通知	仁府办发函〔2021〕82号	10月13日
83	仁化县人民政府办公室关于印发仁化县群众信访诉求综合服务中心建设工作方案的通知	仁府办发函〔2021〕83号	10月27日
84	仁化县人民政府办公室关于印发仁化县高标准农田建设项目建后管护实施方案的通知	仁府办发函〔2021〕84号	10月25日
85	仁化县人民政府办公室关于印发仁化县粮食质量安全事故应急预案的通知	仁府办发函〔2021〕85号	10月28日
86	仁化县人民政府办公室关于印发仁化县清理失管果园奖补方案的通知	仁府办发函〔2021〕86号	11月2日
87	仁化县人民政府办公室印发仁化县关于进一步减轻义务教育阶段学生作业负担和校外培训负担工作的实施细则的通知	仁府办发函〔2021〕87号	11月3日
88	仁化县人民政府办公室印发关于推进岸线资源资产价值化的实施方案（试行）的通知	仁府办发函〔2021〕88号	11月5日
89	仁化县人民政府办公室关于印发仁化县县域义务教育优质均衡发展督导评估工作规划的通知	仁府办发函〔2021〕89号	11月6日
90	仁化县人民政府办公室关于调整部分2021年县重点建设项目的通知	仁府办发函〔2021〕90号	11月16日
91	仁化县人民政府办公室关于印发仁化县农产品销售公司奖补实施方案（试行）的通知	仁府办发函〔2021〕91号	11月19日
92	仁化县人民政府办公室关于印发仁化县关于推进林业资源资产价值化的实施方案（试行）的通知	仁府办发函〔2021〕92号	11月23日
93	仁化县人民政府办公室关于印发仁化县产业转移工业园区准入清单（2021年版）的通知	仁府办发函〔2021〕93号	11月29日
94	仁化县人民政府办公室关于印发仁化县申报省级经济开发区工作方案的通知	仁府办发函〔2021〕94号	11月29日
95	仁化县人民政府办公室关于印发仁化县2021年制造业企业高质量发展综合评价工作实施方案的通知	仁府办发函〔2021〕95号	11月29日
96	仁化县人民政府办公室关于印发《仁化县安全生产责任防范责任机制》《仁化县森林火灾信息互通和处置联动机制》《仁化县突发事件信息互通和处置联动机制》等制度的通知	仁府办发函〔2021〕96号	11月30日

续表63

序号	文件名	发文号	发文日期
97	仁化县人民政府办公室关于印发仁化县人防工程建设联动审批制度（试行）的通知	仁府办发函〔2021〕97号	12月6日
98	仁化县人民政府办公室关于印发《仁化县未成年人保护工作领导小组工作制度》《仁化县未成年人保护工作领导小组成员单位职责任务分工》《仁化县未成年保护工作领导小组成员组成名单及联络员名单》的通知	仁府办发函〔2021〕98号	12月1日
99	仁化县人民政府办公室关于印发仁化县农业转移人口住房支持实施细则（试行）的通知	仁府办发函〔2021〕99号	12月7日
100	仁化县人民政府办公室关于印发仁化县生活污水治理"百日攻坚一年见效三年质变"工作方案的通知	仁府办发函〔2021〕100号	12月8日
101	仁化县人民政府办公室关于印发仁化县配合开展"农行杯"2021环丹霞山自行车赛工作方案的通知	仁府办发函〔2021〕101号	12月8日
102	仁化县人民政府办公室关于印发仁化县粮食应急预案的通知	仁府办发函〔2021〕102号	12月10日
103	仁化县人民政府办公室关于印发仁化县美丽乡村建设市场化改革工作方案的通知	仁府办发函〔2021〕103号	12月14日
104	仁化县人民政府办公室关于印发仁化县被征地农民养老保障留存资金分配工作信访维稳应急预案的通知	仁府办发函〔2021〕104号	12月15日
105	仁化县人民政府办公室关于印发仁化县加快推进被征地农民养老保障留存资金分配工作方案的通知	仁府办发函〔2021〕105号	12月15日
106	仁化县人民政府办公室关于印发仁化县开展林业改革发展综合试点方案的通知	仁府办发函〔2021〕106号	12月17日
107	仁化县人民政府办公室关于印发2021学年仁化县政府向普惠性民办幼儿园购买学位实施方案的通知	仁府办发函〔2021〕107号	12月27日
108	仁化县人民政府办公室关于印发2021学年仁化县政府向普惠性民办幼儿园购买学位实施方案的通知	仁府办发函〔2021〕108号	12月28日
109	仁化县人民政府办公室关于印发仁化县健全无证幼儿园监管和整治长效机制专项行动方案的通知	仁府办发函〔2021〕109号	12月28日
110	仁化县人民政府办公室关于印发仁化县健全无证幼儿园监管和整治长效机制专项行动方案的通知	仁府办发函〔2021〕110号	12月28日
111	仁化县人民政府办公室关于印发仁化县乡镇（街道）权责清单的通知	仁府办发函〔2021〕111号	12月28日
112	仁化县人民政府办公室关于调整县人民政府办公室领导班子成员工作分工的通知	仁府办〔2021〕1号	2月9日
113	仁化县人民政府办公室关于调整县人民政府办公室领导班子成员工作分工的通知	仁府办〔2021〕2号	3月30日
114	仁化县人民政府办公室关于印发仁化县人民政府2021年度重大行政决策事项和听证事项目录的通知	仁府办〔2021〕3号	4月12日

续表63

序号	文件名	发文号	发文日期
115	仁化县人民政府办公室关于印发2021年度县政府规范性文件制定（修订）计划目录的通知	仁府办〔2021〕4号	4月12日
116	仁化县人民政府办公室关于调整县人民政府办公室党组（班子）成员工作分工的通知	仁府办〔2021〕5号	9月16日
117	仁化县人民政府办公室关于调整县政府办党组（班子）成员工作分工的通知	仁府办〔2021〕6号	12月1日

2021年仁化县基本情况表

表64

项目		单位	2020年	2021年	增减（%）
人口情况	一、年末总人口（户籍）	人	243995	242673	−0.5
	其中：男	人	125184	124726	−0.4
	女	人	118811	117947	−0.7
	二、年末总户数	户	75295	75157	−0.2
	三、年出生人口	人	1733	1464	−15.5
	出生率	‰	8.98	7.58	−1.4
	四、年死亡人数	人	1351	1419	5.0
	死亡率	‰	7	7.35	0.4
	五、年平均人口	人	242201	243334	0.5
	六、自然增长率	‰	1.98	0.23	−1.8
劳动力	年末社会就业人员	万人	9.54	—	—
	其中：第一产业	万人	5.26	—	—
	第二产业	万人	1.18	—	—
	第三产业	万人	3.1	—	—
土地情况	土地面积	平方千米	2223	2223	—
	1.耕地面积	公顷	21272.4	10789.39	−50.7
	2.林业用地	万公顷	18.33	18.33	0.0
镇村	镇（街道）	个	11	11	—
	村委会	个	109	109	—
	居委会	个	16	16	—

说明：耕地面积来自县自然资源局

2021年仁化县地区生产总值一览表（当年价格）

表65

指 标	2020年（万元）	2021年（万元）	2021年占比（%）
地区生产总值	1035148	1114300	100
一、第一产业	227614	236981	21.3
农林牧渔专业及辅助性活动	1511	1625	0.15
二、第二产业	425191	453471	40.7
1.工业	330317	381869	34.3
2.建筑业	94874	71602	6.4
三、第三产业	382343	423848	38.0
1.交通运输、仓储和邮政业	30344	32259	2.9
2.批发零售业	62228	60761	5.5
3.住宿和餐饮业	13053	12930	1.2
4.金融业	30175	35218	3.2
5.房地产业	57445	77860	7.0
6.其他服务业	187587	203196	18.2

说明：第三产业含农林牧渔业服务业及金属制品、机械和设备修理业增加值

2021年仁化县国民经济主要指标情况表

表66

项 目	单位	2020年	2021年	增减（%）
地区生产总值（当年价）	万元	1035148	1114300	8.1
规上工业总产值	万元	715229	921430.5	28.6
农业总产值	万元	379639	386778	6.0
农业机械总动力	万千瓦	12.56	12.79	1.8
全县固定资产投资总额	万元	—	—	1.3
年末通车公路里程	千米	2202.87	2339.15	6.2
公路货运周转量（全社会）	万吨/千米	80123	86365	7.79
公路客运周转量（全社会）	万人/千米	5243.51	6354.40	21.2
社会消费品零售总额	万元	230025	257408	12.2
外贸出口总额	万元	1200	1514.6	26.2

续表66

项　目	单位	2020年	2021年	增减（%）
实际利用外资总额	万美元	1170	663	—43.3
旅游总收入	亿元	2.9	9.2	219.5
旅游人数	万人	27.9	148.8	433.4
地方一般公共预算收入	万元	59441	47730	—19.7
地方一般公共预算支出	万元	261921	257913	—1.6
金融机构各项存款余额	万元	1077984	1134586	5.3
其中：住户存款余额	万元	854144	932794	9.2
金融机构各项贷款余额	万元	529165	670113	26.6
城镇居民人均可支配收入	元	30909.6	33351	7.9
农村居民人均可支配收入	元	19409	21215.9	9.3
年末参加失业保险人数	人	15204	15116	—0.6
年末参加城乡社会养老保险人数	人	82343	83433	1.3
年末参加工伤保险在职人数	人	23227	23199	—0.1
年末享受社会养老保险人数	人	39147	40133	2.5

说明：地区生产总值增速为可比价增速，固定资产投资总额只公布增速。旅游总收入以及旅游人数来自县文化广电旅游体育局

2021年仁化县国民经济主要人均指标情况表

表67

项　目	单位	2020年	2021年	增减（%）
人口密度	人/平方千米	83.6	83.6	0.0
人均地区生产总值（当年价）	元	55638	59965	8.2
人均耕地面积	亩	1.72	0.82	—52.3
人均粮食产量	公斤	368.7	373.2	1.2
人均社会消费品零售总额	元	12380	13852	11.9
人均城乡居民年末储蓄余额	元	45971	50197	9.2
人均一般公共预算收入	元	3199	2569	—19.7
城镇居民人均可支配收入	元	30909.6	33351	7.9
农村居民人均可支配收入	元	19406	21216	9.3
每万人拥有卫生技术人员数	人	73.7	76.4	—
每万人拥有病床位数	张/万人	43.5	47.2	—

说明：此表人均指标除城镇、农村居民人均可支配收入外以常住人口计算。耕地面积来自县自然资源局

2021年仁化县主要农产品产量表

表68

指标名称	单位	2020年	2021年	增减（%）
粮食	吨	68501	69342.8	1.2
其中：稻谷	吨	65316	65520	0.3
花生	吨	25872	25621	－1.0
水果	吨	152375	141803	－6.9
茶叶	吨	1455	1525	4.8
蔬菜	吨	96364	103052	6.9
水产品	吨	9677	10023	3.6
生猪饲养量	万头	25.7	31.2	21.4
生猪出栏量	万头	16.8	20.6	22.6
三鸟饲养量	万只	695.05	523.6	－24.7
三鸟存栏量	万只	146.1	90.8	－37.9
禽蛋产量	吨	2032	1476.8	－27.3

2021年仁化县主要工业产品产量表

表69

产品名称	计量单位	产品产量		增减（%）
		2020年	2021年	
发电量	万千瓦时	98780	104700	9.3
其中：水电	万千瓦时	18654	12500	－20.4
火电	万千瓦时	53875	63300	17.6
锌精矿	吨	103769	102292	－1.4
锌锭	吨	148154	149700	1.0
硫酸	吨	51423	51900	0.8
铝材	吨	7588	6500	－14.7
人造板	立方米	325719	353700	8.6

2021年仁化县文教卫生情况表

表70

项目	单位	2020年	2021年	增长（%）
一、教育				
学校数	所	71	71	0.0
其中：普通教育	所	29	29	0.0
普通中小学在校学生数	人	29273	29366	0.3
普通中小学招生数	人	6418	6429	0.2
普通中小学毕业生	人	6022	6255	3.9
教职员工数	人	3406	3590	5.4
专任教师	人	2661	2662	0.0
学龄儿童入学率	%	100	100	0.0
二、卫生				
卫生机构数	个	149	150	0.7
卫生院	间	10	10	0.0
卫生机构床位数	张	809	877	8.4
卫生技术人员数	人	1369	1420	3.7
其中：执业医师	人	294	300	2.0
执业助理医师	人	124	434	250.0
注册护士	人	448	486	8.5

（县统计局）

2021年仁化县获省级（含省直部门及市委、市政府授予）以上先进单位称号一览表

表71

单位	授予时间	荣誉称号	授予单位
仁化县	2021年3月	第二批全国农作物病虫害“绿色防控示范县”	全国农技中心
仁化县	2021年5月	2020年度全国信访工作“三无”县	国家信访局
仁化县	2021年7月	2021年省级家庭农场示范县	广东省农业农村厅
中共仁化县委办公室	2021年1月	全省党委办公厅（室）系统信息工作先进单位	中共广东省委办公厅

续表71

单位	授予时间	荣誉称号	授予单位
仁化县国家保密局	2021年1月	广东省保密工作先进集体	广东省人力资源和社会保障厅、广东省国家保密局
中金岭南丹霞冶炼厂工会电解车间分会	2021年1月	全国模范职工小家	中华全国总工会
扶溪镇退役军人服务站	2021年1月	广东省五星级退役军人服务中心（站）	广东省退役军人事务厅
红山镇人民政府	2021年1月	广东省四星级示范退役军人服务站	广东省退役军人事务厅
黄坑镇退役军人服务站	2021年1月	广东省五星级示范退役军人服务站	广东省退役军人事务厅
仁化县教育局	2021年1月	2020年国家义务教育质量监测实施优秀组织单位	广东省教育厅
广东仁化银龙供水有限公司工会委员会	2021年1月	广东省模范职工之家	广东省总工会
董塘镇新龙村党支部	2021年1月	韶关市先进基层党组织	中共韶关市委
长江镇	2021年1月	2018—2020年度韶关市文明村镇	中共韶关市委、韶关市人民政府
扶溪镇	2021年1月	2018—2020年度韶关市文明村镇	中共韶关市委、韶关市人民政府
红山镇	2021年1月	2018—2020年度韶关市文明村镇	中共韶关市委、韶关市人民政府
董塘镇董联村	2021年1月	2018—2020年度韶关市文明村镇	中共韶关市委、韶关市人民政府
董塘镇南湖村	2021年1月	2018—2020年度韶关市文明村镇	中共韶关市委、韶关市人民政府
石塘镇京群村	2021年1月	2018—2020年度韶关市文明村镇	中共韶关市委、韶关市人民政府
石塘镇光明村	2021年1月	2018—2020年度韶关市文明村镇	中共韶关市委、韶关市人民政府
石塘镇上中坌村	2021年1月	2018—2020年度韶关市文明村镇	中共韶关市委、韶关市人民政府
长江镇芭蕉垅村	2021年1月	2018—2020年度韶关市文明村镇	中共韶关市委、韶关市人民政府
扶溪镇紫岭村	2021年1月	2018—2020年度韶关市文明村镇	中共韶关市委、韶关市人民政府
扶溪镇斜周村	2021年1月	2018—2020年度韶关市文明村镇	中共韶关市委、韶关市人民政府
扶溪镇厚塘村	2021年1月	2018—2020年度韶关市文明村镇	中共韶关市委、韶关市人民政府
城口镇恩村	2021年1月	2018—2020年度韶关市文明村镇	中共韶关市委、韶关市人民政府
城口镇上寨村	2021年1月	2018—2020年度韶关市文明村镇	中共韶关市委、韶关市人民政府
黄坑镇下营村	2021年1月	2018—2020年度韶关市文明村镇	中共韶关市委、韶关市人民政府
董塘镇广东铝厂社区	2021年1月	2018—2020年度韶关市文明社区	中共韶关市委、韶关市人民政府
董塘镇凡口社区	2021年1月	2018—2020年度韶关市文明社区	中共韶关市委、韶关市人民政府
董塘镇社区	2021年1月	2018—2020年度韶关市文明社区	中共韶关市委、韶关市人民政府
仁化县人民法院	2021年1月	2018—2020年度韶关市文明单位	中共韶关市委、韶关市人民政府
仁化县西岸水电工程管理所	2021年1月	2018—2020年度韶关市文明单位	中共韶关市委、韶关市人民政府

续表71

单位	授予时间	荣誉称号	授予单位
仁化县红山镇卫生院	2021年1月	2018—2020年度韶关市文明单位	中共韶关市委、韶关市人民政府
仁化县交通运输局违章处理股	2021年1月	2018—2020年度韶关市文明示范窗口	中共韶关市委、韶关市人民政府
仁化县城北小学	2021年1月	2020年度韶关市文明校园	中共韶关市委、韶关市人民政府
仁化县长江中心小学	2021年1月	2020年度韶关市文明校园	中共韶关市委、韶关市人民政府
董塘镇新龙村委会	2021年1月	韶关市抗击新冠肺炎疫情先进集体	中共韶关市委、韶关市人民政府
武深高速城口省际检查站临时党支部	2021年1月	韶关市抗击新冠肺炎疫情先进集体	中共韶关市委、韶关市人民政府
仁化县疾病预防控制中心	2021年1月	韶关市抗击新冠肺炎疫情先进集体	中共韶关市委、韶关市人民政府
城口镇	2021年2月	广东省文化和旅游融合发展示范区	广东省文化和旅游厅
中金岭南丹霞冶炼厂	2021年3月	广东省科技进步二等奖	广东省人民政府
仁化县供销合作社联合社	2021年3月	2020年度信息工作先进单位	广东省供销合作联社
中金岭南凡口铅锌矿采矿车间集中控制班	2021年3月	巾帼先进集体	广东省妇女联合会
仁化县人民检察院第一检察部	2021年3月	2020年度广东省“巾帼文明岗”	广东省妇女联合会
黄坑镇	2021年3月	广东省卫生镇	中共韶关市委
中金岭南凡口铅锌矿采矿车间机械化采矿工区台车爆破班	2021年4月	工人先锋号	全国总工会
仁化县扶溪镇社区	2021年4月	第九批广东省“儿童友好示范社区”	广东省妇女联合会
仁化县信访局	2021年5月	2020年年度信访工作“三无”县	国家信访局
中核韶关锦原铀业有限公司	2021年5月	金牌突击队	中国铀业
中核韶关锦原铀业有限公司	2021年5月	科学技术进步奖（一等奖）	江西省人民政府
仁化县看守所	2021年5月	全省公安监管部门抗击新冠肺炎疫情工作成绩突出集体	广东省公安厅政治部
中核韶关锦原铀业有限公司	2021年6月	先进基层党组织	中国铀业
中共韶关市委宣传部、韶关市丹霞山管委会驻长江镇学堂坳村扶贫工作队	2021年6月	广东省脱贫攻坚先进集体	中共广东省委、广东省人民政府
中共广东省委统战部驻周田镇平甫村扶贫工作队	2021年6月	广东省脱贫攻坚先进集体	中共广东省委、广东省人民政府
深圳市中金岭南有色金属股份有限公司凡口铅锌矿驻仁化县董塘镇董联村扶贫工作队	2021年6月	2019—2020年脱贫攻坚工作突出贡献先进集体	中共广东省农村工作领导小组
中金岭南丹霞冶炼厂	2021年6月	2019—2020年脱贫攻坚工作突出贡献先进集体	中共广东省委农村工作领导小组

续表71

单位	授予时间	荣誉称号	授予单位
中金岭南丹霞冶炼厂	2021年6月	2018—2020年度广东省安全生产工作先进集体	广东省安全生产委员会
锦江电力开发总公司	2021年6月	连续二十三年（1998—2020年）广东省守合同重信用企业	广东省市场监督管理局
韶关凯鸿纳米材料有限公司	2021年6月	2021年广东省五一劳动奖状	广东省总工会
城口镇党委	2021年6月	韶关市先进基层党组织	中共韶关市委
周田镇平甫村党总支	2021年6月	韶关市先进基层党组织	中共韶关市委
武深高速城口省际检查站临时党支部	2021年6月	韶关市先进基层党组织	中共韶关市委
丹霞冶炼厂党委	2021年6月	韶关市先进基层党组织	中共韶关市委
中共仁化县委宣传部党支部	2021年6月	韶关市先进基层党组织	中共韶关市委
仁化县韶关凯鸿纳米材料有限公司党支部	2021年6月	韶关市先进基层党组织	中共韶关市委
仁化县护理学会党支部	2021年6月	韶关市先进基层党组织	中共韶关市委
丹霞街道高坪社区党总支	2021年6月	韶关市先进基层党组织	中共韶关市委
仁化供电局周田供电所党支部	2021年6月	韶关市先进基层党组织	中共韶关市委
中金岭南凡口铅锌矿采矿车间党总支	2021年6月	韶关市先进基层党组织	中共韶关市委
中金岭南丹霞冶炼厂党委	2021年6月	韶关市先进基层党组织	中共韶关市委
仁化县消防救援大队	2021年7月	先进基层党组织	广东省消防救援总队
仁化县城北小学	2021年7月	2021—2023年创建广东省文明校园先进学校	广东省精神文明建设委员会办公室、广东省教育厅
仁化县人民法院扫黑除恶办公室	2021年7月	韶关市扫黑除恶专项斗争乡科级以上先进单位	中共韶关市委、韶关市人民政府
凡口派出所	2021年7月	全市加强公安派出所建设先进集体	中共韶关市委、韶关市人民政府
仁化县人民检察院第一检察部	2021年8月	全国青年文明号	共青团中央等23个单位
中金岭南凡口铅锌矿选矿厂磨浮工段操作班	2021年8月	全国机械冶金建材行业“创新百强班组”	中国机械冶金建材职工技术协会
仁化县公安局刑侦大队	2021年8月	集体三等功	广东省公安厅
中金岭南丹霞冶炼厂	2021年8月	广东省安全生产文化建设宣传突出贡献单位	广东省安全生产杂志社
城口镇恩村村	2021年8月	2020年广东省森林乡村	广东省林业局
城口镇东光村	2021年8月	2020年广东省森林乡村	广东省林业局

续表71

单位	授予时间	荣誉称号	授予单位
大桥镇大桥村	2021年8月	2020年广东省森林乡村	广东省林业局
周田镇平甫村	2021年8月	2020年广东省森林乡村	广东省林业局
石塘镇上中坌村	2021年8月	2020年广东省森林乡村	广东省林业局
董塘镇新龙村	2021年8月	2020年广东省森林乡村	广东省林业局
扶溪镇古夏村	2021年8月	2020年广东省森林乡村	广东省林业局
黄坑镇下营村	2021年8月	2020年广东省森林乡村	广东省林业局
长江镇凌溪村	2021年8月	2020年广东省森林乡村	广东省林业局
长江镇塘洞村	2021年8月	2020年广东省森林乡村	广东省林业局
长江镇浒松村	2021年8月	2020年广东省森林乡村	广东省林业局
闻韶镇江南村	2021年8月	2020年广东省森林乡村	广东省林业局
闻韶镇下徐村	2021年8月	2020年广东省森林乡村	广东省林业局
中共仁化县委政法委员会	2021年8月	韶关市扫黑除恶专项斗争先进集体	中共韶关市委、韶关市人民政府
仁化县人民检察院	2021年8月	韶关市扫黑除恶专项斗争先进集体	中共韶关市委、韶关市人民政府
仁化县林业局	2021年8月	韶关市扫黑除恶专项斗争先进单位	中共韶关市委、韶关市人民政府
丹霞街道办事处	2021年8月	韶关市扫黑除恶专项斗争先进集体	中共韶关市委、韶关市人民政府
董塘镇新龙村	2021年9月	第二批全国乡村治理示范村	中央农村工作领导小组办公室、农业农村部、中央宣传部、民政部、司法部、国家乡村振兴局
董塘镇新龙村	2021年9月	2021年广东省“民主法治示范村（社区）”创建单位	中共广东省委全面依法治省委员会办公室、中共广东省委农村工作领导小组办公室、广东省司法厅、广东省民政厅
红山镇鱼皇村	2021年9月	2021年广东省“民主法治示范村（社区）”创建单位	中共广东省委全面依法治省委员会办公室、中共广东省委农村工作领导小组办公室、广东省司法厅、广东省民政厅
周田镇	2021年9月	第三批省级“一村一品、一镇一业”专业镇（水果）	广东省农业农村厅
董塘镇	2021年9月	第三批省级“一村一品、一镇一业”专业镇（蔬菜）	广东省农业农村厅
董塘镇董联村	2021年9月	第二批省级“一村一品、一镇一业”专业村（蔬菜）	广东省农业农村厅
董塘镇安岗村	2021年9月	第二批省级“一村一品、一镇一业”专业村（花卉）	广东省农业农村厅

续表71

单位	授予时间	荣誉称号	授予单位
扶溪镇紫岭村	2021年9月	第二批省级“一村一品、一镇一业”专业村（扶溪大米）	广东省农业农村厅
闻韶镇华塘村	2021年9月	第二批省级“一村一品、一镇一业”专业村（柑橘）	广东省农业农村厅
黄坑镇高塘村	2021年9月	第二批省级“一村一品、一镇一业”专业村（贡柑）	广东省农业农村厅
红山镇烟竹村	2021年9月	第二批省级“一村一品、一镇一业”专业村（茶叶）	广东省农业农村厅
夏富村	2021年9月	第二批省级“一村一品、一镇一业”专业村（丹霞铁皮石斛）	广东省农业农村厅
仁化县档案馆	2021年9月	广东省人文社会科学普及基地（提升型基地）	广东省社会科学界联合会
城口红色革命遗址群	2021年9月	广东省人文社会科学普及基地（标准型基地）	广东省社会科学界联合会
红军长征粤北纪念馆	2021年9月	广东省人文社会科学普及基地（标准型基地）	广东省社会科学界联合会
董塘镇安岗村	2021年9月	广东省人文社会科学普及基地（标准型基地）	广东省社会科学界联合会
石塘双峰寨	2021年9月	广东省人文社会科学普及基地（标准型基地）	广东省社会科学界联合会
仁化县人民检察院第一检察部	2021年9月	集体三等功	广东省人民检察院
韶关市生态环境局仁化分局	2021年10月	广东省生态环境保护先进集体	广东省人民政府
长江镇人民政府	2021年10月	广东省第七次全国人口普查先进集体	广东省第七次全国人口普查领导小组
黄屋村	2021年11月	2021年中国美丽休闲乡村	农业农村部
仁化县艺术家客栈	2021年11月	乙级旅游民宿	全国旅游标准化技术委员会
董塘镇中心卫生院	2021年11月	2020年度广东省社区医院	广东省卫生健康委员会
丹霞派出所黄屋警务室	2021年11月	岭南标杆警务室	广东省公安厅
仁化县税务局	2021年11月	广东省健康促进示范机关	广东省卫生健康委员会
仁化县人民检察院	2021年11月	全省新时代“五好”基层院建设先进单位	广东省人民检察院
丹霞街道	2021年11月	广东省乡村民宿示范镇	广东省农业农村厅、广东省文化和旅游厅、广东省乡村振兴局
黄坑镇	2021年12月	广东省仁化县黄坑镇等贡柑“三品一标”基地	农业农村部办公厅
仁化县发展和改革局下发县价格认证中心	2021年12月	2021年度省价格认定工作质量评查优秀	广东省发改委

续表71

单位	授予时间	荣誉称号	授予单位
县农业农村局	2021年12月	广东省健康促进示范机关	广东省卫生健康委员会
仁化县税务局	2021年12月	广东省无烟单位	广东省卫生健康委员会
仁化县价格认证中心	2021年12月	2021年度投稿先进机构	广东省发展和改革委员会价格认定中心
仁化县教育局	2021年12月	2021年国家义务教育质量监测实施优秀组织单位	广东省教育厅
仁化县科学技术协会	2021年12月	2021年度基层科协组织建设及提升基层科协组织力“3+1”工作先进单位	广东省科学技术协会
中金岭南丹霞冶炼厂	2021年	广东省乡村振兴“万企帮万村”行动“突出贡献爱心企业”	中共广东省委农村工作办公室、广东省人民政府国有资产监督管理委员会、广东省工商业联合会
中金岭南丹霞冶炼厂动力车间	2021年	广东省工业系统模范职工小家	广东省工业工会

2021年仁化县获省级（含省直部门及市委、市政府授予）以上先进个人称号一览表

表72

姓名	性别	授予时间	获奖时工作单位	荣誉称号	授予单位
张秋利	男	2021年1月	中金岭南公司凡口铅锌矿	《中国有色金属工业年鉴》30年优秀撰稿人	中国有色金属工业协会
肖惠姬	女	2021年1月	中共仁化县委办公室	全省党委办公厅（室）系统信息工作先进个人	中共广东省委办公厅
蒙万长	男	2021年1月	仁化县国家保密局	广东省保密工作先进工作者	广东省人力资源和社会保障厅、广东省国家保密局
唐立红	女	2021年1月	仁化县人民检察院	第二届全省未成年人检察业务竞赛能手	广东省人民检察院
马小荣	女	2021年1月	仁化县总工会	广东省优秀工会工作者	广东省总工会
马　丁	男	2021年1月	仁化县公安局	韶关市优秀共产党员	中共韶关市委
朱定华	男	2021年1月	董塘镇中心卫生院	韶关市优秀共产党员	中共韶关市委
邹永祥	男	2021年1月	中共仁化县委	韶关市抗击新冠肺炎疫情先进个人	中共韶关市委、韶关市人民政府
马　丁	男	2021年1月	仁化县公安局	韶关市抗击新冠肺炎疫情先进个人	中共韶关市委、韶关市人民政府
叶霞明	男	2021年1月	中国邮政集团有限公司广东省仁化县分公司	韶关市抗击新冠肺炎疫情先进个人	中共韶关市委、韶关市人民政府

续表72

姓名	性别	授予时间	获奖时工作单位	荣誉称号	授予单位
杨雪花	女	2021年1月	仁化县新农人生态有限公司	韶关市抗击新冠肺炎疫情先进个人	中共韶关市委、韶关市人民政府
邬立雄	男	2021年1月	仁化县卫生健康局	韶关市抗击新冠肺炎疫情先进个人	中共韶关市委、韶关市人民政府
林伟浩	男	2021年1月	仁化县交通运输局	韶关市抗击新冠肺炎疫情先进个人	中共韶关市委、韶关市人民政府
肖润华	男	2021年1月	仁化县应急管理局	韶关市抗击新冠肺炎疫情先进个人	中共韶关市委、韶关市人民政府
李汉辉	男	2021年1月	城口镇党委	韶关市抗击新冠肺炎疫情先进个人	中共韶关市委、韶关市人民政府
陈瑞林	男	2021年1月	仁化县市场监督管理局	韶关市抗击新冠肺炎疫情先进个人	中共韶关市委、韶关市人民政府
欧　海	男	2021年1月	仁化县文化广电旅游体育局	韶关市抗击新冠肺炎疫情先进个人	中共韶关市委、韶关市人民政府
朱定华	男	2021年1月	董塘镇中心卫生院	韶关市抗击新冠肺炎疫情先进个人	中共韶关市委、韶关市人民政府
邓　敏	女	2021年1月	仁化县人民医院	韶关市抗击新冠肺炎疫情先进个人	中共韶关市委、韶关市人民政府
欧阳仕元	男	2021年2月	中金岭南公司凡口铅锌矿	2020年第三季度“广东好人”	广东省精神文明建设委员会
黄涌超	男	2021年2月	仁化县疾病预防控制中心	钉螺疫情处置和环境综合治理表现突出先进个人	广东省防治重大疾病工作联席会议（广东省卫生健康委员会）
周艳飞	女	2021年3月	中金岭南公司凡口铅锌矿	广东省先进女职工	广东省总工会
符小密	女	2021年3月	广东丹霞印象客栈民宿管理有限公司	广东省三八红旗手	广东省妇女联合会
周艳飞	女	2021年3月	中金岭南公司凡口铅锌矿	广东省先进女职工	广东省妇女联合会
李慧萍	女	2021年3月	仁化县供销合作社联合社	2020年度信息工作先进个人	广东省供销合作联社
谭群辉	男	2021年4月	中共仁化县委政法委员会	2018—2019年度全省平安建设先进工作者	中共广东省委政法委、广东省人力资源和社会保障厅
吴　涛	男	2021年4月	中金岭南丹霞冶炼厂	广东省五一劳动奖章	广东省总工会
万志明	男	2021年5月	董塘镇	全国优秀河（湖）长	水利部
施　震	男	2021年5月	中金岭南公司凡口铅锌矿	2020—2021年度“广东省优秀共青团员”	共青团广东省委员会
曾春莲	女	2021年5月	仁化县摄影家协会	2020年广东省摄影家协会优秀志愿者	广东省摄影家协会

续表72

姓名	性别	授予时间	获奖时工作单位	荣誉称号	授予单位
张秋利	男	2021年5月	中金岭南公司凡口铅锌矿	2020年广东省摄影家协会优秀志愿者	广东省摄影家协会
王川福	男	2021年5月	仁化县摄影家协会	2020年广东省摄影家协会优秀志愿者	广东省摄影家协会
宁声珍	女	2021年6月	董塘镇新龙村	广东省优秀党务工作者	中共广东省委
梁俊轩	男	2021年6月	中共广东省委统战部驻周田镇平甫村扶贫工作队	广东省优秀党务工作者	中共广东省委
张祖强	男	2021年6月	仁化县农业农村局	广东省脱贫攻坚先进个人	中共广东省委、广东省人民政府
黄志军	男	2021年6月	中共仁化县周田镇委员会	广东省脱贫攻坚先进个人	中共广东省委、广东省人民政府
梁俊军	男	2021年6月	韶关市公安局驻董塘镇董联村扶贫工作队	广东省脱贫攻坚先进个人	中共广东省委、广东省人民政府
李　锐	男	2021年6月	仁化县周田镇人民政府	2019—2020年广东省脱贫攻坚突出贡献个人	中共广东省委农村工作领导小组
梁俊轩	男	2021年6月	中共广东省委统战部驻周田镇平甫村扶贫工作队	2019—2020年广东省脱贫攻坚突出贡献个人	中共广东省委农村工作领导小组
叶天明	男	2021年6月	珠江电影集团驻周田镇较坑村扶贫工作队	2019—2020年广东省脱贫攻坚突出贡献个人	中共广东省委农村工作领导小组
陈家权	男	2021年6月	仁化县财政局驻上道村、鸡龙村扶贫工作队	2019—2020年广东省脱贫攻坚突出贡献个人	中共广东省委农村工作领导小组
黄　磊	男	2021年6月	中共广东省委统战部驻周田镇平甫村扶贫工作队	2019—2020年广东省脱贫攻坚突出贡献个人	中共广东省委农村工作领导小组
刘大伟	男	2021年6月	仁化县农业农村局驻周田镇麻洋村扶贫工作队	2019—2020年广东省脱贫攻坚突出贡献个人	中共广东省委农村工作领导小组
刘焊辉	男	2021年6月	珠江电影集团驻周田镇较坑村扶贫工作队	2019—2020年广东省脱贫攻坚突出贡献个人	中共广东省委农村工作领导小组
苏　畅	男	2021年6月	珠江电影集团驻周田镇较坑村扶贫工作队	2019—2020年广东省脱贫攻坚突出贡献个人	中共广东省委农村工作领导小组
朱德伟	男	2021年6月	仁化县人民法院驻周田镇周田村扶贫工作队	2019—2020年广东省脱贫攻坚突出贡献个人	中共广东省委农村工作领导小组
何传普	男	2021年6月	中共广东省委统战部驻周田镇平甫村扶贫工作队	2019—2020年广东省脱贫攻坚突出贡献个人	中共广东省委农村工作领导小组
张　超	男	2021年6月	中金岭南丹霞冶炼厂	2019—2020年广东省脱贫攻坚突出贡献个人	中共广东省委农村工作领导小组
陈马雷	男	2021年6月	中金岭南公司凡口铅锌矿	2019—2020年广东省脱贫攻坚突出贡献个人	中共广东省委农村工作领导小组
肖家声	男	2021年6月	仁化县公安局	2019—2020年广东省脱贫攻坚突出贡献个人	中共广东省委农村工作领导小组

续表72

姓名	性别	授予时间	获奖时工作单位	荣誉称号	授予单位
朱德伟	男	2021年6月	仁化县人民法院	2019—2020年广东省脱贫攻坚突出贡献个人	中共广东省委农村工作领导小组
邱文凤	女	2021年6月	中共仁化县委政法委员会	2019—2020年广东省脱贫攻坚突出贡献个人	中共广东省委农村工作领导小组
黄　强	男	2021年6月	仁化县纪委监委驻闻韶镇江南村扶贫工作队	2019—2020年广东省脱贫攻坚突出贡献个人	中共广东省委农村工作领导小组
刘文霞	女	2021年6月	仁化县社会保险基金管理中心	2019—2020年广东省脱贫攻坚突出贡献个人	中共广东省委农村工作领导小组
何琳燕	女	2021年6月	中国联通仁化分公司	广东省公司优秀党员	中国联通广东省公司
杨雪花	女	2021年6月	仁化县新农人生态有限公司	韶关市优秀共产党员	中共韶关市委
黎　明	男	2021年6月	仁化县纪委监委	韶关市优秀共产党员	中共韶关市委
李锦源	男	2021年6月	董塘镇中心卫生院	韶关市优秀共产党员	中共韶关市委
潘秀红	女	2021年6月	仁化县行政服务中心	韶关市优秀共产党员	中共韶关市委
李伟平	男	2021年6月	仁化县公安局	韶关市优秀共产党员	中共韶关市委
肖春波	男	2021年6月	中共仁化县委办公室	韶关市优秀党务工作者	中共韶关市委
江艳芬	女	2021年6月	石塘镇党委	韶关市优秀党务工作者	中共韶关市委
邓攸发	男	2021年6月	城口镇恩村村委会	韶关市优秀党务工作者	中共韶关市委
罗金宝	男	2021年6月	中共仁化县委政法委员会	韶关市优秀党务工作者	中共韶关市委
张细友	男	2021年6月	长江镇人民政府	韶关市优秀党务工作者	中共韶关市委
谢海燕	女	2021年6月	丹霞街道新城社区党总支、居委会	韶关市优秀党务工作者	中共韶关市委
张　微	男	2021年6月	仁化县黄坑镇蓝田村委会	韶关市优秀党务工作者	中共韶关市委
余月华	男	2021年6月	城口派出所	全市加强公安派出所建设先进个人	中共韶关市委、韶关市人民政府
赖海文	男	2021年7月	仁化县公安局	全国维护妇女儿童先进个人	全国妇联
蔡　文	男	2021年7月	中金岭南公司凡口铅锌矿	广东省国资系统优秀党务工作者	广东省国资委党委
陈小平	男	2021年8月	仁化县实验学校	南粤优秀教师	中共广东省委教育工委、广东省教育厅、广东省人力资源和社会保障厅、广东省总工会
胡丽娟	女	2021年8月	仁化县扶溪学校	南粤优秀教师	中共广东省委教育工委、广东省教育厅、广东省人力资源和社会保障厅、广东省总工会

续表72

姓名	性别	授予时间	获奖时工作单位	荣誉称号	授予单位
胡新旺	男	2021年8月	黄坑镇人民政府	韶关市扫黑除恶专项斗争先进工作者	中共韶关市委、韶关市人民政府
罗锦富	男	2021年8月	中共仁化县委政法委员会	韶关市扫黑除恶专项斗争先进工作者	中共韶关市委、韶关市人民政府
唐立红	女	2021年9月	仁化县人民检察院	第二届全省未成年人检察业务竞赛能手	广东省人民检察院
邓　明	男	2021年9月	长江农技站	2021年广东农技推广能手	广东省农业农村厅
余健赟	女	2021年10月	丹霞街道办事处公共服务中心	广东省第七次全国人口普查先进个人	广东省第七次全国人口普查领导小组办公室
梁海钧	男	2021年10月	仁化县统计局	广东省第七次全国人口普查先进个人	广东省第七次全国人口普查领导小组办公室
刘卫国	男	2021年10月	仁化县统计局	广东省第七次全国人口普查先进个人	广东省第七次全国人口普查领导小组办公室
吴少群	女	2021年11月	中金岭南丹霞冶炼厂	优秀工会工作者	广东省工业工会
吴湘华	男	2021年11月	中金岭南公司凡口铅锌矿	优秀工会工作者	广东省工业工会
陆文彪	男	2021年12月	仁化县人民检察院第三检察部	检察荣誉章	最高人民检察院
张　伟	男	2021年	中金岭南丹霞冶炼厂	2021年全国湿法冶金优秀青年杰出青年奖	中冶有色技术平台
邓晓红	女	2021年12月	仁化县退役军人事务局	2021年度广东省退役军人服务中心（站）优秀主任（站长）	广东省退役军人事务厅
李良生	男	2021年12月	中金岭南丹霞冶炼厂	“广东省城市困难职工解困脱困工作中作出重要贡献个人”并被授予“广东省五一劳动奖章”	广东省总工会
王朝雨	男	2021年12月	仁化县消防救援大队	优秀干部	广东省消防救援总队
麦有德	男	2021年12月	仁化县发展和改革局	2021年度投稿先进个人	广东省发展和改革委员会价格认定中心

索 引

主 题 索 引

一、本索引采用主题分析方法，款目按首字汉语拼音字母（同音字按声调）顺序排列；

二、特辑、大事记、附录等篇及表格不作内容主题分析；

三、索引款目后的数字表示内容所在的页码，数字后的英文字母（a、b、c）表示栏别（即版面的左、中、右栏）。

C

D

E

F

G

H

K

L

M

N

O

P

Q

R

S

T

W

X

Y

Z

表格索引